Schriftenreihe der Juristischen Fakultät
der Europa-Universität Viadrina Frankfurt (Oder)

Herausgegeben von
Professor Dr. jur. Dr. phil. Uwe Scheffler, Frankfurt (Oder)

Heiko Artkämper

Hausbesetzer Hausbesitzer Hausfriedensbruch

Springer-Verlag
Berlin Heidelberg New York
London Paris Tokyo
Hong Kong Barcelona
Budapest

Heiko Artkämper
Birnbaumweg 1
44143 Dortmund

ISBN-13:978-3-540-59005-7 e-ISBN-13:978-3-642-79599-2
DOI: 10.1007/978-3-642-79599-2

64/2202-543210 - Gedruckt auf säurefreiem Papier

Geleitwort

Fast 200 Jahre nach der Schließung der alten Viadrina 1811 wurde am 6. September 1991 die Europa-Universität Viadrina feierlich gegründet und Frankfurt (Oder) wieder Universitätsstadt. Damit setzt sich eine seit 1506 bestehende Tradition fort. Mit dem Wintersemester 1992/93 wurde der Lehrbetrieb für Studenten der Rechtswissenschaften aufgenommen. Am 3. November 1993 konstituierte sich als erster Fachbereich die Juristische Fakultät.

Inzwischen studieren rund 750 junge Menschen Rechtswissenschaften in Frankfurt (Oder), fast ein Drittel davon sind Ausländer, zumeist polnische Staatsbürger.

Der Lehrbetrieb hat sich bereits normalisiert, auch wenn die Universität noch im Aufbau begriffen ist und einige Lehrstühle noch zu besetzen sind. Der am weitesten fortgeschrittene Studienjahrgang ist im 5. Semester und kommt in die Zeit der Examensvorbereitung.

Im allgemeinen gestaltet sich der Aufbau der Forschung an einer neugegründeten Universität langsamer als der der Lehre. Die neu berufenen Hochschullehrer haben neben dem üblichen, mit dem Ortswechsel verbundenen Aufwand umfangreiche und zeitintensive Arbeit in der Selbstverwaltung zu erbringen. Die Assistenten können sich nicht gleich voller Elan in eine Promotion stürzen, und der wissenschaftliche Nachwuchs aus der eigenen Studentenschaft wird erst herangebildet.

Die Juristische Fakultät freut sich, schon jetzt den ersten Band ihrer Schriftenreihe präsentieren zu können. Den Anfang macht die strafrechtliche Dissertation von Heiko Artkämper, der im November 1994 das erste Promotionsverfahren seit beinahe 200 Jahren in Frankfurt (Oder) erfolgreich abschloß.

Frankfurt (Oder), im Dezember 1994 — Prof. Dr. Dr. Uwe Scheffler

VORWORT

Die nachfolgende Untersuchung hat der Rechtswissenschaftlichen Fakultät der Europa-Universität Viadrina Frankfurt (Oder) im Sommer 1994 als Dissertation vorgelegen. Die Arbeit wurde im April 1994 abgeschlossen; für die Drucklegung wurden keine wesentlichen Änderungen vorgenommen.

Ich möchte an dieser Stelle nicht versäumen, mich bei Herrn Prof. Dr. Dr. Uwe Scheffler für eine beispielhafte Betreuung während der Erstellung der Arbeit zu bedanken; sein Rat und seine Einfälle haben an vielen Stellen der Arbeit Niederschlag gefunden.

Mein Dank gilt aber auch meiner Familie und meinen Söhnen Chris Dominik und Leif Gerrit, die durch eine Vielzahl kleinerer und größerer Entbehrungen das Entstehen dieser Arbeit erst ermöglicht haben.

Dortmund, im Dezember 1994

Heiko Artkämper

ABKÜRZUNGSVERZEICHNIS

a.A.	anderer Ansicht
aaO.	am angegebenen Ort
Abschn.	Abschnitt
Abt.	Abteilung
AcP	Archiv für die civilistische Praxis
a.E.	am Ende
a.F.	alte(r) Fassung
AE	Alternativentwurf
AG	Amtsgericht
ähnl.	ähnlich
Anm.	Anmerkung
AK	Alternativkommentar
Art.	Artikel
AT	Allgemeiner Teil
BayObLG	Bayrisches Oberstes Landesgericht
BB	Betriebsberater
BBauBl	Bundesbaublatt
Bd.	Band
Berl. Anwbl.	Berliner Anwaltsblatt
Bespr.	Besprechung
BGB	Bürgerliches Gesetzbuch
BGBl	Bundesgesetzblatt
BGH	Bundesgerichtshof
BHGSt	Entscheidungen des BGH in Strafsachen
BHGZ	Entscheidungen des BGH in Zivilsachen
BK	Bonner Kommentar
BlGBW	Blätter für Grundstücks-, Bau- und Wohnungsrecht
BMZ	Berliner Mieterzeitung
Bsp.	Beispiel
BrDrs.	Drucksachen des Bundesrates
BT	Besonderer Teil
BtmG	Betäubungsmittelgesetz
BVerfG	Bundesverfassungsgericht
BVerfGE	Entscheidungen des BVerfG
BVerfGG	Bundesverfassungsgerichtsgesetz
BVerwG	Bundesverwaltungsgericht
BVerwGE	Entscheidungen des BVerwG
bzw.	beziehungsweise
ca.	circa
CCC	Constitutio Criminalis Carolina

ders.	derselbe
Dez.	Dezember
d.h.	das heißt
dies.	dieselbe(n)
DIN	Deutsche Industrie-Norm(en)
DM	Deutsche Mark
DöV	Die öffentliche Verwaltung
DP	Die Polizei
Dre-Tröndle	Dreher-Tröndle
DStR	Deutsches Strafrecht
DuR	Demokratie und Recht
DVBl	Deutsches Verwaltungsblatt
DWW	Deutsche Wohnungswirtschaft
ebd.	ebenda
f.	folgende
FAZ	Frankfurter Allgemeine Zeitung
ff.	fortfolgende
FG	Festgabe
Fn.	Fußnote
FS	Festschrift
FuG	Freiheit und Gleichheit
GA	Goltdammer's Archiv für Strafrecht
gem.	gemäß
GG	Grundgesetz
GMBl	Gesetz- und Ministerialblatt
GS	Gedenkschrift
GVG	Gerichtsverfassungsgesetz
GV NW	Gesetz- und Verordnungsblatt für das Land NRW
GW	Gemeinnütziges Wohnungswesen
HandwO	Handwerksordnung
Hans. OLG	Hanseatisches OLG
h.M.	herrschende Meinung
Hrsg.	Herausgeber
i.E.	im Ergebnis
i.e.S.	im engeren Sinne
i.H.v.	in Höhe von
i.R.d.	Im Rahmen des/der
i.S.d.	im Sinne des
i.ü.	im übrigen
i.V.m.	in Verbindung mit

JA	Juristische Arbeitsblätter
JGG	Jugendgerichtsgesetz
JK	Jurakartei
JMBL NRW	Justizministerialblatt für das Land Nordrhein-Westfalen
JR	Juristische Rundschau
Jura	Juristische Ausbildung
JuS	Juristische Schulung
JZ	Juristenzeitung
Kap.	Kapitel
Kl-M-Goßner	Kleinknecht/Meyer-Goßner
KJ	Kritische Justiz
Lb	Lehrbuch
LFoG	Landesforstgesetz
LG	Landgericht
LH	Lehrheft
Lit.	Literatur
LK	Leipziger Kommentar
m.	mit
m.a.W.	mit anderen Worten
M-D	Maunz/Dürig
m.d.F.	mit der Folge
MDR	Monatsschrift für Deutsches Recht
MschrKrimPsych	Monatsschrift für Kriminalpsychologie und Strafrechtsreform
Mü-Ko	Münchener Kommentar
m.umf.N.	mit umfassenden Nachweisen
m.w.N.	mit weiteren Nachweisen
NJW	Neue Juristische Wochenschrift
NJW RR	Neue Juristische Wochenschrift Rechtsprechung-Report
Nov.	November
Nr.	Nummer
NRW	Nordrhein-Westfalen
NStZ	Neue Zeitschrift für Strafrecht
OLG	Oberlandesgericht
OrgKG	Gesetz zur Bekämpfung der organisierten Kriminalität
OVG	Oberverwaltungsgericht
OVGE	Entscheidungen eines OVG

PdW	Prüfe Dein Wissen
Pol.	Politische
PolG	Polizeigesetz
Pol.- und OrdR	Polizei- und Ordnungsrecht
p.p.	perge, perge
PrALR	Preußisches Allgemeines Landrecht
qm	Quadratmeter
RG	Reichsgericht
RGBl	Reichsgesetzblatt
RGRK	Kommentar zum BGB
RGSt	Entscheidungen des Reichsgerichts in Strafsachen
RGZ	Entscheidungen des Reichsgerichts in Zivilsachen
RiStBV	Richtlinien für das Straf- und Bußgeldverfahren
Rn.	Randnummer
RN	Ruhr-Nachrichten
Rspr.	Rechtsprechung
RuP	Recht und Politik
S.	Seite
scil.	scilicet
Sch-Sch	Schönke-Schröder
Sch-Schröder	Schönke-Schröder (17. Aufl.)
Sept.	September
SK	Systematischer Kommentar
s.o.	siehe oben
str.	streitig
StrafVerfR	Strafverfahrensrecht
s.u.	siehe unten
sog.	sogenannte(r)
StGB	Strafgesetzbuch
StPO	Strafprozeßordnung
StR	Strafrecht
StrRG	Strafrechtsreformgesetz
StV	Strafverteidiger
Tb	Tatbestand
u.a.	unter anderem
unstr.	unstreitig
UPR	Umwelt- und Planungsrecht

v.	vom
VG	Verwaltungsgericht
vgl.	vergleiche
Vorbem.	Vorbemerkung
VRS	Verkehrsrechtliche Sammlung
VwGO	Verwaltungsgerichtsordnung
WAZ	Westdeutsche Allgemeine Zeitung
WM	Wertpapiermitteilungen
WRKschG	Wohnraumkündigungsschutzgesetz
WuM	Wohnungs- und Mietrecht
ZDF	Zweites Deutsches Fernsehen
Ziff.	Ziffer
z.B.	zum Beispiel
ZMR	Zeitschrift für Miet- und Raumrecht
ZPO	Zivilprozeßordnung
ZRP	Zeitschrift für Rechtspolitik
ZStW	Zeitschrift für die gesamte Strafrechtswissenschaft
z.T.	zum Teil
zust.	zustimmend
zutr.	zutreffend
z.Zt.	zur Zeit

INHALTSVERZEICHNIS

Seite

Zweiter Teil

Hausbesetzungen als strafbarer Hausfriedensbruch

Erstes Kapitel

Tatbestandliche Probleme des § 123 StGB

Seite

Seite

Seite

Zweites Kapitel

Seite

Drittes Kapitel

Schuld

Seite

Dritter Teil

Die strafprozessualen Probleme

Erstes Kapitel

Zweites Kapitel

Einleitung:

PROBLEM- UND DARSTELLUNGSÜBERSICHT

Hausfriedensbruch durch "Instandbesetzung" - eine Thematik, die seit Beginn der vergangenen Dekade bis heute an politischer und rechtlicher Brisanz trotz der teils sachlich, teilweise aber auch emotional geführten Auseinandersetzungen nichts verloren hat?

Die Regelung des § 123 StGB, die sowohl in der Wissenschaft als auch in der Praxis eher ein Schattendasein fristet[1] und spätestens "unter dem Strich", d.h. nach Prüfung der Konkurrenzen aus Gründen der Spezialität, Subsidiarität oder Konsumtion[2] oftmals nicht mehr unmittelbar zur Anwendung und damit auch im Urteilsspruch nicht zur Erwähnung kommt[3], wurde zum Gegenstand juristischer und politischer Diskussionen.

Anlaß dieser Auseinandersetzungen waren in der Zeit von 1980 bis 1982 in der gesamten Bundesrepublik und schwerpunktmäßig in Berlin[4] auftretende Objektsbesetzungen, bei denen leerstehende Wohnungen und auch teilbewohnte Gebäude[5] in Besitz genommen und für "instandbesetzt" erklärt wurden. *Berlin-Kreuzberg* und die *Hamburger Hafenstraße* rückten ins Blickfeld der Öffentlichkeit, da sie die Schwerpunkte der Hausbesetzeraktivitäten verkörperten. Unabhängig von den Motivationen der Besetzer und den denkbar unterschiedlichsten Gründen für den (Teil-)Leerstand der Objekte bestand in der Folgezeit sowohl bei den Hausbesetzern und den Hauseigentümern als auch in der juristischen Diskussion Uneinigkeit über die rechtliche Qualifizierung derartiger demonstrativer und - oder - von eigener Wohnraumnot getragener "Instandbesetzungen" und deren straf-, zivil- und verwaltungsrechtlicher Würdigung.

Die daraus resultierenden Unsicherheiten setzten sich auch nach den ersten Strafverfahren fort, da die erstinstanzlich zuständigen Amtsgerichte[6] die Angeklagten von einem Vergehen gemäß § 123 StGB freisprachen, diese Freisprüche jedoch in der zweiten Instanz regelmäßig aufgehoben wurden[7].

---

1 Vgl. schon Schall, S. 9; Stoiber, S. 1. Ausnahme nur insoweit die "sit-ins" und "go-ins" der sechziger Jahre.

2 Als Unterfälle der sog. Gesetzeskonkurrenz.

3 Jedoch können die gesetzeskonkurrierend verdrängten Vorschriften strafschärfend berücksichtigt werden, vgl. Dre-Tröndle, vor § 52, Rdnr. 23.

4 Vorangegangene Einzelaktionen waren von der Öffentlichkeit kaum wahrgenommen worden, vgl. dazu Ganschow, DP 1983, 201 (203); GW 1981, 90 (92); umfassend zu Berlin: Amann, S. 9, 37 ff.

5 Vgl. GW 1981, 495 (496).

6 Vgl. §§ 24, 74 GVG.

7 Vgl. die Nachweise bei Schall NStZ 1983, 241, Fn 2) + 3).

Auch verwaltungsgerichtlichen Anträgen der Hauseigentümer auf - bzw. solchen der Hausbesetzer gerichtet gegen - eine Räumung der besetzten Häuser wurde aus der Sicht der Öffentlichkeit unterschiedlicher Erfolg zuteil: Während das VG Berlin[8] einen Anspruch des Hauseigentümers auf eine polizeiliche Räumung des besetzten Hauses verneinte, gab das VG Hannover[9] einem Aussetzungsantrag der Hausbesetzer gegen die Anordnung der sofortigen Vollziehbarkeit einer Räumungsverfügung nicht statt, da sowohl die Räumungsverfügung als auch die nachfolgende Anordnung der sofortigen Vollziehbarkeit rechtmäßig gewesen seien.

Die Entscheidungen basieren auf der juristisch unbestrittenen Differenzierung zwischen der Begründetheit einer Anfechtungs- und einer Verpflichtungsklage[10]: Der (Verpflichtungs-)Klage eines Hauseigentümers wird nur dann stattgegeben, wenn er einen Anspruch - ein subjektiv öffentliches Recht - gerade auf die von ihm konkret begehrte Maßnahme geltend machen kann. Da die einschlägigen polizeilichen Ermächtigungsgrundlagen Ermessensvorschriften darstellen und somit der Behörde grundsätzlich eine Bandbreite möglicher Entscheidungen eröffnen, kann aus ihnen ein Anspruch auf Räumung nur abgeleitet werden, sofern jede andere als die vom Eigentümer begehrte Entscheidung ermessensfehlerhaft wäre. Nur wenn die besonderen Umstände des konkreten Falles das Ermessen der Polizei auf eine einzige ermessensfehlerfreie Entscheidung - Räumungsverfügung bzw. Räumung des Hauses - reduziert hätten, wäre seine Klage erfolgreich gewesen. Gründe für eine derartige "Ermessensreduktion auf Null" lagen nach der Überzeugung des VG Berlin nicht vor.

Bei der umgekehrten Fallkonstellation - Klage der Hausbesetzer gegen eine erlassene Räumungsverfügung - prüft das Gericht hingegen nur, ob sich die (Ermessens-)Entscheidung der Behörde im Rahmen des durch die Ermessensnorm eröffneten Spektrums möglicher Entscheidungen hält. Eine polizeiliche Räumung kann daher durchaus rechtmäßig sein, ohne daß der betroffene Eigentümer einen Anspruch auf ein Tätigwerden der Behörden hat, so daß beide Entscheidungen sich nicht unbedingt widersprechen. Jedoch haben auch sie die bestehenden Unsicherheiten nicht ausgeräumt, da die skizzierten Differenzierungskriterien zumindest für den juristischen Laien schwer verständlich gewesen sein dürften.

---

[8] VG Berlin, NJW 1981, 1748 f.

[9] VG Hannover, DVBl 1981, 786 f.

[10] Die genannten Entscheidungen sind im Rahmen eines Antrags auf einstweiligen Rechtsschutz gemäß §§ 80 V bzw. 123 VwGO als Beschluß ergangen. Aus Vereinfachungsgründen wird in diesem Teil auf die im Hauptverfahren zulässige Klageart zurückgegriffen, da - abgesehen von der summarischen Prüfung im Rahmen des einstweiligen Rechtsschutzes - dieselben Anspruchsvoraussetzungen vorliegen müssen.

In der strafrechtlichen Literatur wurde die Strafbarkeit bzw. die Straflosigkeit derartiger "Instandbesetzungen" unterschiedlich begründet: Während die einen im Rahmen einer teleologischen Reduktion leerstehende Wohnräume aus dem Tatbestand des § 123 StGB herauszunehmen versuchten, "Hausbesetzungen als Menschenrecht"[11] und demonstrative, nach § 123 StGB nicht strafbare Reaktion auf den neuen "gesellschaftlichen Sachverhalt der mieterverdrängenden spekulativen Wohnraumvernichtung"[12] deklarierten oder im Rahmen der Rechtswidrigkeit oder Schuld einen "Ausstieg" aus der Strafbarkeit propagierten, unterwarfen andere Autoren diese Auffassungen dem Verdikt "begriffsjuristischer Spitzfindigkeiten" mit denen "politische Ziele mit pseudojuristischen Mitteln"[13] durchgesetzt werden sollten. Die Stellungnahmen reichen von dogmatisch begründeten Zweifeln an der Strafbarkeit und Strafwürdigkeit solcher "Instandbesetzungen" bis hin zu der Annahme, daß derartige Argumentationen ein "Schwinden rechtlichen Denkens"[14] offenbarten und durch die teilweise vertretene Tatbestandslosigkeit eines derartigen Verhaltens "aus Chaoten und Krawallmachern 'Hilfssheriffs' staatlicher Wohnungspolitik"[15] gemacht würden.

Sowohl die juristische als auch die politische Diskussion ist inzwischen abgeflaut. Teilweise wurde der Konflikt durch beiderseitiges Nachgeben beseitigt: mit den Besetzern wurden Mietverträge abgeschlossen, es wurde die freiwillige Räumung gegen die Zurverfügungstellung von Ersatzwohnraum vereinbart[16] oder die besetzten Häuser wurden - gegen Zahlung eines angemessenen Kaufpreises - an die Besetzer übereignet.[17] In anderen Fällen wurde die Strafverfolgung bis zur rechtskräftigen Verurteilung betrieben; Räumung oder Legalisierung bilden die beiden Extrempole der Bewältigung des Hausbesetzerproblems[18]; Presseberichten zufolge gab es bereits im November 1984 in der ehemaligen Besetzerhochburg Berlin angeblich kein besetztes Haus mehr[19]. In Bochum wurden die letzten besetzten Häuser am 12.03.1986 geräumt[20]. Göttingen folgte diesem Beispiel im Dezember 1986[21].

---

11 So der Titel eines Aufsatzes von Küchenhoff, FuG 3/1981, S. 85 f.

12 Küchenhoff, DuR 1981, 300; vgl. auch AG Stuttgart StV 1982, 75 (76).

13 Arzt, JZ 1984, 428 i.V.m. Fn 6).

14 Dre-Tröndle, § 123 Rdnr. 5.

15 Geilen, JK StGB, § 123/2 a.E., jedoch bezieht sich dieser Vorwurf nur auf die Tatbestandslösung der zugrundeliegenden Entscheidung des AG Stuttgart, da Geilen selbst auf die "flexiblere Rechtfertigungsebene" verweist, ohne jedoch konkrete Lösungsvorschläge zu machen.

16 Gemeinnütziges Wohnungswesen 1983, 151.

17 Vgl. Gemeinnütziges Wohnungswesen 1983, 151; WAZ vom 17.11.1981.

18 Vgl. zu Berlin: RN vom 22.02.1986 und nach erneuter Besetzung von 8 Häusern RN vom 22.03.1989; ferner AG Wiesbaden, NJW 1991, 188.

19 GW 1984, 654.

20 RN vom 13.03.1986.

21 Der Stern, Heft 51/86, S. 164 (165).

Trotzdem kümmert sich die vorliegende Untersuchung nicht um den "Schnee von gestern": Sicherlich sind die spektakulären Aktionen der Besetzer im Verlauf der vergangenen Jahre zurückgegangen und erneute Besetzungen stoßen in der Allgemeinheit nicht wiederum auf ein derartiges Interesse[22]. Andererseits schwelt der damalige tatsächliche oder nur vorgegebene Zündstoff - fehlender preisgünstiger Wohnraum - weiter. Angesichts hoher Mieten im sozialen Wohnungsbau, des programmierten Abbaus öffentlicher Wohnungsbausubventionen[23] und daran anschließender weiterer Mieterhöhungen einerseits und der durch steigende oder gleichbleibend hohe Arbeitslosenquoten bedingt starken Nachfrage nach preisgünstigem Wohnraum andererseits muß auch in Zukunft mit demonstrativen oder von eigener Wohnungsnot getragenen Objektbesetzungen gerechnet werden[24]. Auch die Besetzung (und Räumung) leerstehender Häuser im März 1989 in Berlin[25], im September 1989 in Wiesbaden[26] und im Februar 1993 in Dortmund[27] dürften nicht den Endpunkt der Hausbesetzungen darstellen.

In den seit 1981 besetzten Häusern der Hamburger Hafenstraße wohnen seitdem circa 120 Personen, die auch nach der Kündigung der 1987 abgeschlossenen Verträge im Jahre 1989 und der letztinstanzlichen Bestätigung der Rechtswirksamkeit dieser Kündigung nicht bereit sind, die Häuser freiwillig zu räumen[28]. Im November 1993 besetzten

---

[22] Vgl. z.B.: OLG Düsseldorf, JZ 1990, 1088; OLG Düsseldorf, JR 1992, 165; AG Wiesbaden, NJW 1991, 188 f.

[23] Die staatliche Förderung des sozialen Wohnungsbaus erfolgte unter Geltung des 2. Wohnungsbaugesetzes i.V.m. den jeweils geltenden Aufwendungsdarlehens - (AufwDB) und Wohnungsbauförderungsbestimmungen (WFB) nach folgendem Schema:
Dem Bauherren wurden monatliche Aufwendungsdarlehen - bzw. Zuschüsse auf die Dauer von zwölf Jahren gewährt, die durch einen Förderungshöchstbetrag pro Quadratmeter und Monat begrenzt waren:
1) AufwDB 1972 Aufwendungsdarlehen 2,40 DM/qm/Monat
2) AufwDB Fassung 1973 Aufwendungsdarlehen 3,00 DM/qm/Monat
3) WFB 1976 Aufwendungszuschuß gestaffelt von 3,00 DM für die ersten bis 0,70 DM für die letzten Jahre der zwölfjährigen Laufzeit
4) WFB 1979 Aufwendungszuschuß 3,00 DM/qm/Monat
5) WFB Fassung 1980 wie 4)
Diese Aufwendungsdarlehen - bzw. Zuschüsse verringerten sich je nach Förderungstyp alle 4 Jahre um ein Drittel (Typ 1) + 2)), bzw. alle 2 Jahre um ein Sechstel (Typ 4) + 5)), oder ihnen lag bei Bewilligung ein Staffelungsplan zugrunde (Typ 3), so daß zum jeweiligen Zeitpunkt der Verringerung einer Subvention eine Mieterhöhung in Höhe der weggefallenen (Teil-) Subvention erfolgte. Es war daher abzusehen, daß für die seit 1972 im sozialen Wohnungsbau geförderten Wohnungen - abgesehen von den ebenfalls umlegbaren Steigerungen der Betriebskosten p.p. - Ende der achtziger Jahre Kaltmieten von ca. 8,00 DM verlangt werden würden.

[24] Daneben ist zu beachten, daß nach einer kriminologischen Studie von Armknecht im Jahre 1967 in 28,6% der von ihm untersuchten 562 wegen Hausfriedensbruch geführten Gerichtsakten das Handeln der Täter aus einer wirtschaftlichen Zwangssituation heraus motiviert war, vgl. Armknecht, S. 121 f (148).

[25] Vgl. RN vom 22.03.1989.

[26] Vgl. den Sachverhalt, der der Entscheidung der AG Wiesbaden, NJW 1991, 188 f zugrundelag.

[27] Vgl. RN vom 14.02.1993.

[28] Vgl. dazu den instruktiven Situationsbericht von Oelker, Brigitte 26/93, S. 78 ff.

rund 150 Studenten ein Gebäude im Hamburger Universitätsviertel, um so auf die Wohnungsnot Studierender aufmerksam zu machen[29].

Die Besetzung einer leerstehenden Villa der Horney-Erben durch Abiturienten und Studenten im Januar 1994 in Potsdam[30] und der Tod eines Mannes nach einem Handgemenge in einem besetzten Haus in der Görlitzer Straße in Frankfurt/Oder am 15.02.1994[31] zeigen, daß das Phänomen der Hausbesetzungen weiterhin existent ist.

Im März 1994 erschienene Presseveröffentlichungen[32] verstärken die Annahme, daß eine Besetzungswelle in Zukunft verstärkt die "neuen Bundesländer" betreffen wird.

Schon Anfang 1985 veröffentlichte "Nachrufe" auf die Instandbesetzerbewegung[33] trafen insoweit stets nur einen Scheintoten.

Im Bundesgebiet der Bundesrepublik Deutschland fehlen mehr als 2,5 Millionen Wohnungen[34]. Trotz gesetzgeberischer Interventionen zur Erleichterung der Schaffung von Wohngebäuden[35] wird die Neubauleistung auch in den kommenden Jahren nicht in der Lage sein, diesen Fehlbestand und die steigende Nachfrage abzudecken[36]. Insbesondere in den großstädtischen Ballungsgebieten sind vorhandene Mietwohnungen einem permanent steigenden Umwandlungsdruck ausgesetzt[37], da immer mehr "Bauherren" auf die gegenüber einem Einfamilienhaus aus naheliegenden Gründen preisgünstigere Alternative einer (umgewandelten) Eigentumswohnung ausweichen. Völlig zu Recht befürchtet der Bundesrat, daß so in Zukunft in weiterem Umfang Mieter aus Wohnungen verdrängt werden werden[38], wobei insbesondere für sozial Schwächere und Familien mit Kindern diese Verdrängung aus altem, preisgünstigem Wohnbestand oftmals mit der Unmöglichkeit einer (Neu-)Versorgung mit Wohnraum zu noch akzeptablen Bedingungen einhergehen wird[39].

---

29 Vgl. RN vom 24.11.1993.

30 Vgl. Berliner Zeitung vom 21.01.1994.

31 Vgl. MOZ vom 16.02.1994.

32 Vgl. Der Spiegel Nr. 12/94, S. 93 f; Berliner Zeitung vom 14.3.1994, S. 25; Berliner Morgenpost vom 6.3.1994, S. 7; dies. vom 7.3.1994, S. 6.

33 Vgl. Handelsblatt vom 09.01.1985.

34 In BR-Drs 665/92 S. 4 war ein Fehlbestand von 1 Mio. Wohnungen angegeben worden. Nach Angaben des Deutschen Mieterbundes fehlten Ende 1994 2,5 Mio. Wohnungen (vgl. dazu RN vom 16.11.1994).

35 Gesetz zur Erleichterung von Investitionen und der Ausweisung und Bereitstellung von Wohnbauland (BGBl I, 466), das am 01.05.1993 in Kraft getreten ist.

36 So wurden für 1992 statt der mindestens erforderlichen 500.000 Wohneinheiten "nur" 380.000 Neubauwohnungen fertiggestellt, vgl. dazu: Börstinghaus/Meyer, NJW 1993, 1353.

37 Börstinghaus/Meyer, NJW 1993, 1353 f.

38 A.A. allerdings die Stellungnahme der BReg, vgl. BT Drs 12/2505 S. 7 Nr. 1.

39 Zutr.: Börstinghaus/Meyer, NJW 1993, 1353 (1354).

Der Wohngeld- und Mietenbericht 1991[40] und aktuelle Mietpreislisten lassen keinen Zweifel daran aufkommen, daß preisgünstiger Wohnraum gerade in Zukunft immer knapper werden und demgemäß stärker denn je im Brennpunkt stehen wird. Der drastische Anstieg der Mieten, der sich etwa nach Auskunft des Ringes Deutscher Makler an einer Teuerungsrate bei der Neuvermietung von einfachen Altbauwohnungen i.H.v. 9 % niederschlägt[41], wird, wie der Deutsche Mieterbund im Sommer 1993 errechnete, dazu führen, daß rund 1 % aller Haushalte in Westdeutschland sich demnächst ihre Wohnungen finanziell nicht mehr leisten können und immer mehr Menschen obdachlos werden[42].

Für die neuen Bundesländer existiert - soweit ersichtlich - kein entsprechendes Zahlenmaterial. Daß die Wiedervereinigung trotz einer ursprünglichen Westfluktuation Wohnungssuchender wegen der bekannten wirtschaftlichen Schwierigkeiten und der Anpassung der ehemaligen Ostmieten an das erheblich höhere Westniveau die Wohnraumsituation nur verschärft hat, liegt auf der Hand.

Hausbesetzungen sind daher kein Gespenst vergangener Zeiten; die sich konstant verschlechternde Angebotssituation in den alten und insbesondere in den neuen Bundesländern läßt es allein als eine Frage der Zeit und des konkreten Anlasses erscheinen, wann eine "Neuauflage" der Instandbesetzerbewegung erfolgt. Die strafrechtlich befriedigende Lösung dieses gesellschaftlichen Phänomens ist daher aktueller denn je.

Bereits an dieser Stelle sei auf die in der jüngsten Vergangenheit erschienenen Monographien von *Engeln*[43] und *Martina Weber*[44] hingewiesen, die das Interesse des Verfassers am vorliegenden Thema verstärkt, diese Untersuchung in weiten Bereichen erleichtert und deren Ergebnissen in Teilbereichen den Weg geebnet haben.

Engeln untersucht im wesentlichen den Begriff des Berechtigten in § 123 StGB und damit die Frage, wer die Einlassungs- und Ausweisungsberechtigung ausüben darf; unter kritisch-ablehnender Auseinandersetzung mit der "dogmatischen Rumpelkammer"[45] des Hausrechts gelingt es ihm, eine einheitliche dogmatische Grundlage für die Berechtigung - nämlich den Besitz - anzubieten.[46] Der Besitz in seiner "Funktion als

---

40 BT Drs. 12/2396.

41 Quelle: WAZ vom 27.07.1993.

42 Quelle: WAZ vom 27.07.1993; Obdachlosigkeit wird für "zehntausende Bürger" prognostiziert.

43 Das Hausrecht und die Berechtigung zu seiner Ausübung, 1989.

44 Hausbesetzung als strafbarer Hausfriedensbruch, 1991.

45 Engeln, S. 16 unter Bezugnahme auf Binding, Normen, S. 352, der diesen Begriff für sämtliche Straftaten des 7. Abschnittes des Strafgesetzbuches kreierte.

46 Engeln, S. 37 ff und passim.

spezielles Freiheitspotential"[47] und die damit verbundene Anknüpfung an die bekannten Besitzkategorien der §§ 858 ff BGB ermöglicht eine nachvollziehbare Überprüfung seiner - oftmals mit denen der h.M. übereinstimmenden - Ergebnisse betreffend die Berechtigungen zur Ausübung des Hausrechts an den unterschiedlichen Tatobjekten des Hausfriedensbruchs[48].

Das Phänomen der Hausbesetzungen findet bei ihm im wesentlichen - nach erfolgter Besetzung - unter dem Aspekt einer (strafbewehrten) Berechtigung der Hausbesetzer gegenüber dem Eigentümer und gegenüber Dritten Berücksichtigung[49]; die Frage, ob die Hausbesetzer selbst bei der vorangegangenen Okkupation einen strafbewehrten Hausfriedensbruch verwirklicht haben, bejaht *Engeln* "grundsätzlich" mit einem Halbsatz[50].

Weber, deren Themenstellung im wesentlichen mit der der vorliegenden Untersuchung identisch zu sein scheint, leistet einen umfassenden Beitrag zur Dogmengeschichte des Hausfriedensbruchs. Ihre Darstellung der geschichtlichen Entwicklung eines Hausfriedens von der germanischen Zeit[51] über das Mittelalter, der Rezeption, dem Preußischen Allgemeinen Landrecht[52] und den Partikularstrafgesetzbüchern bis zum Reichsstrafgesetzbuch 1871[53], die sowohl gesetzliche Grundlagen als auch das Schrifttum umfassend berücksichtigt, hat hier einen dogmengeschichtlichen Exkurs überflüssig werden lassen. *Weber* ist insoweit der Zielsetzung des (zweiten) Untertitels ihrer Bearbeitung[54] mehr als gerecht geworden: Ihre Bearbeitung dürfte die aktuellste und umfassendste Überlegung zur Dogmengeschichte des Hausfriedensbruchs beinhalten.

Die Untersuchung von *Weber* verkörpert bislang auch den ausführlichsten Beitrag der Literatur zur Strafbarkeit von Hausbesetzungen. Allerdings beinhaltet auch sie keine nach den Gründen und Erscheinungsformen des Leerstandes einerseits und den Motiven der Besetzer andererseits differenzierte Betrachtung der Hausbesetzerproblematik. Es fehlt insoweit eine Untersuchung, die zumindest versucht - losgelöst von politischen Zielvorstellungen - die rechtliche Problematik von Hausbesetzungen nach diesen Kriterien methodisch aufzuarbeiten und durch einen dogmatisch-fundierten und entideologisierten Lösungsversuch Zweifler in dieser oder jener Richtung zum Schweigen zu bringen.

---

[47] Engeln, S. 43.
[48] Engeln, S. 45 ff; 173 ff.
[49] Engeln, S. 49 ff, 171.
[50] Engeln, S. 50.
[51] Weber, S. 26 ff.
[52] Weber, S. 78 ff (134).
[53] Weber, S. 141 ff (171).
[54] Untertitel: Zugleich ein Beitrag zur Dogmengeschichte des Hausfriedensbruchs.

Das Ergebnis von *Weber*, daß unabhängig vom Vorverhalten der Eigentümer und den Gründen und Erscheinungsformen eines Leerstandes "ungenutzte Häuser als befriedetes Besitztum grundsätzlich auch dann geschützt" sind, "wenn Fenster und Türen fehlen"[55] und eine Subsumtion unter § 123 StGB nur bei einem gravierenden Verfallprozeß in Frage gestellt werden kann[56], stimmt prima facie mit anderen literarischen Stellungnahmen und der einschlägigen Rechtsprechung der Oberlandesgerichte[57] überein.

Insoweit hat es den Anschein, als habe sich in Rechtsprechung und Literatur eine herrschende Meinung gebildet, die den Streit um die Strafbarkeit von Hausbesetzungen endgültig beigelegt und somit eine an sich wünschenswerte Rechtssicherheit herbeigeführt hat.

Lenckners Kommentierung von 1980 - vor Beginn der Hausbesetzerwelle - scheint damit aktueller denn je: "Keine Wohnung sind leerstehende oder in Bau befindliche Wohnräume, die jedoch als befriedetes Besitztum (...) geschützt sein können (...)"[58]; den - danach durchaus noch möglichen - Gedanken des Praktikers an ein in casu entgegengesetztes Ergebnis macht allerdings ein Blick in die Standardkommentierung der Praxis zunichte: *Dreher-Tröndle* ordnen leerstehende Wohnungen und zum Abbruch bestimmte Häuser unmißverständlich dem befriedeten Besitztum und deren Besetzung dem Hausfriedensbruch zu[59].

Der Meinungsstand ist heute - nach einigen Eskapaden - praktisch wieder an seinem Ausgangspunkt von vor 15 Jahren angelangt: Eine regelmäßig ausnahmslose Bejahung der Strafbarkeit, die einer Differenzierung nicht zugänglich scheint, der fehlende - rechtsvergleichende - Blick über die Grenzen der Bundesrepublik Deutschland hinaus und die Beschränkung der dogmatischen Untersuchungen auf Tatbestandsprobleme.
Der Forschung ist es bislang praktisch nicht nur nicht gelungen, ein nach den Erscheinungsformen und Gründen des Leerstands einerseits und den Gründen der Besetzer andererseits differenziertes Ergebnis zu präsentieren, sie hat diesen Versuch nicht einmal ernstlich unternommen. Es bleibt damit das ungute Gefühl, daß zukünftige Hausbesetzungen erneut undifferenziert als strafbarer Hausfriedensbruch begriffen werden, obwohl in concreto die durch die Aufstellung eines Grundsatzes stets anerkannte Möglichkeit einer Ausnahme besteht.

---

55 Weber, S. 242 f (247).
56 Weber, S. 247.
57 OLG Hamm, NJW 1982, 2676 f, OLG Köln, NJW 1988, 2674; vgl. auch OLG Düsseldorf, JR 1992, 1657
58 Sch-Sch-Lenckner, (20.), § 123 Rn. 4 a.E.
59 Dre-Tröndle, § 123 Rn. 5.

Neben dem Extremfall der kurzfristigen Besetzung einer Bauruine sind eine Reihe tatsächlicher Fallkonstellationen denkbar, bei denen das materielle oder auch das formelle Strafrecht einer Bestrafung des Täters entgegenstehen können und deren Voraussetzungen und Grenzen es aufzuzeigen gilt.

Trotz der Hausbesetzungen der vergangenen Jahre ist diese Zukunftsaufgabe, kommende Hausbesetzungen variabler zu betrachten und dadurch möglicherweise auch die Frage nach der Strafbarkeit eindeutig zu beantworten, noch nicht gelöst; ein Ziel, das eine differenzierte, zum Teil an Fallgruppen orientierte Betrachtungsweise erfordert und dessen Erreichen mit der vorliegenden Untersuchung angestrebt wird.

Der relative Abstand von hochaktuellen Ereignissen eröffnet die Möglichkeit, mit den rechtlichen Problemen in ruhiger, juristisch klarer, abwägender Weise gleichsam aus der Distanz umzugehen.

Im Folgenden soll versucht werden, die im Zusammenhang mit derartigen Hausbesetzungen auftretenden vielfältigen Rechtsfragen einer angemessenen Lösung zuzuführen. Angesichts der rechtstatsächlichen Vorgänge der vergangenen Jahre werden zunächst im 1. Teil - mehr journalistisch - Hintergründe, Anlässe und Motivationen der zurückliegenden Hausbesetzungen skizziert und der Begriff der "Instandbesetzung" einer kritischen Würdigung unterzogen[60].

Die tatbestandlichen Probleme der Subsumtion derartiger Besetzungen unter § 123 StGB bilden als 2. Teil den Schwerpunkt der vorliegenden Untersuchung, an den sich die Erörterung denkbarer Rechtfertigungsgründe anschließen wird. Auf die Möglichkeit eines Verbotsirrtums im Rahmen der Schuld wird eingegangen[61]. Die Zulässigkeit eines Strafantrages vor Begehung der Tat und die Möglichkeit einer Verwirkung dieser Antragsrechte wird in einem 3. Teil erörtert[62]. Ein Überblick über die Ansprüche des Hauseigentümers auf ein polizeiliches Einschreiten, zivilrechtliche Ansprüche zwischen Hausbesetzern und Hauseigentümern und die für die betroffenen Eigentümer interessante Frage, ob eine einstweilige Verfügung gegen namentlich unbekannte und teilweise wechselnde Hausbesetzer mit Aussicht auf Erfolg beantragt werden kann, bildet - als 4. Teil - den Abschluß[63].

---

[60] Erster Teil, Seite 9 ff.

[61] Zweiter Teil, Seite 30 ff.

[62] Dritter Teil, Seite 256 ff.

[63] Vierter Teil, Seite 296 ff.

Erster Teil : Die tatsächlichen Vorgänge der vergangenen Jahre

Erstes Kapitel: Rückblick: Der Wohnungsmarkt der Bundesrepublik Deutschland zu Beginn der Hausbesetzerwelle

A) Wohnbevölkerungsstruktur und gesetzgeberische Maßnahmen

Sozialwissenschaftliche Untersuchungen haben ergeben, daß etwa ein Drittel der bundesdeutschen Bevölkerung in sogenannten Ballungsgebieten, den Großstädten, wohnt; nur ein geringer Teil lebt dort in "den eigenen vier Wänden", die überwiegende Mehrzahl - ca. 80 % - sind zur Deckung ihres Wohnraumbedarfs auf Mietwohnungen angewiesen[1]. Gerade in diesen Ballungsgebieten hatte sich gezeigt, daß Angebot und Nachfrage auf dem Wohnungsmarkt sich teilweise zwar nominell deckten, jedoch der vorhandene Wohnraum aus finanziellen oder rein tatsächlichen Gründen - wenn beispielsweise modernisierungsbedingte Änderungen gerade nicht den Bedürfnissen der Wohnungssuchenden entsprach[2] - weiterhin leerstand und nicht zu einer Befriedigung der Nachfrage führte. Darüber hinaus wurde mancherorts vorhandener Wohnraum in rentableren Geschäftsraum umgewandelt.

Insoweit hatte sowohl der Gesetzgeber[3] als auch das Bundesverfassungsgericht[4] erkannt, daß sektoral beschränkte Mangellagen auf dem Wohnungsmarkt vorhanden waren und zumindest einem weiteren Auseinanderklaffen von Angebot und Nachfrage entgegengewirkt werden mußte. Die Gewährleistung einer "ausreichenden Versorgung der Bevölkerung mit Wohnraum zu angemessenen Bedingungen"[5] wurde gesetzgeberisch dadurch zu realisieren versucht, daß die Landesregierungen zur Einführung eines repressiven Verbots mit Befreiungsvorbehalt ermächtigt wurden, sofern in Krisengebieten "Wohnraum anderen als Wohnzwecken" zugeführt werden sollte, Art. 6 § 1 I 1 MRVerbG[6]. Die Zweckentfremdung[7] von Wohnraum wurde verboten, um Wohnraum in seiner Funktion zu erhalten.

Jedoch hatten die in diesem Gesetz vorgesehenen Regelungsinstrumentarien teilweise versagt und nicht zu der intendierten Kongruenz von Angebot und Nachfrage geführt.

---

1 Malunat, RuP 1982, 143 (145) m.w.N.
2 Vgl. BT-Drs. 9/341 S. 11; ferner die Stellungnahme der Hessischen Landesregierung in BVerfGE 38, 348 (354).
3 BT-Drs. 6/2564 S. 4.
4 BVerfGE 38, 348 (361).
5 BVerfGE 38, 348 (359).
6 Gesetz zur Verbesserung des Mietrechts und zur Begrenzung des Mietanstiegs sowie zur Regelung von Ingenieur- und Architektenleistungen vom 04.11.1971 = BGBl I S. 1745.
7 S.u. S. 153 ff.

Die genaue Zahl der zu Beginn der Hausbesetzerwelle leerstehenden Wohnungen ist nicht bekannt, da eine Wohnraumbewirtschaftung im Sinne einer Anzeige- und Vermietungspflicht nicht existierte[8].

Wenn der Begriff des Leerstandes zunächst einmal[9] auf die von ihm jedenfalls erfaßten Fälle vollständig freistehender Wohnungen verengt wird, die als Neubauten noch nicht oder nach einer durchgeführten Modernisierung noch nicht wieder bezogen werden konnten, oder die wegen eines zeitlich nicht vollständig übergangslosen Mieter- bzw. Eigentümerwechsels (kurzfristig) nicht zu Wohnzwecken genutzt wurden, kann eine einprozentige Wohnungsstichprobe aus dem Jahre 1978 zumindest die Dimension derartiger Sachverhalte andeuten. Hierbei wurden folgende Leerstände ermittelt[10]:

		davon angegebener Grund des Leerstandes:		
Bundesland	**Gesamtleerstand = 100 %**	**Erstbezug**	**Eigentümer / Mieterwechsel**	**Modernisierung**
Schleswig-Holstein	23.500 WE	893 (= 3,8 %)	20.210 (= 86 %)	2.397 (= 10,2 %)
Hamburg	13.000 WE	104 (= 0,8 %)	10.595 (= 81,5 %)	2.301 (= 17,7 %)
Niedersachsen	80.300 WE	4.095 (= 5,1 %)	66.569 (= 82,9 %)	9.636 (= 12,0 %)
Bremen	10.100 WE	899 (= 8,9 %)	5.898 (= 58,4 %)	3.303 (= 32,7 %)
Nordrhein-Westfalen	128.000 WE	2.560 (= 2,0 %)	106.368 (= 83,1 %)	19.072 (= 14,9 %)
Hessen	51.100 WE	1.789 (= 3,5 %)	43.997 (= 86,1 %)	5.314 (= 10,4 %)
Rheinland-Pfalz	46.100 WE	2.489 (= 5,4 %)	36.788 (= 79,8 %)	6.823 (= 14,8 %)
Baden-Württemberg	151.600 WE	6.974 (= 4,6 %)	135.530 (= 89,4 %)	9.096 (= 6,0 %)
Bayern	116.300 WE	7.211 (= 6,2 %)	94.901 (= 81,6 %)	14.189 (= 12,2 %)
Saarland	7.900 WE	498 (= 6,3 %)	5.609 (= 70,9 %)	1.801 (= 22,8 %)
West-Berlin	27.200 WE	3.210 (= 11,8 %)	19.992 (= 73,5 %)	3.998 (= 14,7 %)

8 BVerfGE 38, 348 (365).
9 Dazu s.u. S. 15.
10 Quelle: BT-Drs. 9/341, S. 10 f (11); i.E. auch: AK-Ostendorf, § 123 Rn. 1.

Auf Bundesebene ergab[11] sich danach ein Leerstand von etwa 655.100 Wohneinheiten, von denen ca. 31.000 (= 5,4 %) aufgrund eines erwarteten Erstbezuges, weitere 546.000 (= 83 %) aufgrund eines Mieter- oder Eigentümerwechsels und die restlichen 78.000 Wohnungen (= 12 %) wegen durchgeführter beziehungsweise noch durchzuführender Modernisierungs-, Renovierungs- oder Umbauarbeiten leerstanden.

Für die ungefähr 60 % der Fälle, in denen auch Angaben über die Dauer des Leerstandes gemacht wurden, konnte ermittelt werden, daß auf Bundesebene ca. 210.000 Wohnungen (= 32,5 %) bis zu einem Vierteljahr und weitere 200.000 Wohneinheiten (= 30,6 %) länger als drei Monate leerstanden[12].

Dieser Leerstand von ungefähr 655.000 Wohnungen entsprach der - ebenfalls nur rechnerisch ermittelten - Wohnungsnachfrage im Bundesgebiet, die mit etwa 600.000 Wohnungssuchenden veranschlagt wurde[13].

Zwar stimmen die absoluten Zahlen der Lehrstände nicht völlig mit der Realität überein, da trotz der einprozentigen Stichprobe sich bereits 1980 - 2 Jahre nach dieser demoskopischen Erhebung - folgende Abweichungen ergaben:

So standen in Berlin nach übereinstimmenden Angaben mehrerer Autoren[14] nicht etwa die prognostizierten 27.200 Wohnungen, sondern "nur" 800 bis 900 Häuser mit insgesamt 10.000 Wohneinheiten leer.

Noch eklatanter erscheint das Mißverhältnis zwischen Hochrechnung und Realität in Nordrhein-Westfalen: So erklärte der Minister für Landes- und Stadtentwicklung auf Anfrage, daß nach Ermittlungen der Landesregierung ungefähr 2.000 Gebäude mit insgesamt 4.500 Wohnungen leerstanden[15]; die Wohnungsstichprobe hatte demgegenüber einen Leerstand von 128.000 Wohneinheiten errechnet.

Unabhängig von der Frage, welches Zahlenmaterial letztendlich der Realität entsprach, bleibt festzuhalten, daß bis Mitte der 80iger Jahre trotz sektoral bestehender Wohnungsnot und vorhandener Nachfrage Wohnraum in den Großstädten leerstand. Das markt-

---

[11] Zur Aktualität der Problematik s.o. Seite 5.

[12] Aufgrund der Tatsache, daß in 40 % der Fälle keine Angaben gemacht wurden, kann vermutet werden, daß diese Objekte bedeutend länger leerstanden. Verifizieren läßt sich diese Vermutung allerdings nicht.

[13] Bernhard/Görgmaier, Pol. Studien Nov./Dez. 1981, 581; Malunat, Pol. Vierteljahresschrift 1982, 257 (276) Fn. 10.

[14] Amann, S. 9; Ganschow, DP 1983, 201 (203); Wesel, Der Spiegel, Heft 37/81, S. 40; ders., Bruch, S. 29.

[15] Landtag NW, 9. Wahlperiode, Plenarprotokolle 9/23, S. 1136 (1137).

wirtschaftliche Regulativ von Angebot und Nachfrage war offensichtlich gestört, was insbesondere die große Zahl registrierter Wohnungssuchender[16] in den Großstädten bewies. Wohnraum, der deren tatsächlichen Bedürfnissen und/oder finanziellen Möglichkeiten entsprach, war bereits damals anscheinend in ausreichendem Maße nicht vorhanden.

B) Gründe für den Leerstand von Wohnraum

Bei diesem quantitativen Fehlbestand an preisgünstigem und zugleich wohngerechtem Wohnraum, der einer der Anlässe für die vergangenen "Instandbesetzungen" war[17], drängt sich die Frage nach den Ursachen für den Leerstand von Wohnungen auf. Das Spektrum möglicher Gründe dürfte mannigfaltig gewesen sein: Zwischen den beiden Extrempolen, die auf der einen Seite die Leerstände erfassen, bei denen Häuser, die von ihrer Grundsubstanz und Beschaffenheit durchaus noch vermietbar waren, die jedoch aus rein spekulativen Gründen bewußt nicht vermietet wurden, um dann eine Abbruchgenehmigung zu erhalten und rentablere Geschäfts- oder Neubauhäuser zu errichten[18], und den "leicht traurigen Fällen ... von der einkommensschwachen Witwe"[19], die ihr Wohnhaus aufgrund fehlender Mittel nicht sanieren oder instandsetzen konnte und das daher leerstand, sind eine Vielzahl möglicher Anlässe für einen Leerstand denkbar. Außer den bereits im Rahmen der Wohnungsstichprobe angegebenen Gründen, wie in Aussicht stehender Erstbezug, Eigentümer-/Mieterwechsel oder geplante oder in der Durchführung begriffene Instandsetzungen ist an die Fälle zu denken, in denen allein aufgrund der langwierigen Bewilligungsverfahren für öffentliche Mittel Wohnungen für längere Zeit leerstanden, die aufgrund ihres derzeitigen Zustandes als unvermietbar galten[20]. Andere, kurzfristige (Teil-)Leerstände resultierten daraus, daß eine Ausschreibung geplanter Maßnahmen erst dann erfolgen kann, wenn der genaue Zeitpunkt der Ausführung dieser Arbeiten feststeht[21], was regelmäßig erst nach dem Auszug des letzten Mieters möglich ist.

Der Einwand, derartige Teilleerstände könnten durch zeitlich befristete Mietverträge abgewendet werden, greift ins Leere. Unabhängig davon, daß die meisten Wohnungssuchenden aufgrund der mit einem Ein- bzw. Umzug verbundenen

---

16 Vgl. BT-Drs. 9/341, Anhang 3.

17 So Ganschow, DP 1983, 201 (203).

18 Dies allein sind die Fälle der immer wieder in den Vordergrund gerückten sogenannten "spekulativen Wohnraumvernichtung"; vgl. statt vieler nur Fabricius-Brand, DuR 1981, 287.

19 Rinsche, ZRP 1984, 38.

20 Vgl. GW 8/1981, S.f 491.

21 Zutr. Ambrosius, GW 1981, 139 (141).

Unannehmlichkeiten nicht bereit sind, kurzfristige Mietverträge einzugehen, stellen befristete Mietverträge nach geltendem Recht ein potentielles Risiko für den geplanten Beginn der Bauarbeiten dar: Gemäß § 556 b I BGB kann auch im Falle eines Zeitmietvertrages der Mieter nach Fristablauf eine Fortsetzung des Mietverhältnisses unter den Voraussetzungen des § 556 a BGB - Vorliegen einer unzumutbaren Härte durch die Beendigung - verlangen. Zwar würden in einem solchen Fall gem. § 556 b II BGB nur solche Gründe in der Person des Mieters berücksichtigt, die nach Vertragsabschluß eingetreten sind; allein die Möglichkeit einer Verzögerung des Baubeginns durch eine gerichtliche Geltendmachung dieses Anspruches durch einen der Mieter dürfte viele Eigentümer von einer derartigen "Zwischenvermietung" abhalten[22].

Letztlich sind auch noch die Fälle in Erinnerung zu rufen, in denen eine vom Eigentümer durchgeführte sogenannte "Luxusmodernisierung" zu einer erheblichen Erhöhung des Mietzinses[23] und so zu einer Beschränkung des Nachfragepotentials auf zahlungskräftige Wohnungsbewerber führte. Eine derartige, insbesondere in den Großstädten wie Berlin aufgetretene Fehlentwicklung[24] dürfte jedoch nur für einen geringen Teil der Leerstände gelten. Denn unabhängig von den Bedenken gegen die aus der Wohnungsstichprobe errechnete absolute Zahl der Leerstände ist bei den erfaßten Fällen bemerkenswert, daß der Grund eines Leerstandes in mehr als 4/5 der Fälle nicht auf einen Neubezug oder eine (Luxus-)Modernisierung[25], sondern auf den Eigentümer- oder Mieterwechsel zurückzuführen war, d.h. auf Fälle, in denen gerade keine "spekulative Wohnraumvernichtung" anzunehmen ist. Andererseits ist auffällig, daß in der "Besetzerhochburg" Berlin zwar die Zahl der modernisierungsbedingten Leerstände in etwa dem Bundesdurchschnitt entsprach[26], jedoch die Summe der noch nicht bezogenen Neubauten prozentual doppelt so hoch lag wie im Bundesdurchschnitt[27].

Insbesondere in (West-) Berlin liegt daher - wie auch in anderen Großstädten - die Annahme nahe, daß hier in besonderem Maße preisgünstiger Altbauwohnraum durch teurere Neubauwohnungen ersetzt worden ist.

---

22 Treffend insoweit Degenhart (JR 1984, 30) und Adomeit (NJW 1981, 2169), die dies als die Absurdität des Mieterschutzes kennzeichnen.

23 Zur Umlegbarkeit derartiger Modernisierungsmaßnahmen vgl. § 3 des Gesetzes zur Regelung der Miethöhe vom 18.12.1974.

24 Vgl. BVerfGE 38, 348 (354); BT-Drs. 9/341, S. 11.

25 Allerdings könnten hier Verfälschungen dadurch aufgetreten sein, daß ein Leerstand nach einer Luxusmodernisierung - objektiv unzutreffend - als Leerstand wegen "normalen" Mieterwechsels deklariert wurde; insoweit sind hier die absoluten Zahlen mit einer gewissen Skepsis zu betrachten, ohne daß dadurch letztlich das eindeutige Ergebnis in seiner Richtigkeit in Frage gezogen werden kann.

26 Bundesdurchschnitt: 11,9 %; Berlin: 14,7 %.

27 Bundesdurchschnitt: 4,7 %; Berlin: 11,8 %.

Die vorangegangene Darstellung will weder die Fälle verharmlosen, in denen zur Versorgung der Bevölkerung angemessener Wohnraum rein spekulativ mißbraucht worden ist, noch die "normalen" Ursachen eines Leerstandes als alleinigen Grund für die große Anzahl leerstehender Wohnungen betrachtet wissen; es soll lediglich deutlich gemacht werden, daß alle geschilderten Ursachen den Grund eines Leerstandes darstellen können[28] und bereits aufgrund dieser vielfältigen Erscheinungsformen eines Leerstandes einer isolierten Betrachtung und rechtlichen Bewertung sogenannter "Instandbesetzungen" Bedenken ausgesetzt sein muß[29].

Die in der Wohnungsstichprobe selektiv und eher exemplarisch genannten Gründe eines Leerstandes können und müssen im Rahmen der Würdigung des Gesamttatbestandes des § 123 StGB in weiterem Maße als bisher berücksichtigt werden, da sie eine objektiv-differenzierte Betrachtung ermöglichen:
Zum einen drängt sich der Gedanke auf, daß es (straf-)rechtlich einen Unterschied machen kann, ob eine rechtswidrig nicht vermietete Wohnung oder eine Wohnung etwa während einer urlaubsbedingten Abwesenheit des Berechtigten besetzt wird.
Zum anderen ist - wie die vorgenannten Extrempole andeuten - auch der Begriff des Leerstandes bedeutend vielschichtiger, als die Gründe, die etwa in der Wohnungsstichprobe angegeben wurden und die sich in dem Begriffspaar benutzt - unbenutzt vollständig widerspiegeln.
Neben diesen *freistehenden* Wohnungen stehen nach dem allgemeinen Sprachgebrauch auch solche Räumlichkeiten leer, die für eine gewisse Zeitlang nicht zu Wohn- oder anderen Zwecken genutzt werden: Eine Zweit- oder Ferienwohnung, die nur zeitweise (z.B. saisonbedingt) benutzt wird, steht - unbeschadet einer Möblierung und fortbestehenden Zweckbestimmung - zwischenzeitlich ebenso leer, wie eine Erstwohnung bei der mehrmonatigen Abwesenheit des Inhabers.

Allerdings greift das sich durch seine bestechende Einfachheit aufdrängende Kriterium der fehlenden aktuellen Nutzung und damit einer Gleichstellung des Leerstandes mit der Abwesenheit des Berechtigten ebenfalls zu kurz:
Bei einem kurzfristigen - einer Gewahrsamslockerung im Rahmen des § 242 StGB vergleichbaren - Entfernen aus dem räumlichen Bereich, wie etwa dem Verlassen einer Wohnung zum Zwecke der Arbeitsaufnahme p.p. weigert sich das allgemeine Sprachgefühl, einen Leerstand zu bejahen.

---

[28] So i.E. auch die Gewaltkommission, vgl. Zwischengutachten A, RN. 231 (= S. 347) Endgutachten, RN. 99 (= S. 55).

[29] A.A. offenbar Küchenhoff, FuG Heft 3/1981, 85 f; ders., DuR 1981, 300.

Der Begriff des Leerstandes kann insoweit weder streng objektiv durch die Beschaffenheit der Räumlichkeit oder die Abwesenheit des Berechtigten noch durch eine subjektive Zweckbestimmung, sondern ausschließlich durch eine am allgemeinen Sprachgebrauch orientierte Kombination dieser Kriterien erschlossen werden:
Freistehende - unbenutzte - Räumlichkeiten stehen daher per se leer; darüber hinaus liegt ein Leerstand auch vor, wenn die allgemeine Verkehrsauffassung eine - wenn auch nur für einen begrenzten Zeitraum - fehlende rein tatsächliche Nutzung ausnahmsweise als derart erheblich betrachtet, daß trotz einer fortbestehenden Möblierung p.p. diese Räumlichkeiten als vorübergehend leerstehend begriffen werden.

Ausgehend von dieser Begriffsklärung sollen nun - in Anknüpfung an die bereits genannten Umstände einerseits und in Vorbereitung einer differenzierten Betrachtungsweise andererseits - zunächst die denkbaren Phänomene eines Leerstandes - z.T. nochmals - ausdrücklich herausgestellt werden[30]:

- Leerstand von saisonbedingt benutztem Wohnraum (z.B. Ferienhäuser / Studentenappartments p.p.)

- Leerstand bei längerdauerndem Urlaub (z.B. Auslandsaufenthalte)

- Leerstand wegen nicht geklärter Rechtsfragen (z.B. Unklare Erbfolge: Rechtswirksamkeit eines Mietvertrages p.p.; ungeklärte Eigentumsverhältnisse insbes. in den neuen Bundesländern)

- Leerstand aufgrund eines kurzfristig bevorstehenden Mieterbezuges bei unveränderter Bausubstanz und Ausstattung und somit bei fortbestehender Widmung und Eignung zu Wohnzwecken etwa aufgrund
  - Erstbezug
  - Mieterwechsel
  - Eigentümerwechsel

- Leerstand aufgrund einer geplanten Instandsetzung, die zur Erhaltung der Bausubstanz objektiv unumgänglich ist und durchgeführt werden kann.

[30] Eine Kategorisierung, die jedoch weder Anspruch auf Vollständigkeit erheben noch eine strikte Grenzziehung zwischen den unterschiedlichen Erscheinungsformen leisten kann, da diese teilweise miteinander kombinierbar scheinen.

- Leerstand aufgrund einer geplanten Instandsetzung, die zur Erhaltung der Bausubstanz objektiv unumgänglich ist, wegen fehlender Mittel des Eigentümers aber z.Zt. nicht realisierbar ist, bei
  - objektiver Vermietbarkeit des Wohnraums
  - objektiver Unvermietbarkeit des Wohnraumes

- Leerstand aufgrund einer geplanten Modernisierung, die zur Erhaltung der Bausubstanz nicht zwingend ist, die jedoch der Anpassung der Ausstattung des Wohnraums an derzeit übliche - durchschnittliche - Standards entspricht (z.B. Einbau von Badezimmern / Heizungen)

- Leerstand aufgrund einer geplanten Modernisierung, die zur Erhaltung der Bausubstanz nicht erforderlich ist und die allein dazu dient, durch eine luxusmodernisierte Wohnung eine andere Mieterklientel anzusprechen und dadurch höhere Mieten zu erzielen.

- Leerstand zum Zwecke des Abbruchs bei objektiv baufälligen Gebäuden.

- Leerstand zum Zwecke des Abbruchs bei nicht baufälligen Gebäuden, um
  - neue Wohnungen zu errichten
  - (rentablere) Geschäftsräume zu errichten.

Zweites Kapitel: Die Motive der Besetzer

Nach dem Eigenverständnis der Besetzer[31] sollten Hausbesetzungen dazu dienen, vorhandenen Wohnraum - unabhängig von seinem Erhaltungszustand - als Wohnraum zu erhalten; Instandbesetzungen hingegen sollten vom Eigentümer geplante Sanierungs- und Modernisierungsmaßnahmen im Wege der Eigenhilfe vorwegnehmen, oder eine erwartete "Luxusmodernisierung" vereiteln, um so folgenden Mieterhöhungen aus dem Wege zu gehen und preisgünstigen Wohnraum zu erhalten. Darüber hinaus wurde persönliche Wohnungsnot der Betroffenen als Anlaß der Besetzungen genannt; es sollte sich insoweit um eine "Selbstversorgung" mit Wohnraum handeln[32].

---

[31] Vgl. Klein/Pom, S. 108 f; Küchenhoff, FuG, S. 85 f.
[32] Küchenhoff, FuG 3/1981, S. 85 (88); Schultz-Leppin, Jura 1981, 521 (522).

A) Zur Wohnungsnot der Hausbesetzer

Unabhängig von der juristischen Legitimation derartiger "Selbsthilfe" hat sich nachträglich herausgestellt, daß in manchen Fällen akute Wohnungsnot bei den Besetzern nicht vorlag[33].

So ergab eine vom Berliner Senat durchgeführte Analyse[34], daß von 691 im ersten Halbjahr 1981 bekannt gewordenen Besetzern nur 222 (= 32,1 %) gebürtige Berliner waren; die restlichen zwei Drittel waren entweder seit 1975 und verstärkt ab 1979 nach Berlin zugezogen oder hatten einen Wohnsitz im übrigen Bundesgebiet. Auch spätere Angaben der Berliner Polizei, wonach die meisten Hausbesetzer ihren in dem besetzten Haus errichteten ständigen Aufenthaltsort "nur" als zweiten Wohnsitz angemeldet hatten[35], legen zwar die Schlußfolgerung nahe, daß persönliche Wohnungsnot in manchen Fällen, nicht aber regelmäßig auslösender Faktor einer "Instandbesetzung" war; zwingend hingegen ist diese Deduktion nicht.

B) Zusammensetzung der Hausbesetzerszene

Gleichsam spiegelbildlich zu den Anlässen eines Leerstandes war auch die mannigfaltige Zusammensetzung der Hausbesetzerszene. Der zeitliche Abstand ermöglicht insoweit folgende Charakterisierung:
Die Hausbesetzerszene stellte nicht eine homogene (zukünftige) politische Bewegung[36], - etwa vergleichbar der Friedensbewegung und der Atomkraftgegner -, sondern vielmehr eine äußerst heterogene Gruppierung dar, die sich aus örtlichen Gruppierungen zusammensetzte[37] und wohnungsbau- und sozialpolitisch orientiert war. Jedoch reflektiert die intendierte Anprangerung unsinniger Baumaßnahmen und der Hinweis auf Mißstände des Wohnungsmarktes[38], die Einflußnahme auf die Willensbildung der Öffentlichkeit und die Realisierung eines "alternativen Lebenskonzeptes"[39] erst kumulativ mit den Fällen der Wohnungssuchenden und der Randalierer die vielschichtigen Motive der Besetzer. Diese Einschätzung basiert auf einer Studie des Bundesministerium für Jugend,

---

33 Weitergehend: Braun/Schmidt, DP 1983, 206; Eyermann, UPR 1981, 14 (15).
34 Abgedruckt in GW 1981, 694 f.
35 Vgl. GW 1982, 345.
36 So aber Fabricius-Brand, DuR 1981, 287 (292); andeutungsweise auch Blankenburg, RuP 1985, 38
37 Stümper, Krim. 1981, 398 (400), der auf eine bundesweite Erhebung des Bundeskriminalamtes hinweist, wonach nach 1601 Hausbesetzern nur 49 überörtlich tätig wären.
38 Amann, S. 9; Braun/Schmidt, DP 1983, 206; Decken, DP 1974, 161; Oxfort, Berl. Anwbl. 1981, 92.
39 Amann, S. 9; Raabe/Sonnewald, RuP 1982, 151 (152 f); OLG Köln, NStZ 1983, 333 spricht von "Zeiterscheinungen verständlicher Jugendreaktion auf Mißstände".

Familie und Gesundheit, das 1981 die (Berliner) Hausbesetzerszene in folgende Gruppierungen unterteilte[40]:

- Die stadtpolitische Fraktion, die wesentlich aus städteplanerischen und sozialpädagogischen Gesichtspunkten heraus handelte, vor allem aus Anhängern von Bürgerinitiativen - mit einem starken Anteil von Architekturstudenten - bestand und aktiven Widerstand gegen die Sanierungspolitik leistete bzw. leisten wollte,

- die Anhänger der zumindest teilweise militanten Anarchoszene (Slogan: "legal - illegal - scheißegal"),

- die existentiellen Hausbesetzer aus dem Stamm der 1000 bis 1500 (mit Drogenabhängigen vielleicht auch 3000) jungen Trebegänger und Wohnungslosen,

- die modischen Hausbesetzer, größtenteils Schüler, Studenten und Angehörige sozialer Berufe, die am Image der Hausbesetzungen partizipieren wollten.

Dabei darf allerdings nicht übersehen werden, daß diese Gruppierungen kein Novum der Hausbesetzerszene darstellen, sondern im wesentlichen mit dem üblichen Grobraster der Erscheinungsformen des Hausfriedensbruchs als Schädigungs-, Nutzungs- oder Überzeugungstat[41] harmonieren:

Die Schädigungstäter, bei denen die Suche nach Streit oder ein Schädigungsverhalten dominant ist[42] und deren Verhalten möglicherweise den "typischen Fall" des - dann allerdings nahezu ausschließlich gesetzeskonkurrierend verdrängten - Hausfriedensbruchs bildet[43], entsprechen insoweit den Tätern aus der Anarchoszene.

Ohne Fremdschädigungsabsicht, dafür aber eigennützig[44] handelten die existentiellen Hausbesetzer, bei denen fehlende Unterkünfte die Hauptursache für eine Besetzung bildeten.

Die Überzeugungstäter, die Recht und/oder Gerechtigkeit auf ihre Fahnen schreiben, um so ihrem Verhalten ein demonstrativ sozialprogressives Gepräge zu verleihen, finden

---

40 Veröffentlicht in "aus Politik und Zeitgeschichte"; Beilage zur Wochenzeitung Das Parlament vom 26. Sept. 1981, S. 3 (13); i.E. ebenso: Amann, S. 9, 43 f, 92 ff (95).

41 Vgl. dazu Nees, S. 28 ff; AK-Ostendorf, § 123 Rn. 15; vgl. auch Arzt, G II 1.

42 Armknecht, S. 151.

43 Reiserer, S. 52; Ostendorf, aaO.

44 Vgl. dazu Armknecht, S. 148.

sich in der Hausbesetzerszene insbesondere als stadtpolitische Fraktion, aber auch als modische Hausbesetzer wieder.

Die Hausbesetzerszene unterscheidet sich insoweit in ihren Ausprägungen und der Struktur ihrer Kriminalität in keiner Weise von den "normalen" Erscheinungsformen des Hausfriedensbruchs: Altbekannten Strukturen wurden allein moderne Begriffe zugeordnet, ohne daß damit eine inhaltliche Änderung einherging. Allenfalls läßt sich hier ein quantitativer Unterschied mutmaßen, da die Schädigungstäter im Rahmen von Hausbesetzungen eher den atypischen Fall bildeten und bilden.

Bei einer abstrakten Betrachtungsweise eröffnet sich daher ein breites Spektrum möglicher Gründe einer Besetzung und damit eine Reihe miteinander kombinierbarer Fallgruppen:

- Besetzung reparatur-/renovierungsbedürftiger Gebäude zwecks Durchführung der erforderlichen Arbeiten
  - im Sinne des Eigentümers
  - entgegen den Vorstellungen des Berechtigten

- Besetzung zwecks Beseitigung der eigenen Obdachlosigkeit

- Besetzung zwecks Abwehr aus der Obdachlosigkeit drohender Gefahren für Leib oder Leben durch eine
  - kurzfristige Inanspruchnahme
  - längerfristige Inanspruchnahme

- Besetzung zwecks Selbstversorgung mit schönerem/größerem Wohnraum bzw. Verwirklichung alternativer Lebenskonzepte durch
  - Okkupation der Räumlichkeiten von außen
  - Nichträumen nach Ablauf/Beendigung eines Miet- oder Nutzungsverhältnisses

- Besetzung zwecks Demonstration gegen vermeintliche oder tatsächliche Mißstände
  - als Ausfluß eigener Überzeugung und politischer Einstellung
  - als Mitläufer
  - kurzfristig im Sinne eines demonstrativen Aufschreies
  - langfristig im Sinne einer Selbstversorgung

- Besetzung zwecks Abreaktion und/oder Kanalisierung von Gewalt.

C) Folgerungen für die weitere Untersuchung

In den ersten beiden Kapiteln wurden - ausgehend von einer Analyse der tatsächlichen Vorgänge der vergangenen Dekade - sowohl die unterschiedlichen Gründe der Hausbesitzer für einen Leerstand dar- als auch verschiedene "Hausbesetzertypen" vorgestellt.
Das tatsächlich bei jeder Hausbesetzung auftretende Zusammentreffen einer (oder gar mehrerer) Leerstandsursachen mit den Motiven der Hausbesetzer eröffnet gedanklich eine nahezu unüberschaubare Vielzahl von Kombinationsmöglichkeiten. Diese einzeln einer strafrechtlichen Lösung zuzuführen, kann nicht das Ziel dieser Untersuchung sein; vielmehr erfordert eine konsensfähige Lösung eine zwar differenzierte, nicht aber zugleich auch bis ins letzte Detail verästelte Darstellung.

Hierbei hat sich im wesentlichen die Arbeitshypothese bewahrheitet, daß die unterschiedlichen Erscheinungsformen und Gründe eines Leerstandes auf Tatbestands- und die Anlässe der Besetzungen auf Rechtswidrigkeitsebene rechtliche Berücksichtigung finden.

Die möglicherweise erwartete differenzierte Lösung konkreter Einzelfälle erfolgt - da andernfalls umfangreiche Wiederholungen und Verweisungen unvermeidbar würden - nicht in einer jeweils zusammenhängenden "Fallösung", sondern erschließt sich dem Leser mittelbar durch die Kombination solcher Passagen der nachfolgenden Untersuchung, die auf den unterschiedlichen Ebenen eines Gesamttatbestandes "seinen" Sachverhalt betreffen.

Drittes Kapitel: Resonanz sogenannter "Instandbesetzungen"

Das nachfolgende Kapitel, das sich mit der Resonanz der Besetzungen in der Bevölkerung und der Justiz befassen wird, weist zunächst scheinbar keinen Bezug zu den vorangegangenen Überlegungen auf; bei näherem Hinsehen wird jedoch deutlich, daß ein möglicherweise festzustellendes positives Echo beim Bürger und bei der Justiz Strafbarkeitsrelevanz entfalten könnte:
Verschiebt man den Blickwinkel von den Tatbestands- und Rechtfertigungsproblemen nicht unmittelbar auf die Strafzumessungs-, sondern zunächst auf die Schuldebene, könnte eine in der überwiegenden Anzahl der Bevölkerung oder jedenfalls die von Juristen in der fachlichen Diskussion durchaus vertretene Auffassung der Straflosigkeit bestimmter Hausbesetzungen einen vermeidbaren Verbotsirrtum des Täters begründen.

A) Resonanz in der Bevölkerung

Neben den Solidaritäts- und Sympathiekundgaben von Personen, die durch die Übernahme von "Patenschaften" und/oder den demonstrativen Einzug in die besetzten Häuser[45] die Aktionen der Hausbesetzer unterstützten, ergaben demoskopische Untersuchungen folgende Einstellung der Bevölkerung gegenüber den "Instandbesetzern":

> Nach einer Repräsentativumfrage der Forschungsgruppe Wahlen[46] billigten im Februar 1981 39,4 % der Gesamtbevölkerung die Besetzung leerstehender Gebäude; 62,8 % der Befragten unter 24 Jahren und 54,4 % der bis zu 29-jährigen erklärten sich mit einem derartigen Vorgehen einverstanden. Lediglich 34,8 % der Gesamtbevölkerung würden eine Instandbesetzung "nicht dulden", weitere 25,1 % würden sie zwar "dulden", aber "nicht billigen".
>
> Eine weitere Befragung eines repräsentativen Bevölkerungsdurchschnittes durch das Institut für Demoskopie Allensbach[47] ergab, daß 51 % der Bevölkerung Verständnis für Hausbesetzungen hatte; bei 18 % unentschiedener Stellungnahmen verneinten nur 31 % der Befragten jegliches Verständnis für diese Aktionen.
>
> Auch nachdem die ersten Räumungen stattgefunden hatten und die ersten Hausbesetzer vor Gericht standen, traten 86 % der Bewohner West-Berlins für eine "sanfte Lösung" der Prozesse im Zusammenhang mit den gewaltlosen Hausbesetzungen ein[48], was nur so verstanden werden kann, daß die Verfahren entweder aus Geringfügigkeit eingestellt, von Strafe abgesehen oder nur auf geringe Strafen erkannt werden sollte.

---

45 Vgl. dazu Rinsche, St, ZRP 1984, 38 und Amann S. 48 (m. Fn. 40): Danach existierten in Berlin bis November 1981 ca. 60 - 80 derartiger Patenschaften; ferner WAZ vom 23.7.1981: 43 (!) Professoren, Pfarrer, Schriftsteller und Journalisten zogen in die besetzten Häuser Berlin, Arndtstr., ein.

46 Veröffentlicht im ZDF Politbarometer Februar 1981; ferner Noss, StV 1981, 258 f.

47 Quelle: Kuntz, S. 195 f.

48 FAZ vom 10.03.1982, S. 6. Vgl. aber auch die instruktive Untersuchung bzgl. der Einflußnahme der Presse auf die Meinungsbildung in der Öffentlichkeit von Amann, S. 43 f, 93 ff.

B) Die "sanfte Lösung"

Letztendlich könnte sich eine "sanfte Lösung" nicht nur in Berlin, sondern in der gesamten Bundesrepublik auch in der strafgerichtlichen Praxis durchgesetzt haben. Friedliche - "einfache" - Hausbesetzungen sind nicht in besonderer Weise kriminalisiert worden; ein richterlicher "Legitimationsvorschuß für die Anwendung von Rechtszwang und Polizeigewalt"[49] ist insoweit nicht erkennbar.

I. Die nordrhein-westfälische Statistik 1980/82

So ergibt sich für die Strafverfolgung wegen einfachen - gewaltfreien - Hausfriedensbruches in NRW[50] für die Zeit vom 01.09.1980 bis 30.04.1982 folgende Statistik:
Im Untersuchungszeitraum wurden von der Justiz 129 Hausbesetzungen mit 1.782 namentlich bekannten Beteiligten registriert. Die gegen die Beschuldigten eingeleiteten Ermittlungsverfahren wurden in 776 Fällen aufgrund tatsächlicher oder rechtlicher Hindernisse[51], in weiteren 102 Fällen aufgrund des Opportunitätsprinzips eingestellt[52]. Lediglich in 686 der eingeleiteten Verfahren wurden die Beschuldigten letztendlich vor Gericht gebracht. Bei keiner rechtskräftigen Verurteilung wurde eine Freiheitsstrafe verhängt; Geldstrafen und Verwarnungen wurden in 157 Fällen ausgesprochen.

Nach einer Übereinkunft der Generalstaatsanwälte am Landesjustizministerium NRW verzichteten die Staatsanwaltschaften in NRW auf die Einleitung förmlicher Strafverfahren in Fällen "reiner" Hausbesetzungen[53].

Der leitende Oberstaatsanwalt *Groß* erklärte demgegenüber, daß "für die Staatsanwaltschaft in Berlin außer Zweifel" steht, "daß - a u c h - von sogenannten Hausbesetzern begangene Offizialdelikte[54] unverzüglich zu verfolgen sind"[55].

---

49 So aber Blankenburg, RuP 1985, 38 (41).

50 Veröffentlicht in GW 1982, 380; übereinstimmend Rinsche, ZRP 1984, 38 (39).

51 Fehlender Strafantrag, fehlende Nachweisbarkeit der Beteiligung; Einstellung gemäß § 170 II StPO.

52 §§ 153, 153a, 154 StPO; §§ 45, 47 JGG.

53 Frankfurter Rundschau v. 5/6/1982; vgl.: AK-Ostendorf, § 123 RN. 52.

54 Groß nennt in diesem Zusammenhang die Tatbestände der §§ 249, 255, 240, 242, 113 und 129a StGB, vgl. Berl.Anwbl. 1981, 89 (90).

55 Berl.Anwbl. 1981, 89. Den Schluß, daß der Hausfriedensbruch daher nicht verfolgt werden sollte, trägt diese Formulierung allerdings nicht.

II. Die Strafverfolgungsstatistiken seit 1966

Zeitungsberichten[56] und strafrechtlicher Literatur[57] zufolge sollen von Dezember 1980 bis September 1982 allein in Berlin 6.400 Strafverfahren gegen Hausbesetzer eingeleitet worden sein. Polizeiliche Schätzungen gingen allein für das Jahr 1981 von ca. 20.000 Beteiligten an Hausbesetzungen aus[58]. Die große Zahl der bundesweit Beteiligten an den Hausbesetzungen und die Vielzahl eingeleiteter Ermittlungsverfahren hat insoweit nur zu einer relativ geringfügigen Steigerung der Hausfriedensbruchkriminalität geführt. Die Strafverfolgungsstatistiken des Statistischen Bundesamtes, die die Verurteilungen bezüglich der einzelnen Delikte detailliert aufführen, lassen - wie die nachfolgende Graphik zeigt - keine dem Vorkommen der Hausbesetzungen proportionale Steigerung der Hausfriedensbruchkriminalität (§§ 123 und 124) erkennen[59].

Verurteilte sind dabei Straffällige, gegen die Freiheitsstrafe, Strafarrest oder Geldstrafe verhängt worden ist, oder deren Straftat nach Jugendstrafrecht mit Jugendstrafe, Zuchtmittel oder Erziehungsmaßregel geahndet wurde. Abgeurteilte sind Beschuldigte, gegen die Strafbefehle erlassen wurden bzw. Strafverfahren nach Eröffnung des Hauptverfahrens durch Urteil oder Einstellungsbeschluß rechtskräftig abgeschlossen worden sind. Ihre Zahl setzt sich zusammen aus den Verurteilten und aus Personen, gegen die andere Entscheidungen getroffen wurden (Freispruch, Einstellung). Zwar ist die Anzahl der Abgeurteilten leicht angestiegen, jedoch hat sich dieser Anstieg auf die Zahl der Verurteilungen kaum ausgewirkt:

---

56 Süddeutsche Zeitung v. 04.09.1982.

57 AK-Ostendorf, § 123 Rn. 12; Schall, NStZ 1983, 241.

58 Vgl. Deutsche Polizei 9/81, S. 24 f.

59 Die genauen Zahlen seit 1966: (bis 1966 vgl. die Aufstellung von Armknecht, S. 212 f).

	Abgeurteilte	Verurteilte		Abgeurteilte	Verurteilte
1966	8.412	7.838	1980	4.956	3.583
1967	9.287	8.670	1981	5.498	3.887
1968	9.139	8.419	1982	5.991	4.082
1969	8.328	7.493	1983	5.620	3.812
1970	8.199	7.148	1984	5.467	3.613
1971	7.872	6.780	1985	4.367	3.032
1972	7.402	6.452	1986	4.339	3.016
1973	6.568	5.628	1987	3.944	2.739
1974	7.057	6.063	1988	3.779	2.583
1975	6.439	5.443	1989	3.541	2.427
1976	5.913	4.650	1990	3.526	2.491
1977	5.446	4.031	1991	3.394	2.450
1978	5.173	3.851	1992	(noch) nicht vorh.	
1979	4.831	3.457			

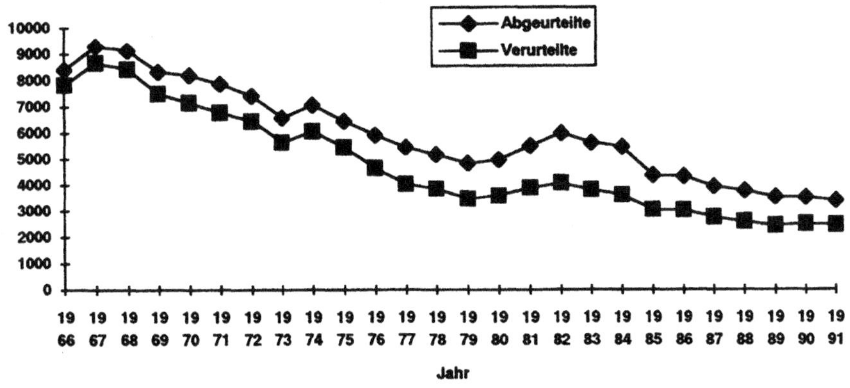

Die "Instandbesetzungen" haben sich daher letztlich im Rahmen der Verurteilung nicht entsprechend der tatsächlichen Häufigkeit und gesellschaftlichen Resonanz bemerkbar gemacht.

Trotz der nahezu einheitlichen Meinung, die "Instandbesetzungen" ausnahmslos als strafbewehrten Hausfriedensbruch ansieht, scheint auch bei den Gerichten eine gewisse Zurückhaltung - ja ein Unbehagen - bei der Verurteilung der Angeklagten bestanden zu haben, so daß in einem Großteil der Fälle die Einstellung des Verfahrens einen Weg darstellte, eine politisch mißliebige oder dem individuellen Rechtsempfinden zuwiderlaufende Bestrafung zu vermeiden. Die vielfach propagierte "sanfte Lösung" ist insoweit Rechtsrealität geworden. "Instandbesetzungen" scheinen - gegenüber der einfachen Hausfriedensbruchkriminalität - eine Sonderstellung einzunehmen, die sich ex post auch daran zeigt, daß das Hanseatische OLG es 1988 als "allgemeinkundig" deklarierte, "daß die Verfolgungsbehörden in Hamburg das Legalitätsprinzip ... in bezug auf Bewohner mancher Häuser in der Hafenstraße[60] häufig außer acht lassen"[61].

60 Die Hafenstraße bildete neben Berlin für die Öffentlichkeit einen der Schwerpunkte der Hausbesetzeraktivitäten.

61 Hans. OLG Hamburg, NStZ 1988, 467.

C) Konsequenzen

"Instandbesetzungen" haben in Bevölkerung und Justiz ein positives Echo erfahren; der zahlenmäßige Niederschlag der zahlreichen Hausbesetzungen zwischen 1980 und 1985 entspricht interessanterweise nicht ihrem tatsächlichen Vorkommen. Angesichts der politischen Brisanz der Materie und des damals uneingeschränkten Interesses der Öffentlichkeit, erscheint es hier fernliegend, die Diskrepanz allein oder auch nur überwiegend mit sogenannten Dunkelfeldern erklären zu wollen.

Der vom Zwischengutachten B der Gewaltkomission betonte Aspekt, daß bei politisch motivierten Hausbesetzungen die Eigentümer aus Angst oder wegen des erwarteten politischen Druckes keinen Strafantrag stellten[62], bzw. die öffentliche Hand als Berechtigte einen Antragsverzicht für geboten hielt[63], hat insoweit sicherlich in manchen Fällen einer Verurteilung entgegengestanden.

Darüber hinaus liegt aber in der Tat der Verdacht nahe, daß - im Hinblick auf die Hausbesetzungen - bewußt gegen das Legalitätsprinzip verstoßen wurde.

Für die vorliegende Untersuchung ist die positive Resonanz der Hausbesetzungen in zwei Richtungen von Bedeutung:
Zum einen eröffnet die teilweise propagierte Straflosigkeit die Möglichkeit eines Irrtums über die Rechtswidrigkeit der Tat; zum anderen - und diese Feststellung erscheint für die vorliegende Zielsetzung einer differenzierten Lösung der Hausbesetzerproblematik zumindest ebenso wichtig - motiviert das möglicherweise mit der tatsächlichen Rechtslage oder zumindest mit der "herrschenden Meinung" im Strafrecht nicht übereinstimmende Rechtsempfinden von Bürger und Justiz dazu, eine konsensfähige Lösung zu entwickeln. Der damit verbundenen Herausforderung, die Grenzen der Strafbarkeit von Hausbesetzungen mit den Methoden des Juristen auszuloten, stellt sich die vorliegende Untersuchung.

---

62 Zwischengutachten B, RN. 190 (= S. 432).
63 Zwischengutachten B, RN. 121 (= S. 415).

Viertes Kapitel: "Haus"-und "Instandbesetzungen"

Nach dem Eigenverständnis der Besetzer sollten Hausbesetzungen dazu dienen, vorhandenen Wohnraum unabhängig von seinem Erhaltungszustand als Wohnraum zu erhalten; "Instandbesetzungen" hingegen sollten Sanierungs- oder Modernisierungsmaßnahmen vorwegnehmen oder vereiteln. Teilweise wurde eine isolierte Betrachtung und rechtliche Bewertung sogenannter "Instandbesetzungen" propagiert, da Instandbesetzer anhand der in aller Regel öffentlich verkündeten Ziele zu erkennen seien[64]; soweit Besetzer auf einen Verfallprozeß von Wohnraum hinweisen und diesen stoppen bzw. im Wege einer Selbstvornahme den vorhandenen Wohnstandard verbessern wollen, könnte es sich um eine Instandbesetzung handeln, die bereits terminologisch den "positiven Gestaltungswillen"[65] erkennen ließe.
Eine derartige Betrachtungsweise begegnet jedoch Bedenken im Hinblick auf eine dann erforderliche Abgrenzung zwischen dem bewußt demonstrativen Hinweis auf derartige Mißstände einerseits und den echten Wohnungssuchenden und den Krawallmachern andererseits. Auch öffentlich bekundete Ziele brauchen nicht eingehalten zu werden oder können durch eigensüchtige Motive überlagert sein. Ferner würde eine derartige Auffassung dazu führen, daß die öffentliche Ankündigung eines Vorhabens zu einer systemfremden Sonderbehandlung oder gar Privilegierung bei der späteren Durchführung führen würde. Ebensowenig wie auch die öffentlich bekundete Durchführung eines Bankraubes als bewußter Protest gegen die vorhandene Kapitalverteilung zu einer Privilegierung des Täters führen darf, vermag die Ankündigung einer Instand(be)setzung eine spezielle "Rechtskategorie" innerhalb des § 123 StGB zu eröffnen[66]. Da darüber hinaus eine Kategorisierung nur "ex post", nämlich nach der entscheidenden Feststellung, daß tatsächlich in dem besetzten Haus ein Verfallprozeß in Gang gesetzt worden war und die Besetzer diesen gestoppt haben, möglich ist, erscheint eine Abgrenzung anhand der öffentlich bekundeten Motive der Besetzer nicht möglich.

Bedenken ergeben sich letztlich gegen die zunächst beinahe gebräuchliche Bezeichnung der vergangenen Besetzungen als "Instandbesetzungen", der nicht nur Insidern bekannt war[67], sondern sich im allgemeinen Sprachgebrauch etabliert hatte. Soweit ersichtlich, ist bislang keine Auseinandersetzung mit diesem Begriff erfolgt[68]; die Autoren

---

64 Küchenhoff, FuG 1981, 85 (99).
65 Malunat, Pol. Vierteljahresschrift, 1982, 257 (260).
66 Zutreffend: Rinsche, ZRP 1984, 38 (39).
67 So aber: Weber, S. 1.
68 Bezeichnenderweise trägt die Monographie Webers den Titel "Hausbesetzung als strafbarer Hausfriedensbruch".

einschlägiger Literatur weisen lediglich darauf hin, daß die "Instandbesetzer mit Renovierungsarbeiten beginnen"[69], oder daß nicht verkannt werde, "daß in den meisten Fällen keine oder nur ganz geringfügige Reparaturen erfolgen"[70].

Die "Instandbesetzung" stellt offensichtlich ein Konglomerat aus den Begriffen Instandsetzung und (Haus-)Besetzung dar. Dem vom Wortlaut und Wortsinn bereits mit einem Makel versehenen Terminus der Besetzung soll durch die Voranstellung des positiven, auf die Beseitigung eines Schadens gerichteten Axioms der Instandsetzung ein werthaft-produktives Gepräge verliehen werden.

Selbst wenn man sich Klarheit über die Begriffe der Instandsetzung[71], Instandhaltung[72], Modernisierung[73] und Renovierung[74] verschaffte und rein formal eine Instand(be)setzung als ausgeschlossen ansähe, da die zur Erhaltung der Bausubstanz teilweise erforderlichen Maßnahmen von Laien nicht durchgeführt werden konnten bzw. durften und die von den Besetzern tatsächlich durchgeführten Maßnahmen allenfalls Schönheitsreparaturen und Renovierungsarbeiten darstellten, hätte eine derartige Begriffsklärung für die vorliegende Untersuchung keine Bedeutung.

So wäre eine derartige Ableitung zunächst stets dem Vorwurf einer formalistischen Betrachtung ausgeliefert.
Gewichtiger ist aber die Überlegung, daß nicht die Zuordnung eines tatsächlichen Geschehens zum Begriff "Instandbesetzung" eine rechtliche Sonderwürdigung nach sich ziehen kann, sondern eben diese tatsächlichen Umstände den Grund und die Weichenstellung für eine differenzierte Lösung liefern. Die "Dazwischenschaltung" einer nicht exakt zu umreißenden Fallgruppe suggeriert zwar eine fallbezogene Betrachtung, verhindert diese jedoch zugleich aufgrund der damit verbundenen Verallgemeinerungen.

Wegen der rechtlichen Bedeutungslosigkeit kann es daher letztlich dahingestellt bleiben, ob die Motivation der Besetzer oder die an den besetzten Bauwerken durchgeführten Arbeiten den Begriff einer Instand(be)setzung angemessen erscheinen lassen. "Instandbesetzungen" stellen nicht ein Synonym zu dem gebräuchlicheren Begriff der Hausbesetzung dar, sondern repräsentieren allenfalls eine Teilmenge möglicher Anlässe einer Okkupation von Wohnraum. Eine isolierte "Rechtskategorie" derartiger Besetzun-

---

69 Seier, JA 1982, 232.

70 Schröder, JuS 1981, 635 Fn. 1.

71 Vgl. LG Kassel, WM 1963, 56 (57); LG Mannheim ZMR 1978, 372; Köhler, § 36 Rdnr. 11.

72 Vgl. AG Dortmund, WM 1979, 7, S. 146; Sternel, II Rn. 39 m.w.N.

73 Vgl. Brockhaus, Bd. 8, S. 81: modernisieren = erneuern, der herrschenden Mode anpassen; vgl. Sternel, II, 306 ff (308 f); vgl. § 3 I WohnungsmodernisierungsG.

74 Die Begriffe sind identisch, vgl. Köhler, § 52 Rdnr. 7; LG Kassel, WM 1963, 56 (57); Emmerich-Sonnenschein, § 535 BGB Rn. 142 a; Klein, GW 10/68 S. 303.

gen ist daher zwar denkbar, verengt aber zugleich den Blickwinkel auf (nur) eine Sachverhaltskonstellation und erscheint daher nicht geboten.

Auch die bei manchen Besetzern vorhandenen politischen Motive ermöglichen es nicht, durchgängig von demonstrativen Hausbesetzungen zu sprechen[75], obwohl dieser Begriff sowohl den intendierten Hinweis auf bestehende Mißstände als auch die teilweise vorliegenden Fälle echter Wohnungsnot und somit eine größere Bandbreite denkbarer Hausbesetzungen erfaßt. "Demonstrative Hausbesetzungen" erfassen ebenfalls nur Facetten des Gesamtspektrums und zwar diejenigen, die nach dem allgemeinen Rechtsempfinden am ehesten billigenswert erscheinen.

Als Konsequenz bleibt damit nur der Rückgriff auf den allgemein gebräuchlichen - aber auch umfassenden - (Ober-)Begriff der Hausbesetzungen.

[75] Vgl. Arzt, BT 1, S. 153; ähnlich Seier, JA 1982, 282 (283); vgl. auch den Titel des Aufsatzes von Küchenhoff in BMZ 1981, 819, S. 9 ff.

Zweiter Teil: Hausbesetzungen als strafbarer Hausfriedensbruch

Erstes Kapitel: Tatbestandliche Probleme des § 123 StGB

Gemäß § 123 StGB wird derjenige bestraft, der in die Wohnung, die Geschäftsräume oder in das befriedete Besitztum eines anderen eindringt oder sich auf die Aufforderung des Berechtigten nicht entfernt. Die Subsumtion von von Hausbesetzern okkupierbarer Objekte unter diesen Tatbestand will dabei Widersprüche und Ungereimtheiten vermeiden und eine im Hinblick auf die Strafbarkeit künftiger Hausbesetzungen relevante, differenzierte Lösung anbieten.

A) Leerstehende Wohnungen und Häuser als "Wohnung" i.S.d. § 123 StGB

I) Der Streitstand

Als Wohnung werden nach überwiegender Ansicht die Räume angesehen, die einer oder mehreren Personen zur Unterkunft dienen oder zur Benutzung freistehen[1]; die Möglichkeit, in diesen Räumen auch übernachten zu können, soll für die "Wohnung" nicht konstitutiv, sondern lediglich indiziell sein[2].

Eine neuere Auffassung erweitert diese Definition unter rechtsgutbezogenen Aspekten dahingehend, daß die Räumlichkeiten zusätzlich eine nach außen abgeschirmte Privatsphäre[3] - einen individuellen, sozio-funktionalen Freiraum -[4] bilden müssen.

Übereinstimmend wird aber aus der jeweils zugrundeliegenden Definition der Schluß gezogen, daß leerstehende Wohnungen - unabhängig von Grund und Dauer des Leerstandes[5] - nicht mehr (oder noch nicht) dem Begriff der Wohnung unterfallen[6], da es auf die tatsächliche Nutzung der Räumlichkeiten zu Wohnzwecken ankäme; leerstehende Räume hätten zwar vormals als Wohnung gedient, oder sollten - bei Neubauten - in Zukunft dazu dienen, sie könnten jedoch im Zeitpunkt des Leerstandes nicht als Wohnung,

---

1 RG St 12, 132 (133); Dre-Tröndle, § 123 Rdnr. 3; LK-Schäfer, § 123 Rdnr. 6; Olshausen, § 123 Rdnr. 3; Krey, BT 1, Rn 432; Wessels, BT 1, § 13 I 2.

2 H.M., vgl. Fn 1); a.A.: Armknecht, S. 79; Jäger, S. 25.

3 SK-Rudolphi § 123 Rdnr. 8; Armknecht, S. 75; Stoiber, S. 21 f; Bernsmann, Jura 1981, 337 (339).

4 Schall, S. 134 f; ders, NStZ 1983, 241 (242).

5 Der Begriff des Leerstandes wird dabei regelmäßig nicht erläutert; zum Leerstand im hier verstandenen Sinne s.o. S. 15 f.

6 AG Stuttgart StV 82, 75 (76); AG Wiesbaden, NJW 1991, 188; Rüdorff, § 123 Ziff. 4; Sch-Sch-Lenckner, § 123 Rdnr. 4; Krey, BT 1, Rn 433; Schall, S. 137.

sondern allenfalls als "bereitstehende Wohnung"[7] gelten, die rechtlich dem Tatbestandsmerkmal Wohnung entzogen sei[8]. Dasselbe soll für noch nicht bezogene Neubauten selbst dann gelten, wenn sie bereits vermietet sind und der Einzug der Mieter unmittelbar bevorsteht[9]; künftige Wohnungen werden nicht unter das Merkmal "Wohnung" subsumiert.

Der Ausschluß leerstehender Räume erscheint im Hinblick auf die oben erwähnte - jedoch nicht der h.M. entsprechende - Definition des Wohnungsbegriffes einleuchtend, da in den Fällen eines Leerstandes die individuelle Privatsphäre des Vormieters mit dessen Auszug aus der Wohnung aufgehoben worden und eine neue, schützenswerte Geheimsphäre des Nachmieters allein durch den Abschluß eines Mietvertrages noch nicht entstanden ist.

Unverständlich erscheint dieses Ergebnis - zumindest auf den ersten Blick - im Sinne der vorherrschenden Definition. Da diese darauf abstellt, daß die Räumlichkeit zur Unterkunft dient oder zur Benutzung freisteht und somit definitorisch die Zweckbestimmung der Räumlichkeiten betont[10], ja die zur Benutzung "freistehenden" Räume gerade den Fall einer leerstehenden Wohnung zu erfassen scheinen, läge es nahe, eine derartige Finalität zumindest dann zu bejahen, wenn der leerstehende Raum weiterhin als Wohnung dienen, beziehungsweise - wie bei einem fertiggestellten Neubau - erstmalig als Wohnung genutzt werden soll.

Jedoch bejahen auch die Vertreter der h.M. ausnahmslos und undifferenziert den Ausschluß leerstehender Wohnungen aus dem Wohnungsbegriff des § 123 StGB. Ohne Rückgriff auf das Rechtsgut der Regelung wird dieser Ausschluß nur behauptet[11] oder aber es wird - was letztendlich auch keine Begründung, sondern nur eine weitere Behauptung darstellt - bei diesem Tatbestandsmerkmal eine aus der Definition nicht ersichtliche tatsächliche Nutzung als Wohnraum gefordert[12]. Nicht die in der Definition zum Ausdruck kommende finale Komponente, sondern eine rein tatsächliche, faktische Betrachtungsweise soll bei leerstehenden Wohnungen ausschlaggebend sein.

---

7 Olshausen, § 123 Anm. 3; Oppenhoff, § 123 Fn. 4; Jäger, S. 26; Ostendorf, JuS 1981, 640.

8 OLG Hamm, NJW 1982, 2676 (2677); OLG Köln, NJW 1982, 2674.

9 Blei, PdW, Rdnr. 155; Jäger, S. 26.

10 Charakteristisch: Dre-Tröndle, § 123 Rdnr. 3: "Hauptzweck".

11 Dre-Tröndle, aaO.; LK-Schäfer § 123 Rdnr. 11; Olshausen, § 123 Ziff. 3.

12 AG Stuttgart, StV 82, 75 (76); Ostendorf, JuS 1981, 640.

Diese zunächst unangetastete Meinung berief sich - bis zu Beginn der Hausbesetzerprozesse[13] - zum Teil auf eine Entscheidung des Reichsgerichtes[14], die belegen sollte, daß bezugsfertige, aber noch nicht bezogene Wohnhäuser keine Wohnung im Sinne des § 123 StGB darstellen, sondern dem Tatobjekt "befriedetes Besitztum" unterfallen. Insoweit wurde den Autoren vorgeworfen, daß diese Entscheidung nicht einschlägig sei, da es sich in dem genannten Fall nicht um den Neubau eines Wohnhauses, sondern um ein noch nicht fertiggestelltes Freihafenlagerhaus handelte; sie könne daher nicht als Präjudiz dafür herangezogen werden, daß es bei der Bestimmung eines Raumes als Wohnung auf die tatsächliche Nutzung ankäme[15].

In der zitierten Entscheidung hatten die Angeklagten "den Neubau Block E der Hamburger Freihafenlagerhausgesellschaft"[16] betreten, um die am Bauwerk beschäftigten Maurer zur Niederlegung der Arbeit zu veranlassen. Ob es sich bei diesem Neubau um den Bau eines Wohnhauses oder eines Freihafenlagerhauses handelte, mußte das Reichsgericht offenlassen, da eine genaue Einordnung durch die Tatsacheninstanz nicht erfolgt war. Allein der im erstinstanzlichen Urteil geschilderte Fortgang der Bauarbeiten schien dagegen zu sprechen, daß der Neubau bereits zur Tatzeit "als Wohnung oder Geschäftsraum gedient habe"[17].

Insoweit läßt sich allein unter Berufung auf dieses Präjudiz weder der Ausschluß leerstehender - aber bewohnbarer oder bereits vermieteter - noch die Eliminierung noch nicht bezogener - aber fertiggestellter - Neubauten aus dem Tatbestandsmerkmal "Wohnung" rechtfertigen, da der Neubau unabhängig davon, ob es sich um ein Wohnhaus der Freihafenlagerhausgesellschaft oder um ein Freihafenlagerhaus handelte, weder tatsächlich noch nach seiner Bestimmung zum Zeitpunkt der Tat bewohnt werden konnte.

Andererseits hatte die Rechtsprechung - wenn auch ohne Begründung - bereits kurz nach Inkrafttreten eines reichseinheitlichen Strafgesetzbuches 1871 auch unbewohnte und unverschlossene Häuser[18] oder Neubauten[19] nicht als Wohnung, sondern "nur" als befriedetes Besitztum dem Schutz des § 123 StGB unterstellt.

---

13 Vgl. nur Blei, PdW (6.) Rdnr. 155; LK-Schäfer, § 123 Rdnr. 16; in den neueren Auflagen werden diese aktuellen Entscheidungen herangezogen vgl. Dre-Tröndle (38.) Rdnr. 5 und ders. (45.) Rdnr. 3, 5.

14 RG Rspr. 10, 638 f.

15 Engels, DuR 1982, 293 (294) Fn 12; Ostendorf, JuS 1981, 640.

16 RG Rspr. 10, 638 (639).

17 RG Rspr. 10, 638 (639).

18 Urteil v. 15.6.1875, Oppenhoff Bd. 16, 444 f.

19 Berlin v. 6.12.1873, GA XXI (1873), 515 (516).

Soweit ersichtlich, wurde bislang lediglich in einer einzigen Entscheidung vom 02.01.1874[20] erwogen, eine leerstehende Wohnung bei bestehendem Mietvertrag, jedoch ohne eine tatsächliche Nutzung und Möblierung durch den Mieter als Wohnung im Sinne des § 123 StGB anzusehen; jedoch ließ das Gericht dieses Problem letztendlich offen und griff auf das nach seiner Ansicht jedenfalls vorliegende Tatbestandsmerkmal des befriedeten Besitztums zurück[21].

Auch die Literatur hat bislang den generellen Ausschluß leerstehender Wohnungen aus dem Wohnungsbegriff des § 123 StGB kaum kritisch beleuchtet: Nur *Schwarze*[22], der den Schutz der Wohnung nicht auf die zu Wohnzwecken dienenden Räumlichkeiten beschränkt, sondern das gesamte Gebäude als Wohnung deklariert und somit zumindest in den Fällen eines Teilleerstandes in einem Mehrfamilienhaus auch die leerstehenden Wohnungen unter den Wohnungsbegriff subsumieren müßte, und *Geilen*[23], der die - unbeantwortet bleibende - Frage aufwirft, inwieweit kurzfristige Leerstände bei weiterhin zu Wohnzwecken dienenden Gebäuden die Wohnungseigenschaft dieser Räumlichkeiten nicht unterbrechen, bilden insoweit die Ausnahmen.

II. Die Fallkonstellationen

Ob von Hausbesetzern okkupierte Räumlichkeiten auch dem Tatbestandsmerkmal "Wohnung" unterfallen können, soll im folgenden hinterfragt werden.

Relativ einfach läßt sich nach den vorstehenden Ausführungen für die beiden denkbaren Extrempole ein Konsens herstellen:

Eine - möglicherweise demonstrativ kurze oder im Sinne einer Selbstversorgung erfolgende - **Besetzung von (Zweit-)Wohnungen** eröffnet nicht bereits Probleme einer Subsumtion (zeitlich - begrenzt) leerstehender Räumlichkeiten unter das Merkmal des befriedeten Besitztums, sondern des Tatobjekts "Wohnung".
Eindeutig ist die Erfüllung dieses Tatbestandsmerkmals bei der diametral entgegengesetzten Fallkonstellation, der Besetzung **leerstehender und einem fortgeschrittenen Verfallprozeß** ausgesetzter ehemaliger Wohnungen oder einer **Bauruine**, zu verneinen.

---

20 OLG Dresden v. 2.1.1874, Stenglein IV (1875), 114 f.

21 OLG Dresden, aaO., S. 115.

22 Schwarze, (3.), § 123 S. 376.

23 Geilen, JK STR, § 123 1.

Als eigentlich problematisch erweisen sich aber Fallgruppen innerhalb dieser Polarisierung von tatsächlich genutzter Wohnung und Bauruine:

"Besetzen" **zivilrechtlich vertragswidrig handelnde Mieter**, die nach Ablauf eines Mietverhältnisses und/oder einer Räumungsfrist die Benutzung der Räumlichkeiten fortsetzen und zudem - wie in einem dem *OLG Düsseldorf* zur Entscheidung vorgelegten Sachverhalt - die Räume durch das Anbringen von Transparenten für besetzt erklären[24], eine "Wohnung" (und dann möglicherweise ihre eigene) oder verwandelt sich diese "Wohnung" durch Fristablauf ipso iure in das befriedete Besitztum (eines anderen)?

Auch die Inbeschlagnahme zeitlich begrenzt leerstehender **Ferienhäuser** etwa außerhalb der Saison, die Okkupation nicht vermieteter **Hotelzimmer**, die Besetzung eines **zum Bezug bereitstehenden Neubaus** oder einer bereits vermieteten - "leerstehenden" - Wohnung, bei der sich Vor- und Nachmieter über eine - vollständige oder teilweise - Inventarübernahme geeinigt haben und nach dem Auszug des einen sich der Einzug des anderen etwa durch eine urlaubsbedingte Abwesenheit verzögert, zeigen auf, daß es die oftmals anzutreffende Gleichsetzung von leerstehendem Wohnraum als (allenfalls) befriedetem Besitztum zu hinterfragen gilt.

Natürlich scheint dieser Teilbereich dem naheliegenden Einwand ausgesetzt zu sein, ein "dogmatisches Glasperlenspiel" zu betreiben, da doch in den vorgenannten Beispielen jedenfalls ein "befriedetes Besitztum" vorliege.
Ein Einwand, der vordergründig bleiben muß, da auch nach der geltenden Gesetzeslage eine tatbestandsmäßige Exklusivität dergestalt denkbar ist, daß eine einmalige Zuordnung zu einem Tatobjekt dauerhaft einen Rückgriff auf die anderen Tatbestandsvarianten versperrt[25]. Das befriedete Besitztum könnte nicht - als minus - einen Auffangtatbestand, sondern ein aliud gegenüber den anderen Tatobjekten darstellen.
An dieser Stelle wird eingewandt werden, daß eine derartige Exklusivität die Notwendigkeit einer exakten Zuordnung nicht zu begründen vermag, da die "Komplementärfunktion" des befriedeten Besitztums doch jedenfalls einen vollständigen Schutz gewährleiste; das befriedete Besitztum grenze - so könnte argumentiert werden - in seinem Schutzumfang jedenfalls an die Wohnung an und zwar unabhängig von einer engen oder weiten Grenzziehung bei diesem Merkmal.

Eine derartige Argumentation erscheint auf den ersten Blick bestechend; sie könnte jedoch bei genauerem Hinsehen dem Denkfehler, nicht hinreichend exakt zwischen Al-

---

24 OLG Düsseldorf, JR 1992, 165 ff m. Anm. Dölling, ebd., S. 167 f, die einen strafbewehrten Hausfriedensbruch bejahen.

25 Siehe dazu unten S. 107 ff.

ternativität - als einfaches "oder" - und Exklusivität - im Sinne eines "entweder-oder" - zu unterscheiden, erlegen sein: Letztere schließt nach der hier vertretenen Auffassung eine kumulative Verwirklichung nicht nur für einen Zeitpunkt aus mit der Folge, daß eine Wohnung nicht zugleich befriedetes Besitztum sein kann; Exklusivität könnte darüber hinaus eine endgültige Zuordnung beschreiben und daher eine Sperrwirkung einer einmal erfolgten Einordnung im Hinblick auf die Zuordnung zu anderen Tatobjekten beinhalten.

Die zutreffende Feststellung, daß befriedetes Besitztum und Wohnung eine gemeinsame Grenzlinie haben, läßt vor diesem Hintergrund die genaue Grenzziehung zwischen beiden Merkmalen gerade nicht überflüssig werden.

Selbst wenn die Notwendigkeit dieser Grenzziehung im Hinblick auf die geltende Gesetzeslage nicht zwingend sein sollte, könnte sich ein derartiges Erfordernis jedenfalls daraus ergeben, daß der Schutzumfang des § 123 StGB vielfach als zu weitgehend empfunden wird.

So ist zu berücksichtigen, daß nicht nur unter dem Aspekt eines Rückzuges des Strafrechts und der Entkriminalisierung in jüngerer Zeit sich *Schall*[26] und *Bernsmann*[27] de lege ferenda für eine Eliminierung des befriedeten Besitztums aus dem Tatbestand des § 123 StGB ausgesprochen haben. Ein Postulat, dessen Verwirklichung dazu führen würde, daß dem Merkmal "Wohnung" strafbarkeitsbegründende und limitierende Funktion hinsichtlich zukünftiger Besetzungen zuteil werden würde.

Spätestens eine Eliminierung des befriedeten Besitztums aus dem strafbewehrten Bereich des Hausfriedensbruchs würde eine genauere Auseinandersetzung mit der nach der geltenden Gesetzeslage regelmäßig kaum interessierenden Berührungslinie dieser geschützten Räumlichkeit mit der Wohnung erfordern. Der bislang rein tatbestandsinternen Grenzlinie der Wohnung würde dann eine praktische - strafbarkeitsbegrenzende - Funktion zuteil. Diese Überlegung macht deutlich, daß dem Tatbestandsmerkmal "Wohnung" bereits heute mehr Aufmerksamkeit gewidmet werden sollte.

Letztlich kann auch und gerade nur eine genauere Auseinandersetzung mit den Grenzen des Wohnungsmerkmals die zukünftig zu treffende Entscheidung über die durch § 123 StGB zu schützenden Räumlichkeiten sinnvoll beeinflussen: Eine Übereinkunft, das befriedete Besitztum ersatzlos zu streichen, wird erst dann erzielt werden können, wenn der durch die "Wohnung" verbleibende Schutz hinreichend genau eingegrenzt worden ist und Einigkeit darüber besteht, daß die von der Mehrheit jedenfalls als

---

26 Schall, S. 169.
27 Bernsmann, Jura 1981, 472.

schützenswert empfundenen Objekte fortan unter dieses Merkmal subsumiert werden können.

Im folgenden wird untersucht, inwieweit ein unterschiedsloser Ausschluß leerstehender Wohnungen aus dem Wohnungsbegriff des § 123 StGB gerechtfertigt ist, oder ob nicht eine nach Art, Dauer und Zweck des Leerstandes differenzierte Betrachtungsweise geboten erscheint.

III) Auslegung des Begriffes "Wohnung"

1) Zu den Auslegungsmethoden

Da die vom Gesetzgeber verwendeten Begriffe in aller Regel nicht eindeutig im Sinne einer Selbst-Verständlichkeit sind, bedürfen nahezu alle Tatbestandsmerkmale einer "Sinnermittlung ... zum Zwecke ihrer Anwendung auf konkrete Sachverhalte"[28]; diese Auslegung vollzieht sich aus verschiedenen Blickwinkeln, die unterschiedliche Leitgesichtspunkte berücksichtigen und in ihrer Gesamtheit die erforderliche Auffüllung des Gesetzesbegriffs ermöglichen[29].
Die Methoden dieser Sinnerforschung werden überwiegend in vier unterschiedliche Kategorien

- die grammatische, am Wortlaut orientierte,
- die logisch-systematische,
- die subjektiv-historische und
- die objektiv-teleologische Auslegung

unterteilt[30], wobei dem letztgenannten Auslegungskriterium, das losgelöst von historischen Vorstellungen nach dem heutigen Gesetzeszweck fragt, ein entscheidendes Gewicht zukommt[31].

2) Wortlaut

"Alle Auslegung fängt beim Worte an"[32]; so oder ähnlich beginnen Ausführungen zur Auslegungsdogmatik; zuerst gilt es daher zu untersuchen, welcher Wortsinn dem frag-

---

28 Maurach-Zipf, AT 1, § 9 I Rn. 1.
29 Larenz, S. 312 (313); SK-Rudolphi, § 1 Rn. 34.
30 Jescheck, S. 137 ff; Larenz, S. 320 ff; SK-Rudolphi, § 1 Rn. 28 ff; Sch-Sch-Eser, § 1 Rn. 37 ff.
31 BGH St 3, 259 (262); Maurach-Zipf, AT I, § 9 II Rn. 18; ähnlich: Larenz, S. 320; SK-Rudolphi, § 1 Rn. 29.
32 Vgl. Fn 30.

lichen Gesetzesbegriff zukommt; gesetzlicher Sprachgebrauch und allgemeiner Wortsinn werden so für die Tatbestandsauslegung relevant und vor dem Hintergrund von Art. 103 II GG zur Grenzlinie der Strafbarkeit.

Bei dieser Orientierung am Gesetzeswortlaut meint *Ostendorf*[33], den Ausschluß leerstehender Räumlichkeiten aus dem Tatbestandsmerkmal "Wohnung" bereits durch die Berufung auf den Wortlaut überzeugend legitimieren zu können.

Der allgemeine Sprachgebrauch, der naturgemäß den Ausgangspunkt einer Auslegung bildet und auf den ein Rückgriff grundsätzlich zulässig ist[34], unterscheidet hingegen: Ein potentieller Mieter besichtigt danach eine (leerstehende) Wohnung und nicht etwa ein "befriedetes Besitztum". Die Umgangssprache verwendet insoweit den Begriff "Wohnung" mit unterschiedlichen Begriffsinhalten: Sowohl tatsächlich bewohnte Räumlichkeiten ("Wohnungen im Ist-Zustand") als auch Räumlichkeiten, die erst demnächst zu Wohnzwecken dienen sollen ("Wohnungen im Soll-Zustand"), unterfallen umgangssprachlich dem Wohnungsbegriff.

Der Tatbestand des Hausfriedensbruchs nennt als taugliches Tatobjekt die Wohnung, ohne dabei zwischen tatsächlich benutzten und unbenutzten Räumen zu unterscheiden. Insoweit könnte zwar eine Wohnung erst vorliegen, wenn die Räumlichkeiten durch Maßnahmen des Wohnungsinhabers wohnlich gemacht worden sind[35]; konstitutives Merkmal der Wohnung wäre die Schaffung einer abgeschirmten und daher schützenswerten Sphäre. Jedoch differenziert weder der allgemeine Sprachgebrauch[36], noch die Terminologie der juristischen Praxis[37] zwischen leerstehenden und bezogenen Wohnungen. Auch unbezogene Räumlichkeiten, die bereits zu Wohnzwecken dienten und weiterhin dienen sollen, oder noch nicht bezogene Neubauten werden - trotz eines momentanen Leerstandes - vom allgemeinen Sprachgebrauch als Wohnung (im "Soll-Zustand") deklariert.

Wortlaut und Wortsinn stellen nicht zwingend auf eine faktische Betrachtungsweise ab, sondern gehen eher von der Zweckbestimmung der jeweiligen Räumlichkeit aus; eine Zweckbestimmung, die zwar bei Abrißhäusern weggefallen ist, die jedoch sicherlich in den durch eine geplante oder bereits durchgeführte Sanierung oder durch einen Mieter-

---

33 Ostendorf, JuS 1981, 640.

34 Vgl. BGH St 10, 46 (50) und passim.

35 Erwägend OLG Dresden, Stenglein IV, 114 (115).

36 Ein Rückgriff darauf ist grundsätzlich zulässig, vgl. BGH St 10, 46 (50); Jescheck, S. 138.

37 Vgl. z.B. OLG Köln NJW 81, 1849; AG Mönchengladbach v. 4.2.1982, abgedruckt bei Küchenhoff, KJ 1982, 156 (167).

wechsel hervorgerufenen Fällen eines Leerstandes weiterhin vorliegt und daher zu einer Subsumtion unter das Tatbestandsmerkmal Wohnung zwingen könnte.

Selbst wenn in Einklang mit dem BVerwG[38] und dem BVerfG[39] die Wohnung zu den existentiellen Grundvoraussetzungen gezählt und daher das Wohnen als Ausfluß der verfassungsrechtlich in Art. 1 I GG garantierten Menschenwürde und des Sozialstaatsprinzips angesehen wird, erschließt diese Deduktion nicht die semantische Bedeutung des Begriffes Wohnung.

Jedoch könnte der Hinweis, daß der Tatbestand nur die Wohnung "eines anderen" als taugliches Tatobjekt deklariert[40], den rigorosen Ausschluß leerstehender Wohnungen begründen. Allerdings weist auch diese Formulierung nicht eindeutig auf eine konkret erforderliche Benutzung als Wohnraum hin - die durch einen anderen adäquat genutzte Wohnung -, sondern kann ebensogut dahingehend verstanden werden, daß der Wohnraum einem anderen "gehören" muß, oder - negativ ausgedrückt - daß nur der dem Täter im Sinne eines sachenrechtlichen Zuordnungsverhältnisses zustehende Wohnraum als taugliches Tatobjekt ausscheidet[41].

Einen möglichen Aufschluß kann daher allenfalls die historisch-sprachliche Entwicklung und damit die Herkunft des Begriffes Wohnung bzw. wohnen leisten.

Diese ist von *Heidegger*[42] hinterfragt worden, der nachgewiesen hat, daß das althochdeutsche Wort "buan" ursprünglich den Sinngehalt "Wohnen" hatte und demselben Wortstamm entstammt wie das Wort "Sein"; hieraus folgert er eine Wechselwirkung zwischen Wohnen und Sein, die daneben-entsprechend dem gotischen Begriff "Wunian", der als Vorläufer dem heutigen Begriff des Wohnens ähnelt - ein "zufrieden sein, zu Frieden gebracht werden, in ihm bleiben"[43] beinhalte.

Allerdings lösen auch diese Überlegungen nicht das hier in Frage stehende Problem: Die eher philosophische Verknüpfung der Wohnung mit dem Zustand des Menschen beinhaltet wiederum keine Aussage darüber, ob eine solche Verknüpfung stattgefunden haben oder nur stattfinden können muß.

---

38 BVerwGE 1, 159 (162).
39 BVerfGE 66, 214 (224).
40 AG Stuttgart StV 1982, 75 (76).
41 Ähnlich bereits Urteil vom 2.1.1874, Stenglein IV (1875), 114 (116).
42 Heidegger, S. 73 f.
43 Heidegger, S. 74 f.

Der Wortlaut ist - wie in den meisten Fällen - nicht hinreichend eindeutig; das Erfordernis einer tatsächlichen Benutzung als Wohnraum ist daher aus ihm allein nicht ersichtlich[44]; gerade in den Problemfällen kann der Ausschluß leerstehender Wohnungen durch eine Berufung allein auf den Wortsinn nicht überzeugend legitimiert werden. Der Wortlaut erfaßt sowohl "Wohnungen im Ist-Zustand" als auch solche im "Soll-Zustand".

3) Systematik

Auf der nächsten Ebene ist daher nun die Stellung des Tatbestandsmerkmals "Wohnung" innerhalb des § 123 StGB und die der Norm im Gesamtgefüge zu untersuchen, um durch die Auswertung des Kontextes Rückschlüsse auf den Sinngehalt ziehen zu können; diese logisch-systematische Auslegung[45], die allerdings naturgemäß voraussetzt, daß die Einordnung von Tatbestandsmerkmalen und Normen vom Gesetzgeber bewußt und exakt vollzogen wird[46], könnte Rückschlüsse auf die Subsumierbarkeit leerstehender Räumlichkeiten unter den Gesetzesbegriff der "Wohnung" im Rahmen des Hausfriedensbruchs ermöglichen.

Systematische Überlegungen müssen sich daher methodisch mit der Frage des - wie *Larenz* es ausdrückt - "Bedeutungszusammenhanges des Gesetzes"[47] auseinandersetzen.

a) Fraglich ist zunächst, ob die tatbestandsinterne Systematik der Norm Rückschlüsse ermöglicht. Die Existenz des "befriedeten Besitztums eines anderen" als taugliches Tatobjekt eröffnet zwar der Praxis den Weg, auf diese jedenfalls vorliegende Tatbestandsvariante zurückzugreifen[48]. Dieser verständliche Kunstgriff stellt jedoch naturgemäß nur die Relevanz einer Grenzziehung zwischen den verschiedenen Tatobjekten in Frage und trägt nicht etwa zu einer exakten Begriffserklärung bei.

Das damit implizierte Verhältnis dieser Tatbestandsvarianten als sich überschneidende Kreise ist systematisch allerdings ebensogut vertretbar, wie die Behauptung, daß eine Wohnung zwingend einen Spezialfall des befriedeten Besitztums darstelle

---

[44] Ausdrücklich a.A.: Ostendorf, JuS 1981, 640; wie hier: Schön, NJW 1982, 1126 (1127).

[45] Vgl. dazu Jescheck, S. 138; Larenz, S. 324 f (328); SK-Rudolphi, § 1 Rn. 30.

[46] Jescheck, S. 138; Gegen eine systematisch zutreffende Einordnung des § 123 aber z.B.: SK-Rudolphi, § 1 Rn. 30.

[47] Larenz, S. 324 ff.

[48] Vgl. OLG Dresden, Stenglein IV (1875), 114 (115) einerseits und aus der neueren Rspr. OLG Oldenburg NJW 1985, 1352: "... Einordnung als Nebenraum einer Geschäftskammer und/oder als befriedeten Besitztum".

oder daß diese Varianten in einem strengen Ausschließlichkeitsverhältnis[49] zueinander stünden, ohne daß eine dieser Konstellationen einer überzeugenden Begründung zugänglich scheint.

Die tatbestandsinterne Systematik des § 123 StGB ist daher offen.

b) Strafrechtsintern bezeichnet § 306 Nr. 2 StGB ein zur Wohnung von Menschen dienendes Gebäude als taugliches Tatobjekt des abstrakten Gefährdungsdeliktes der schweren Brandstiftung, so daß bei diesem Delikt sowohl nach Wortlaut als auch nach Sinn und Zweck der Vorschrift leerstehende Häuser nicht erfaßt sind[50]; ausschlaggebend ist hier die bloße Tatsache der - unter Umständen sogar bestimmungswidrigen - konkreten Benutzung zu Wohnzwecken im Zeitpunkt der Tat[51].

Insoweit könnte man daran denken, daß der Gesetzgeber, wäre nach seiner Vorstellung bereits eine tatsächliche Benutzung zu Wohnzwecken für das Merkmal Wohnung konstitutiv, die in § 306 Nr. 2 StGB gewählten Termini einfacher und verständlicher durch das Tatbestandsmerkmal Wohnung hätte ersetzen können; die recht umständliche Umschreibung wiese darauf hin, daß bei einer Wohnung eine tatsächliche, bestimmungsgemäße Nutzung nicht erforderlich ist. Ein Umkehrschluß aus § 306 Nr. 2 StGB würde dann die Annahme nahelegen, daß der Begriff "Wohnung" in § 123 StGB auch "Wohnungen im Soll-Zustand" erfaßt.

Eine derartige Argumentation müßte von der Prämisse ausgehen, daß gleiche Sachverhalte mit identischen Ausdrücken belegt wären, beziehungsweise identischen Termini - zumindest innerhalb eines Gesetzbuches - derselbe Sinngehalt zukommt. Eine Voraussetzung, die - so wünschenswert sie ist - im geltenden (Straf-)Recht nicht - oder zumindest nicht immer - gegeben ist, wie bereits der unterschiedliche[52] Begriff der "Wegnahme" in § 242 StGB einerseits und § 289 StGB andererseits und die mannigfaltige Bedeutung des Begriffes "rechtswidrig" in den einzelnen Tatbeständen verdeutlicht.

Allerdings erscheint es recht pauschal, allein aus dieser Möglichkeit den Schutz leerstehender Wohnungen in § 123 StGB durch das Tatbestandsmerkmal "Wohnung" ableiten zu wollen.

---

49 S. u. S. 107 ff.

50 Vgl. nur Dre-Tröndle, § 306 Rdnr. 4 m.w.N.

51 RG St 60, 136 (137).

52 Str., vgl. statt vieler: Dre-Tröndle, § 289 Rn 2 einerseits und Sch-Sch-Eser, § 289 Rn 8 andererseits.

Vielmehr stellt sich hier die Frage, aus welchen Gründen der Gesetzgeber beim abstrakten Gefährdungsdelikt des § 306 Nr. 2 StGB ausschließlich zu Wohnzwecken dienende Gebäude als taugliche Tatobjekte deklarierte und ob diese Zweckbestimmung systematisch den Rückschluß ermöglicht, daß eine "Wohnung" im Sinne des § 123 StGB keinen derartig aktuellen Zweck aufweisen muß.

§ 306 Nr. 2 StGB schützt Wohnräume, soweit diese zur Zeit der Tat faktisch Wohnzwecken dienen[53] und damit "Wohnungen im Ist-Zustand"; ausschlaggebend ist nicht die Eignung der Wohnung[54] oder die Anwesenheit des Wohnungsinhabers bei Begehung der Tat, sondern allein die "Faktizität des Wohnens", mit der Folge, daß die Eigenschaft als taugliches Tatobjekt konkludent auch durch ein Inbrandsetzen des Gebäudes durch den (allein-)berechtigten Bewohner aufgegeben werden kann[55].

Der Wohnungsbegriff des § 306 Nr. 2 StGB ist daher ausschließlich von dem bezweckten Schutz solcher Räumlichkeiten geprägt, die als Wohnstätten für Menschen dienen. Die im Vergleich zu § 123 StGB unterschiedliche Zweckbestimmung erfordert bei der Brandstiftung eine abweichende Umschreibung des Tatobjekts, so daß ein Rückschluß auf den Wohnungsbegriff des § 123 StGB sich stets zu Recht dem Einwand der Verkennung der unterschiedlichen Ausgangslagen ausgesetzt sehen wird.

Allenfalls kann daher aus der Existenz des § 306 Nr. 2 StGB mit größter Vorsicht der Schluß gezogen werden, daß eine Widmung zu Wohnzwecken strafbarkeitsrelevant ist und daß die Projektion dieser Feststellung auf den Wohnungsbegriff des Hausfriedensbruchs das Ergebnis der Wortlautauslegung bekräftigt: Eine noch nicht bezogene, "neue" Wohnung ist "Wohnung" aufgrund der Widmung zu zukünftigen Wohnzwecken und ein Abrißhaus enthält wegen seiner Entwidmung keine Wohnungen mehr.

Ein zwingendes Argument für eine weite Auslegung des Merkmals "Wohnung" läßt sich daraus allerdings nicht ableiten.

---

53 Vgl. statt Aller: Otto, § 79 III.

54 Insoweit ist anerkannt, daß hier hinreichende Schutzwehren der Räumlichkeiten nicht erforderlich sind, mit der Folge, daß Neubauten ohne Fenster und Türen schon und teilweise zerstörte Bauwerke noch unter den Schutz des § 306 Nr. 2 StGB fallen können, vgl. dazu: BGH St 6, 108; RG JW 28, 2463; OGH JR 1950, 504; Dre-Tröndle, § 308 Rn. 3.

55 Vgl. BGH JZ 1988, 55; Otto, § 79 III 2 m.w.N.

Jedoch könnte sich das Erfordernis einer einengenden Auslegung des Begriffs der "Wohnung" in § 123 StGB aus einer systematischen Betrachtung sowohl des Wohnungsbegriffes der §§ 181, 182 ZPO als auch des Wohnungsbegriffes des Art. 13 I GG ergeben.

c) Der Wohnungsbegriff der §§ 181, 182 ZPO könnte ausschließlich von der ratio der (Ersatz-)Zustellungsvorschriften geprägt sein: Die Zustellung ermöglicht den Nachweis des Zuganges und realisiert das verfassungsrechtlich garantierte rechtliche Gehör des Zustellungsempfängers. Somit ist für den Wohnungsbegriff der tatsächliche Aufenthaltsort - der räumliche Lebensmittelpunkt - relevant; nur dort kann am ehesten damit gerechnet werden, daß das Schriftstück seinen Empfänger erreicht[56]. Insoweit ist dieser Wohnungsbegriff zwar auf die tatsächlich bewohnte Wohnung beschränkt, jedoch kann daraus kein systematisches Argument für den Wohnungsbegriff des § 123 StGB abgeleitet werden, da der Ausschluß leerstehender Wohnungen spezifisch auf den Sinn und Zweck der Zustellungsvorschriften zugeschnitten und daher nicht zu verallgemeinern ist.

d) Art. 13 I GG garantiert die Unverletzlichkeit der Wohnung. In der staatsrechtlichen Literatur ist insoweit unbestritten, daß der Schutzbereich dieser Verfassungsnorm weit auszulegen ist; neben den Wohnungen im allgemeinen Sprachgebrauch unterfallen auch Geschäftsräume und angrenzendes Freigelände, sofern es umschlossen ist[57], aufgrund einer "allgemeinen Rechtsüberzeugung"[58] dem verfassungsrechtlichen Wohnungsbegriff.

Ein derart weiter Wohnungsbegriff, der auch leerstehende Wohnungen erfaßt, würde dazu führen, daß sämtliche anderen Tatobjekte überflüssig wären. Folglich kann er offensichtlich in § 123 StGB nicht gemeint sein. Dem Hausfriedensbruch liegt daher - was dem einfachen Gesetzgeber durchaus vorbehalten ist[59] -ein engerer Wohnungsbegriff als der des Art. 13 GG zugrunde.

Weder die §§ 181, 182 ZPO noch Art. 13 GG und § 306 Nr. 2 StGB können daher einen Ausschluß oder eine Einbeziehung leerstehender Wohnungen in den Wohnungsbegriff des § 123 StGB systematisch legitimieren.

---

56 OLG Köln MDR 1983, 139 m.w.N.. Gemeint ist daher die "Wohnung im Ist-Zustand".

57 B-K (Dagtoglou), Art. 13 Rdnr. 16 f; Hamann-Lenz, Art. 13 S. 275; Maunz in M-D, Art. 13 Rdnr. 3c; kritisch dazu Trabandt, S. 191.

58 BVerfGE 32, 54 (71).

59 Vgl. Maunz, aaO., Art. 13 Rdnr. 3c.

e) Zu erwähnen bleibt der einfachgesetzliche öffentlich-rechtliche Wohnungsbegriff, der im Steuerrecht und im Subventionsrecht zugrunde gelegt wird.
Hier wird - mangels einer ausdrücklichen Legaldefinition - kasuistisch auf eine finale Zweckrichtung der Räumlichkeiten abgestellt: "Eine Wohnung ist die Summe der Räume, welche die Führung eines selbständigen Haushalts ermöglicht"[60], die baulich abgeschlossen ist und über einen eigenen Zugang verfügt[61] und die - wichtig - subjektiv vom Eigentümer zu solchen Wohnzwecken gewidmet ist[62], wobei der subjektiven Komponente Vorrang zukommt[63].
Der einfachgesetzliche öffentlich-rechtliche Wohnungsbegriff ist mithin im Ergebnis spezifisch auf steuer- und förderungsrechtliche Anforderungen zugeschnitten und daher nicht auf § 123 StGB übertragbar.

4) Zwischenergebnis

Lediglich die Wortlautauslegung hat bislang einen eindeutigen Anhaltspunkt für die - nicht der h.M. entsprechende - Einbeziehung leerstehender "Wohnungen im Soll-Zustand" in den Wohnungsbegriff des § 123 StGB ergeben. Jedoch kann eine derartige grammatische Auslegung, die unter Berufung auf den natürlichen Sprachgebrauch eine Einbeziehung leerstehender Wohnräume, die Wohnzwecken dienen sollen, zumindest ermöglicht, für sich allein keine ausreichende Begründung liefern; eine denkbare Diskrepanz zwischen dem natürlichen Sprachgebrauch und der juristischen Wortbedeutung kann letztendlich nur im Rahmen einer rechtsgutbezogenen Analyse des in Frage stehenden Tatbestands entschieden werden, da das Rechtsgut Maßstab für Inhalt und Grenzen einer Strafvorschrift darstellt[64].

Selbst wenn eine Limitierung des Anwendungsbereiches einer Norm kasuistisch-pragmatisch möglich ist, läßt sich eine dogmatisch fundierte Lösung nur durch rechtsgutsbezogene Überlegungen nachvollziehbar begründen. Bei der sinnvollen Auslegung - und naturgemäß auch bei der Anwendung - einer Norm ist zu berücksichtigen, auf welche Art und Weise die Verwirklichung eines optimalen Schutzes des Schutzobjektes realisiert werden kann[65]. Das von der Norm geschützte Rechtsgut wird damit zum Dreh- und Angelpunkt der Auslegung.

---

[60] Vgl. Nr. 1.1 des Normblattes DIN 283 Blatt 1 des Deutschen Wohnungsausschusses GMBl 1951, 79.

[61] So insbesondere der Bundesfinanzhof, vgl. BFH BStBl II, 1980, 175; BStBl II, 1985, 151.

[62] BVerwG, BBauBl 1974, 526; ähnl.: Zimmermann, S. 27.

[63] BVerwG, BBauBl 1975, 501; 1976, 142 u. 144; 1977, 408.

[64] Sch-Sch-Eser, § 1 Rn. 48 m.w.N.; SK-Rudolphi, Vor. § 1 Rn. 3; Jescheck, S. 231 f; Gössel, FS-Oehler, S. 97 ff.

[65] Sch-Sch-Eser, § 1 Rn. 48; SK-Rudolphi, § 1 Rn. 32 f.

IV. Teleologische Auslegung

Obwohl Termini wie "Handlungsobjekt" und "geschütztes Rechtsgut"[66] zum juristischen Alltagsrepertoire gehören, fehlt bislang eine hinreichend konturenhafte und demgemäß deutliche Begriffsbestimmung. Die Behandlung dieses - wie *Roxin* zu recht feststellt - bislang ungeklärten Grundlagenproblems[67] würde den thematischen Rahmen sprengen.

Eine derartige Auseinandersetzung ist an dieser Stelle auch nicht erforderlich, da ein Grundkonsens insoweit besteht, daß strafrechtlicher Rechtsgüterschutz nur als ultima ratio des Schutzes unverzichtbarer, werthafter Interessen legitimierbar ist[68].
Das Rechtsgut ist multifunktional, obwohl nur der Schutz individueller Rechte oder Güter im Sinne verletzbarer, schützbarer und werthafter Zustände[69] die Ausübung des staatlichen Sanktionsanspruches zu legitimieren vermag[70], also anerkannt ist, was der Alternativentwurf 1966 deklaratorisch in § 2 vorsah:

Strafen und Maßregeln dienen dem Schutz der Rechtsgüter.

Dem Rechtsgut kommen damit jedenfalls zwei unterschiedliche Funktionen zu: Die Auslegung einzelner Strafrechtsnormen einerseits und die Systemkritik, verstanden im Sinne einer Hinterfragung der Existenzberechtigung der lex lata bzw. der Notwendigkeit weitergehenden Schutzes de lege ferenda[71], andererseits.

Für die hier in Frage stehende Auslegung des Tatbestandsmerkmals "Wohnung" liefert ein rein hermeneutischer Rechtsgutbegriff das hier interessierende "innerstrafrechtliche Arbeitsinstrument"[72].

Die Frage nach dem Rechtsgut und seiner Verletzung soll zunächst nicht verstanden werden in ihrer weitergehenden Dimension als kriminalpolitische Frage nach den Voraussetzungen der Strafbarkeit und ihrer Bedeutung für den materiellen Verbrechensbegriff[73], sondern als tradiert-methodische Kategorie, die eine vom Wortlaut her mög-

---

66 Die nicht identisch sind, vgl. dazu Maurach-Zipf, § 19 Rn. 14 f.
67 Roxin, AT I, § 2 XII Rn. 38; vgl. auch Suhr, JA 1990, 303 (304 ff).
68 Jakobs, 2. Abschn, Rn 1 ff; Sch-Sch-Lenckner, Vor § 13 Rn. 9 f.
69 Jäger, S. 113, 188 f; Roxin, aaO., Rn. 3.
70 Baumann-Weber, AT, § 3 II 2, § 12 II 3; Maurach-Zipf, § 7 Rn. 4; Rudolphi, FS Honig, S. 166 f je m.w.N.
71 Hassemer, S. 28; Maurach-Zipf, § 19 Rn. 7; Suhr, JA 1990, 303.
72 Maurach-Zipf, AT 1, § 19 Rn. 6.
73 Vgl. dazu: Roxin, AT I, § 2 I; Gössel, FS-Oehler, 97 (101).

liche Auslegung bestätigt oder limitiert und daher "strafbarkeitsbegrenzenden, liberalen Gehalt"[74] hat.
Der Streit zwischen einem so verstandenen rein methodisch-formalen[75] oder auch systemimmanenten[76] Rechtsgutbegriff, der die Rechtsgutfunktion ausschließlich und allein auf die "ratio legis"[77] oder eine "Abbreviatur des Zweckgedankens"[78] reduziert[79], einerseits und einer materiellen-kriminalpolitischen Theorie, die zusätzlich systemkritische Auswirkungen für möglich hält, andererseits[80], braucht daher an dieser Stelle noch nicht entschieden zu werden[81].

1. Das Hausrecht als nach herrschender Auffassung geschütztes Rechtsgut des § 123 StGB

Nach überwiegender Auffassung[82] ist geschütztes Rechtsgut des § 123 StGB das Hausrecht[83], d.h. ein der persönlichen Freiheit nahestehendes, aber doch von ihr unabhängiges Recht, über bestimmte Räumlichkeiten zu herrschen und bestimmen zu dürfen, wer sich in ihnen aufhalten darf und wer nicht, oder wie sein "geistiger Vater" Franz von Liszt dieses Recht charakterisierte: "Hausrecht ist das rechtlich geschützte Interesse an ungestörter Betätigung des eigenen Willens in der eigenen Wohnung und dem umfriedeten Besitze, an dem freien Schalten und Walten in Haus und Hof; ein der persönlichen Freiheit verwandtes, aber doch eigenständiges Rechtsgut"[84].

Umstritten ist die eigentliche Bedeutung dieses Rechtsgutes "sui generis", das sowohl Freiheits-, Ehr- und Besitzelemente umfaßt und darüber hinaus auch die räumliche Dispositionsbefugnis des Inhabers über gewisse, formalisierte Räumlichkeiten schützen will.

---

74 Roxin, aaO., § 2 III, Rn. 8.
75 Vgl. Gössel, aaO., S. 101.
76 So: Hassemer, S. 27 ff; 41 ff.
77 Schwinge, S. 25.
78 Grünhut, FG-Frank I, S. 1 (8).
79 So z.B.: Jescheck, AT, § 26 I 2.
80 Sch-Sch-Lenckner, Vor. § 13 Rn. 9; Roxin, aaO.; Suhr, JA 1990, 303.
81 Dazu s.u. S. 63 ff.
82 Im folgenden soll die teleologische Auslegung nur vom Boden der h.M. aus vorgenommen werden; eine kritische Auseinandersetzung damit und der Versuch einer Rechtsgutbestimmung erfolgen dann später.
83 Vgl. statt vieler: Dre-Tröndle § 123 1; LK-Schäfer § 123 Rdnr. 1; Olshausen § 123 Rdnr. 2; Maurach/Schroeder/Maiwald, § 30 Rn. 2; Geppert, Jura 1989, 378 (379); Bernsmann, Jura 1981, 368; Bohnert, GA 1983, 1 (12); umfassende Nachweise bei Kageler, S. 86 Fn 1).
84 v. Liszt Lb. (21./22.) S. 386; v. Liszt-Schmidt Lb. (25.) S. 581.

Bezeichnenderweise hatte Franz von Liszt in "seiner" Definition vom "freien Schalten und Walten in Haus und Hof" sowohl die Geschäftsräume als auch die öffentlichen Räume unerwähnt gelassen, die sich einem derart definitorisch vorausgesetzten willkürlich-absoluten Hausrecht jedenfalls entziehen.

Der herrschende Einklang ist allerdings auf den einheitlichen Gebrauch desselben wenig aussagekräftigen Ausdruckes reduziert; ein relativer Konsens, der auf unterschiedlichen und demgemäß unsicheren Fundamenten ruht: Die Bedeutung des konglomeraten Rechtsgutes "Hausrecht" bleibt von der Gewichtung und Präzisierung der Einzelbestandteile der o.g. Definition in jedem Einzelfall abhängig.

Die einheitliche Terminologie darf nicht darüber hinwegtäuschen, daß dieses "Hausrecht" nicht mehr als eine "nominalistische Leerdefinition"[85] darstellt, die jedoch zunächst - gerade wegen ihrer Konturenlosigkeit - als Arbeitsgrundlage den weiteren Ausführungen zugrundegelegt werden soll.

2. Folgerungen für eine rechtsgutbezogene Auslegung des Begriffes der "Wohnung"

Liegt das Schwergewicht in der Herrschaftsmöglichkeit über bestimmte Räume, so verkörpert das Hausrecht primär die formale Legitimation seines Inhabers, andere von Benutzung und Aufenthalt auszuschließen. Insoweit wäre die Besitzkomponente für die Auslegung der Tatbestandsmerkmale ausschlaggebend und es würde vorrangig die Ausschließungsfunktion des Hausrechts betont[86]. Eine derartige formalisierte Betrachtungsweise müßte konsequenterweise auch leerstehende Wohnungen unter den Begriff der Wohnung in § 123 StGB subsumieren; denn sowohl der Eigentümer, als auch der Mieter, der die Wohnung bereits angemietet, aber noch nicht bezogen hat, hat aufgrund des Zivilrechts (§§ 903, 1004, 859 BGB) die Möglichkeit, jeden Dritten von der Benutzung des Eigentums oder einer Störung des Besitzes abzuhalten.

Jedoch entgeht die formalisierte Betrachtungsweise dieser Konsequenz, indem sie zwar das Hausrecht rein formalistisch als die Ausschließungsfreiheit in bezug auf die genannten Räumlichkeiten deklariert, und so ein durchgängiges - jedoch auch recht weites - Rechtsgut für alle Tatobjekte erhält, diese rein formale Betrachtungsweise aber durch eine restriktive Definition des Tatbestandsmerkmals

[85] Gössel, § 38 Rn.. 3; vgl. auch Schall, S. 42; SK-Rudolphi, § 123 Rn. 2.

[86] OLG Hamm NJW 1982, 2676 (2677); OLG Köln NJW 1982, 2674 (2675); Seier, JA 1982, 232 (234) jedoch zum "befriedeten Besitztum".

"Wohnung" im Ergebnis wieder einschränkt: Wohnung ist danach jede - und dies wäre zu ergänzen - konkret zur Unterkunft dienende oder freistehende Räumlichkeit.

Ebensogut könnte in einer "funktionalistischen Betrachtungsweise"[87] auf die jeweilige Funktion der geschützten Räumlichkeiten abgestellt werden, um so den notwendigen materiellen Gehalt des zu schützenden Hausrechts festzustellen. Entscheidendes Kriterium einer Wohnung wäre dann die räumlich abgesteckte und vor dem Einblick Dritter geschützte Privatsphäre, die gewissen Sozialprozessen dient und damit eine individuelle Selbstentfaltung erst ermöglicht[88]. Dementsprechend muß dann das Hausrecht beim Tatbestandsmerkmal "Wohnung" diese örtlich begrenzte "Freiheitssphäre"[89] schützen und Eingriffe in sie abwehren können. Eine solche ausschließlich auf die Funktion der einzelnen Tatobjekte abstellende Betrachtungsweise führt zwangsläufig dazu, daß nur dann eine Wohnung im Sinne des § 123 StGB existiert, wenn die Räumlichkeiten tatsächlich in der ihnen zugedachten, sozialen Aufgabenstellung genutzt werden. Nur wenn eine Privatsphäre besteht, kann das Schutzgut Wohnung tangiert sein. Leerstehende Wohnungen, die diesen Zweck nicht, noch nicht oder nicht mehr erfüllen, beinhalten auch keinen das Hausrecht erfordernden "Wohnungsfrieden"[90], so daß sie nicht unter das Tatbestandsmerkmal "Wohnung" fallen würden[91].

Insoweit besteht - unabhängig davon, ob man das Hausrecht rein formal auf die Ausschließungsfunktion oder aber auf die innerhalb der Räumlichkeiten stattfindenden Sozialprozesse beschränkt, - Einigkeit darüber, daß der Wohnungsbegriff bei leerstehenden Wohnungen[92] restriktiv gegenüber dem allgemeinen Sprachgebrauch zu handhaben ist; beim Tatbestandsmerkmal "Wohnung" geht es im Ergebnis um einen formalisierten Schutz rauminterner Sphären[93]. Die sich in diesen Sphären möglicherweise abspielenden Vorgänge müssen zwar durch den Täter nicht tatsächlich gestört werden[94], jedoch müssen sie - nach dem dokumentierten Willen des Inhabers - in den Räumlichkeiten zumindest stattfinden können.

---

87 Bernsmann, Jura 1981, 338.
88 Schall, S. 109; Amelung/Schall, JuS 1975, 565 (566).
89 Welzel, S. 332, "lokalisierte Freiheitssphäre".
90 Der jedoch nicht im Sinne des Hausfriedens, sondern im Sinne einer Sozialfunktion zu verstehen ist.
91 Schall, S. 167; ders., NStZ 1983, 241 (242).
92 Aber auch nur in diesem Spezialfall; dazu siehe unten S. 49 f.
93 Seier, JA 1982, 232 (235) zum befriedeten Besitztum.
94 So jetzt klarstellend: Schall, NStZ 1983, 241 (245) Fn. 49.

a) Erfordernis einer konsequenten und einheitlichen Gewichtung innerhalb desselben Tatbestandsmerkmals

Der Rückgriff auf das Hausrecht der herrschenden Meinung hat Zweierlei verdeutlicht: Einerseits liegt der Regelung des Hausfriedensbruchs danach aufgrund der genannten, höchst unterschiedlichen Tatobjekte ein recht weites, konglomerates Schutzgut zugrunde; weder der Besitz, die Ehre und die Freiheit, noch der Hausfriede, können nach h.M. für sich allein die Existenz und Konsistenz des § 123 StGB erklären. Andererseits - und diese Feststellung erscheint wichtiger - ermöglicht ein durchgängiges Rechtsgut "Hausrecht" zwar eine formal-einheitliche Rechtsgutbestimmung, die jedoch aufgrund ihrer vielartigen und unterschiedlichen Komponenten für eine Tatbestandsauslegung nur dann sinnvoll genutzt werden kann, wenn die Gewichtung der Einzelbestandteile für das konkret auszulegende Tatbestandsmerkmal deutlich gemacht wird. Diese Gewichtung kann möglicherweise bei den verschiedenen Tatobjekten unterschiedlich zu treffen sein[95], sie muß jedoch - um eine rechtsgutbezogene Auslegung überhaupt zu ermöglichen, - bezüglich desselben Tatobjekts durchgängig beibehalten werden. Eine Konsequenz, die die herrschende Meinung beim Tatbestandsmerkmal "Wohnung" und insbesondere bei dem hier interessierenden Ausschluß leerstehender Wohnungen möglicherweise vermissen läßt.

b) Die Auslegung des Merkmals "Wohnung" durch die h.M.

Wie bereits erörtert, läßt sich der immer wieder behauptete Ausschluß der "Wohnungen im Soll-Zustand" letztlich nur durch eine Zurückdrängung der formalen Ausschließungsposition des Berechtigten und einen Rückgriff auf den Schutz des Menschen "da wo er wohnt"[96] rechtfertigen. Denn rein formalistisch betrachtet, bleibt eine leerstehende Räumlichkeit - zumindest in den Fällen, in denen sie nicht abgebrochen werden, sondern weiterhin Wohnzwecken dienen soll - eine potentielle Unterkunft für Menschen. Sowohl die äußere Abgeschlossenheit als auch der Zweck der Wohnung werden durch einen zeitweiligen Leerstand nicht tangiert oder gar aufgehoben. Erst der Rückgriff auf eine erforderliche, tatsächliche Benutzung, der dann verdeutlicht, daß die Wohnung nicht aufgrund ihrer Abgeschlossenheit, sondern aufgrund der in ihr herrschenden Privatsphäre als geschützt angesehen werden soll, kann eine einleuchtende Begründung für das einhellig vertretene Ergebnis liefern.

---

95 Vgl. dazu SK-Rudolphi § 123 Rdnr. 2 f, der deswegen die materiellen Ziele des Gesetzgebers bzgl. der einzelnen Merkmale als Rechtsgüter deklariert.

96 Maurach-Schröder, BT 1, (6.), S. 253; Maurach-Schröder-Maiwald (7.), § 30 I Rn. 2.

Der Wohnungsbegriff wird insoweit weder funktional - nach der Zweckbestimmung der Räumlichkeit - noch rein formal - nach der Ausschließungsbefugnis des Rauminhabers - bestimmt, sondern durch eine faktische Betrachtungsweise[97] wird das Schwergewicht auf den Schutz rauminterner Vorgänge gelegt. Allein die "Wohnung im Ist-Zustand" soll dem Tatbestandsmerkmal "Wohnung" unterfallen.

Diese Auffassung wäre dann schlüssig, wenn sie auch bei allen anderen Räumlichkeiten, die nach ihrer Konzeption dem Tatbestandsmerkmal "Wohnung" unterfallen, von derselben Prämisse ausginge.

aa) Der Schutz von Hotelzimmern

Fraglich ist, ob diese Konzeption beibehalten wird, sofern es um die Einbeziehung von Hotelzimmern unter den Wohnungsbegriff des § 123 StGB geht.
Zwar hatte das Reichsgericht, auf dessen Definition sich die überwiegende Anzahl der Autoren beruft, ausdrücklich darauf abgestellt, daß die Räumlichkeiten dem "dauernden"[98] Aufenthalte dienen müssen und somit den Schutz einer kontinuierlich-räumlichen Privatsphäre betont. Jedoch ist die h.M. dieser Auffassung nicht gefolgt, sondern stellt stattdessen - wie bei den leerstehenden Wohnungen - auf die vom Gast für die Dauer seines Aufenthaltes errichtete und schützenswerte Geheim- und Privatsphäre ab[99].

Hotelzimmer fallen daher, sofern sie belegt sind - rechtlich also ein Beherbergungsvertrag im Sinne der §§ 535 ff BGB abgeschlossen und die Räumlichkeit vom Gast in Beschlag genommen wurde - unter den Begriff der "Wohnung", andernfalls stellen sie "nur" ein befriedetes Besitztum dar.
Eine parallele Handhabung zur Einordnung leerstehender Räumlichkeiten, die weiterhin vermietet werden sollen und/oder bereits vermietet worden sind, wird damit deutlich. Ebensowenig, wie die einzelnen leerstehenden Hotelzimmer für den Hotelier eine Wohnung darstellen, sind leerstehende Wohnungen eine solche für den Eigentümer; beide vollziehen nach h.M. einen - mehr oder minder häufigen - Wechsel zwischen den Tatbestandsmerkmalen "Wohnung" und "befriedetes Besitztum".

---

97 Geilen, JK § 123 1.

98 RG St 12, 132 (133); Olshausen, § 123 Rdnr. 3; Oppenhoff, § 123 Rdnr. 2.

99 RG Z 169, 84 (88); Dre-Tröndle § 123 Rdnr. 3; LK-Schäfer § 123 Rdnr. 7; SK-Rudolphi § 123 Rdnr. 8; Blei Str II BT S. 112; a.A. Frank, § 123 Anm. I, 1.

bb) Der Schutz der Zweitwohnung

Schon problematischer ist die Frage, ob auch bei Zweitwohnungen im Sinne einer faktischen Betrachtungsweise auf den Schutz rauminterner Vorgänge abgestellt wird. Insoweit wäre es durchaus denkbar, die Existenz derartiger Vorgänge außerhalb der tatsächlichen Benutzungszeiten in Frage stellen zu wollen und daher die Zweitwohnung entsprechend dem Schutz der Hotelzimmer einem ständigen Wandel zwischen einer "Wohnung" und einem "befriedeten Besitztum" unterwerfen.

Eine derartige Überlegung könnte dem Einwand ausgesetzt sein, daß Zweitwohnungen - anders als Hotelzimmer - möglicherweise auch dann nicht leerstehen, wenn sie gerade nicht benutzt werden.
Anders als bei Hotelzimmern, die erst durch den konkreten Gast zu einer - wenn auch teilweise nur minimalen - individuellen rauminternen Sphäre werden, steht eine Zweitwohnung aufgrund ihrer originären Privatsphäre und der in ihr befindlichen Privatsachen nicht bereits dann leer, wenn der Inhaber die Wohnung verläßt. Ausgehend von der hier zugrunde gelegten Leerstandsdefinition[100], nach der bei einer fortbestehenden Privatsphäre durch die Möblierung und/oder andere Privatsachen nur in Ausnahmefällen und unter Berücksichtigung der Verkehrsauffassung von einem (vorübergehenden) Leerstand gesprochen werden kann[101], wird deutlich, daß auch bei der Zweitwohnung das bloße Verlassen der Räumlichkeiten durch den Inhaber grundsätzlich[102] für die rechtliche Bewertung als "Wohnung" irrelevant ist.

Insoweit wird eine Teilidentität von Wohnung und Zweitwohnung dergestalt deutlich, daß beide identische Lebensräume umschreiben mit dem einzigen Unterschied, daß Inhaber einer Zweitwohnung ihre individuell-räumliche Geheimsphäre nicht auf eine Örtlichkeit beschränkt, sondern an unterschiedlichen Orten errichtet haben.
Diese Überlegungen machen dann deutlich, daß eine unterschiedliche rechtliche Bewertung und Einordnung von Erst- und Zweitwohnungen im Rahmen des Tatbestandsmerkmals "Wohnung" nicht geboten ist.
Auch Zweitwohnungen, die ausnahmsweise wegen einer extrem langen Abwesenheit des Berechtigten "leerstehen", unterfallen daher uneingeschränkt dem Merkmal "Wohnung" im Sinne des § 123 StGB; die Zweitwohnung bleibt "Wohnung im Ist-Zustand".

---

100 S.o. S. 16.

101 S.o. S.15 f

102 Zu einer denkbaren Ausnahme, s.o. S. 16.

cc) "Saisonbedingt" benutzter Wohnraum

Kritischer zu untersuchen sind hingegen die Räume, die aufgrund ihres Zweckes nach dem Willen des Berechtigten nur zu gewissen (Jahres-)Zeiten benutzt werden und daher regelmäßig für größere Zeiträume leerstehen.

Zu denken ist an Studenten, die ein möbliertes Zimmer oder Appartement angemietet haben und die Semesterferien dann bei ihren Eltern verbringen und die Räumlichkeiten in diesem Zeitraum leerstehen lassen. Ferner ist an Ferienhäuser zu erinnern, die regelmäßig außerhalb der Saison leerstehen.

Wie bereits dargelegt, folgt die überwiegende Meinung nicht in allen Details der Definition des Reichsgerichts; sie geht vielmehr davon aus, daß solche nur zeitweilig genutzten Räumlichkeiten auch während des Leerstandes als Wohnung anzusehen sind[103]. Daß die Räume dem dauernden Aufenthalt dienen, ist nicht erforderlich.

Bereits hier scheint sich - gegenüber den aufgrund eines Mieterwechsels leerstehenden Wohnungen - eine Akzentverschiebung anzubahnen: Wenn der Schutz einer rauminternen Sphäre vorrangiges Auslegungskriterium des Merkmals Wohnung wäre, könnte auch in den Fällen eines saisonbedingten Leerstandes das Vorliegen einer Wohnung im strafrechtlichen Sinne verneint werden. Weder das möblierte Studentenappartement noch das Ferienhaus bilden nämlich eine schützenswerte Privatsphäre allein aufgrund ihrer Existenz. Dies wird insbesondere dann deutlich, wenn man an ein Appartement in einem Studentenwohnheim oder an ein gewerblich vermietetes Ferienhaus denkt, die - wie viele andere - vom Vermieter mit den gleichen, uniformierten und unpersönlichen Möbeln ausgestattet sind und jedem potentiellen Bewerber offenstehen.
Da darüber hinaus in den Zeiten des Leerstandes eine individuelle Selbstentfaltung des Mieters gerade nicht stattfindet, könnte das Tatbestandsmerkmal Wohnung ebenso wie bei einem ungenutzten Hotelzimmer zu verneinen sein. Insoweit würde sich die Gewichtung der Einzelmerkmale des Hausrechts sowohl in Richtung auf einen eher formalisierten Besitzschutz, der nicht auf die tatsächliche Benutzung im Zeitpunkt der Tat abstellt, als auch auf den den Räumlichkeiten vom Berechtigten zugedachten Zweck, die intendierte Nutzung als Wohnung, verschieben. Das leerstehende Ferienhaus würde dann nur deshalb unter den Wohnungsbegriff subsumiert, da es - in Zukunft - Wohnzwecken dienen soll.

Eine derartige Auffassung verkennt jedoch, daß den Autoren weniger die wie ein Hotelzimmer zu behandelnden gewerblichen, sondern vielmehr die vom Berechtigten allein

---

103 LK-Schäfer, § 123 Rdnr. 11; Frank (5. - 7.), § 123 I 1 b; Welzel, S. 333.

genutzten und nach seinem persönlichen Geschmack eingerichteten, individuellen Ferienhäuser vor Augen stehen. Deutlich und charakterisierend ist insoweit die Kommentierung von *Karl Schäfer*[104], der als Beispiele nicht diese gewerblichen Ferienhäuser, sondern die regelmäßig nur vom Eigentümer genutzten Wochenendhäuser und Jagdhütten nennt. In diesen besteht jedoch die Privatsphäre des Berechtigen auch in den Zeiten eines Leerstandes fort; konstitutives Merkmal einer solchen ist auch die individuell hergestellte Wohnlichkeit, die Möblierung eines derartigen Ferienhauses, da sich in ihr eine nicht jedermann zugängliche Diskretionssphäre verkörpert. Auch bei der Einbeziehung leerstehender Ferienhäuser wird daher konsequent der Gedanke des Schutzes einer individuell-räumlichen Geheimsphäre beibehalten.

dd) Nebenräume und Außenanlagen

Nach überwiegender Auffassung werden die Nebenräume einer Wohnung, also die Räume, die sich außerhalb der eigentlichen Wohnung befinden, vom Tatbestandsmerkmal "Wohnung" erfaßt[105]. "Flur, Vorplätze und selbst Treppen, vermittelst deren die Bewohner des Hauses zu den Ihrer Benutzung überlassenen Räumlichkeiten gelangen, dienen als solche den Zwecken der Häuslichkeit und gehören damit als integrirende Bestandtheile zu einer Wohnung auch im Falle einer gemeinschaftlichen Benutzung durch eine Mehrzahl von berechtigten Bewohnern eines Hauses"[106]. Dies soll gelten, obwohl auch sie regelmäßig nicht Teil der räumlich abgegrenzten Privatsphäre "Wohnung" sind, sondern nur - funktional - die Erreichbarkeit oder Nutzbarkeit der eigentlichen Wohnung ermöglichen und damit "zu häuslichen Zwecken dienen"[107].
Dies führt zu dem vom Sprachgefühl her paradoxen Ergebnis, daß in einem Mehrfamilienhaus, in dem einige Wohnungen leerstehen, die Allgemeinflure juristisch als Wohnung, die leerstehenden Wohneinheiten hingegen als befriedetes Besitztum zu qualifizieren sind.

Noch weitergehend soll eine räumlich funktionale Ausstrahlung beim Betreten von Außen- und Gartenanlagen durch Unbefugte vorliegen: Derartige Außenanlagen werden dem Tatobjekt Wohnung zugeschlagen, wenn - objektiv erkennbar - eine räumlich funk-

---

104 LK-Schäfer, § 123 Rdnr. 11.

105 RG St 1, 121; 12, 132 (133); Dre-Tröndle, § 123 Rdnr. 3, LK-Schäfer, § 123 Rdnr. 9; Rüdorff, § 123 Rdnr. 4; Sch-Sch-Lenckner, § 123 Rdnr. 4; Jäger, S. 26; Bockelmann, S. 155; Schmidhäuser, S. 74; Welzel, S. 332; Wessels, BT, § 13 I 2, Gössel, § 38 Rn. 8; Bernsmann, Jura 1981, 337 (339); Müller-Christmann, JuS 1987, 19 (21); a.A.: Oppenhoff § 123 Fn. 4; SK-Rudolphi, § 123 Rdnr. 10, der sie nur dann der Wohnung unterstellt, wenn sie Element der räumlich abgegrenzten Privat- und Geheimsphäre sind.

106 RG St 1, 121; für Geschäftsräume vgl. OLG Oldenburg NJW 1985, 1852.

107 Armknecht, S. 78; ähnlich: Bodendorf, S. 23.

tionale Beziehung zu einer Wohnung besteht; dies gelte auch ohne jegliche Einfriedung allein aufgrund der äußerlich erkennbaren Zubehörstellung[108].

Selbst die Autoren, die einer derartigen Einordnung als "Wohnung" widersprechen und auf das Merkmal des befriedeten Besitztums zurückgreifen, erkennen letztendlich dann doch eine - mittelbar - funktionale Ausstrahlung der Wohnung an, da sie die Außenanlagen als ein von einer Wohnung abhängiges, tatsächlich nach verminderten Kriterien zu beurteilendes[109], "unselbständiges"[110] befriedetes Besitztum deklarieren.

Gegen eine Subsumtion von Nebenräumen und Außenanlagen unter das Tatbestandsmerkmal Wohnung spricht zunächst, daß durch eine derartige Auslegung die Grenzen des Wortlautes und Wortsinnes des Begriffes "Wohnung" nicht nur erreicht[111], sondern überschritten werden.

Zudem wird selbst unter Zugrundelegung der zuletzt genannten Auffassung der Anerkennung eines "unselbständigen" befriedeten Besitztums ein geradezu evidentes Abrücken vom Kriterium des Schutzes einer räumlich-individuellen Geheimsphäre und eine Verlagerung der Argumentation auf funktionale - die Zweckbestimmung einer Räumlichkeit mit einbeziehende - Gesichtspunkte sichtbar. Bei der Subsumtion sogenannter Nebenräume oder der in der Nähe einer Wohnung befindlichen Garten- und Hofräume unter § 123 StGB findet eine Extension des Wohnungsbegriffes statt.

Weder das formalisierte Ausschließungsrecht, das insbesondere bei Außenanlagen eine äußerlich wahrnehmbare, physisch wirkende Aussperrung erfordern würde[112], noch der bei den leerstehenden Wohnungen herangezogene Schutz rauminterner Sphären werden daher beibehalten beziehungsweise für die Auslegung des Tatbestandsmerkmals Wohnung durchgängig angewendet; ausschlaggebend für die zuletzt genannte, sehr extensive Auslegung des Tatbestandsmerkmals Wohnung ist einzig und allein die den Räumlichkeiten vom Berechtigten gegebene oder tatsächlich vorhandene Zweckbestimmung, die eine Subsumtion unter das Tatbestandsmerkmal Wohnung ermöglichen soll.

---

108 Lackner, § 123 Rdnr. 2; LK-Schäfer, § 123 Rdnr. 9; Sch-Sch-Lenckner (20.) § 123 Rdnr. 4 (and. ders. 21.); BayObIG, JR 1965, 265; OLG Hamm, VRS 37, 265 (266 f); OLG Oldenburg, JR 1981, 166 (167).

109 RG St 20, 150 (155); BayObIG, JR 1969, 466 (467); SK-Rudolphi, § 123 10, 36, 37; AK-Ostendorf, § 123 Rn. 21 i.V.m. 23; Arzt BT 1 S. 154; Welzel, S. 332; Bernsmann, aaO., S. 339; Müller-Christmann, JuS 1987, 19 (22).

110 Volk, JR 1981, 167 (168).

111 So Bernsmann Jura 1981, 337 (340); kritisch auch Seier, JA 1982, 232 (234) Fn. 12; Amelung, NJW 1986, 2075 (2079).

112 Zutreffend Arzt, a.a.O., S. 154; Bernsmann, Jura 1981, 337 (340).

c) Schlußfolgerungen aus der extensiven Handhabung des Wohnungsbegriffes

Der überwiegend vertretene Ausschluß leerstehender Wohnungen erweist sich unter Berücksichtigung der teilweise weiten Auslegung dieses Tatbestandsmerkmals als widersprüchlich: Während Nebenräume fast ausnahmslos und angrenzende Außenanlagen teilweise dem Wohnungsbegriff des § 123 StGB unterstellt werden, soll in den (Grenz-)Fällen, in denen beispielsweise ein Nachmieter sich mit seinem Vorgänger über die Übernahme eines Teiles oder gar des gesamten Mobiliars geeinigt hat und dann - aufgrund der gesetzlichen Kündigungsfristen - erst ein paar Wochen oder gar Monate nach dem Auszug des Vormieters einziehen kann, keine Wohnung im strafrechtlichen Sinne vorliegen.

Ein Ergebnis, das nicht einleuchten will und aufgrund einer - logisch nicht zu begründenden - Differenzierung der Auslegungskriterien innerhalb desselben Tatbestandmerkmals zustande kommt; während teilweise die Zweckbestimmung einer Räumlichkeit dazu führt, daß sie der Wohnung zuzuschlagen ist, soll dies bei leerstehenden Wohnungen und Hotelzimmern nicht gelten.

Dieser Widerspruch kann nur dadurch beseitigt werden, daß entweder die Zweckbestimmung einer Räumlichkeit in allen Fällen berücksichtigt oder aber generell auf den Schutz einer existenten Privatsphäre abgestellt und damit nur die "Wohnung im Ist-Zustand" unter das Tatbestandsmerkmal "Wohnung" subsumiert wird.

aa) Abwehrrecht und Widmungszweck

Sofern man die Zweckbestimmung einer Räumlichkeit auch bei dem Ausschluß oder der Einbeziehung leerstehender Wohnungen unter das Tatbestandsmerkmal Wohnung berücksichtigt, kann es nicht auf die tatsächliche Benutzung der Räumlichkeit ankommen, sondern es muß eine nach Gründen und Erscheinungsformen des Leerstandes differenzierende Lösung gefunden werden[113]. Die raumbezogene Dispositionsmöglichkeit des Inhabers wäre nicht nur für die Handlungsalternativen, sondern - im Sinne einer von ihm getroffenen Zweckbestimmung - auch für die Einordnung einer leerstehenden Wohnung relevant. Zweckbestimmung und formalisiertes Ausschließungsrecht wären für die Auslegung des Tatbestandsmerkmals Wohnung ausschlaggebend; eine "Art von Wechselspiel zwischen Abwehrrecht

---

113 Andeutungsweise AG Mönchengladbach, Teilabdruck bei Küchenhoff, KJ 1982, 156 (168); Engels, DuR 1982, 293 (295); Geilen, JK § 123 Nr. 1.

einerseits und Widmungszweck andererseits"[114], das insbesondere bei der Ausübung des Hausrechts an Geschäftsräumen und den öffentlichen Diensträumen letztendlich auch von der herrschenden Meinung praktiziert wird, die die Ausübung des Hausrechts hier durch die Widmung der Räumlichkeiten beschränkt[115]. Ausgangspunkt einer derartigen Lösung könnte die Formulierung des Reichsgerichts sein, das bei der Besetzung des Neubaublocks der Hamburger Freihafenlagerhausgesellschaft und offensichtlich dürftiger Tatsachendarstellung durch die Vorinstanz darauf abstellte, daß der Fortgang der Bauarbeiten dagegen zu sprechen schien, daß das Gebäude

"als Wohnung oder Geschäftsraum g e d i e n t habe"[116].

Insoweit könnte nicht auf das Erfordernis einer konkreten, dauernden Nutzung, sondern auf den Hauptzweck der Räumlichkeiten, auf ihre Bestimmung abgestellt werden. Wohnung wären demnach die Räumlichkeiten, die entweder dazu geeignet und bestimmt wären, Menschen zur Wohnzwecken zu dienen und die Schaffung einer Intimssphäre zu ermöglichen, oder die für die Erreichbarkeit und Nutzbarkeit einer Wohnung erforderlich sind. Ausschlaggebende Kriterien wären sowohl die Bestimmung durch den berechtigten Eigentümer oder Mieter, deren Ziele und Intentionen, als auch objektiv vorhandene Anhaltspunkte am Wohnraum selbst[117].

So könnten verwahrloste Häuser, die über längere Dauer leerstehen, deren Eingänge und Fensteröffnungen bereits vermauert und bei denen die Ver- und Entsorgungsleitungen demontiert sind, sicherlich nicht mehr den Schutz einer "Wohnung" beanspruchen. Das gleiche müßte in den Fällen gelten, in denen der Eigentümer systematisch ganze Wohnblocks leerziehen läßt oder gar einen Abbruchauftrag erteilt hat; in diesen Fällen hat sich die Entwidmung der Räumlichkeiten als Wohnraum bereits offenkundig und äußerlich manifestiert, so daß diese Anhaltspunkte gegen eine Einordnung als Wohnraum sprechen.

Hingegen wäre bei einem bestehenden Mietvertrag über Wohnraum auch bei noch nicht erfolgter tatsächlicher Benutzung durch den zukünftigen Mieter das Vorliegen einer Wohnung unzweifelhaft zu bejahen, ebenso wie in den Fällen eines kurzfristigen Leerstandes aufgrund eines Mieterwechsels oder einer Instandsetzung und

---

114 Seier, JA 1982, 232 (235).

115 Vgl. dazu Sch-Sch-Lenckner § 123 Rdnr. 19 f; Seier, aaO., S. 235 m.w.N.

116 RG Rspr, 10, 638 (639); Hervorhebung durch den Verfasser.

117 AG Mönchengladbach, aaO., KJ 1982, 156 (168); Küchenhoff, FuR 1981, 85 (87).

Modernisierung, da in diesen Fällen die Eigenschaft der Räumlichkeiten als Wohnung durch den Leerstand nicht berührt wird[118] und die Zweckbestimmung zu einem formalisierten Schutz dieser "Wohnung" zwingen würde.

bb) Privatsphäre

Andererseits wird bei der Erörterung der möglichen Rechtsgüter des § 123 StGB darauf hingewiesen, daß der Hausfriede, verstanden als Schutz des Menschen in seiner Privatsphäre, für das Tatbestandsmerkmal "Wohnung" allein einen sinnvollen Schutzzweck darstellt; ein durchgängiges Rechtsgut "Hausfriede" wird dagegen überwiegend aufgrund der (In)Konsistenz des Tatbestandes verneint, da der Gesetzgeber durch die Aufnahme weiterer Tatobjekte offensichtlich den Bereich der Gewähr einer privaten Häuslichkeit verlassen habe.

Insoweit liegt es nahe, zumindest für die Auslegung des Tatbestandsmerkmales "Wohnung" den Schutz einer Diskretionssphäre durchgängig zu betonen und nicht etwa auf die Eignung oder Bestimmung der Räumlichkeiten abzustellen, da letztere Kriterien darüber hinaus sowohl eine größere Unbestimmtheit aufweisen, als auch Manipulationsmöglichkeiten des Eigentümers oder Mieters eröffnen.

Zu Recht weist *Seier*[119] darauf hin, daß - abgesehen von seltenen Extremfällen[120] - weder die objektive Eignung noch die Widmung oder Entwidmung zu Wohnzwecken eindeutig und zuverlässig festgestellt werden kann und daß insbesondere eine - tatsächliche oder nur vorgespiegelte - Willensänderung des Berechtigten die subjektive Zweckbestimmung erlöschen und auch wieder aufleben lassen könnte. In letzter - zugegebenermaßen überspitzter - Konsequenz wäre dann der den Willen zur Strafverfolgung verkörpernde Strafantrag gem. § 77 StGB zugleich für die Wohnungseigenschaft i.S.d. § 123 StGB konstitutiv.
Zudem ist es aus Gründen der Rechtssicherheit bedenklich, auf willkürliche und unbeweisbare Intentionen abzustellen, wenn andererseits eine faktische Betrachtungsweise - die tatsächliche Bewohntheit des Raumes - zuverlässigere Ergebnisse liefern kann.

---

118 So wohl Geilen, JK StGB § 123 1; ders., JK, § 123 2, wo er bei den Geschäftsräumen ausdrücklich auf deren "Widmung" abstellt, andeutungsweise auch Schön, NJW 1982, 1126 (1127).

119 Seier, JA 1982, 232 (236), der sich mit dem Merkmal des befriedeten Besitztums befaßt; jedoch gelten seine Überlegung zum (Grenz-)Kriterium ebenso für die Wohnung.

120 S.o. S. 30 f.

Der Begriff der Wohnung muß daher im Sinne einer äußerlich umgrenzten, höchstpersönlichen Privatsphäre verstanden werden[121]; primärer Auslegungsmaßstab ist der Schutz einer individuellen Privat- und Geheimsphäre[122] und damit die nicht allein durch die Abgeschlossenheit der Wohnung dokumentierte, sondern allgemein anerkannte Tabuisierung einer Raumsphäre. Weder Außenanlagen, die - sofern sie die dafür erforderlichen Voraussetzungen erfüllen[123] - "nur" unter das Merkmal des befriedeten Besitztums subsumiert werden können[124], noch die außerhalb der eigentlichen Wohnsphäre gelegenen Nebenräume unterfallen daher - mögen sie auch noch so erforderlich für die Benutzung der Wohnung sein, - diesem Tatbestandsmerkmal[125]. Nicht die Zweckbestimmung, sondern der Schutz einer diskreten Wohnsphäre stellt die für eine sinnvolle Tatbestandsauslegung erforderliche Konkretisierung und Modifizierung des Rechtsgutes "Hausrecht" in bezug auf die Wohnung dar. "Wohnung" im Sinne des § 123 StGB ist daher nur die "Wohnung im Ist-Zustand".

Nicht belegte Hotelzimmer und unvermietete, gewerbliche Ferienhäuser vermögen allein aufgrund ihrer Existenz und Möblierung eine derartige Sphäre nicht zu verkörpern; anders als das nur vom Eigentümer genutzte Sommerhaus - oder eine während des Urlaubs leerstehende Wohnung - ist ihre Möblierung nicht Ausdruck einer persönlichen Diskretionssphäre, sondern die zweckmäßige Einrichtung als "bereitstehendes Besitztum", das - unter rechtsgutbezogenen Aspekten - keine "Wohnung" im strafrechtlichen Sinne darstellt.

Dasselbe gilt für leerstehende Wohnungen unabhängig von dem Grund und der Dauer des Leerstandes, da durch den Auszug des Vormieters dessen Privatsphäre untergegangen ist und ein neuer schützenswerter "Freiraum häuslicher Privatheit"[126] selbst durch den Abschluß eines Mietvertrages durch den Nachmieter noch nicht entsteht.

Beim Tod des einzigen Mieters folgt daraus zugleich, daß durch das endgültige Erlöschen der raumbezogenen Privatsphäre die Wohnung aus dem Tatbestandsmerkmal "Wohnung" herausfällt, aufgrund ihrer baulichen Abgeschlossenheit dann aber ein "befriedetes Besitztum" darstellt; der fiktive Erbenbesitz des § 857 BGB,

---

121 Zutr. Bernsmann, Jura 1981, 337 (338); AK-Ostendorf, § 123 Rn. 7.

122 SK-Rudolphi, § 123 Rdnr. 3; i.E. auch: Bodendorf, S. 23 ff (24): "Eigensphäre".

123 Diese sollen hier zusammenhängend an späterer Stelle erörtert werden, vgl. dazu u. S. 140 ff.

124 Zutr.: Arzt, LH 1, S. 154; Bernsmann, aaO., S. 340.

125 SK-Rudolphi § 123 Rdnr. 10; inkonsequent insoweit Schall, Schutzfunktion, S. 139 u. 167, der dies nur auf Nebenräume in großen "Wohnhäusern und Mietblocks" beschränkt (S. 139 Fn. 33).

126 Schall, NStZ 1982, 241 (242).

der ausschließlich dem Erhalt der Erbmasse durch Verhinderung eines gutgläubigen Erwerbs durch Dritte dient[127], muß insoweit hier außer Betracht bleiben[128].

Auch der oben genannte Grenzfall[129], in dem sich Nachmieter und Vormieter über die Übernahme des Mobiliars geeinigt haben, kann unter diesem Gesichtspunkt befriedigend gelöst werden: Zwar soll dieses Mobiliar in Zukunft eine Geborgenheitssphäre des Nachmieters bilden, jedoch verkörpert es für sich allein noch nicht eine derartige Sphäre, so daß bis zur Schaffung einer diskreten Wohnsphäre durch den Nachmieter eine Wohnung im strafrechtlichen Sinne nicht vorliegt.

V) Fazit

Der Rückgriff auf das nach h.M. geschützte Rechtsgut "Hausrecht" bestätigt letztendlich nicht vollständig den einhellig vertretenen Ausschluß leerstehender Wohnungen aus dem Tatbestandsmerkmal Wohnung:
Dieser Ausschluß, bei dem auch kurzfristige Räumungsintervalle die Eigenschaft als "Wohnung" entfallen lassen, kann vom Boden der h.M. aus nur überzeugend begründet werden, wenn das Hausrecht in bezug auf die Wohnung im Sinne des Schutzes einer abgeschlossenen, diskreten Wohnsphäre verstanden wird. Erforderlich ist daher dann auch - entgegen der h.M. - der Ausschluß der Nebenräume und der angrenzenden Außenanlagen aus dem Wohnungsmerkmal[130] und - sofern die Voraussetzungen eines befriedeten Besitztums vorliegen - ein Ausweichen auf diese Tatbestandsalternative.
Häuser und Wohnungen unterfallen - unabhängig von ihrem Erhaltungszustand und ihrer Zweckbestimmung - nicht dem Tatbestandsmerkmal Wohnung, sofern eine Diskretionssphäre nicht besteht: **Neubauten, unvermietete Hotelzimmer, (gewerbliche) Ferienhäuser** und (noch) **nicht bezogene Wohnungen** scheiden daher als "Wohnung" im Sinne von § 123 StGB aus.
Zweitwohnungen und **private Ferienhäuser** hingegen unterfallen diesem Tatbestandsmerkmal.

---

127 Insoweit sind ohne den Willen des Erben entfernte Nachlaßgegenstände abhandengekommen im Sinne des § 935 BGB, so daß ein gutgläubiger Erwerb gemäß § 932 BGB ausscheidet.

128 Engeln stellt im Ergebnis zu Recht auf den entgegenstehenden Willen des Erben ab, der eines besonderen strafrechtlichen Besitzschutzes bedürfe. Die (vorrangige) Frage, ob der Erbfall auch Auswirkungen auf die Tatobjektsqualität tätigt, stellt er hingegen nicht. Vgl. dazu Engeln, S. 56 f.

129 S.o. S. 34.

130 Zutr. Amelung, NJW 1986, 2075 (2080); Behm, GA 1986, 547 (548 ff).

B) "Geschäftsräume" im Sinne des § 123 StGB und Hausbesetzungen

Neben der Wohnung stellen auch "Geschäftsräume" taugliche Tatobjekte eines Hausfriedensbruchs dar.

Auf den ersten Blick scheint eine Beschäftigung mit diesem Merkmal keinen Bezug zu demonstrativen Hausbesetzungen aufzuweisen; so wird die Prüfung des Vorliegens der Voraussetzungen eines "Geschäftsraumes" - und dieser Vorgriff sei erlaubt - im Ergebnis kaum jemals Anlaß zu Zweifeln in dieser oder jener Richtung bieten.
Trotz dessen erfordert die Zielvorgabe einer differenzierten Lösung, die stets auch das tatsächlich in Beschlag genommene Objekt im Auge behalten muß, eine - aufgrund der Evidenz der Ergebnisse allerdings äußerst kurze - Betrachtung dieses Tatbestandsmerkmals.

I. Die Besetzung von Geschäftsräumen

Die durchaus denkbaren Fälle der Besetzung von Geschäftsräumen, etwa um gegen die Geschäftspolitik des betroffenen Unternehmens zu demonstrieren, die Ausführung gewisser Tätigkeiten zu unterbinden oder im Rahmen eines Arbeitskampfes werfen allerdings nicht auf der Tatbestands-, sondern erst auf der Rechtswidrigkeitsebene Probleme auf.

Insoweit ist es selbstverständlich, daß selbst die Geschäftsräume eines Spekulanten als "Geschäftsräume" ein taugliches Tatobjekt darstellen.

Allein der Vollständigkeit halber sei vorweg darauf hingewiesen, daß die Besetzung **bewohnter** Räumlichkeiten, die modernisiert oder umgewandelt werden sollten, hier keiner Erörterung bedarf: Benutzte - nicht leerstehende - "Wohnungen", die zu Geschäftsräumen umfunktioniert oder luxusmodernisiert werden sollen, unterfallen nach den vorstehenden Ausführungen problemlos dem Merkmal "Wohnung" im Sinne des § 123 StGB.

II. Die Besetzung leerstehender Räume

Zu untersuchen ist daher nur die Tatbestandsmäßigkeit solcher **leerstehender** Räumlichkeiten, die luxusmodernisiert werden sollen oder bereits umgewandelt wurden.

1. Umgewandelter Wohnraum

Zum einen könnten Besetzer Räumlichkeiten okkupieren, die ursprünglich als Wohnung gedient haben, dann jedoch - vor der Besetzung - aus Rentabilitätserwägungen in Geschäftsräume umgewandelt worden sind. Eine Subsumtion unter das Merkmal "Wohnung" scheidet ebenso aus, wie eine Einordnung als "Geschäftsraum", die erst ab dem Zeitpunkt einer tatsächlichen Geschäftsaufnahme in den Räumlichkeiten möglich ist. Allein problematisch ist daher die juristisch exakte Einordnung solcher Räumlichkeiten in der Phase zwischen Aufgabe des Wohnzweckes und Aufnahme des Geschäftsbetriebes.

Der rechtstatsächlich aus der Besetzersicht bei den vergangenen Hausbesetzungen immer wieder in den Vordergrund gerückte Sachverhalt einer spekulativen Wohnraumvernichtung und damit eines Verhaltens, durch das allein aus Gewinnstreben Wohnraum umgewandelt wurde, eröffnet so einen kurzen Seitenblick auf die Geschäftsräume als taugliches Tatobjekt.

Eine genaue Analyse der Gewichtung der Einzelmerkmale der Hausrechtsdefinition der h.M. bei diesem Tatbestandsmerkmal würde allerdings den thematischen Rahmen sprengen. Insoweit kann lediglich darauf verwiesen werden, daß hier zwar partiell - bei den dem Publikum nicht zugänglichen Räumen - eine tatsächlich vorliegende, geschäftliche Geheimsphäre geschützt wird. Sofern die Geschäftsräume dem Publikum offenstehen, dürfte das Hausrecht - während der Öffnungszeiten - durch die funktionale Öffnung der Räumlichkeiten insoweit verdrängt sein, daß sich seine Ausübung repressiv auf die Abwehr von Störungen durch die Kunden beschränkt[131].

Da es sich bei den Geschäftsräumen um Räume handeln muß, i n d e n e n Geschäfte abgewickelt werden[132], und nicht um Räumlichkeiten, mit denen ein Geschäft gemacht werden soll, scheiden Geschäftsräume als Tatobjekt von Hausbesetzungen in dieser Fallgruppe regelmäßig aus.

---

[131] Vgl. dazu Schall, S. 155; Enger - auf die Versuchsphase einer Straftat beschränkend: Steinmetz, JuS 1982, 94 (95 f).

[132] RG St 32, 371 f; Dreher-Tröndle, § 123 Rn. 3; Bodendorf, S. 33; Ostendorf, JuS 1981, 640.

2. Luxusmodernisierter Wohnraum

Als letzte Konstellation verbleiben solche Räumlichkeiten zu erörtern, die ursprünglich als Wohnung gedient haben und zur Zeit der Besetzung entweder wegen einer bevorstehenden, bereits stattfindenden oder nach einer schon abgeschlossenen Luxusmodernisierung leerstehen. Wird die "Wohnung" im hier dargelegten Sinne verstanden, so unterfallen derartige Räumlichkeiten nicht diesem Tatbestandsmerkmal; da weiterhin die - quasi selbstverständliche - Aussage gilt, daß leerstehende Räume nicht deshalb Geschäftsräume sind, weil sie für Geschäftszwecke (wie Verkauf oder Vermietung) genutzt werden sollen, ist auch in dieser Fallgruppe kein Raum für eine Anwendung des Merkmals "Geschäftsraum".

III. Resumee

Demonstrative Hausbesetzungen werfen daher in bezug auf das Tatbestandsmerkmal "Geschäftsräume" keine spezifischen Probleme auf.

C) Einschub: Der Versuch einer Rechtsgutbestimmung

Bereits die Untersuchung der Tatbestandsmerkmale "Wohnung" und "Geschäftsräume" hat gezeigt, daß das "Hausrecht" als geschütztes Rechtsgut des § 123 StGB wegen seiner Offenheit zwar die überwiegend vertretenen Ergebnisse deckt, sie jedoch nicht in der gewünschten Schärfe und Unangreifbarkeit zu begründen vermag. Die aufgedeckten Widersprüche und Ungereimtheiten basieren vielfach auf den Begriffsunschärfen bei der Bestimmung des Rechtsgutes.

Das bei den bisherigen Erörterungen vorausgesetzte Rechtsgut "Hausrecht" hat bei der "Wohnung" zu einer Auslegung aus der Sicht der herrschenden Meinung geführt, wobei gezeigt wurde, daß deren Ergebnisse teilweise auf sachlich nicht gerechtfertigten Differenzierungen innerhalb dieses Tatbestandsmerkmals beruhen.
Ein Rechtsgut "Hausrecht" ist bislang in dieser Untersuchung nicht hinterfragt, sondern heuristisch zugrunde gelegt worden; allerdings ist - um zu einer nachvollziehbaren teleologischen Auslegung zu gelangen - eine genauere Rechtsgutanalyse unverzichtbar.

Da das Problem der Hausbesetzungen vielfach allein als ein Problem der Subsumierbarkeit leerstehender Wohnungen unter das Begriffsmerkmal des befriedeten Besitztums angesehen wurde[133], soll - bevor diese Tatbestandsvariante untersucht werden wird, - versucht werden, das der Regelung des § 123 StGB zugrunde liegende Rechtsgut zu erschließen.

Bei der Erörterung des geschützten Rechtsgutes ist es nun aber erforderlich, den Begriff des Rechtsgutes und das den folgenden Ausführungen vorausgesetzte Rechtsgutverständnis kurz zu skizzieren.

Die Frage nach einem außerstrafrechtlichen Sozialwert, der sich als strafrechtliches Rechtsgut niedergeschlagen hat, stellt sich möglicherweise nur, sofern ein rein methodischer Rechtsgutbegriff[134] als antiquiert und verfehlt erkannt wird; da darüber hinaus vielfach die Rechtsgutbestimmungen zu § 123 StGB und die in diesem Rahmen wechselseitig geäußerten Kritiken offensichtlich von einem unterschiedlichen Rechtsgutverständnis geprägt zu sein scheinen, bedarf der Rechtsgutbegriff einer Erläuterung.

Hierbei soll allerdings weder die Entwicklung und der Streitstand der unterschiedlichen Rechtsguttheorien[135] auch nur annähernd vollständig dargestellt, noch kann ein überzeugender Beitrag zur Lösung dieses Grundlagenproblems[136] geleistet werden. Der Verfasser ist sich bewußt, daß die nachfolgende abstrakte Kurzdarstellung allenfalls ein zur Lösung der vorstehenden Problematik unumgänglich erforderliches Grobraster zum Rechtsgutbegriff und seiner sozialen Funktion darstellen kann und demgemäß neben anderen auch der *Welzelsche* Rechtsgutbegriff (der durch das Verbot geschützte reale Gegenstand)[137] ausgespart bleibt. Insoweit sei an dieser Stelle auf die Untersuchungen von *Schall*[138] und *Amelung*[139] verwiesen.

---

133 Charakteristisch insoweit die Überschrift von Weber, S. 242: Leerstehende Wohnhäuser als befriedetes Besitztum im Sinne von § 123 StGB.

134 Dazu siehe unten S. 63 f.

135 Umfassend dazu: Amelung, Rechtsgüterschutz; Marx, Zur Definition des Begriffes "Rechtsgut"; kurz und instruktiv: Schall, S. 42 ff; Suhr, JA 1990, 303 ff.

136 Roxin, AT, § 2 XII Rn. 38.

137 Welzel, S. 62 m.w.N.

138 Schall, S. 42 ff.

139 Amelung, S. 7 ff.

I. Das Rechtsgutverständnis

Bei der Frage nach dem materialen Inhalt des Begriffes "Rechtsgut" erschließt der herrschende Konsens, daß Rechtsgut nur anerkannte und daher strafrechtlichen Schutz verdienende Werte sein können[140], erst die Dimension der hier interessierenden - eigentlichen - Fragestellung nach der Begründung für eine derartige gesellschaftliche Relevanz gewisser Wertvorstellungen[141].

Diese Frage ist dann Ausgangspunkt für zwei diametral entgegengesetzte Rechtsgutstheorien, das materielle (systemkritische/systemtranszendente) und das methodische (positivistische/systemimmanente)[142] Rechtsgutverständnis.

1) Der methodische Rechtsgutbegriff

Die Vertreter eines derartigen positivistischen Rechtsgutbegriffes[143] versuchen die Relevanz gesellschaftlicher Wertvorstellungen der lex lata zu entnehmen und damit systemimmanent zu erschließen.

Der Normzweck wird somit zum Rechtsgut erhoben, mit der Folge, daß ein Straftatbestand seine Existenzberechtigung aus sich selbst erhält. Die (Straf-) Norm selbst kreiere das Rechtsgut, da sich die Gesellschaftsrelevanz bestimmter Werte nur - positivistisch - anhand ihres Niederschlages in der Rechtsordnung bestimmen lasse.
Schwinge[144] hat diesen Gedanken treffend auf die Kurzformel reduziert, daß "sie (die Rechtsgüter) ... nicht gegeben, sondern aufgegeben" sind.

2) Bedenken gegen den methodischen Rechtsgutbegriff

Es liegt auf der Hand, daß eine derartige Auffassung die Funktion des Rechts, die nicht in der Neuschaffung, sondern im Schutz vorhandener Rechtsgüter liegt[145], pervertiert.
In letzter Konsequenz könnten dann - nur von einem legislatorischen Akt abhängige - Rechtsgüter anerkannten Sozialwerten sogar diametral entgegenlaufen[146] und trotz des-

---

140 Vgl. dazu Sch-Sch-Lenckner, Vorbem. §§ 13 ff Rn. 9 f; Maurach-Zipf, AT 1, S. 251 ff je m.w.N.
141 Zutr.: Suhr, JA 1990, 303 (304).
142 Vgl. dazu: Hassemer, S. 19 ff; Amelung, ZStW 87 (1975), 132 f.
143 Binding, Normen, Band I, S. 188 f; 353 ff; Grünhut, FG-Frank I, 1 ff; Honig, S. 29; Schwinge, S. 21 ff.
144 Schwinge, S. 59.
145 Vgl. Welzel, S. 2.
146 Schwinge, S. 22.

sen "Rechtsgut" im Sinne eines werthaften Zustandes sein; das Rechtsgut würde der Willkür des Gesetzgebers preisgegeben.

Ein den Straftatbestand legitimierendes Rechtsgut läge - eo ipso - stets vor, da der Gesetzgeber einen - wie auch immer gearteten - Zweck jedenfalls verfolgt. Ein methodischer Rechtsgutbegriff stellt damit letztlich die Existenzberechtigung eines Rechtsgutes in Frage, wenn er den Normzweck zum Rechtsgut erhebt.

Eine Gefahr, der offensichtlich in Vollendung die sog. "*Kieler Schule*" erlegen ist, indem sie den Gedanken des Rechtsgüterschutzes durch den der Pflichtverletzung und damit durch Pflicht- und Gesinnungselemente ersetzte[147].
Die daneben zu findende Beteuerung, daß ein Rechtsgut unentbehrlich und ein "sehr wichtiger, bei den meisten Delikten in Betracht zu ziehender Faktor sei"[148], stellt dann nicht mehr als ein bloßes Lippenbekenntnis dar.

Ein derart verstandener methodischer Rechtsgutbegriff widerspricht insoweit dem vorhandenen Grundkonsens, daß strafrechtlicher Rechtsgüterschutz nur als ultima ratio zum Schutz unverzichtbarer werthafter Interessen legitimierbar ist; seine Formalisierung geht zwingend mit einer Offenheit für völlig beliebige - auch willkürliche - Inhalte einher.

Zutreffenderweise muß daher der Rechtsgutbegriff dem Gesetzgeber vorgegeben und damit zwischen ihm und der Verfassung angesiedelt sein[149]. Rechtsgüter sind an sich dem Strafrecht vorgelagerte Sozial- oder Lebenswerte, denen zumindest partiell Strafrechtsschutz zuteil wird und die so zu einem Rechtsgut erstarken[150].

Für die Frage nach dem Rechtsgut wird damit die konkrete einfachgesetzliche Ausgestaltung des Schutzumfanges völlig irrelevant; diese kann für die Ermittlung des Rechtsgutes allenfalls eine Richtlinie bilden, da das Strafrecht mit seinem anerkanntermaßen fragmentarischen Charakter die Verletzung von Rechtsgütern nicht im Sinne einer strafrechtlichen Generalklausel umfassend und in jeder denkbaren Weise unter Strafe stellt[151] bzw. unter Strafe stellen darf.

---

147 Schaffstein, Streit, DStR 1937, 335 ff; Dahm, ZStW 57, 235.
148 Schaffstein, aaO., 336; Dahm, aaO., S. 235.
149 Vgl. Roxin, AT, § 2 III Rn. 7; IV Rn. 9 m.w.N.
150 Zutr.: Stoiber, S. 7 m.w.N.; Ähnlich: Jakobs, 2. Abschn., Rn. 2 f, der insoweit von "Strafrechtsgütern" spricht.
151 Vgl. dazu Roxin, AT, § 2 XI, Rn. 29.

3) Der materiale Rechtsgutbegriff

Daraus folgt, daß die Suche nach dem einer Norm zugrunde liegenden - besser: vorgelagerten - Rechtsgut die Norm selbst allein als Ausgangspunkt wählen, nicht aber auch versuchen darf (oder gar muß), das Rechtsgut auf den strafrechtlich sanktionierten Bereich einer Rechtsgutverletzung zu reduzieren: Rechtsgut und strafrechtlich sanktioniertes Verhalten sind in aller Regel nicht deckungsgleich.

Wird das Rechtsgut dergestalt erschlossen, daß die Zusammensetzung des Tatbestandes in einen "schlüssigen" allgemeingültigen Grundgedanken gepreßt und damit das der Norm - angeblich - zugrunde liegende Rechtsgut als Quintessenz des Tatbestandes begriffen wird, so verfällt eine solche Deduktion aus der Sicht eines materiellen Rechtsgutbegriffes einem doppelten methodischen Fehler:

Zum einen unterliegt sie einem offensichtlichen Kreis- oder Zirkelschluß, der gegeben ist, wenn für eine Schlußfolgerung der Umstand verwendet wird, dessen Vorhandensein gerade erst aus der Schlußfolgerung entnommen werden soll. Dieser Zirkelschluß liegt hier darin, daß das für die Auslegung der Tatbestandsmerkmale relevante Rechtsgut aus diesen Tatbestandsmerkmalen selbst (zunächst) gewonnen wird, um dann wiederum für deren Auslegung relevant zu werden.
Zum anderen liegt darin letztlich die Rückkehr zu einem streng methodischen Rechtsgutbegriff, der i.E. den strafrechtlich geschützten Sozialwert vollständig mit dem geschützten Rechtsgut gleichsetzt.

Festzuhalten ist daher, daß das Rechtsgut nicht allein aus dem Tatbestand selbst erschlossen werden und daß der strafrechtliche Schutzbereich durchaus enger sein kann als das der Norm zugrunde liegende Rechtsgut. Eine Rechtsgutbestimmung kann somit nicht dadurch ernsthaft in Frage gezogen werden, daß der Straftatbestand diesem Rechtsgut keinen umfassenden (Global-)Schutz zuteil werden läßt.
Es ist also - wie *Stoiber* feststellt - "mehr als nur ein terminologischer Fehler, Rechtsgut und Sozialwert voneinander derart abzugrenzen, daß man nur den tatbestandlich geschützten Bereich des Sozialwertes als Rechtsgut anerkennt"[152].

Wenn nun das Rechtsgut als gesellschaftlich besonders relevante Wertvorstellung zu verstehen ist, folgt daraus ferner, daß diese Wertvorstellungen einem ständigen Wandel unterliegen bzw. unterliegen können, der dann eine Korrektur vorhandener Strafgesetze

---

152 Stoiber, S. 7.

erfordert. Ein Wechselspiel von Wertvorstellung und Rechtsgüterschutz, das sich in den - ständigen - Veränderungen des Sexualstrafrechts niederschlägt[153].

Die materiellen Gründe des historischen Gesetzgebers, die diesen zum Schutz gewisser Tatobjekte bewogen haben, und damit das (ursprüngliche) Rechtsgut sind zwar weiterhin für die Auslegung eines unverändert fortgeltenden Normtextes interessant; davon zu unterscheiden ist aber die Frage, ob das heutige Wertverständnis diesen vorhandenen Schutz weiterhin konsentiert.

Ein derart normativ-dynamischer Rechtsgutbegriff führt dazu, daß letztlich zwangsläufig zwischen dem Strafrechtsgut, das die lex lata schützt und das sich vielfach (nur) historisch erklären läßt, und der Frage, ob diese tradierten Sozialwerte auch heute noch gesellschaftlich relevante Wertvorstellungen darstellen, die Strafrechtsschutz legitimieren, unterschieden werden muß.

II. Die historische Entwicklung der Strafbestimmung gegen den Hausfriedensbruch seit dem Preußischen Allgemeinen Landrecht unter besonderer Berücksichtigung der Partikulargesetzbücher[154]

Da bei der Diskussion um das durch § 123 StGB geschützte Rechtsgut und um die Strafbarkeit von Hausbesetzungen die historische Entwicklung des § 123 StGB immer wieder fruchtbar gemacht wurde, erscheint ein Überblick über diese unumgänglich und geboten. Um Wiederholungen vorzubeugen und die Gedankenfolge nicht durch immer wieder erforderliche Rückgriffe auf ehemalige Gesetzestexte zu erschweren, soll die geschichtliche Entwicklung zunächst einmal im Zusammenhang dargestellt werden.

---

153 Vgl. dazu Roxin, AT, § 2 IV Rn. 3 und V Rn. 15.

154 Zur Entwicklung bis zum Pr. ALR vgl. die ausführliche Darstellung von Trabandt, S. 3 bis 140; ferner Armknecht, S. 39 f; Bodendorf, S. 2 ff, Weber, 26 - 138.

1.) Das **preußische Allgemeine Landrecht** regelte - nachdem weder die **Constitutio Criminalis Bambergensis** (1507)[155] noch die darauf aufbauende **Constitutio Criminalis Carolina** (1532)[156] den Hausfriedensbruch pönalisiert[157] hatten - erstmals wieder[158] die Verletzung des Hausrechts. So bestimmt das Pr. ALR in seinem 2. Teil, 20. Titel, 9. Abschnitt (Verletzung des Hausrechts) unmittelbar an die Notwehrregeln der §§ 517 ff anschließend:

§ 525.: *Niemand darf in eines Andern Haus, Wohnung, oder sonstigen Aufenthaltsort, wider dessen Willen, ohne besondere Befugnis eindringen.*

§ 526.: *Wer dieses thut, oder wider Willen des Besitzers innerhalb seines Bezirks Handlungen vornimmt, zu denen er nicht berechtigt ist, der verletzt das Hausrecht.*

Die §§ 527 bis 530 enthalten die Reaktionsmöglichkeiten des Berechtigten und eine nach der Intensität der Verletzung gestaffelte Sanktionsregelung:

§ 527.: *Der Einwohner ist befugt, den, welcher das Hausrecht verletzt, nach vorgängiger Warnung zu nöthigen, daß er von dergleichen zudringlichem oder eigenmächtigem Verfahren abstehe.*

§ 528.: *Doch muß bey dem Gebrauche des Hausrechts, Leib und Ehre des Eindringenden möglichst geschont werden.*

§ 529.: *Wenn auch ein dergleichen zudringliches oder eigenmächtiges Verfahren, mit der Absicht zu beleidigen, oder ein Verbrechen zu begehen, nicht verbunden gewesen; so soll doch der Thäter, wenn er es auf den Gebrauch von Gewalt hat ankommen lassen, mit einer willkürlichen Geld- oder Gefängnisstrafe belegt werden.*

---

155 Bamberger Heilsgerichtsordnung von Johann Freiherr von Schwarzenberg.

156 Die Peinliche Gerichtsordnung Karls V.

157 Vgl. aber den zutr. Hinweis von Weber (S. 109) auf Art 150 III CCC, wonach ein Hausfriedensbrecher zur Nachtzeit i.R.d. Notwehr erschlagen werden durfte.

158 Sowohl in der germanischen, als auch in der fränkischen Ära war der Hausfriedensbruch - wenn auch beschränkt auf die Störung einer Privatsphäre in "Haus und Hof" - als Deliktstyp bekannt; er fand jedoch während der Rezeption des römisch-italienischen Rechts im 16. und 17. Jahrhundert kaum kodifikatorische Anerkennung, vgl. dazu Trabandt, S. 39 f; Schall, S. 37 f.

§ 530.: *Sind Zudringlichkeiten dieser Art (§ 525.526.) mit einem andern Verbrechen, welches nicht schon seiner Natur nach eine Verletzung des Hausrechts in sich schließt, verbunden gewesen: so soll die ordentliche Strafe des Verbrechens nach Verhältnis dieser Zudringlichkeit geschärft werden.*

Wichtig sind - auch im Hinblick auf das befriedete Besitztum - die nachfolgenden Regelungen:

§ 531.: *Was vorstehend § 525. - 530. verordnet ist, soll auch stattfinden, wenn dergleichen Handlungen zwar nicht innerhalb eines Hauses, aber doch innerhalb der Gränze eines mit Mauern, Planken oder Zäunen umgebenen Platzes vorgefallen sind.*

§ 532.: *Eben dieses findet auch auf freiem Felde statt, soweit der Eigenthümer, durch Anbau oder besondere Merkmale, Andere davon ausgeschlossen hat.*

2.) In der historischen Entwicklung des Hausfriedensbruches seit Beginn des 19. Jahrhunderts lassen sich - unter dem hier später interessierenden Aspekt der Auslegung des befriedeten Besitztums - drei Gruppen von Partikulargesetzbüchern unterscheiden[159]:

a) Gesetzbücher, denen das befriedete Besitztum als taugliches Tatobjekt eines Hausfriedensbruches fremd war:

Als einziges Partikulargesetzbuch, das das befriedete Besitztum weder im Rahmen des einfachen noch des qualifizierten Hausfriedensbruchs als taugliches Tatobjekt aufgenommen hatte und so nur einen auf Haus und Hof spezialisierten, persönlichen Sonderfrieden schützen wollte[160], ist das Allgemeine **Criminal Gesetzbuch für das Königreich Hannover** von 1840 anzusehen; es bestimmte in seinem 4. Capitel, den Verbrechen wider die öffentliche Ordnung:

---

[159] Der Vollständigkeit halber sei darauf hingewiesen, daß das "Strafgesetzbuch für das Grossherzogthum Baden 1845" keinerlei Bestimmung über den Hausfriedensbruch enthält und daher aus der nachfolgenden Kategorisierung ausscheiden muß.

[160] Vgl. dazu Trabandt, S. 152.

Art. 180: *Wer widerrechtlicher Weise in eines Anderen Wohnung gewaltthätig eindringt, oder einen Andern in seiner Wohnung durch Gewalt beunruhigt, macht sich der Störung des Hausfriedens schuldig und soll ... bestraft werden.*

b) Die überwiegende Anzahl der Gesetzesbücher erweiterte diesen persönlichen Sonderfrieden auf die zu einer Wohnung oder der sonst genannten Tatobjekte zugehörigen Bezirke:

aa) **Strafgesetzbuch für das Königreich Sachsen 1855**

Art. 155: *Wer in eines Anderen Wohnung, Geschäftslokal, oder den dazu gehörigen geschlossenen Bezirk widerrechtlich eindringt ..., soll wegen Störung des Hausfriedens ... bestraft werden ... .*

bb) **Strafgesetzbuch für das Königreich Württemberg 1839**

Art. 193: *Wer, ... in eines Anderen Wohnung oder dazu gehörigen geschlossenen Bezirk widerrechtlich eindringt, soll wegen Störung des Hausfriedens ... gestraft werden.*

cc) **Criminal Gesetzbuch für das Herzogthum Braunschweig 1840**

§ 180: *Wer in die Wohnung eines Andern oder in den dazu gehörigen geschlossenen Bezirk widerrechtlich eindringt ... soll ... mit Strafe belegt werden.*

dd) **Strafgesetzbuch für das Königreich Bayern 1861**

Art. 157: Wer ... in fremde Gebäude oder Wohnungen oder andere menschliche Aufenthaltsorte oder in die dazu gehörigen umfriedeten Besitze widerrechtlich eindringt ... ist ... zu bestrafen.

ee) **Thüringisches Strafgesetzbuch**

Art. 117: Wer in eines anderen Wohnung oder dazu gehörigen geschlossenen Bezirk widerrechtlich eindringt ... soll ... bestraft werden.

ff) **Strafgesetzbuch für das Grossherzogthum Hessen 1841**[161]

Dieses Strafgesetzbuch nahm eine Sonderstellung ein. Während Art. 164 als Bandendelikt jegliche "liegende Gründe" als taugliches Tatobjekt deklarierte, wurde der Schutzbereich bezüglich des ein-

---

[161] Identisch mit dem Strafgesetzbuch für das Herzogthum Nassau, 1849, Art. 163.

fachen Hausfriedensbruchs auf die an eine Wohnung angrenzenden Bezirke reduziert.

Art. 164: *Wenn in fremde Wohnungen oder andere liegende Gründe mehrere hierzu vereinigte Personen widerrechtlich einfallen, so sollen ... ihre Handlung(en) ... bestraft werden ...*

Art. 165: *Wer ohne die im vorhergehenden Artikel genannte Verbindung in eines Anderen Wohnung oder dazu gehörigen geschlossenen Bezirk widerrechtlich eindringt, soll ... bestraft werden*[162].

c) Noch weitergehend wurde der Schutzbereich des Hausfriedensbruchs in den anderen Partikulargesetzen gezogen. Während Hessen die Einbeziehung liegender Gründe nur für den Fall des qualifizierten Hausfriedensbruchs vorgesehen hatte, erstreckten die restlichen Gesetzbücher den Schutz des Hausrechts auch auf die nicht mit einer Wohnung funktional verbundenen "Außenanlagen".

aa) **Strafgesetzbuch für das Königreich Baiern 1813**[163]

Art. 422: *Diejenigen, welche ..., um den ruhigen Besitz unbeweglicher Sachen ... zu stören ..., in fremde Häuser, Wohnungen oder andere liegende Gründe ... einfallen ... sollen ... bestraft werden.*

bb) Auch das **preußische StGB 1851** und seine drei Entwürfe von 1828, 1843 und 1847 erstreckten den Schutz des Hausrechts auf die fernab von einer Wohnung liegenden Gründe:

(1) **Preußischer Entwurf von 1828**

11. Abschnitt: Verbrechen gegen das Vermögen.

§ 1 Wer unbefugt und vorsätzlich

1) in das Haus, die Wohnung oder die befriedete Besitzung eines anderen ... eindringt ... wird ... gestraft.

---

162 Art. 165 wurde durch Gesetz vom 23.2.1849 abgeändert; jedoch betraf diese Änderung ausschließlich die Ausgestaltung des einfachen Hausfriedensbruchs als Antragsdelikt.

163 Identisch mit dem Strafgesetzbuch für die Herzoglich Oldenburgischen Lande 1814, Art. 451.

(2) **Entwurf des StGB für die Preußischen Staaten 1843**

§ 365: Wer widerrechtlich in das Haus, die Wohnung, das Geschäftszimmer oder das befriedigte Besitztum ... eindringt, ... ist ... zu bestrafen.

(3) **Entwurf des StGB für die Preußischen Staaten 1847**

§ 266: Wer in die Wohnung, das Geschäftszimmer oder das befriedigte Besitzthum eines Anderen ... widerrechtlich eindringt ... ist ... zu bestrafen.

(4) **Strafgesetzbuch für die Preußischen Staaten 1851**

§ 346: ... wird bestraft:

1) wer in die Wohnung, das Geschäftszimmer oder das befriedigte Besitztum eines Andern ... widerrechtlich eindringt ...

3.) Seine heute im wesentlichen noch geltende Fassung erhielt der Hausfriedensbruch durch das **Strafgesetzbuch für den Norddeutschen Bund 1870**, das durch Gesetz vom 15.5.1871[164] bezüglich der Regelung des § 123 in unverändertem Wortlaut und bei gleicher Bezifferung für das deutsche Reich übernommen wurde.

§ 123: Wer in die Wohnung, in die Geschäftsräume oder das befriedete Besitztum eines anderen ... eindringt ... wird ... bestraft.

4.) Die Änderungs- und Reformgesetzgebung des zwanzigsten Jahrhunderts erweiterte zunächst 1912 den Kreis der tauglichen Tatobjekte auf die "abgeschlossenen Räume, welche zum öffentlichen Verkehr bestimmt sind"[165]; danach wurde der einfache Hausfriedensbruch als Privatklagedelikt gem. § 374 I Nr. 1 StPO eingestuft[166]. In der Folgezeit wurden die Qualifikation des § 123 II StGB und das uneigentliche Amtsdelikt des Hausfriedensbruchs im Amt (§ 342 StGB) ersatzlos gestrichen[167] und die Sanktionen der Strafvorschrift modifiziert[168].

---

164 Gesetz, betreffend die Redaktion des StGB für den Norddeutschen Bund als Strafgesetzbuch für das deutsche Reich, RGBl 1871, Nr. 651 S. 127.

165 Gesetz betreffend die Änderung des StGB v. 19.6.1912 = RGBl 1912, 395.

166 Gesetz vom 11.3.1921 = RGBl 1921, 229.

167 Art. 19 Nr. 47, 190 EGStGB 1974 = BGBl I, 469.

168 So die Geldstrafenverordnung, die den vorher vorgesehenen Höchstbetrag der Geldstrafe aufhob und das 1. StrRfG, das anstelle der Gefängnis(strafe) die Freiheitsstrafe einführte.

§ 123 StGB erhielt daher seine heute geltende Fassung durch das Änderungsgesetz von 1912, wobei jedoch wesentliche, inhaltliche Änderungen - insbesondere im Hinblick auf das befriedete Besitztum - zumindest seit dem Preußischen StGB von 1851 nicht mehr vorgenommen wurden[169].

III. Die unterschiedlichen Auffassungen zum Rechtsgut des § 123 StGB

Welches Rechtsgut der Regelung des § 123 StGB zugrundeliegt, ist umstritten[170]: Während die überwiegende Anzahl der Autoren ein einheitliches, für alle Tatobjekte durchgängiges Rechtsgut bejaht, versuchen andere, die Schutzfunktionen bezüglich der einzelnen Räumlichkeiten zu differenzieren.

Die unterschiedlichen Auffassungen zum Rechtsgut des § 123 StGB gilt es nun zu erörtern; dabei wird es zunächst überraschen, daß das Hausrecht, das bislang zugrunde gelegt wurde, nicht am Anfang der Rechtsgutanalyse wiederkehrt.
Die Auseinandersetzung mit dem Hausrecht wurde bewußt ans Ende der nachfolgenden Überlegungen plaziert: Zum einen ist das Hausrecht in seinen Grundzügen bereits vorgestellt worden[171]; zum anderen stellt es als Rechtsgut sui generis ein Konglomerat aus einer Vielzahl von Einzelkomponenten dar[172], die - jeweils für sich betrachtet - sowohl im Strafrecht generell als auch speziell im Rahmen des § 123 StGB als Rechtsgüter anerkannt sind.
Insoweit kann sich das "Hausrecht" in seiner Komplexität erst dem Betrachter erschließen, der diese Einzelkomponenten hinterfragt hat; da diese zudem von Teilen der Literatur als jeweils alleinige, der Regelung des § 123 StGB vorgelagerte Rechtsgüter deklariert werden, erscheint es sinnvoll, bei einer Diskussion der denkbaren Rechtsgüter gerade nicht vom "Hausrecht" auszugehen.

Sofern man von der naheliegenden - üblichen, aber nicht zwingenden[173] - Vorstellung ausgeht, daß der Gesetzgeber bei der Schaffung eines Tatbestandes eine konkrete Leitidee im Sinne eines schützenswerten Sozialwertes verfolgt und aus diesem Grund die im Tatbestand genannten Verhaltensweisen pönalisiert hat, könnten dem § 123 StGB folgende Rechtsgüter zugrunde liegen:

---

169 Zutr.: Bodendorf, S. 9; Trabandt, S. 180; Weber, S. 173.
170 Vgl. auch die Darstellungen bei Weber, 4 ff, 200 ff und Engeln, 33 ff.
171 S.o. S. 45.
172 S.u. S. 73 ff.
173 Vgl. Jescheck, S. 6, 232 f; Maurach-Zipf, AT I, § 19 Rn. 21.

1) Öffentliche Sicherheit und Ordnung

Entsprechend der Stellung zu Beginn des siebten Abschnittes des StGB "Straftaten gegen die öffentliche Ordnung" könnte der Hausfriedensbruch ein Delikt gegen die öffentliche Ordnung darstellen[174].

Schild[175] deklariert die öffentliche Ordnung zwar nicht als Rechtsgut, meint jedoch, daß diese die "Dimension des Rechtsguts" charakterisiere; andere[176] greifen bei der Frage nach dem Rechtsgut "in zweiter Linie" auf die öffentliche Ordnung zurück.

Unabhängig von den Bedenken, die sich gegen die Tauglichkeit der öffentlichen Sicherheit und Ordnung als Rechtsgut generell ergeben[177], ist offensichtlich, daß die vom Gesetzgeber 1870/71[178] vorgenommene Einordnung des Hausfriedensbruchs zwar kein Redaktionsversehen, jedoch eine - dem Rechtsgut nicht entsprechende - ausschließlich von Zweckmäßigkeitsgesichtspunkten getragene und damit bewußte Fehlplazierung war[179]. Lediglich der enge inhaltliche Zusammenhang mit dem schweren Hausfriedensbruch war für diese Einordnung ausschlaggebend; dem erkanntermaßen "privaten Charakter"[180] des einfachen Hausfriedensbruchs sollte durch das Antragerfordernis des § 123 II StGB Genüge getan werden. Gerade das bislang uneingeschränkte Antragserfordernis[181], das die Möglichkeit einer Strafverfolgung ausschließlich in die Hände des Antragsberechtigten legt, verdeutlicht, daß hier nicht die öffentliche Sicherheit und Ordnung geschützt wird.

---

174 So ausdrücklich AG Münster, StV 1982, 425.

175 Schild, NStZ 1986, 346 (349).

176 LG Mönchengladbach, NStZ 1982, 424; Dre-Tröndle, § 123 Rn. 1; vgl. dazu auch Kageler, S. 6 f.

177 Vgl. dazu Jäger, S. 21 und Stoiber, S. 32, die zu Recht darauf hinweisen, daß ein derart vager Begriff keine sinnvolle Rechtsgutbeschreibung darstellen kann und letztendlich jede Strafvorschrift der öffentlichen Ordnung dient.

178 Das StGB 1871 übernahm insoweit unverändert die Regelungen der §§ 123, 124 StGB für den Norddeutschen Bund von 1870, s.o. S. 71.

179 Motive zu dem Entwurf eines StGB für den Norddeutschen Bund S. 88; ausführlich dazu: Jäger, S. 21; Stoiber, S. 32; Schall, S. 30; a.A. Trabandt, S. 174, der verkennt, daß die "große Bedeutung, welche der Schutz des Hausfriedens für die öffentliche Sicherheit und Ordnung hat" sich ausdrücklich auch auf § 124 StGB bezieht. Insoweit dürfte die Einordnung kaum widersprüchlich - wenn auch nicht sinnvoll - sein.

180 Motive, aaO., S. 88.

181 Anders - de lege ferenda - die Gewaltkomission. Dazu s.u. 3. und 4. Teil.

Ein ausschließlicher oder auch nur zweitrangiger Schutz der öffentlichen Sicherheit und Ordnung widerspricht somit sowohl der Intention des historischen Gesetzgebers als auch der Einordnung als Antrags-[182] und Privatklagedelikt, vgl. §§ 374 I Ziff. 1, 380 I StPO.
Aus der systematischen Stellung der Norm ist daher kein Rückschluß auf das Rechtsgut, das der Norm zugrunde liegt, möglich.

2) Ehre

Nach einer anderen Auffassung soll geschütztes Rechtsgut des § 123 StGB die Ehre sein[183].

Dem einfachen Hausfriedensbruch sei, wie *Herzberg*[184] ausführt, "ein Beleidigungsmoment immanent. Nicht das äußerliche Eindringen eines raumverdrängenden Körpers mache den Erfolg aus, sondern die darin steckende, nur dem geistigen Verstehen zugängliche, höchstpersönliche Mißachtung des Rechtes auf Selbstbestimmung in der eigenen Wohnsphäre"[185].

Unabhängig von der zusätzlich anklingenden Verletzung der individuellen Freiheit in der Privatsphäre, die als räumliche Dispositionsbefugnis dem Hausrecht in der Interpretation, die ihm die überwiegende Meinung gibt, entspricht, scheint jedoch fraglich, warum die jedenfalls auch erforderliche räumliche Verdrängung gerade und primär den Wertgeltungsanspruch des Betroffenen in der Allgemeinheit tangieren soll und somit der vollständige und eigentliche Unrechtsgehalt eines Hausfriedensbruchs in dem Begriff der Ehrverletzung aufgeht.

Sicherlich sind Fälle denkbar, in denen ein Hausfriedensbruch gezielt dazu dient, dem Betroffenen die eigene Miß- oder Nichtachtung kundzutun. Insbesondere der demonstrative Hausfriedensbruch, der neben der Publikation und Durchsetzung der Meinung des Täters zumeist auch die Unsinnigkeit der angegriffenen Maßnahmen oder Zustände verdeutlichen will, ist insoweit personenbezogen auf eine Mißachtung der Entscheidung und der Person des Betroffenen gerichtet. Andererseits ist in der Mehrzahl der Fälle der Hausfriedensbruch nur notwendiges Zwischendelikt zur Verwirklichung des vom Täter in

---

182 Schall, S. 30; Bernsmann, Jura 1981, 338 m.w.N.; In die Reihe der Privatklagedelikte wurde der einfache Hausfriedensbruch durch Gesetz vom 11.3.1921 aufgenommen, vgl. RGBl 1921, 229; a.A. Kageler, S. 20 f (22), der jedoch i.E. dann auch auf ein Individualrechtsgut zurückgreift (aaO. S. 24).
183 Schwarze, S. 376.
184 Herzberg, ZStW 1982, 896 (928); ähnlich: Binding, S. 120.
185 Herzberg, ZStW 1982, 896 (928); ähnlich: Binding, S. 120.

Aussicht genommenen Tatplans: Weder der Dieb, der in eine Luxusvilla einsteigt, noch der Bankräuber, der mit einer Strumpfmaske vor dem Gesicht und gezogener Pistole den Schalterraum betritt, will sich gegen den Wertgeltungsanspruch der Betroffenen richten, sondern - einzig und allein - Vermögenswerte erhalten.

Eine Ehrverletzung mag somit zwar eine intendierte - und dann auch über §§ 185 f StGB möglicherweise strafbare - Nebenwirkung[186] oder Folge eines Hausfriedensbruchs sein, jedoch kann unter diesem Gesichtspunkt der typische, durchschnittliche Unrechtsgehalt eines Hausfriedensbruchs nicht - oder zumindest nicht allein[187] - erfaßt werden. Dem Hausfriedensbruch kann insoweit ein Beleidigungsmoment immanent sein, jedoch charakterisiert dieses allein nicht den vollständigen Unwertgehalt der Tat.

Darüber hinaus wäre, sofern § 123 StGB ausschließlich die Ehre schützte, diese Vorschrift neben den Ehrdelikten der §§ 185 f StGB überflüssig[188] und systematisch deplaziert. Die Ehre muß daher als geschütztes Rechtsgut des § 123 StGB ausscheiden.

3) Persönliche Freiheit

Ist die Mißachtung einer räumlichen Dispositionsbefugnis ein charakterisierendes Moment eines Hausfriedensbruchs, so liegt die Annahme nahe, daß § 123 StGB vor Angriffen auf seine persönliche Freiheit schützen will; derartige Angriffe würden einer Verwirklichung der Handlungsfreiheit entgegenstehen[189] und die auf die Dispositionsfreiheit spezialisierte, persönliche Freiheit des Berechtigten verletzen[190]. Alleiniges Angriffsobjekt und Rechtsgut wäre insoweit der in den geschützten Objekten herrschende und ordnende Wille[191].

Der Gedanke, daß der Hausfriedensbruch dem Schutz der persönlichen Freiheit dient, offenbart eine Parallele zur Freiheitsberaubung: Während dort das Opfer vor einer Einsperrung geschützt wird, sanktioniert der Straftatbestand des Hausfriedensbruchs die Mißachtung des Rechts zur Aussperrung.

---

186 Armknecht, S. 69; Bodendorf, S. 17; Jäger, S. 20.

187 Insoweit zutr. Herzberg, aaO., der zusätzlich auf das Selbstbestimmungsrecht des Rauminhabers abstellt.

188 Armknecht, S. 69; a.A. Kageler, S. 20.

189 Sauer, S. 301; Begründung zum E 1962, S. 302.

190 Binding LB (2.) BT I S. 120; Rosenfeld, S. 392.

191 So auch Bodendorf, S. 44 ff (51).

Insoweit könnte - in Übereinstimmung mit *Binding*[192] und *Rosenfeld*[193] - die persönliche Freiheit das Rechtsgut des § 123 StGB bilden[194].

Dies ist eine auf den ersten Blick bestechende Auffassung, die jedoch bei näherem Hinsehen höchst fragwürdig erscheint. Zwar muß - objektiv betrachtet - bei sämtlichen Handlungsalternativen des § 123 StGB der räumliche "Ungestörtheitsanspruch", der sich in dem mutmaßlichen oder gar geäußerten entgegenstehenden Willen dokumentiert hat, durch den Täter mißachtet werden und der Täter den Berechtigen zur Hinnahme der Störung - einer Duldung - zwingen[195].

Die im Strafrecht existenten Freiheitsdelikte schützen in ihren spezialisierten Ausprägungen entweder die körperliche Fortbewegungsfreiheit (z.B. § 239 StGB) oder die Willensfreiheit in der Form der Willensbildung und der Willensbetätigung (z.B. § 240 StGB), niemals jedoch eine sachbezogene Dispositionsmöglichkeit[196]. Da der Täter eines Hausfriedensbruches weder die Fortbewegungsfreiheit des Opfers noch die Möglichkeit der Willensbildung oder Willensbetätigung durch seine - eventuell gar nicht bemerkte - Anwesenheit aufhebt[197], sondern sich nur der Durchsetzung dieses Willens widersetzt, könnte es sich jedenfalls nicht um ein Freiheitsdelikt im üblichen Sinne handeln. Die Mißachtung eines frei gefaßten und nach außen dokumentierten Willens ist bei den als solchen anerkannten Freiheitsdelikten nicht pönalisiert[198].

Allein aus dieser Überlegung kann nicht zwingend die Untauglichkeit der persönlichen Freiheit als Rechtsgut des § 123 StGB abgeleitet werden; ebensogut wäre es denkbar, daß die Schutzbestimmung des Hausfriedensbruchtatbestandes quasi als Ergänzung des Schutzes der persönlichen Freiheit an bestimmten Räumlichkeiten neben die "typischen" Freiheitsdelikte tritt.

Eine derartige Betrachtungsweise müßte allerdings Hausfriedensbruch bei Abwesenheit des Berechtigten ausnahmslos verneinen; ein Ergebnis, das nirgends vertreten wird und unsinnig erscheint[199], konsequenterweise aber gebilligt werden müßte, da in einer derar-

192 Binding, LB (2.), BT I S. 120.

193 Rosenfeld, S. 392.

194 Auch Schäfer (LK § 123 Rn. 1) sieht primär die Freiheit als geschützt an.

195 Hälschner, Bd. 2.1, S. 143 (144); Seier, Instandbesetzung, JA 1982, 232 (235); Jäger, S. 18.

196 Maurach-Schröder, S. 252 f (253); anders lediglich der AE StGB, BT, 1. Hb., S. 63, der ausdrücklich als Rechtsgut die Dispositionsfreiheit nennt.

197 Dies verkennt Stoiber, S. 37, der jedoch i.E. diese Meinung auch ablehnt; zutr. hingegen Armknecht, S. 69.

198 A.A. nur Binding, BT I, S. 81 f, der die Mißachtung fremden Willens zu den Freiheitsdelikten i.w.S. (den Delikten gegen den Willen) zählt, um so die Strafbarkeit eines Hausfriedensbruches gegenüber Abwesenden begründen zu können; ihn zutreffend widerlegend Stoiber, S. 37 m.w.N.

199 Armknecht, S. 70 Fn. 206; Stoiber, S. 36.

tigen Fallkonstellation die Verletzung der persönlichen Freiheit offensichtlich ausgeschlossen ist.

Letztlich dürfte auch durch eine Charakterisierung des Hausfriedensbruchs als Freiheitsdelikt kein sinnvolles Rechtsgut gewonnen werden; denn wenn man mit *Binding* jegliche Mißachtung eines fremden Willens als Freiheitsdelikt im weiteren Sinne ansehen wollte, so stellt jedes Delikt, das disponible Rechtsgüter schützt, letztendlich ein Freiheitsdelikt dar: Der Wille des Berechtigten muß regelmäßig dem Täterverhalten widersprechen, da eine Zustimmung als "Einverständnis" oder Einwilligung[200] eine Strafwürdigkeit und Strafbarkeit des Verhaltens ausschließt.
Der zutreffende Hinweis von *Maurach-Schröder*[201], daß eine derartige Deduktion dazu zwingt, auch den Diebstahl als Freiheitsdelikt i.w.S. anzusehen, da in die nach § 903 BGB begründete Freiheit zur Sachdisposition eingegriffen wird, verdeutlicht, daß eine konturenlose Rechtsgutfestlegung und damit die Gewinnung eines für nahezu alle Tatbestände einschlägigen "Universalrechtsgutes" nicht überzeugen kann.

4) Physisch gesicherte Territorialität

In jüngster Zeit hat sich die Kombination einer anthropologisch-soziologischen Sichtweise als neue Rechtsgutbestimmung zu etablieren versucht: Ausgehend von fünf hinter dem Hausrecht-/frieden stehenden Interessen - Territorialität, Sicherheit, Geheimhaltung, Störungs- und Gesamtfreiheit - soll die Antastung eines physisch-räumlich gesicherten Freiheitspotentials[202] - oder kürzer - die physisch gesicherte Territorialität als Freiheitspotential das einheitliche Rechtsgut des § 123 StGB bilden[203].
Da die Tatobjekte offensichtlich private, geschäftliche und öffentliche Interessensphären umfassen, werden diese als verschiedene Nutzungsformen eines einheitlichen Rechtsgutes und als strafwürdig allein die Mißachtung physisch wirksamer Schranken deklariert[204]. Unter Zuhilfenahme der Verhaltensforschung und der Umweltpsychologie gelangt *Amelung* zu dem Schluß, daß allein das Vertrauen des Berechtigten in die Aus-

---

200 Die Problematik, ob ein dem Täterverhalten korrespondierender Wille des Rechtsgutträgers je nach Gestaltung des Tatbestandes Tatbestands- oder Rechtfertigungsrelevanz entfaltet, und damit die tradierte Unterscheidung zwischen Einverständnis und Einwilligung ist in jüngster Zeit stärker hinterfragt worden. Zu Recht wird hier vordringend vertreten, daß der mit einer Verletzung des Tatobjekts übereinstimmende Wille des Rechtsgutträgers stets tatbestandsrelevant ist, da eine solche Handlung keinen Angriff auf das durch die Norm geschützte Rechtsgut enthält, vgl. dazu Roxin, AT I, § 13 Rn. 12 ff m.umf.N.

201 S. 252 f.

202 Engeln, S. 42 f.

203 Amelung, NJW 1986, 2075 (2077), ders., ZStW 98 (1986), 355 ff (403); Behm, JuS 1987, 950 (952); ders., GA 1986, 547 (557); ähnlich: Gössel, § 38 Rn. 1.

204 Vgl. neben den in Fn. 165) Genannten: Amelung, JZ 1986, 247.

schlußfunktion dieser Barrieren die Strafwürdigkeit eines sie mißachtenden Verhaltens begründe.

In exakt dieselbe Richtung gehen die historisch orientierten Untersuchungen *Martina Webers*[205], die wegen der von ihr als wesentlich angesehenen tatbestandlichen Beschränkungen der Tathandlungen diese Modalitäten mit bei der Definition berücksichtigen will: Rechtsgut des Hausfriedensbruchs sei die Freiheit, andere vom Aufenthalt auf physisch gesichertem Territorium auszuschließen[206].

Gössel sieht durch § 123 StGB den "gegenständlichen Raum der Privat- und Intimsphäre"[207] als geschützt an und stimmt damit inhaltlich, da er auch die Formalisierung dieser Sphären anerkennt[208], mit der Rechtsgutbestimmung *Amelungs* überein.

Bei genauem Hinsehen erweisen sich jedoch diese Lehren nur als die bloße Fortentwicklung und anthropologisch-soziologisch untermauerte "Neuauflage" derjenigen Auffassungen, die die Freiheit als das durch § 123 StGB geschützte Rechtsgut ansehen: Wenn *Amelung* selbst seine Untersuchung damit zusammenfaßt, daß "§ 123 die in eingehegten Territorien bestehende Freiheit schützt, wenn auch der Gesetzgeber deren Eigenart nie deutlich erfaßt hat"[209] und damit das Rechtsgut als "Freiheitspotential"[210] ... "durch Sicherheit und Informationskontrolle"[211] umschreibt, wird deutlich, daß er versucht, der eigenen Prämisse von der Konturenlosigkeit der negativen Ausschließungsfreiheit als geschütztem Rechtsgut treu zu bleiben und statt dessen - inhaltlich identisch - die Mißachtung fremden Willens durch die Mißachtung genauer aufgespaltener, positiver Einzelfreiheitsaspekte zu ersetzen. Als positiv-gemeinsames Rechtsgut, das eine plausible Erklärung für den gemeinsamen Schutz dieser Spezialfreiheiten ermöglicht, bleibt dann ihr räumlicher Bezugspunkt als kleinster gemeinsamer Nenner: "Die Beherrschung von Territorien, die durch physische Geborgenheit und Informationskontrolle ein besonderes Maß an Freiheit ermöglichen"[212].

Diese so physisch gesicherte Territorialität ist aber nicht um ihrer selbst Willen geschützt, da dann letztendlich der Besitzschutz vorrangig wäre, sondern nur als Mittel zum Zweck. Das dahinterstehende Interesse, das *Amelung* in vier weitere Interessen - Sicherheit,

---

205 Weber, S. 238 f (240).
206 Weber, S. 241.
207 Gössel, § 38 Rn. 1.
208 Gössel, § 38 Rn. 1.
209 Amelung, ZStW 98 (1986), 355 (402) und öfter.
210 Amelung, ZStW 98 (1986), 355 (403 f); ders., NJW 1986, 2075 (2079 ff); Engeln, S. 43; Weber, 238 ff (241).
211 Amelung aaO., (vgl. Fn. 170).
212 Amelung, ZStW 98 (1986), 355 (356, 377); vgl. auch Weber, 241.

Geheimhaltung, Störungs- und Gesamtfreiheit - untergliedert, läßt sich dann aber unschwer auf einen gemeinsamen, i.R.d. Rechtsgutbestimmung durchaus bekannten, Nenner bringen: die auf die Dispositionsfreiheit spezialisierte persönliche Freiheit des Rauminhabers.

Zwar kann gegen eine solche Rechtsgutbestimmung kaum überzeugend eingewendet werden, die Notwendigkeit einer besonderen Einhegung, die eine besondere Sicherung schaffen könnte, führe zu einer Restriktion des Anwendungsbereiches des § 123[213], bzw. daß die physisch gesicherte Territorialität zwar eine (sogar wesentliche) Erscheinungsform der privilegierten Raumbereiche darstelle, jedoch gerade beim befriedeten Besitztum deutlich werde, daß auch andere räumliche Schutzbereiche strafrechtlich geschützt seien[214].

Beide Behauptungen erweisen sich bei näherem Hinsehen als typischer - von Strafwürdigkeitserwägungen getragener - Zirkelschluß: Die tradierte oder herrschende Auslegung eines Tatbestandsmerkmales soll das Rechtsgut bestimmen, und nicht das Rechtsgut die Tatbestandsauslegung.

Physisch gesicherte Territorialität als geschütztes Rechtsgut muß sich aber dem Einwand aussetzen, daß sie - zumindest terminologisch - das Mittel und die räumlichen Grenzen des Tatbestandes - Territorialität - zum straflegitimierenden Rechtsgut erhebt und nicht - wie zu erwarten wäre - den dahinterstehenden Zweck, das vorrangige Interesse der Gesamtfreiheit.
Da eben dieser Zweck als Gewährleistung der persönlichen Freiheit zu charakterisieren ist, treffen diese Auffassung ebenfalls die Argumente, die gegen eine Anerkennung der Freiheit als geschütztes Rechtsgut des § 123 StGB streiten[215].

Diese Rechtsgutbestimmung schießt zudem in zweifacher Hinsicht über ihr Ziel hinaus:

Zunächst scheint *Amelung* durch seine anthropologisch-soziologische Betrachtungsweise exakt der Gefahr erlegen zu sein, vor der er selbst bei der Behandlung der später zu erörternden *Schallschen* Theorie zum Rechtsgut des § 123 StGB noch zu Recht gewarnt hat, ... "daß man § 123 StGB, der der ersten Hälfte des 19. Jahrhunderts entstammt, als Produkt von Interessen erklärt, die zur Zeit seiner Entstehung noch gar nicht vorhanden waren oder zumindest noch nicht das Gewicht besaßen, das man ihnen heute beilegt"[216].

---

213 So aber: Krey, BT 1, Rn. 431, 432a.
214 Sch-Sch-Lenckner, § 123 Rn. 1.
215 S.o. S. 75 ff.
216 Amelung, ZStW 98 (1986), 355 (364).

Wenn *Amelung* selbst darüber hinaus stets betont, es gelte die Schutzwirkung einer Einfriedung als Grenzlinie zwischen einer straflosen Besitzstörung und einem strafbaren Hausfriedensbruch als Strafgrund[217] und damit als Rechtsgut festzustellen, so wird seine dahinterstehende Arbeitshypothese deutlich, durch die Rechtsgutbestimmung die konkrete Ausgestaltung der lex lata erklären zu wollen. Ein Unterfangen, das - wie bereits gezeigt[218] - mit dem hier vertretenen Rechtsgutbegriff kollidiert.

Auch *Martina Webers* Rechtsgutdefinition[219] einer "Freiheit, andere vom Aufenthalt auf physisch gesichertem Territorium auszuschließen"[220] unterliegt demselben Verständnis, wenn sie *Amelungs* Definition als Ansatz wählt, um dann weitergehend auch die "tatbestandliche Beschränkung der Tathandlungen"[221] als derart wesentlich anzusehen, "daß sie bereits in der Definition des Rechtsgutes Ausdruck finden"[222] sollten.

5) Der Hausfriede

Eine andere Meinung sieht - entsprechend dem Bezugsobjekt der amtlichen Überschrift des § 123 StGB - den Hausfrieden als geschütztes Rechtsgut an[223]. Trotz einer einheitlichen Titulierung des Rechtsgutes verstehen jedoch diese Autoren diesen Begriff unterschiedlich.

a) Werthafter Zustand

Nach *Allfeld*[224] ist der Hausfriede der Rechtsfriede des einzelnen, aus dem die ausschließliche Geltung seines Willens resultiert. Die Mißachtung dieses Willens wird nicht als - insoweit untypisches - Freiheitsdelikt, sondern als die Verletzung eines räumlich begrenzten Geltungsanspruches, des Hausfriedens, deklariert. *Henseler*[225] hingegen stellt auf einen tatsächlichen Zustand der Friedlichkeit und eine wahrnehmbare Störung dieses Friedens ab.

---

[217] Charakteristisch insoweit der Einleitungssatz seiner Anmerkung in JZ 1986, 247; ferner: NJW 1986, 2075 (2077); ZStW 98 (1986), 335 (403 f); ebenso: Behm, JuS 1987, 950 (953).

[218] S.o. S. 61 ff.

[219] S.o. S. 78 f.

[220] Weber, S. 241.

[221] Weber, S. 240.

[222] Weber, S. 240.

[223] Allfeld, S. 402; Armknecht, S. 75 f; Henseler, WRP 1962, 325 f; Stoiber, S. 21, 30.

[224] Allfeld, S. 402.

[225] Henseler, WRP 1962, 325 f; ähnlich Hanack, JuS 1964, 352 (354).

Bedenken gegen einen derartigen "Hausfrieden" könnten sich aus folgenden Überlegungen ergeben:

Sofern ausschließlich der absolute Geltungsanspruch des Willens einer Person betont wird[226], müßte - so könnte überlegt werden - eine Friedensstörung bei jeder nur denkbaren Mißachtung dieses Willens innerhalb der geschützten Räumlichkeiten vorliegen. Nicht nur der körperliche Aufenthalt, sondern auch jegliche Störaktion von außen - ohne einen Kontakt mit den Tatobjekten - stört den latenten Willen des Rauminhabers und müßte an sich daher von § 123 StGB erfaßt sein. Jedoch beschränkt der gesetzliche Tatbestand die Strafbarkeit auf die Fälle, in denen der Täter sich körperlich innerhalb der geschützten Räumlichkeiten befindet. Weder das Hineinwerfen von Stinkbomben, noch die Aufhebung der Nutzbarkeit der Tatobjekte - etwa durch Abbruch - beides Fälle, in denen ein Rechtsgut "Hausfriede" stärker beeinträchtigt wird als durch das unbemerkte Eindringen eines Diebes - sind von der Regelung des § 123 StGB erfaßt[227].

Allerdings stellt der damit vollzogene Rückschluß aus dem - fragmentarischen - Tatbestand auf das geschützte Rechtsgut letztendlich einen Zirkelschluß dar, da versucht wird, das Rechtsgut als stimmiges Extrakt des Tatbestandes zu erschließen[228].
Wenn diese Deduktion somit zwar nicht geeignet ist, die Untauglichkeit des Hausfriedens als geschütztes Rechtsgut zu beweisen, so deckt sie aber jedenfalls einen - aus der Sicht einer Hausfriedenslehre - erklärungsbedürftigen Widerspruch auf: Insoweit läge eine innertatbestandliche Diskrepanz vor, da die Handlungsalternativen in einer Vielzahl von Fällen die intensivere Mißachtung des Geltungsanspruches nicht erfassen und - entgegen dem Schutzgut - nur auf eine körperliche Anwesenheit des Täters zugeschnitten sind. Spätestens die Handlungsalternativen des § 123 StGB, die nicht jede Störung ausreichen lassen, machen daher deutlich, daß es nicht (ausschließlich) darauf ankommt, daß der Wille einer Person mißachtet wird, sondern die Mißachtung sich in einer körperlichen und raumbezogenen Weise manifestiert haben muß. Der Hausfriede verstanden als die alleinige Geltung des Willens des Berechtigten ist daher zu weit gefaßt[229].

---

226 Allfeld, S. 402.

227 Dies veranlaßt Trabandt, S. 209 dazu, de lege ferenda auch derartige Belästigungen und Störungen von außen mit in den Tatbestand aufzunehmen; eine Meinung, die jedoch de lege lata nicht vertretbar ist; vgl. dazu auch Kageler, S. 58 f.

228 S.o. S. 64 ff.

229 Insoweit zutreffend: Amknecht, S. 77.

Würde der Hausfriede hingegen einen werthaften Zustand darstellen[230], so wäre Hausfriedensbruch nur die nachweisbare Störung dieses Friedens. Das tatsächliche Vorliegen eines "werthaften Zustandes" im Tatzeitpunkt müßte konsequenterweise tatbestandsrelevant sein: Sofern der Hausfriede bereits in diesem Zeitpunkt nicht bestand - sei es aufgrund einer in dem Haus stattfindenden Tätlichkeit[231] oder einer ebenso wertwidrigen Verbrechensverabredung - wäre eine Störung desselben und mithin eine Strafbarkeit des Eindringenden ausgeschlossen; dies ist ein Ergebnis, das Schutzbehauptungen und Irrtumskonstellationen geradezu provoziert und mit dem formalisierten Rechtsgüterschutz des § 123 StGB nicht übereinstimmt.

b) Geborgenheit

Eine neuere Auffassung versteht den Begriff des Hausfriedens graduell anders: Ausgehend von der historischen Entwicklung des Hausfriedensbruchstatbestands[232] und unter Berücksichtigung verfassungsrechtlicher Gebote[233], soll der Hausfriede eine verfassungsrechtlich erforderliche, spezifische Sphäre des "Geborgenseins"[234] verkörpern. Eine derartige Privatsphäre sei als Voraussetzung einer freien Persönlichkeitsentfaltung unerläßlich, so daß in ihr ausschließlich der Wille des Berechtigten maßgebend sei und respektiert werden müsse[235]. Jedoch sei dieser Wille nicht um seiner selbst, sondern nur aufgrund eines dahinterstehenden, werthaften Zustandes geschützt. § 123 StGB schütze daher nicht die räumliche Dispositionssphäre, sondern einen "persönlichen Sonderfrieden"[236].

Der Hausfriede diene dem Schutz der Privatsphäre, weise keine Verwandtschaft zur persönlichen Freiheit und zum Besitz auf und sei einem Hausrecht gedanklich vorgelagert: Tatsächliche Maßnahmen des Berechtigten - Einladungen, Aufforderungen zum Verlassen p.p. - stellen demnach zwar die Ausübung eines Hausrechts dar, sie sollen jedoch den Hausfrieden als werthaften Zustand schützen[237].

---

230 Henseler, WRP 62, 325; ähnlich Stoiber, S. 21 und S. 30.

231 Vgl. das Bsp. von Schall, S. 30.

232 Stoiber, S. 9 f; Trabandt, S. 109 f; ähnlich Engels, DuR 1982, 293 (296).

233 Armknecht, S.f 75 f; Trabandt, S. 188 f; Stoiber, S. 17.

234 Arzt, S. 240; Stoiber, S. 21 f (24); ähnlich auch Kageler, der sich zwar ausdrücklich von der Hausfriedenslehre distanziert (S. 51 f (57)), der jedoch dann auf ein Rechtsgut "Haussphäre" zurückgreift, das - wie die späteren Ausführungen zeigen (S. 128) - sich nur terminologisch von dieser Hausfriedenslehre abzuheben versucht.

235 Armknecht, S. 73 f (75); Stoiber, S. 21 f.

236 Trabandt, S. 208; ähnlich Armknecht, S. 75; vgl. auch Bockelmann, § 19 B I, der auf das "Ungestörtsein" abstellt.

237 Stoiber, S. 42.

Ausgangspunkt der Trennung zwischen dem Hausfrieden als geschütztem Rechtsgut und dem Hausrecht als die Ausübung eines Rechtes ist die zutreffende Überlegung, daß im geltenden Recht eine ausdrückliche Stellungnahme zu einem Hausrecht als Rechtsgut nicht existiert - sofern nicht § 123 StGB eine solche darstellt. Sofern jedoch das Hausrecht als solches geschützt wäre, könnte ein derartiges subjektives Recht zwar verletzt werden, niemals aber selbst Rechtsgut sein, da nicht die Ausübung, sondern nur das dahinterstehende, diese Ausübung erst legitimierende Recht Gegenstand des strafrechtlichen Schutzes ist[238].

Sicherlich ist dieser Auffassung zuzugestehen, daß der Gedanke, die Strafbestimmung des § 123 StGB als Schutz eines Geheimbereiches - die Achtung einer räumlich begrenzten Privatsphäre - anzusehen, griffiger und dem geltenden Recht bekannter ist als das von der überwiegenden Meinung deklarierte "Hausrecht" als Rechtsgut "sui generis"; der Hausfriedensbruch würde als Erweiterung der §§ 201 f StGB die Person in ihrer Geheimsphäre schützen[239] und die Diskretion räumlich abgegrenzter Privatangelegenheiten strafrechtlich sicherstellen.

Neben den Bedenken, die gegen die Auffassung *Henselers* und *Allfelds*[240] sprechen und in gleichem Maße diese Meinung treffen, erscheint es jedoch - wie auch *Stoiber* erkennt - fraglich, ob der Gedanke des Schutzes einer Privat- oder Intimsphäre als Rechtsgut des § 123 StGB auch den neben der Wohnung genannten Tatobjekten "Geschäftsräume, befriedetes Besitztum und den abgeschlossenen Räumen, die zum öffentlichen Verkehr ... bestimmt sind" zugrunde liegt. So führt er dazu aus, "daß die Privatsphäre (scil: der Hausfriede) nicht absolut verstanden werden darf ... Die Frage lautet demnach, wo und wann in den Räumen die letztendlich geschützte Privatsphäre zu Tage tritt"[241]. Insoweit sei dann beispielsweise beim befriedeten Besitztum, da dieses nicht wie die Wohnung "elementarer Lebensraum" sei, seine Privatheit über die normale Befriedetheit hinaus durch Zutrittshindernisse wie bei der Wohnung abzuschirmen.

Bereits an dieser Argumentation wird deutlich, daß der Hausfriede zu eng auf das Tatbestandsmerkmal Wohnung zugeschnitten ist und die Vertreter dieser Auffassung bei den anderen Tatobjekten auf eine zusätzliche Besitzdokumentation zurückgreifen müssen. Denn unabhängig von der Frage, warum - wenn nicht nur aufgrund einer formalen Besitz- und Ausschließungsfunktion des Berechtigten - die in

238 Stoiber, S. 30.
239 Arzt, S. 240; Kageler, S. 127.
240 S.o. S. 80 f.
241 Stoiber, S. 26; ähnlich Denninger, ZRP 1968, 42 (45), der bei den öffentlichen Diensträumen ausschließlich die Intimssphäre der Organwalter schützen will.

einem Kaufhaus gelagerten Waren nach Ladenschluß einen werthaften Zustand im Sinne einer Privatsphäre (!) darstellen sollen, wird gerade im Hinblick auf die Äußerung *Stoibers* deutlich, daß auch der Hausfriede allein nicht das eigentliche Schutzgut ausmachen kann, da er - je nach Tatobjekt - einer zusätzlichen, wahrnehmbaren Dokumentation des Ausschließungswillens bedarf.

Die Aufnahme weiterer Tatobjekte als der Wohnung in § 123 StGB und insbesondere der Räume, die zum öffentlichen Verkehr oder Dienst bestimmt sind, und durch deren Einbeziehung der Gesetzgeber augenscheinlich den Bereich einer Privatsphäre verlassen hat[242], ermöglicht es daher nicht, den Hausfrieden im Sinne eines Zustandes der Diskretion und Ungestörtheit als alleiniges Schutzgut des Hausfriedensbruches anzusehen; die Zugeständnisse, die eine derartige Auffassung bei allen anderen Tatobjekten als der Wohnung machen muß und die letztendlich auf das Erfordernis einer Besitzdokumentation hinauslaufen, entsprechen einer raumbezogenen Dispositionsmöglichkeit über bestimmte, abgegrenzte Bereiche.

Da darüber hinaus auch diese Meinung nicht begründen kann, warum ausschließlich die körperliche, raumbezogene Mißachtung dieses Hausfriedens, nicht aber andere, denkbare schwerer wiegende Beeinträchtigungen einer Diskretionssphäre - zu denken wäre beispielsweise an das Abhören einer Wohnung - pönalisiert sind, und daher zumindest de lege lata[243] der Hausfriede die Zusammensetzung des § 123 StGB nicht widerspruchsfrei erklären kann, ist auch er nicht das der Regelung zugrunde liegende Rechtsgut.

Sofern der Hausfriede nämlich bezüglich der einzelnen Tatobjekte einer unterschiedlichen Dokumentation bedarf, entspricht er dem Hausrecht der h.M.. Hausfriede und Hausrecht stellen daher letztendlich nur eine terminologische Verschiedenheit dar, wobei dem Hausrecht als allgemeinerem und damit auch hinsichtlich der einzelnen Tatobjekte flexiblerem Begriff überwiegend der Vorzug gegeben wird.

---

242 OLG Köln, NJW 1982, 2674 (2675); Seier, JA 1982, 232 (235).

243 Konsequent insoweit Trabandt, S. 209, der de lege ferenda auch solche Störungen erfassen will.

6) Die differenzierten Betrachtungsweisen

a) Die soziale Funktion der unterschiedlichen Tatobjekte

Eine soziologisch-funktionale Betrachtungsweise[244] hat § 123 StGB unter dem Gesichtspunkt untersucht, ob und ggfs. welche Prozesse innerhalb der geschützten Räumlichkeiten stattfinden und den materiellen Grund strafrechtlicher Sanktion in der Verletzung dieser sozialen Funktionsabläufe gesucht.

Die Hinterfragung der Aufgaben der unterschiedlichen Tatobjekte führt nahezu zwangsläufig dazu, daß *Schall* die Möglichkeit eines für alle geschützten Räumlichkeiten in gleichem Maße geltenden einheitlichen Rechtsgutes in Abrede stellen und statt dessen zur Annahme der Existenz differenzierter Rechtsgüter gelangen muß[245].
Seine differenzierte Betrachtungsweise führt zu dem Ergebnis, daß räumlich geschützte Privatsphäre (= Wohnung), Schutz ablaufender Arbeitsprozesse (= Geschäftsräume) und die Erfüllung öffentlicher Aufgaben (= öffentliche Geschäfts- und Diensträume) die für die verschiedenen Tatobjekte geltenden Rechtsgüter darstellen.
Beim befriedeten Besitztum, das er bezeichnenderweise in einem Anhang abhandelt, zieht er das - inhaltlich zutreffende - Résumé, daß es sich hierbei nur um einen abgegrenzten Bereich handele, "der allein im Interesse der Friedenswahrung"[246] geschützt sei. Das befriedete Besitztum, in dem keine Prozesse stattfinden, "die wegen ihrer sozialen Funktion strafrechtlichen Schutz genießen müßten"[247], und das somit Friedensschutz durch Besitzschutz darstellt, müsse daher "de lege ferenda ... aus dem Kreis der in § 123 genannten Tatobjekte herausgenommen"[248] werden.

Insbesondere das letzte Postulat zeigt nur zu deutlich, daß *Schalls* differenzierte Betrachtungsweise über das Ziel hinausschießt und den Boden der lex lata verläßt[249]: Die zunächst[250] von ihm vertretene, dann später aber selbst aufgegebene[251] Auslegung eines "Eindringens" als - zusätzliche oder alleinige - Notwendigkeit einer Störung der vorgenannten Funktionen ist nur konsequent, vom Wortlaut offensichtlich aber nicht mehr gedeckt.

---

244 Schall, S. 90 ff, 131 ff; ähnlich SK-Rudolphi, § 123 Rn. 3 ff; AK-Ostendorf, § 123 Rn. 6 f.
245 Schall, S. 131 ff.
246 Schall, S. 169.
247 Schall, S. 169.
248 Schall, S. 169.
249 Zutr.: Hirsch, ZStW 88 (1976), 752, 756 f; Engeln, S. 36; Amelung, ZStW 98 (1986), 355 (358 f); i.E. auch Weber, S. 235.
250 Schall, S. 136 für Wohnräume; ders., S. 162 für öffentliche Diensträume.
251 Schall, NStZ 1983, 241 (245 Fn. 49).

Eine Rechtsgutbestimmung hingegen, die dazu führt, daß Tatbestandsmerkmale zu Fremdkörpern und Handlungsmerkmale, die eine solche materielle Funktionsstörung evident nicht erfordern, sogleich teleologisch (!?) reduziert werden müssen, vermag kaum ihrer Aufgabe gerecht zu werden, zumal es auch in der entgegengesetzten Richtung einer Funktionsstörung ohne körperlicher Anwesenheit des Täters, die zweifellos nicht unter § 123 StGB fällt, einer stichhaltigen Begründung für die Tatbestandslosigkeit dieses doch ebenso rechtsgutverletzenden Verhaltens bedürfte[252].

b) Die differenziert-formalisierte Betrachtungsweise

Diesen Bedenken versucht *Rudolphi*[253] durch eine differenziert-formalisierte Betrachtungsweise gerecht zu werden.
Er verneint das Erfordernis einer tatsächlichen Funktionsstörung und läßt - in Einklang mit dem Normtext - jedes unbefugte Eindringen in die vorgenannten Funktionssphären ausreichen, da "der Gesetzgeber ... den Schutz ... a u s g u t e n G r ü n d e n in der Weise formalisiert"[254] habe.
Das befriedete Besitztum sei einer funktionalen Betrachtung unzugänglich und daher sei hier Schutzgut "allein die formelle Rechtsposition des Hausrechtsinhabers"[255]; eine Aussage, die über das von der h.M. vertretene "Hausrecht"[256] wohl in keiner Weise hinausgeht.

Schuldig bleibt Rudolphi dann aber die eigentlich zu erwartende Erläuterung der "guten Gründe" einer Formalisierung, die, seiner Prämisse folgend, doch - da die (überwiegend) stattfindenden Sozialprozesse überlagernd und daher in ihrem Strafrechtsschutz beschneidend - den eigentlichen Grund der Strafbarkeit und damit das "wahre" Rechtsgut darstellen müßten.

Unabhängig von der vorstehend geäußerten Detailkritik unterliegen *Schall* und *Rudolphi* letztlich bei der Bestimmung des Begriffes "befriedetes Besitztum" der Versuchung, das Rechtsgut des § 123 StGB partiell systemimmanent erschließen zu wollen. Wenn *Rudolphi* das geschützte Rechtsgut dadurch zu konkretisieren sucht, daß er "die materiellen Gründe, die den Gesetzgeber zum Schutz der verschiedenen in § 123 geschützten Räumlichkeiten bewogen haben"[257], hinterfragt, wird vorhersehbar, daß dieser

---

[252] Zutr.: Amelung, ZStW 98 (1986), 355, 359 f.
[253] SK-Rudolphi, § 123 Rn. 2ff; ähnlich: AK-Ostendorf, § 123 Rn. 6, 11.
[254] SK-Rudolphi, § 123 Rn. 3, 4, 5; Hervorhebungen durch den Verfasser.
[255] SK-Rudolphi, § 123 Rn. 6.
[256] S.o. S. 45.
[257] SK-Rudolphi, § 123 Rn. 2 a.E.

Schutz nach heutiger soziologischer Betrachtungsweise zu einem wertungsmäßigen Fremdkörper werden muß.

Die den materiellen Gründen des Gesetzgebers vorgelagerten Wertvorstellungen haben sich in zwei Jahrhunderten verändert, so daß sie allein zwar das - dann aber auch nur und ausschließlich aus der Sichtweise des 18. Jahrhunderts zu bestimmende - "historische Rechtsgut" zu bestimmen vermögen, es aber nahezu zwingend zu Friktionen kommen muß, wenn heutiges Wertverständnis (betreffend die einer funktionalen Betrachtungsweise zugänglichen Tatobjekte) und historischer Besitzschutz (betreffend das befriedete Besitztum) unter einem einheitlichen Rechtsgut vereint werden sollen.

Insoweit ist *Amelung*[258] zuzustimmen, als eine soziologisch-funktionale Analyse, die ihre Erklärungsansätze ausschließlich in heutigen Denkdimensionen hat, der Gefahr unterliegt, eine Norm als Produkt solcher Interessen zu erklären, die z.Zt. ihrer Schaffung einen völlig anderen - oder gar keinen - Stellenwert aufwiesen.

7) Das Hausrecht

Wie bereits geschildert[259], steht der herrschende Nominalkonsens "Hausrecht" als durchgängiges Rechtsgut selbst bei einer rechtsgutbezogenen Auslegung auf wackeligen Füßen; einem derartigen "Universalrechtsgut" ist die Gefahr von Unschärfen geradezu angeboren.

Franz von Liszt wußte, so möchte man argwöhnen, warum er in "seiner" Definition des Hausrechts die Geschäftsräume und die öffentlichen Räume, die sich einem derart willkürlich-absoluten Hausrecht jedenfalls entziehen[260], unerwähnt ließ und statt dessen auf die populäre - aber völlig unscharfe[261] - Begriffsbestimmung vom "freien Schalten und Walten in Haus und Hof"[262] zurückgriff: Gesellschaftliche Legitimation und fachliche Zustimmung waren gleichsam vorprogrammiert, da die Weite der Lehrformel als Leerformel eine Belegung auch mit völlig konträren Sinngehalten ermöglichte.

---

258 ZStW 98 (1986), 355 (364).
259 S.o. S. 45.
260 Zutr.: Engeln, S. 34 a.E.
261 Amelung, ZStW 98 (1986), 355 (361 f).
262 Vgl. von Liszt, S. 386.

a) Zur Tauglichkeit eines Hausrechts als Schutzgut

Bereits in der Mitte des vergangenen Jahrhunderts im Rahmen der Verhandlungen des Vereinigten Ständischen Ausschusses stellte der Abgeordnete *Zimmermann* die - seitdem letztendlich unbeantwortet gebliebene - Frage, "was überhaupt unter Hausrecht verstanden wird"[263]; die Antwort, daß das Hausrecht die B e f u g n i s des Verletzten sei, den Eindringling mit Gewalt zu nötigen, von seinem unbefugten Verhalten abzustehen[264], deutet bereits die grundlegende methodische Schwäche dieser Rechtsgutbestimmung an:

Bedenken gegen die Anerkennung des Hausrechts als geschütztes Rechtsgut ergeben sich nämlich daraus, daß bei einer an den dogmatischen Grundlagen orientierten Betrachtungsweise üblicherweise rechtlich geschütztes Interesse und subjektives Recht voneinander unterschieden werden.
Ein Recht verkörpert eine Rechtsposition, die es ihrem Inhaber ermöglicht, von anderen ein Handeln oder Unterlassen zu verlangen, und dient damit dem Schutz beliebiger Interessen.

Unabhängig von dem bekannten Streit um den Rechtsgutbegriff und der Frage, ob das Rechtsgut als Ideal im Sinne eines werthaften Zustands oder als Funktionszusammenhang zwischen diesem Ideal und seinem Inhaber und damit abstrakt oder konkret zu begreifen ist[265], entspricht es anerkannten Grundsätzen, daß der Inhalt eines Rechts regelmäßig nicht identisch mit den dahinterstehenden Interessen und damit der dogmatischen Grundlage dieses Rechts ist[266].

Insoweit gehört es zu den inzwischen gesicherten Erkenntnissen, daß ein Verbrechen nicht im *Feuerbach'schen* Sinne die Verletzung subjektiver Rechte[267], sondern eines vom Staat geschützten materiellen Gutes[268] - des Rechtsgutes - darstellt[269].

Das Hausrecht als Berechtigung eröffnet seinem Inhaber die Möglichkeit, einen Anspruch gegen Dritte durchzusetzen, und damit bezogen auf § 123 StGB eine repressive Störungsabwehrbefugnis. Diese Befugnis ist aber nicht als Selbstzweck geschützt, sondern Ausfluß - Mittel zum Zweck - eines dahinterstehenden Zustandes oder Interesses.

---

263 Bleich (Hrsg.), S. 119 f (120).
264 Bleich, aaO., S. 120; Hervorhebung durch den Verfasser.
265 Vgl. dazu Suhr, JA 1990, 303 ff.
266 Vgl. statt vieler: Enneccerus-Lehmann, § 72; Brox, Rn. 568; Engeln, S. 34.
267 Feuerbach, S. 56 ff.
268 Birnbaum, Neues Archiv des Criminalrechts 15 (1834), S. 179.
269 Der Begriff des Rechtsgutes in Fortentwicklung des Birnbaumschen Gedankens findet sich dann erstmals bei Binding, Normen, S. 188 f.

Erst dieses durch das Recht geschützte Interesse ist die - wie *Roxin* es ausdrückt - "Gegebenheit oder Zwecksetzung, die dem einzelnen und seiner freien Entfaltung im Rahmen eines auf dieser Zielvorstellung aufbauenden sozialen Gesamtsystems nützlich"[270] ist und damit das geschützte Rechtsgut.

Wenn nun das Hausrecht historisch eine notwehrparallele Regelung darstellt, die teilweise über die allgemeinen Notwehrbefugnisse hinausging[271], so kann das (Notwehr-) Hausrecht selbst nicht das Rechtsgut sein, um dessentwegen es ausgeübt wird. Ebenso wie das Notwehrrecht aus der Verletzung eines vorgelagerten Rechtsgutes resultiert, muß das Hausrecht einem dahinterstehenden Rechtsgut entspringen.

Das Hausrecht kann insoweit allenfalls den Inhalt des Rechts, nicht aber auch dessen Grundlage charakterisieren[272].
Es ist aber - selbst als rein methodische Kategorie - als Schutzgut des § 123 StGB untauglich.

b) Der Rückgriff der h.M. auf besitzrechtliche Kategorien

Neben diesem dogmatisch fundierten Bedenken gegen die Anerkennung des Hausrechts und seiner bereits geschilderten Konturenlosigkeit[273], ist bei Durchsicht der einschlägigen Stellungnahmen zu § 123 StGB augenfällig, daß sowohl die Rechtsprechung als auch die Strafrechtsliteratur im Rahmen der Erörterungen des § 123 StGB immer wieder Beziehungen zum Besitz herstellen bzw. herstellen müssen:

Nur *Haft*[274] behauptet apodiktisch, daß "Eigentum und Besitz" für die Frage der Hausrechtsinhaberschaft nichts hergeben.
Nach überwiegender Auffassung hingegen soll "die tatsächliche Innehabung der Räume als Wohnung und die über sie erlangte Verfügungsgewalt ... den Grund w i e d i e V o r a u s s e t z u n g für die Ausübung des Hausrechts bilden"[275]. Die Bejahung eines Hausfriedensbruches bei einer "Besetzung" durch Mieter, die nach erfolgter Kündigung "ihre" Wohnung nicht räumen, sondern stattdessen für besetzt erklären, wird damit zu

---

270 Roxin, § 2 Rn. 9.
271 Osenbrüggen, S. 17 ff (17/22).
272 Engeln, aaO.; ähnlich: Armknecht, S. 70 f (71); Trabandt, S. 14; Stoiber, S. 1 ff (14).
273 S.o. S. 45.
274 BT, § 3 II 2 a (S. 16).
275 RG St 36, 322 (323); vgl. auch RGSt 57, 139; Hervorhebungen durch den Verfasser.

begründen gesucht, daß der unmittelbare Besitz (für eine logische Sekunde!) unterbrochen und daher das Hausrecht erloschen war[276].

Das Hausrecht sei das Recht, "Unberufene aus dem Bereiche der eigenen räumlichen Verfügungsgewalt fernzuhalten"[277], wobei der Inhaber des Hausrechts nicht stets der unmittelbare Besitzer sein müsse[278]; ein tatbestandsmäßiger Angriff richte sich gegen das Interesse an einer ungestörten Besitzausübung[279].

Charakteristisch dürfte insoweit auch die - allerdings nicht ganz widerspruchsfreie[280] - Kommentierung von *Karl Schäfer* sein, wonach der "Besitz am Raum die Grundlage des Hausrechts sein"[281] soll; § 123 StGB schützt danach den Hausrechtsinhaber "zugleich in seinem Besitz"[282]; *Bockelmann*[283] deklariert denjenigen als Inhaber des Hausrechts, der sich im "rechtlich und tatsächlich ungestörten unmittelbaren Besitze befinde".

Der - beliebig erweiterbare - Rückgriff der h.M. auf besitzrechtliche Kategorien legt es nunmehr nahe, den Besitz als dogmatische Grundlage des Hausrechts und damit als geschütztes Rechtsgut zu untersuchen.

8) Der Besitz

Da der Tatbestand des § 123 StGB als Tatobjekte einerseits die Wohnung, die Geschäftsräume und das befriedete Besitztum eines anderen und andererseits zum öffentlichen Dienst oder Verkehr bestimmte Räume als geschützte Örtlichkeiten aufzählt, und somit die Tatobjekte stets nicht dem Täter zugeordnet sein dürfen, könnte ein sachenrechtliches Beziehungsverhältnis - der Besitz - als geschütztes Rechtsgut des § 123 StGB anzusehen sein[284].

---

276 OLG Düsseldorf, JZ 1990, 1088.
277 RG St 28, 192 (194).
278 Wessels, BT 1, § 13 I 1; Lackner, § 123 Rn. 2.
279 Wessels, BT 1, § 13 I 1.
280 Vgl. LK-Schäfer § 123 Rn. 51, wo er sowohl vom Hausfrieden als auch vom Besitz spricht.
281 LK-Schäfer, § 123 Rn. 51 und 59.
282 LK-Schäfer, § 123 Rn. 1.
283 Bockelmann, § 19 B II.
284 Beling, (11.) S. 85; Loening, S. 114; Frank, § 123 Anm. 1; offenlassend Sch-Sch-Cramer, § 123 Rdnr. 1 (bis zur 22. Aufl.); vgl. auch RG St 57, 139.

a) Der Streitstand

Insoweit ist unbestreitbar, daß die räumliche Herrschaftsgewalt eines anderen an den geschützten Räumlichkeiten eine notwendige und unabdingbare Voraussetzung für die Annahme eines Hausfriedensbruchs darstellt[285].

Zu hinterfragen ist jedoch, ob allein die Beeinträchtigung dieser Herrschaftsmöglichkeit - der formalen Legitimation des Inhabers, andere von der Benutzung und der Anwesenheit auszuschließen - den Unrechtsgehalt des Tatbestandes vollständig erfaßt, oder ob nicht die Beschränkung auf bestimmte, enumerativ genannte Tatobjekte dazu zwingt, den Besitz nicht als alleinigen Grund der Strafvorschrift anzusehen.

Auch könnte bezweifelt werden, daß der Gesetzgeber - hätte er den Besitz durch § 123 StGB schützen wollen - diesen Schutz nicht dem Besitz generell oder doch zumindest dem gesamten Immobiliarbesitz zuteil werden ließ, sondern auf ganz bestimmte Örtlichkeiten beschränkte. Selbst wenn der Hausfriedensbruch das strafrechtliche Pendant zu den Besitzschutzrechten der §§ 858 f BGB darstellen sollte, könnte der Auswahl und Beschränkung der tauglichen Tatobjekte ein weiterer Sinn zugrunde liegen: Nicht der Besitz als solcher, sondern erst dieser weitere allen Tatobjekten gemeinsame und für die Selektion ausschlaggebende Grund würde möglicherweise als Anlaß der Enumeration zugleich den intendierten Schutz und damit das eigentliche Rechtsgut reflektieren.

So wird eingewendet, daß Besitz - im Sinne des Zivilrechts verstanden - eine vermögensrechtliche Position darstellt und somit der Hausfriedensbruch unter einer derartigen Prämisse letztendlich als - wiederum systematisch deplaziertes - Vermögensdelikt eingeordnet werden müßte[286]. Diese Betrachtungsweise stieße heute überwiegend auf Befremden, entspricht jedoch immerhin der systematischen Einordnung der Hausfriedensbruchregelung im preußischen Entwurf von 1828[287].

Der Besitz- und Vermögensschutz bezüglich der in § 123 StGB genannten Räumlichkeiten würde dann aber den strafrechtlich normierten Eigentumsschutz übertreffen: Während das Eigentum, das insbesondere durch die §§ 242, 303 StGB geschützt wird, in den Fällen einer reinen Störung ohne Einwirkung auf die Beschaffenheit, das Erscheinungsbild oder die Funktionsfähigkeit (§ 303 StGB) oder einer vom Täter vollzogenen Wegnahme ohne eine intendierte Verdrängung des Eigentümers aus dessen Eigentümerposition - sog. furtum usus bei § 242 StGB - strafrechtlich nicht geschützt ist, wäre

---

285 RG St 36, 322 (323); 57, 139; Kageler, S. 46, Stoiber, S. 33; Schall, S. 32; Weber, S. 225 ff.

286 So AG Wuppertal, 86 Cs 12 Js 405/81; vgl. dazu auch: Stoiber, S. 34; Seier, JA 1982, 232 (236).

287 Vgl. die Überschrift zum 11. Abschnitt und die diesbzgl. Motive, abgedruckt bei Schubert/Regge, Abt. 1.1 S. 339 und Abt. 1.2 S. 258 f.

dieselbe Störung - sofern eines der Tatobjekte des § 123 StGB tangiert wäre - als Besitzstörung strafbewehrt[288]. Dies ist ein Ergebnis, das mit der exponierten Stellung des Eigentums als Vermögensrecht als nicht vereinbar angesehen wird.

Wenn nun aber der vermögensrechtliche Gehalt des Besitzes gegen ein Rechtsgut "Besitz" und die dann erforderliche Einordnung des Hausfriedensbruches als Vermögensdelikt spreche, könnte dieser "zweifellos falschen Anschauung"[289] und Einordnung dadurch zu entgehen sein, daß man auf eine "nichtvermögensrechtliche Seite des Besitzes"[290] abstellt: Nicht der Besitz als das "Haben der Räumlichkeiten und der in ihnen gelagerten Gegenstände"[291], sondern das besitzähnliche Nähe- und Beziehungsverhältnis, das zwar einerseits "vollständig sachbezogen"[292] ist, andererseits aber auch eine voluntative Dispositionsfreiheit des Berechtigten innerhalb bestimmter Räume erfassen will, wäre insoweit als die nichtvermögensrechtliche Seite des Besitzes anzusehen.

Diese Entkleidung des Besitzes von seiner vermögensrechtlichen Seite erweist sich als juristischer Kunstgriff:

Unabhängig davon, daß der zivilistische Besitz ausschließlich den Vermögenswert als solchen schützt und eine derartige nichtvermögensrechtliche Seite zumindest dem BGB fremd ist, macht der Rückgriff auf eine - zusätzliche - Dispositionsbefugnis deutlich, daß nicht der Besitz allein, sondern erst zusammen mit einer zusätzlichen Komponente das Rechtsgut des § 123 StGB umschreibt. Soll der Besitz aber nur dazu dienen, "das Recht des Wohnungsinhabers auf freie Entfaltung seiner Persönlichkeit ... besonders zu schützen"[293] und somit ausschließlich als Mittel zu einem Zweck[294], scheint es näherliegend und treffender, nicht das Mittel - den Besitz -, sondern vielmehr den dahinterliegenden Zweck als Rechtsgut zu deklarieren, m.d.F., daß eine dem Hausrecht entsprechende Leerdefinition verbleibt.

Der Besitz ist nach h.M. zwar notwendige Voraussetzung für das Vorliegen eines Hausfriedensbruches und wird bei den einzelnen Tatbestandsalternativen unterschiedlich stark betont; er erfaßt aber allein nicht den Unrechtsgehalt des Hausfriedensbruches, so daß ihm die Anerkennung als Rechtsgut versagt bleibt.

---

288 Schall, S. 32; Stoiber, S. 34; treffend auch Seier, JA 1982, 232 (236), der von einem "abstrakten Sachgefährdungsdelikt" spricht.

289 Frank, § 123 Anm. 1.

290 Frank, § 123 Anm. 1.

291 Hanack, JuS 1964, 352 (354) Fn. 12.

292 Maurach-Schröder, BT 1, S. 252 (253).

293 Frühling, S. 31 (40).

294 Zutreffend Schall, S. 21 Fn. 12.

b) Der Versuch einer Lösung

Ausgehend von dem hier zugrunde liegenden Rechtsgutverständnis ist fraglich, ob die gegen den Besitz im vermögensrechtlichen Sinne angeführten Argumente stichhaltig sind.

Zunächst muß die historische Entwicklung vergegenwärtigt werden und zwar auch und gerade vor dem Hintergrund des herrschenden Minimalkonsenses, der das Hausrecht nicht als Attribut des Eigentums, sondern des unmittelbaren Besitzes begreift.

Daneben wird - und zwar unabhängig von der zunächst favorisierten Rechtsgutbestimmung - die Lösung tatbestandinterner Einzelprobleme - nicht nur im Rahmen demonstrativer Hausbesetzungen[295], sondern regelmäßig - unter Rückgriff auf besitzrechtliche Kategorien und insbesondere die Regeln des Besitzschutzes gesucht[296] und teilweise auch gefunden. Zwar kann darin nicht bereits eine partielle Anerkennung des Besitzes als dogmatischer Grundlage des Hausrechts gesehen werden[297], jedoch erscheint eine derartige Anerkennung nur konsequent.

Die historische Dimension des Schutzes erhellt das PALR, das in § 531 und damit in der Norm, die als Vorläufer der Schutzbestimmungen betreffend das befriedete Besitztum anzusehen ist, lediglich gesetzestechnisch an die zuvor geschilderte Verletzung und das darin anschließende Sanktionssystem anknüpfte. Zwar stellte § 526 PALR - entgegen heutigem Grundlagenverständnis[298] - ausdrücklich fest, daß das Eindringen in Haus, Wohnung oder sonstigen Aufenthaltsort das "Hausrecht" verletzt, und erstreckte - nach Aufzählung der Reaktionsmöglichkeiten - den der Norm zugrunde liegenden Verbotsbefehl auch auf die "Gränze eines mit Mauern, Planken oder Zäunen umgebenen Platzes".

Die Formulierung des § 531 "Was vorstehend ... verordnet ist, soll auch s t a t t f i n d e n, wenn ..." läßt darauf schließen, daß der historische Gesetzgeber hier nur eine Anknüpfung an die privaten und öffentlichen Sanktionen suchte, nicht aber auch beim befriedeten Besitztum oder gar auf freiem Felde eine Verletzung des "Hausrechts" als gegeben ansah.

Selbst wenn gegen diese Überlegung eingewendet wird, daß dieses heutige Sprachverständnis möglicherweise nicht dem des 18. Jahrhunderts entspricht, so bleibt jedenfalls systematisch festzuhalten, daß die Väter des PALR zwischen der Wohnung und

---

295 S.o. S. 18 ff.
296 Vgl. z.B. SK-Rudolphi, § 123 Rn. 14; Schall, S. 137; AK-Ostendorf, § 123 Rn. 33.
297 So aber Engeln, S. 52.
298 S.o. S. 88 ff.

dem Aufenthaltsort einerseits (§ 525) und dem befriedeten Besitztum (§ 531) andererseits offensichtlich einen qualitativen Unterschied sahen, der es ihnen - trotz identischer Rechtsfolgen - verwehrte, beide Tatobjekte innerhalb einer Norm abzuhandeln und damit gleichsam auf eine Stufe zu stellen.

Die historische Trennung legt insoweit den Schluß nahe, daß allenfalls die Mißachtung von Haus und Wohnung das Hausrecht i.e.S. verletzen, wohingegen der weitergehende Schutz befriedeter Besitztümer allenfalls eine Hausrechtsausübung i.w.S. und damit im Sinne der Polizeigewalt legitimieren kann.

Eine solche Polizeigewalt war offensichtlich auch den Verfassern der Motive zum Preußischen Entwurf von 1828 gegenwärtig, die den Grund für die Strafbarkeit des Hausfriedensbruchs "an sich" wie folgt sahen:

> "Außerhalb des Hauses oder Besitzthumes sorgt die Polizei für Erhaltung der Ruhe; innerhalb giebt das Gesetz jedem selbst das Recht"[299].

Als wesentliches Kriterium des Hausrechts wurde das Recht zum ruhigen Besitz angesehen und korrespondierend die Verletzung des Hausrechts als Eingriff in das freie Besitzrecht tituliert[300].

Berner[301] und *Osenbrüggen*[302] zitieren treffend Fichtes Naturrecht, der historisch untermauert zu folgendem Schluß kommt:
"Die Aufsicht des Staates geht bis zum Schlosse und da geht die meinige an. Das Schloß ist die Grenzscheide der Staatsgewalt und der Privatgewalt. Dafür sind Schlösser, um die Selbstverteidigung möglich zu machen".
Der Schutz des befriedeten Besitztums ist dann (nur) damit erklär- und legitimierbar, daß der eingefriedete Besitz einen Privat- oder Sonderfrieden schafft, der der Polizeigewalt nicht zugänglich ist[303].

Die an den Besitz anknüpfende "Polizeifunktion" und die Parallelität zum zivilistischen Besitzschutz wird (noch) deutlicher, wenn man das im Sinne einer Verhältnismäßigkeit gestaffelte und an die Intensität der Rechtsgutverletzung gekoppelte Sanktionssystem des PALR reflektiert: Drang der Täter in die nach § 525 geschützten Räumlichkeiten ein oder nahm er innerhalb dieser unberechtigte Handlungen vor (§ 526), so erwuchs aus der Verletzung des "Hausrechts" zunächst nur eine Reaktionsmöglichkeit des Verletzten:

---

299 Motive zum preuß. Entwurf von 1828, Zweiter Titel, 11. Abschnitt, abgedruckt bei Schubert/Regge Abt. I, 2 S. 258.

300 Regge, aaO., S. 253 f.

301 Berner, Archiv des Crim. 1848, 571.

302 Osenbrüggen, S. 23.

303 Vgl. Amelung, NJW 1986, 2075 (2077).

Er durfte nach vorheriger Warnung der Rechtsverletzung im Wege der Selbsthilfe entgegentreten (§ 527) und den Täter im Rahmen des § 528 auch mit Gewalt von seinem eigenmächtigen Verhalten abbringen[304].

Das PALR, das bezeichnenderweise in § 526 den Hausherrn als Besitzer bezeichnete, ließ allerdings Strafbarkeit gem. §§ 529 f erst dann eintreten, wenn der Täter trotz Warnung und gewaltloser Nötigung das Hausrecht weiter verletzte, m.a.W., es auf ein gewaltsames Vorgehen des Hausherrn ankommen ließ. Insoweit enthielt es privatrechtliche Selbsthilfebestimmungen[305] betreffend die Abwehr eines Eindringlings und erst daran anknüpfend - quasi subsidiäre - öffentlich rechtliche Strafbestimmungen.

Das PALR normierte damit ein durch die §§ 527, 528 spezifisch auf den häuslichen Bezirk abgestimmtes Notwehr- oder Selbsthilferecht[306].

Vergleicht man nun diese Befugnis mit anderen Selbsthilfebestimmungen, so drängt sich die Parallele zum zivilrechtlichen Besitzschutz der §§ 858 f BGB auf: Hier wie dort ist der Schutz - sei es als privatrechtlicher Besitzschutz oder als strafrechtliche Sanktion des § 123 StGB - von der Existenz eines Titels unabhängig und die Verletzungsvarianten des Hausfriedensbruchs stimmen - wie *Engeln* überzeugend dargelegt hat[307] - mit der Systematik des Besitzschutzes überein.

Diese vom Besitz und dessen Schutz dominierte Sichtweise, die möglicherweise heutigen Wertvorstellungen zuwiderläuft, findet aber auch an anderen Stellen der lex lata noch ihren Niederschlag: So muß es beinahe anachronistisch erscheinen, daß das geltende Strafrecht den Handlungsunwert der versuchten Verletzung fremden Eigentums als versuchte Sachbeschädigung in den §§ 303 II, 22 f StGB unter Strafe stellt, hingegen die versuchte einfache Körperverletzung bekanntermaßen nicht strafbewehrt ist, vgl. §§ 23 I, 12 I, II i.V.m. § 223 StGB. Eine mit heutigen Wertvorstellungen kollidierende Regelung der Strafbarkeit des Handlungsunrechts, die auch nicht dadurch kompensiert wird, daß - abgesehen von der Möglichkeit einer "fahrlässigen Sachbeschädigung" in Form einer fahrlässigen Brandstiftung gem. § 309 StGB - nur bei den Körperverletzungsdelikten die fahrlässige Erfolgsherbeiführung unter Strafe gestellt ist.

Historisch betrachtet erfolgte durch das PALR die römisch-rechtlich beeinflußte Einbeziehung eines Besitzschutzes, die dem germanisch-deutschen Recht unbekannt war[308];

---

[304] Vgl. dazu Stoiber, S. 143 f; Engeln, S. 77.
[305] Stoiber, S. 145.
[306] Osenbrüggen, S. 22; ebenso: Engeln, S. 31, 33.
[307] Engeln, S. 171.
[308] Vgl. dazu Stoiber, S. 145.

Amelung stellt insoweit völlig zu Recht fest, daß die Vorläufer der Hausfriedensbruchsregelung Ausdruck eines frühbürgerlichen Besitzindividualismus waren[309] und eine "ausgeprägte besitzrechtliche Denkweise"[310] und Besitzeuphorie widerspiegeln. Das Ideal eines selbständigen bürgerlichen Individuums bedingte - vor dem Hintergrund der aufkommenden Industrialisierung - den verstärkten Schutz des Individualvermögens.

Der "Hausfriede" stand nicht im Gegensatz zum öffentlichen Frieden[311], sondern ergänzte diesen in einem privaten Bereich und bildete insoweit gleichsam ein Komplementärrechtsgut zur öffentlichen Friedensmacht[312]. Die deplazierte Stellung des § 123 unter den "Straftaten gegen die öffentliche Ordnung" wird insoweit erklärbar, als der Hausfriedensbruch zwar ein individuelles Rechtsgut schützt, das jedoch innerhalb gewisser Bezirke ergänzend neben die staatliche Ordnungsgewalt tritt.

Berücksichtigt man darüber hinaus, daß es *Engeln* gelungen ist, aus einer besitzrechtlichen Perspektive die Diskrepanzen und Zufälligkeiten, die auf dem Rechtsgut Hausrecht und seiner Konturenlosigkeit beruhen, zu lösen[313], ist der Besitz auch als dogmatische Grundlage des Hausrechts anzuerkennen[314].

Vor dem Hintergrund des strafrechtlichen Schutzes als "ultima ratio" enthält § 123 StGB einen auf gewisse räumliche Bereiche verengten Besitzschutz und damit die - letztlich vermögensrechtliche - Pönalisierung des furtum usus an bestimmten (Im-)Mobilien[315]. Daß dieser Besitzschutz einerseits durch die Handlungsmerkmale nur vor bestimmten (körperlichen) Eingriffen und andererseits in einschlägigen Fällen in einem über den Schutz des Eigentums hinausgehenden Maße gewährleistet wird, steht dem nicht entgegen, da der Gesetzgeber Rechtsgüter in aller Regel nicht global, sondern nur gegen bestimmte Angriffsarten schützt[316].

Dies verkennen *Amelung*, *Engeln* und *Weber*, wenn sie zusätzlich versuchen, ein Freiheitspotential durch die Schutzwirkung physischer Schranken, die zweifellos sämtlichen Tatobjekten gemein sind, zum Rechtsgut zu erheben[317].

---

309 NJW 1986, 2075 (2080).

310 Amelung, ZStW 98, 355 (408).

311 So aber Engeln, S. 29.

312 Vgl. dazu Osenbrüggen, S. 23; Amelung, JZ 1986, 247.

313 Engeln, S. 45 ff.

314 Beling, S. 83; Berge, S. 41; Loening, S. 114; Sturm, MoKrim. Psy., 1911, 481 (504).

315 Sturm, aaO., 504. Nach überwiegender Auffassung können auch bewegliche Sachen (z.B. Wohnwagen und Schiffe) zu den "Wohnungen" gehören, sofern es sich um tatsächlich bewohnte Räumlichkeiten handelt, vgl. dazu: Bernsmann, Jura 1981, 339.

316 Vgl. Roxin, AT 1, § 2 Fn. 14; s. schon oben S. 64.

317 Amelung, ZStW 98 (1986), 335 (403 ff); ders., NJW 1986, 2075 (2080); Engeln, S. 42 ("Besitz in seiner Funktion als spezielles Freiheitspotential"); Weber, S. 241 ff.

Die zutreffende Aussage, daß § 123 StGB nicht den ungestörten Besitz an Immobilien umfassend schützt und der bürgerlich-rechtliche Besitzschutz über das Hausrecht hinausgeht, da durch die Beschränkung der Tathandlungen auf den körperlichen Aufenthalt andere - möglicherweise intensivere - Besitzstörungen[318] nicht erfaßt sind, trägt insoweit nicht die gewünschte Schlußfolgerung der Existenz unterschiedlicher Rechtsinstitute[319]; sie erfordert daher auch nicht den Rückgriff auf ein hinter dem Besitz stehendes, der Rechtsordnung i.ü. allerdings unbekanntes Rechtsgut. Zwar gilt es - wie *Amelung* zu Recht betont - die Grenze zu finden, die den (strafbewehrten) Hausfriedensbruch von der rein zivilrechtlichen Besitzstörung trennt, jedoch ist dies keine Frage des geschützten Rechtsgutes mehr, sondern die von dieser Rechtsgutbestimmung loszulösende Frage nach den durch den Tatbestand sanktionierten Erscheinungsformen einer Verletzung dieses Rechtsgutes.

Zu einem Straftatbestand erwachsener Sozialwertschutz und Rechtsgut müssen nicht wie zwei sich (über)deckende Kreise identisch sein, sondern das Rechtsgut kann über den strafbewehrten Bereich hinausgehen[320], m.a.W. nur in einem Teilbereich denkbarer Verletzungen strafrechtlich geschützt sein.
So schützt der Diebstahlstatbestand unbestritten das Eigentum[321], obwohl bestimmte Angriffe gegen dieses Eigentum - z.B. die Wegnahme ohne Absicht dauernder Enteignung als furtum usus bzw. die Wegnahme ohne vorübergehende Aneignungsabsicht zwecks sofortiger Zerstörung - in § 242 StGB selbst nicht unter Strafe gestellt, sondern erst durch § 248 b StGB (bei der Gebrauchsanmaßung bestimmter Gegenstände) und § 303 StGB strafbewehrt werden.
Trotz dieser - in Beziehung auf den Eigentumsschutz als Komplementärvorschriften anzusehenden - Normen bleibt dann ein Teilbereich möglicher Eigentumsverletzungen straflos. Eine bloße Sachentziehung oder die Gebrauchsanmaßung in § 248 b StGB nicht genannter Objekte ist ebensowenig strafbar, wie die Gebrauchsanmaßung eines Kraftfahrzeuges, die nicht in einem In-Gebrauch-Nehmen im Sinne einer bestimmungsgemäßen Nutzung als Fortbewegungsmittel besteht[322]: Wer in einem parkenden Fahrzeug schläft, verletzt zwar die sich aus dem Eigentum ergebenden Rechte[323] eines anderen, ohne daß diese Verletzung strafrechtlich durch § 248 b StGB[324] oder andere Straftatbestände sanktioniert ist.

---

318 Z.B. Immissionen, die eine Benutzung der Tatobjekte völlig unmöglich machen.
319 So aber Berge, S. 40 f.
320 V. Liszt-Schmidt, (26.) S. 5; Oehler, S. 65; Stoiber, S. 7.
321 Unstreitig seit BGH St 10, 400. Ob daneben - mit der h.M. - auch der Gewahrsam zusätzlich geschützt ist, ist vorliegend unerheblich.
322 Vgl. dazu Dre-Tröndle, § 248 b Rn. 2, 3; Sch-Sch-Eser, § 248 b Rn. 4.
323 Und damit auch das Eigentum.
324 Vgl. BGH St 11, 47 (49); NJW 1960, 1068; Sch-Sch-Eser, § 248 b Rn. 4.

Daß § 123 StGB nur durch den Aufenthalt Dritter erfolgte Störungen unter Strafe stellt und nicht jede mögliche Besitzstörung, steht daher der Annahme eines Rechtsgutes "Besitz" nicht entgegen.

Die historische Betrachtung macht zudem deutlich, daß die der Regelung des § 123 StGB zeitlich vorhergehenden Regelungen besitzrechtlich geprägten Wertvorstellungen entsprangen; die Selektion der tauglichen Tatobjekte entsprach dabei einer Grenzziehung von privater und öffentlicher Friedensmacht. Eigentum und Besitz bilden zwar eine der Grundlagen der persönlichen Selbstbestimmung und -Entfaltung und schaffen damit ein Freiheitspotential; die historisch spezifische Wertvorstellung erschöpft sich - wie gezeigt - in der besitzrechtlichen Komponente. Weitergehende Funktionen, auf die *Amelung*, *Engeln* und *Weber* abstellen, können allenfalls einen Reflex dieses Besitzes darstellen.

Der Gesetzgeber verfolgte das gesellschaftlich konsentierte Ziel, Immobiliarbesitz in weitem Umfange dem strafrechtlichen Schutz zu unterstellen.
Der historische zu erklärende Sozialwert, der den Gesetzgeber zur Schaffung des § 123 StGB bzw. seiner Vorläufer veranlaßte, und damit das Rechtsgut der Norm, erschöpft sich damit im Besitz.
§ 123 StGB schützt nicht die Freiheit durch Besitz, sondern die Freiheit des Besitzes.

Die Norm stellt daher letztlich ein Vermögensdelikt dar, das bei bestimmten Tatobjekten Störungen durch die körperbezogene Anwesenheit Dritter und somit einen "furtum usus" unter Strafe stellt. Die damit verbundene Feststellung, daß der Besitz- und Vermögensschutz hier den Eigentumsschutz teilweise übersteigt[325], ist insoweit im Gesetz selbst angelegt und kann daher nicht gegen eine derartige Lösung sprechen: An bestimmten Räumlichkeiten besteht nach der gesetzlichen Vorgabe ein besonderes Besitzschutzinteresse, das einen gesteigerten Schutzumfang legitimiert.

IV) Fazit

Der vorangegangene Einschub zur historischen Entwicklung und zum Rechtsgut des § 123 StGB hat gezeigt, daß das "Hausrecht" als Rechtsgut untauglich ist; ein solches Recht ist begrifflich und inhaltlich auf eine Störungsabwehrbefugnis beschränkt, ohne Aufschluß über den dahinterstehenden Zustand oder die geschützten Interessen geben zu können.

---

[325] Dazu s.o. S. 91 f. Die - gewöhnungsbedürftige - Einordnung als Vermögensdelikt relativiert sich, sofern man sich vergegenwärtigt, daß auch § 142 StGB private Feststellungsinteressen schützt und daher dieser Norm eine ähnliche Einordnung widerfährt.

Insbesondere auch vor dem Hintergrund der historischen Entwicklung ist das geschützte Rechtsgut der Besitz; dessen Störung durch körperliche Anwesenheit wird bei allen Tatobjekten der Norm durchgängig geschützt. Das generelle Rechtsgut "Besitz" kann dann - wie bereits gezeigt wurde[326] - bei den unterschiedlichen Tatobjekten weiter spezifiziert und beispielsweise bei der Wohnung auf den Schutz einer abgeschlossenen diskreten Wohnsphäre verengt werden.

Die vorstehenden Erörterungen haben dazu geführt, daß eine Zeitlang das eigentliche Thema dieser Untersuchung - die Strafbarkeit von Hausbesetzungen - in den Hintergrund rückte; allerdings könnte durch die Anerkennung des Besitzes als Rechtsgut und dogmatischer Grundlage eines Hausrechts gerade bei der nun anstehenden Frage, ob leerstehende Gebäude und Wohnungen ein "befriedetes Besitztum" darstellen, eine möglicherweise entscheidende Weichenstellung bereits getroffen worden sein.
Inwieweit der formale Besitzschutz hier Auswirkungen tätigt, soll im folgenden untersucht werden.
Dabei werden - in Parallele zu der Darstellung beim Tatbestandsmerkmal "Wohnung" - zunächst die unterschiedlichen Ansichten zum Begriff des "befriedeten Besitztums" dargestellt werden und erst im Anschluß daran wird eine ausführliche Auslegung dieses Tatbestandsmerkmals folgen.

D) Leerstehende Wohnungen / Häuser als befriedetes Besitztum i.S.d. § 123 StGB

Nach den obigen Ausführungen[327] spitzt sich die strafrechtliche Tatbestandsproblematik demonstrativer Hausbesetzungen auf die Frage zu, ob vom Begriff der Wohnung nicht erfaßte leerstehende Gebäude dem Tatbestandsmerkmal des befriedeten Besitztums unterfallen. Zu denken ist hier - neben den Teilleerständen in ansonsten noch bewohnten Häusern und den noch nicht bezogenen Neubauten - insbesondere auch an die "Wohnkomplexe", die aufgrund ihres äußeren Zustandes, der bereits vorangeschrittenen Demontage erforderlicher Ver- und Entsorgungsleitungen und/oder eindeutiger Äußerungen des Eigentümers auch in Zukunft nicht mehr - zumindest in ihrer derzeitigen Gestalt - zu Wohnzwecken dienen sollen. Derartige Räumlichkeiten, die ein Hauptaktionsfeld der Besetzer bilden, stellen auch die vorherrschende formalistisch argumentierende Meinung dann vor Schwierigkeiten in tatsächlicher - nicht rechtlicher - Hinsicht, wenn die

---
326 Dazu s.o. S. 58.
327 S.o. A + B.

erforderliche Besitzdokumentation beispielsweise aufgrund herausgebrochener Fenster und Türen fraglich ist[328].

I. Die unterschiedlichen Meinungen zur Auslegung des befriedeten Besitztums

1.) Die Formallehre

Die h.M. begreift das befriedete Besitztum rein formalistisch als ein durch zusammenhängende, aber nicht unbedingt lückenlose Schutzwehren gegen das willkürliche Betreten gesichertes Grundstück[329], so daß leerstehende Häuser und Wohnungen - zumindest wenn deren Türen- und Fensteröffnungen verbarrikadiert sind und so zusammen mit dem Außenmauerwerk sogar eine Umschließung des Grundstückes darstellen - problemlos dem Tatbestandsmerkmal befriedetes Besitztum zuzuordnen sind. Anders als bei der Wohnung ist das für die h.M. durchgängige Rechtsgut "Hausrecht" insoweit offensichtlich nicht auf den Schutz einer privaten Intimssphäre beschränkt, sondern ein formalisierter Rechts- und Besitzschutz scheint vorrangiges Auslegungskriterium zu sein.

Abgesehen von der - letztendlich tatsächlichen - Frage des erforderlichen Umfanges einer ausreichenden Besitzdokumentation kann sich diese Meinung auf die bereits genannte Entscheidung des Reichsgerichts in RG Rspr. 10, 638 f berufen. Insoweit erweist sich diese Fundstelle für die mögliche Zuordnung leerstehender Gebäude und leerstehender Wohnungen unter das Tatbestandsmerkmal des befriedeten Besitztums als einschlägig; das Reichsgericht hatte formuliert:

> "Ein Neubau kann ein befriedetes Besitztum bilden, jedoch nur dann, wenn er in äußerlich erkennbarer Weise mittels zusammenhängender Schutzvorrichtungen gegen das beliebige Betreten durch Fremde gesichert ist"[330].

Küchenhoff[331] hat der h.M. vorgehalten, sie habe aus dieser Entscheidung zu Unrecht ein generelles Präjudiz für die ausschließliche Zuordnung leerstehender Wohnungen als befriedetes Besitztum gefolgert; ein unzutreffender Vorwurf, da auch vor Beginn der

---

328 Dazu s.u. S. 140 ff.

329 Vgl. nur OLG Hamm, NJW 1982, 1824; Bernsmann, Jura 1981, 471 je m.w.N.

330 RG Rspr. 10, 638 f (Leitsatz).

331 Küchenhoff, JuS 1982, 235 (236); ders., FuG 1981, 85 (86 f).

Hausbesetzerprozesse ausdrücklich stets auf das zusätzliche Erfordernis einer hinreichenden Besitzdokumentation hingewiesen wurde[332].

Daß leerstehende Wohnungen und noch nicht bezogene oder fertiggestellte Rohbauten praktisch ausnahmslos dem befriedeten Besitztum unterfallen, wurde jedoch mit einer derartigen Ausschließlichkeit bereits einmal in der Rechtsprechung des 19. Jahrhunderts bejaht[333]:

> "Ein Raum, welcher durch eine äußere Abgeschlossenheit das ausschließliche Verfügungsrecht gegen Andre dokumentiert z.B. ein in der Umfassungsmauer stehender Neubau, ist ein befriedetes Besitzthum, das widerrechtliche Eindringen in einen solchen ein Hausfriedensbruch",

wobei im Rahmen der Sachverhaltsschilderung und der Gründe ausdrücklich die unverschlossenen Tür- und Fensteröffnungen erwähnt und eine hinreichende Befriedung aufgrund der "Begränzung durch die Umfassungsmauern allein"[334] bejaht wurde.

Jedoch ist die rein formalistische Betrachtungsweise immer wieder in Frage gestellt worden. Sowohl die vom Reichsgericht zuvor vertretene "Annexlehre", die ein befriedetes Besitztum ausschließlich in den einer Wohnung oder einem Geschäftsraum räumlich-funktional zugeordneten Räumlichkeiten sah, als auch der Streit um das der Regelung des § 123 StGB zugrunde liegende Rechtsgut, das - wäre es beispielsweise im Sinne eines "Hausfriedens" zu sehen[335] - auch für die Auslegung des befriedeten Besitztums Auswirkungen tätigen müßte, können insoweit einer rein formalen Auslegung nicht folgen. Darüber hinaus erhielten - speziell unter dem Eindruck demonstrativer Hausbesetzungen - nicht nur diese Lehren einen ungeahnten Auftrieb, sondern es wurden neue Lösungsansätze entwickelt, die speziell den Ausschluß leerstehender Häuser und Wohnungen aus diesem Tatbestandsmerkmal begründeten.

Im folgenden wird ein Überblick über diese Meinungen gegeben und die jeweiligen Argumente thesenartig zusammengefaßt; im Anschluß daran werden diese einer kritischen Würdigung unterzogen. Eine derartige Vorgehensweise erscheint angebracht, da sich die Argumente der einzelnen Meinungen vielfach überschneiden und nur so umfangreiche Wiederholungen und Verweisungen vermieden werden können.

---

332 Vgl. nur Dre-Tröndle, (38.), § 123 Rdnm. 3, 5; LK-Schäfer, § 123 Rdnr. 16.

333 Urteil v. 6.12.1873, RG GA XXI, 515 f (Leitsatz).

334 RG GA XXI 515, (516); ebenso Rüdorff, § 123 Rdnr. 4: ein Neubau, ein unbewohntes und unverschlossenes Haus ist ein befriedetes Besitztum.

335 S.o. S. 80 ff.

2.) Die Annex- und Hausfriedenslehre

a) Forderungen

Ausgehend von der zunächst vom Reichsgericht[336] vertretenen und von der Lehre teilweise gebilligten[337] Auffassung, die für die Zuordnung eines Grundstückes als befriedetes Besitztum - ebenso wie ein Teil der Partikulargesetzbücher[338] - einen räumlich-zweckdienlichen Zusammenhang mit einer Wohnung oder einem anderen der in § 123 StGB genannten Tatobjekte verlangte und daher das Merkmal des befriedeten Besitztums auf derartige Annexgrundstücke beschränkte, versucht eine neuere Auffassung - unter Bezugnahme auf die Überschrift der Regelung als Hausfriedensbruch und den Rückgriff auf ein (durchgängiges) Rechtsgut des Hausfriedens[339] - den Ausschluß leerstehender Wohnungen unter teleogischen Gesichtspunkten zu rechtfertigen[340].

Zwar könne der Hausfriede insbesondere im Hinblick auf die Geschäftsräume und die zum öffentlichen Verkehr und Dienste bestimmten Räumlichkeiten keine taugliche, einheitliche Rechtsgutbestimmung liefern[341]; jedoch sei damit noch nicht bewiesen, daß der Schutz der über die Wohnung hinausgehenden, räumlich erweiterten Privatsphäre nicht nur bei der Wohnung, sondern auch beim befriedeten Besitztum ausschlaggebendes Auslegungskriterium sei. Im Rahmen einer teleologischen Reduktion könnten durchaus nur solche Grundstücke des strafrechtlichen Schutzes teilhaftig werden, die entweder in enger Anbindung an eine Privatsphäre stehen oder selbst eine solche bilden. Sowohl die Wohnung als auch das befriedete Besitztum wären dann auf "Enklaven"[342] beschränkt, "in denen der Hausfriede herrscht" und die dem Berechtigten eine "Rückzugsmöglichkeit ins Private"[343] eröffnen[344].

---

336 RG Rspr. 1, 547; 3, 143; jedoch möglicherweise bereits aufgegeben seit RG St 11, 293, das jedoch dann - andeutungsweise - auf die Funktion der Räumlichkeiten abstellte; eindeutig jedoch RG St 36, 395 (396 f).

337 Oppenhoff, § 123 Fn 4; Holtzendorf, S. 154 (155); Berner, S. 389; Jäger, S. 30.

338 S.u. S. 68 ff.

339 S.u. S. 80 ff.

340 AG Bückeburg, NStZ 1982, 70 (71); AG Bochum 32 Cs 33 Js 629/81, Teilabdruck in StV 1982, 605; AG Mönchen-Gladbach, Teilabdruck bei Küchenhoff, KJ 1982, 156 (167); Küchenhoff, DuR 1981, 300.

341 Vgl. dazu S. 80 ff.

342 Engels, DuR 1982, 293 (298).

343 Engels, DuR 1982, 293 (298).

344 Ähnlich Ostendorf, JuS 1981, 640 (643), der jedoch eine derartige Reduktion nur de lege ferenda fordert.

Beide Tatobjekte müßten einen - tatsächlich vorhandenen und nachweisbaren - Hausfrieden aufweisen, um dem strafrechtlichen Schutzbereich der Norm zu unterfallen. Leerstehenden Häusern und Wohnungen würde es - unabhängig von Grund und Dauer ihres Leerstandes und ihres äußeren Erscheinungsbildes - an einer schützenswerten Privatsphäre[345], dem erforderlichen und ausschlaggebenden Hausfrieden fehlen; sie wären daher nicht "hausfriedensfähig"[346] und untaugliches Tatobjekt eines Hausfriedensbruches gemäß § 123 StGB.

b) Systematisierung der Argumente

Zur Begründung dieses Ergebnisses werden folgende Argumente herangezogen:

Der Wortlaut, der unter der - inzwischen amtlichen - Überschrift "Hausfriedensbruch" steht, nenne als taugliches Tatobjekt das befriedete Besitztum. Befriedet sei jedoch etymologisch nicht im Sinne einer formalen Einfriedung, sondern unter Berücksichtigung der Gesamtbezeichnung des § 123 StGB vielmehr als die Umschreibung eines werthaften "Zustandes der Freundschaft"[347] und damit im Sinne eines Hausfriedens zu sehen. Darüber hinaus entsprächen die Tatbestandsmerkmale "Wohnung und befriedetes Besitztum" der Alliteration "Haus und Hof" und könnten daher ausschließlich im Sinne einer räumlich abgeschirmten Diskretionssphäre verstanden werden[348].

Systematisch betrachtet wäre ansonsten die zwar seit 1975 aufgehobene, jedoch bis dahin seit Erlaß des Reichsstrafgesetzbuches geltende Regelung über den sogenannten Feldfriedensbruch gemäß § 368 Ziff. 9 StGB überflüssig gewesen[349].

Teleologisch gehe das befriedete Besitztum, da es nach h.M. keinerlei Geschäfts-, Privat- oder Dienstsphäre voraussetzt, weit über die sonstigen Tatobjekte hinaus; es sei als "Fremdkörper" anzusehen, der - de lege lata - restriktiv[350] im Sinne einer räumlichen Privatsphäre ausgelegt werden müsse[351].

345 Engels, DuR 1982, 293 (298).
346 Küchenhoff, FuG 1981, 85 (86).
347 Oppenhoff, § 123 Fn. 4; Trabandt, S. 100.
348 AG Münster, StV 1982, 425; Armknecht, S. 80 Fn. 261; Engels, DuR 1981, 293 (296); Holtzendorf, S. 154 f.
349 Armknecht, S. 80:; Jäger, S. 30.
350 Engels, DuR 1981, 293 (299); Schall, S. 167 f; ähnlich auch Bernsmann, Jura 1981, 472.
351 AG Bückeburg, NStZ 1982, 70 (71); AG Dortmund, 81 Cs 10 Js 333/81, S. 5.

Darüber hinaus reduziere die rein formale Bestimmung der geschützten Raumsphäre beim befriedeten Besitztum den Schutz des § 123 StGB und das ihm zugrunde liegende Rechtsgut auf einen reinen Besitzschutz. Der Hausfriedensbruch würde - partiell beim befriedeten Besitztum - zu einem Vermögensdelikt[352] herabgestuft; eine Einordnung, die weder mit der Auslegung der anderen Tatobjekte, noch mit dem Hausrecht als Rechtsgut 'sui generis' teleologisch harmonieren könne.

Letztlich wäre - bei historischer Betrachtungsweise - die Änderung des Gesetzeswortlautes der Vorschrift, der in § 346 des Preußischen StGB von 1851 noch ein "befriedigtes Besitztum" voraussetzte, und erst durch § 123 des StGB für den Norddeutschen Bund von 1870 in ein "befriedetes Besitztum" geändert wurde[353], nicht eine nur redaktionelle, sondern eine inhaltliche Änderung; befriedet setze - im Gegensatz zu befriedigt - nicht nur eine Abschirmung, sondern ein qualitatives Mehr, die Existenz einer Privatsphäre voraus[354].

c) Folgerungen für die Strafbarkeit demonstrativer Hausbesetzungen

Das Erfordernis einer schützenswerten Sphäre eines Hausfriedens führt nach dieser Auffassung dazu, daß leerstehende Räumlichkeiten unabhängig von Grund und Dauer des Leerstandes und losgelöst von ihrem Erhaltungszustand keinesfalls ein befriedetes Besitztum darstellen, da ihnen stets eine ausschließlich schützenswerte Privatsphäre fehlt.

3.) Die Funktionslehre

a) Forderungen

Eine andere Meinung stellt - unter Berufung auf eine andere Entscheidung des Reichsgerichtes[355] - darauf ab, daß ein befriedetes Besitztum nur dann vorliege, wenn die abgeschirmte Räumlichkeit funktional irgendwelcher Nutzung dienen solle. Ausgangspunkt dieser Auffassung ist die Argumentation des Reichsgerichts, das in dem zur Entscheidung vorliegenden Fall - es ging um die Subsumtion einer

---

352 AG Bochum v. 21.4.1982, StV 1982, 604 (605); Armknecht, S. 80 Fn. 261; Schön, NJW 1982, 1126 (1128).

353 Dazu s.o. S. 71.

354 Hälschner, S. 146 Fn. 2; Oppenhoff, § 123 Fn. 4; Trabandt, S. 181.

355 RG St 11, 293 f.

fernab von der Wohnung liegenden Scheune unter den Begriff des befriedeten Besitztums - die Einbeziehung derartiger mit Gebäuden versehener Grundstücksteile wie folgt begründete[356]:

> Es kann insbesondere keine Bedenken haben, einen durch den Bau eines Hauses, hier einer Scheune, umgränzten Raum zum befriedeten Besitztum dann zu rechnen, wenn zugleich die Benutzung desselben zur Aufbewahrung von Feldfrüchten für den Haus- oder Wirtschaftsgebrauch den Willen des Eigentümers, diese dort unter Schutze zu halten, den ein Haus bzw. das Hausrecht gewährt, außer Zweifel stellt.

Insoweit könnte die funktionale Widmung[357] des Berechtigten Auslegungskriterium des befriedeten Besitztums sein, so daß - zumindest in den zum Abbruch bestimmten Häusern - nicht etwa die fehlende Anbindung an eine Privatsphäre, sondern die vom Eigentümer vorgenommene, objektiv wahrnehmbare oder auch nur subjektiv vollzogene Entwidmung des Gebäudes zur Grenzlinie der Strafbarkeit würde. Die Aufgabe jeglicher Funktionen innerhalb eines Gebäudes würde insoweit teleologisch-funktional zu einer Verneinung eines befriedeten Besitztums führen[358]. Ebenso wie es bei der Wohnung nicht (nur) um den formalen Schutz des Besitzes, sondern - wie gezeigt wurde - um die Gewährleistung einer Privatsphäre geht[359], müßte auch bei den übrigen Tatobjekten auf das Erfordernis eines rauminternen Vorganges abgestellt werden:

Bei den Geschäftsräumen wäre der Schutz einer produktiven Tätigkeit und in den öffentlichen Gebäuden die Gewährleistung eines reibungslosen Geschäftsbetriebes eigentliche Schutzfunktion des § 123 StGB[360]. Schutzobjekt wären daher nicht die bezeichneten Räumlichkeiten um ihrer selbst willen, sondern die sich in ihnen abspielenden Vorgänge, seien diese "wirtschaftlicher, ideeller oder persönlicher Art"[361]. Erst sie würden den Schutz gegen eine Beeinträchtigung von außen erfordern und daher auch rechtfertigen[362].

---

356 RG St 11, 293 (294); Hervorhebungen durch den Verfasser.

357 Dazu siehe schon S. 46 ff.

358 Schön, NJW 1982, 1126 (1128); ders., NJW 1982, 2649 (2650); ähnlich: Reinecke/Weide, Rote Robe 1981, 86 (92).

359 S.o. S. 56 ff.

360 In Anlehnung an Schall (S. 116, 125), der jedoch einer Ausdehnung seiner funktional-soziologischen Betrachtungsweise zu Recht widerspricht, da das befriedete Besitztum insoweit auf keine allen Räumlichkeiten gemeinsame Zweckbestimmung deduziert werden kann; vgl. dazu Schall, S. 167 f; ders., NStZ 1983, 244 f.

361 AG Münster, 32 Cs 46 Js 134/80, S. 9 f; Teilabdruck bei Küchenhoff, KJ 1982, 156 (161).

362 AG Münster, aaO., S. 10.

In Gebäuden, in denen nichts mehr "passiert" und auch nie mehr Vorgänge der o.g. Art stattfinden sollen, würde die ausschließlich schützenswerte Funktion fehlen, so daß Abrißhäuser nicht unter den Begriff des befriedeten Besitztums fallen[363]. Der Hausfriedensbruch setzte bezüglich aller Räumlichkeiten einen "aktuellen oder doch zumindest aktualisierbaren Nutzungswillen, gleich welcher Art, voraus, der bei Abrißhäusern nicht festgestellt werden kann"[364].

Der Schutzzweck des § 123 StGB entfalle daher bei Räumlichkeiten, die vom Besitzer oder Eigentümer zum Zwecke des Abbruches leerstehen gelassen werden, da in diesen Fällen der Berechtigte die Voraussetzungen des im Sinne des § 123 StGB schutzwürdigen Rechts selbst beseitigt habe, indem er eine weitere Entfaltung oder Nutzung in den Räumlichkeiten verhindere. Quasi ungeschriebenes Tatbestandsmerkmal wäre, "daß sich in diesem befriedeten Besitztum etwas abspielt, daß der innere Friede, der da nach außen abgeschirmt werden soll, nicht nur aus einer Grabesstille besteht, sondern dazu dient, Tätigkeiten innerhalb des befriedeten Besitztums tatsächlich ohne Störungen ausführen zu können"[365]. Vorrangiges Auslegungskriterium wäre eine funktionale Betrachtungsweise, die auf die intendierte Nutzung der Räumlichkeiten abstellt. Leerstehende Wohnungen wären nur dann vom Tatbestand erfaßt, wenn sie weiterhin Wohnzwecken dienen sollen.

b) Systematisierung der Argumente

Thesenartig lauten die Argumente dieser Funktionstheorie wie folgt:

Systematisch betrachtet verhindere eine Berücksichtigung des Zweckelementes mögliche Widersprüche innerhalb der Gesamtrechtsordnung, die dadurch entstünden, daß einerseits der Gesetzgeber Wohnraum zu erhalten versuche[366] und andererseits - in den Fällen einer bewußten Zweckentfremdung - dem ordnungswidrig handelnden Eigentümer über eine weite, formale Auslegung des § 123 StGB strafrechtlicher Eigentumsschutz zugebilligt werde[367].

---

363 AG Münster, aaO., S. 11.

364 AG Dortmund, 81 Cs 10 Js 333/81, S. 5 (Teilabdruck bei Küchenhoff, KJ 1982, 163), wobei jedoch konkludent zugleich der Nutzungswille auf sozial sinnvolle oder rechtlich gebilligte Nutzungen reduziert wird; denn auch der Spekulant will sein Eigentum - wenn auch als Spekulationsobjekt - nutzen.

365 AG Stuttgart, StV 1982, 75 (78); ähnlich auch OLG Köln, NStZ 1982, 333 (334), das bei der Strafzumessung die nur minimale Störung der sozialen Funktion des befriedeten Besitztums berücksichtigt.

366 S.u. S. 153 ff.

367 AG Stuttgart, StV 1982, 75 (77); AG Münster, bei Küchenhoff (KJ 1982, 161); insoweit klingt hier - auf systematischer Ebene - eine Art Verwirkungslehre an, da aus dem möglicherweise rechtlich mißbilligten Vorverhalten des Eigentümers eine Verwirkung strafrechtlichen Schutzes hergeleitet werden soll, vgl. dazu S. 109.

Teleologisch müsse als "kleinster gemeinsamer Nenner"[368] für alle Tatobjekte des § 123 StGB ein aktueller oder doch zumindest aktualisierbarer Nutzungswille vorliegen[369]. Es sei funktional für alle Tatobjekte darauf abzustellen, daß in ihnen überhaupt irgend etwas vorgenommen werden kann und soll[370]. Ein derartiger Rückgriff auf die Funktion der Räumlichkeiten ermögliche darüber hinaus eine klare Trennung des Hausfriedensbruchs von den Vermögensdelikten[371].

Auch historisch setzte bereits das Preußische Allgemeine Landrecht für die dem befriedeten Besitztum entsprechenden Örtlichkeiten eine Funktionsbestimmung durch den Berechtigten voraus[372].

c) Folgerungen für die Strafbarkeit demonstrativer Hausbesetzungen

Die funktionale Betrachtungsweise erhebt die Intentionen des Berechtigten zum wesentlichen Abgrenzungskriterium; leerstehende Wohnungen sind danach nur dann als "befriedetes Besitztum" von der Regelung des § 123 StGB erfaßt, wenn sie weiterhin Wohnzwecken dienen sollen.

4.) Die Exklusivitätslehre

a) Forderungen

Speziell in jüngerer Zeit[373] ist unter dem Eindruck der Hausbesetzungen und einer intendierten Straflosstellung der Beteiligten eine neue Auffassung zu bemerken, die teils unter historischen, hauptsächlich jedoch unter systematischen Gesichtspunkten den Ausschluß leerstehender Wohnungen aus dem "befriedeten Besitztum" zu begründen versucht. Sie geht davon aus, daß das befriedete Besitztum keinen Auffangtatbestand darstellt, und daß sich die einzelnen Tatobjekte des § 123 StGB nicht gleichwertig und austauschbar gegenüberstehen. Vielmehr seien alle Tatobjekte exklusiv, so daß eine Räumlichkeit weder gleichzeitig - kumulativ -

---

368 Engels, DuR 1981, 293 (298).

369 AG Stuttgart, StV 1982, 75 (77); AG Bochum, StV 1982, 604; AG Dortmund, (Teilabdruck) bei Küchenhoff, KJ 1982, 163.

370 AG Mönchen-Gladbach, bei Küchenhoff, KJ 1982, 161; Engels, DuR 1981, 293 (298); Schön, NJW 1982, 1127 (1128); ders., NJW 1982, 2649.

371 AG Bochum 21.4.1982 und 2.7.1982, StV 1982, 605; AG Münster, bei Küchenhoff, KJ 1982, 161; AG Stuttgart, bei Küchenhoff, KJ 1982, 166.

372 AG Münster, aaO. (Fn. 4), S. 162.

373 Vgl. aber schon den Einwand, der im Urteil des RG v. 2.1.1874 (St IV, 114 (115)) behandelt wurde.

mehreren Tatobjekten unterfallen noch durch eine Änderung ihrer tatsächlichen Nutzung diese einmal vorgenommene Einordnung geändert werden könnte. Sofern ein Raum einmal konkret als Wohnung gedient habe - und daher auch begriffsjuristisch "Wohnung" im Sinne des § 123 StGB gewesen sei - könne er durch einen Leerstand nicht zu einem befriedeten Besitztum werden[374]. Eine gegenteilige Auslegung würde im Rahmen eines "Kunstgriffes"[375] auf das - exklusive - Merkmal des befriedeten Besitztums zurückgreifen und daher eine unzulässige Analogie zu Lasten des Täters darstellen.

Die Vertreter dieser Auffassung sprechen zumeist von einer Alternativität; jedoch beinhaltet Alternativität nicht das intendierte Rückgriffsverbot auf ein anderes Tatbestandsmerkmal, da der Begriff der Alternativität nur im Sinne eines "oder" nicht zwingend auch eine kumulative Verwirklichung ausschließt. Insoweit dürfte es treffender sein, von Exklusivität - verstanden als "entweder-oder" - zu sprechen.

b) Systematisierung der Argumente

Die Argumente dieser Exklusivitätstheorie lassen sich wie folgt zusammenfassen:

Eine Wohnung bleibe selbst dann, wenn sie leersteht oder abgerissen werden soll, Wohnung im Sinne des natürlichen Sprachgebrauchs[376]; sie sei daher, solange sie konkret genutzt wird, unter dieses Tatbestandsmerkmal zu subsumieren und falle ansonsten aus dem Anwendungsbereich des § 123 StGB heraus[377]. Der Wortlaut des gesetzlichen Tatbestandes enthalte ferner keine Anhaltspunkte dafür, daß das befriedete Besitztum als Oberbegriff für alle anderen Tatobjekte anzusehen sei[378].

Vielmehr weise die systematische Überlegung, daß unter einer solchen Prämisse alle anderen Tatobjekte überflüssig wären, darauf hin, daß sämtliche Tatobjekte sich exklusiv gegenüberstehen[379]. Darüber hinaus handele es sich bei allen anderen Räumlichkeiten, die die h.M. unter das befriedete Besitztum subsumiert, stets

---

374 AG Stuttgart, StV 1982, 75 (77); AG Bochum 25.2.1982, StV 1982, 604; AG Bochum v. 21.4.1982, StV 1982, 605; AG Münster, Teilabdruck bei Küchenhoff, KJ 1982, 161; AG Dortmund, ebda, S. 162 f (163); AG Mönchen-Gladbach, ebda, S. 167 f (168); Schön, NJW 1982, 1126 (1127); andeutungsweise auch Engels, DuR 1982, 293 (294).

375 Schön, NJW 1982, 1126 (1127).

376 Dazu s.o. S. 37 f, wo bereits bewiesen wurde, daß hier natürlicher Sprachgebrauch und juristische Bedeutung divergieren.

377 AG Mönchen-Gladbach bei Küchenhoff, KJ 1982, 166 f; Schön, NJW 1982, 1126 (1127).

378 Schön, aaO., (Fn. 2).

379 AG Stuttgart StV 1982, 75 (77); AG Bochum 25.2.1982, StV 1982, 604.

um unbewohnte Räume, die weder tatsächlich, noch bestimmungsgemäß dem Aufenthalt von Menschen dienen; die Einbeziehung leerstehender Wohnungen unter dieses Tatbestandsmerkmal stelle daher eine sachlich nicht zu rechtfertigende Ausnahme dar[380].

Schließlich sei auch das Preußische Allgemeine Landrecht davon ausgegangen, daß sich ein befriedetes Besitztum nicht innerhalb eines Hauses befinden kann[381].

c) Folgerungen für die Strafbarkeit demonstrativer Hausbesetzungen

Eine Exklusivitätslehre schließt im Sinne eines "entweder-oder" den Wechsel von Räumlichkeiten, die Menschen zu Wohnzwecken gedient haben, innerhalb der Tatobjekte des § 123 StGB aus; Wohnungen sind daher solange sie konkret genutzt werden als "Wohnung" im Sinne des Gesetzes geschützt; mit der Beendigung dieser Nutzungsart werden sie zu einem untauglichen Objekt eines Hausfriedensbruchs.

5.) Die Verwirkungslehre

Letztlich sollte ausgehend von der in Art. 14 II GG verfassungsrechtlich verankerten Sozialpflichtigkeit des Eigentums eine Verwirkung strafrechtlichen Schutzes durch den Eigentümer zumindest in den Fällen einer bewußten Zweckentfremdung von Wohnraum bereits auf Tatbestandsebene berücksichtigt werden[382]. Die Schutzwürdigkeit des Eigentums oder des Eigentümers sei insoweit entweder als ungeschriebenes Tatbestandsmerkmal im Rahmen des § 123 StGB zu berücksichtigen, oder ein möglicher Verstoß gegen die Sozialpflichtigkeit könne im Rahmen einer verfassungskonformen Auslegung der Einzelmerkmale den strafrechtlichen Schutz entfallen lassen[383]. Da jedoch diese Meinung insbesondere verfassungsrechtliche und verfassungshistorische Argumente

380 AG Mönchen-Gladbach aaO., (Fn. 2), S. 168.

381 AG Bochum 21.4.1982, StV 1982, 605; AG Dortmund, Teilabdruck bei Küchenhoff, KJ 1982, 163.

382 So behauptet "Der Spiegel" 1981, Heft 43, S. 74, daß "der Eigentümer bei sozialpflichtwidrigem Leerstehenlassen von Wohnraum selbst den strafrechtlichen Schutz zerstöre".

383 AG Stuttgart StV 1982, 75 (78); AG Bochum 2.7.1982 StV 1982, 605; Malunat, Pol. Vierteljahreschrift 1982, 257 (263); ähnlich Noss, StV 1981, 258 (259); Ostendorf, JuS 1981, 643; Maul, JR 1970, 81 (83) (84 f); Wesel, Bruch, S. 29 (34); vgl. auch Schall, NStZ 1983, 241 (247), der von einem verwirkungsnahen Verhalten spricht, das jedoch nur bei der Strafzumessung relevant sei.

heranzieht, die den Rahmen einer "üblichen" Straftatbestandsauslegung verlassen, soll ihr im Anschluß an eine systematisierte Auslegung des befriedeten Besitztums ein eigener Unterabschnitt eingeräumt werden[384].

II) Die Auslegung des "befriedeten Besitztums"

1.) Wortlautinterpretation

Die reine Wortlautinterpretation bietet zwei unterschiedliche Ansatzpunkte[385]: einerseits ermöglicht - und insoweit besteht eine gewisse Konkurrenz zur systematischen Auslegung - bereits die grammatische Zusammensetzung des gesetzlichen Tatbestandes Rückschlüsse auf die Auslegung der einzelnen Tatbestandsmerkmale; andererseits - und darin liegt der Schwerpunkt einer Wortlautauslegung - ist die semantische Bedeutung der benutzten Ausdrücke zu berücksichtigen.

a) Die semantische Bedeutung des "befriedeten Besitztums"

Der Begriff des **Besitztums** selbst ist sprachlich schillernd: Er läßt Assoziationen zu dem bekannten und insbesondere in der Frühzeit und im Mittelalter geschützten (Haus und) Hof[386] aufkommen mit der Folge, daß das Besitztum als Surrogat des Hofes begriffen werden müßte und Wohnung und Besitztum als neuzeitliche Erscheinungsformen von Haus und Hof anzusehen wären. Ein Haus, das eine Wohnung darstellt, könnte dann nicht zugleich (befriedetes) Besitztum sein; das Besitztum wäre auf Gebäude, die nicht Wohnzwecken dienen oder sonstige Territorien beschränkt.

Andererseits erscheint es ebensogut vertretbar, unter Betonung der Besitzkomponente das Besitztum als sachenrechtlichen Zuordnungsbegriff aufzufassen, der als umfassender Auffangtatbestand sämtliche anderen Tatobjekte mitumfaßt.

---

384 S.u. V.

385 Zu den methodischen Grundlagen s.o. S. 37.

386 Vgl. dazu Weber 36 ff; 182 ff; Trabandt, 180 ff, 208.

§ 123 StGB deklariert als taugliches Tatobjekt allerdings nur ein **befriedetes** Besitztum und stellt damit klar, daß nicht jeder, sondern nur der zusätzlich noch "befriedete" (Grund-)Besitz[387] geschützt sein soll; ausschlaggebend für die Wortlautauslegung ist somit die semantische Bedeutung des Adjektivs "befriedet".
Das *AG Münster*[388] deklariert insoweit die von der h.M. vorgenommene Gleichstellung von befriedet als eingefriedet als ein "sprachliches Unding", ohne jedoch - wie zu erwarten wäre - auf die nun zu erörternde etymologische Bedeutung des Begriffes einzugehen.

Einerseits könnte - und diese Lesart bevorzugen die Vertreter der Hausfriedenslehre[389] - auf die ideelle Bedeutung des Begriffes befriedet, d.h. auf die Ausstattung der Räumlichkeit mit einem inneren Frieden[390], die so eine Sphäre der Geborgenheit, eine Zufluchtstätte bietet[391], abgestellt werden.

Befriedet wäre danach nicht ein Zustand, der einer bestimmten Räumlichkeit aufgrund ihrer Abgeschlossenheit anhaftet[392], und somit unabhängig von der Person des Berechtigten zu bestimmen wäre[393], sondern der "Friede" würde - entsprechend seines indogermanischen Ursprungs - auf den Begriff pri (= lieben) zurückgeführt und damit auch in § 123 StGB im Sinne seiner originären Bedeutung einen "Zustand der Freundschaft, Schonung"[394] charakterisieren. Befriedet wäre etymologisch nicht äußerlich-formal, sondern im Sinne eines personenbezogenen Sonderfriedens zu verstehen[395].

Andererseits muß jedoch beachtet werden, daß die germanisch-ideelle Bedeutung der "Befriedung" im Laufe der Zeit einem Wandel unterlegen sein könnte. So läßt es sich zumindest nicht von der Hand weisen, daß dem Gesetzgeber 1870/71 eine andere, formale Bedeutung des Begriffes vor Augen stand, und er - entsprechend den Regelungen im PALR und den preußischen Partikulargesetzbüchern[396] - eine rein formale, weite Beschreibung eines Schutzbereiches treffen wollte. Insoweit wäre - entgegen dem ety-

387 Inwieweit auch bewegliche Sachen diesem Tatbestandsmerkmal unterfallen können, ist im Rahmen der vorliegenden Ausarbeitung irrelevant; die h.M. beschränkt dieses Merkmal auf Grundstücke, vgl. Bernsmann, Jura 1981, 472 m.w.N.
388 AG Münster, Teilabdruck bei Küchenhoff, KJ 1982, 161.
389 S.o. S. 80.
390 Küchenhoff, FuG 1981, 85 (86).
391 Seier, JA 1982, 232 (234).
392 Vgl. Hälschner, II/1, S. 146 Fn. 2; Oppenhoff, § 123 Fn. 4; Trabandt, Schutz, S. 100 und 181.
393 So wohl Wilda (Strafrecht, S. 241), nachdem das Wort grid Frieden bedeute - und etymologisch - auch das Haus bezeichne; kritisch dagegen auch Trabandt, Schutz, S. 100.
394 Trabandt, aaO.; Kluge, S. 219; Erler/Kaufmann, S. 1275; Pokorny, S. 844.
395 Vgl. auch Amelung, ZStW 98, 355 (377).
396 S.o. S. 68 ff.

mologischen Ursprung des Begriffes[397] - befrieden im Sinne von "sepire, einhegen"[398] zu verstehen, und die von der h.M. vollzogene Gleichstellung befriedet = eingefriedet könnte dem Wortlaut der Regelung entnommen werden[399].

Charakterisierend für diese unterschiedlichen Auslegungsmöglichkeiten dürfte die Beschreibung im "Großen Duden" sein, wonach der den Begriff "befrieden" prägende Ausdruck "Frieden" für sich allein selten im Sinne eines Einfriedens/Befriedens genutzt wird[400]; "befrieden" kann hingegen sowohl im Sinne von "einhegen" als auch "Frieden bringend"[401] und einen solchen schützend, verstanden werden[402].

Die isolierte Wortlautinterpretation des Adjektivs befriedet läßt daher einen eindeutigen Schluß nicht zu: Sowohl die Deutung im Sinne von eingefriedet und eingehegt als auch "mit einem inneren Frieden ausgestattet" erscheint vertretbar[403].

Bei einer eher systematisch orientierten Wortlautauslegung des Begriffes "befriedet" drängt sich dann eine Parallele zu den Vorschriften der §§ 125, 125 a StGB auf:

Während dort der "Land f r i e d e n s bruch" unter Strafe gestellt ist, schützt § 123 StGB den Hausfrieden; der Friede, der beim befriedeten Besitztum (erneut) auftaucht, könnte insoweit aus dem in § 125 StGB geschützten Frieden erschlossen werden.
Bereits die flüchtige Lektüre des Landfriedensbruchtatbestands zeigt, daß hier eine Verletzung formeller Grenzen für die Tatbestandsverwirklichung nicht erforderlich ist: Sowohl der gewalttätige als auch der bedrohliche und der aufwieglerische Landfriedensbruch schützten die öffentliche Sicherheit und allenfalls kumulativ die durch die Gewalttätigkeiten verletzten bzw. bedrohten Individualrechtsgüter[404], ohne daß für die Tatbestandsverwirklichung des "Friedensbruches" die Verletzung formaler Grenzen Relevanz entfaltet.

---

[397] A.A. Olshausen, § 123 Rdnr. 4, der davon ausgeht, daß sich aus der formalen Betrachtungsweise die "abgezogene des schützens, beruhigens" entwickelt hätte.

[398] Grimms Wörterbuch "befrieden" und "befriedigen"; Bd. I, S. 1272 f; Olshausen, § 123 Rdnr. 4.

[399] RG St 13, 312 (314); OLG Stuttgart, NStZ 1983, 123; LG Mönchen-Gladbach, MDR 1982, 1039; LG Bückeburg, NStZ 1982, 71; LK-Schäfer; § 123 Rdnr. 15; Olshausen, aaO.; Krey, BT 1, Rn. 436; Braun/Schmidt, DP 1983, 206 (210);Pfrogner, DP 1977, 148; Tiedemann, JZ 1969, 717 (725); vgl. ferner Ostendorf, JuS 1981, 640 (641) und SK-Rudolphi, § 123 Rdnr. 36, der hier mit der h.M. übereinstimmt und - im Gegensatz zur Vorauflage - einen rein formalen Besitzschutz annimmt.

[400] Der Große Duden, Bd. 1, S. 261.

[401] Der Große Duden, Bd. 1, S. 150.

[402] Übereinstimmend: Weber, S. 193.

[403] Zutr.: OLG Köln, NJW 1981, 2674 (2675); Schall, NStZ 1983, 241 (243); Seier, JA 1982, 232 (235); Weber S. 193.

[404] Das geschützte Rechtsgut ist hier i.E. umstritten. Vgl. dazu Dre-Tröndle, § 125 Rn. 1 einerseits und Sch-Sch-Lenckner, § 125 Rn. 2 andererseits je m.w.N.

Der Landfriedensbruch schützt damit - um in der bei § 123 StGB entwickelten Terminologie zu bleiben -, einen Zustand der "Freundschaft".
Wenn nun der "Friede" hier - bei § 125 StGB - dergestalt idealistisch zu verstehen ist, könnte dies dafür sprechen, auch den "Hausfrieden"(sbruch) nicht an die Verletzung formaler Besitzbarrieren, sondern allein an die Existenz eines werthaften Zustandes zu koppeln.

Der wesentliche Unterschied zwischen den beiden friedensschützenden Normen dürfte allerdings darin bestehen, daß die Verwirklichung des Landfriedensbruchs nicht an die Verletzung bestimmter Tatobjekte gebunden ist. Die Feststellung, daß beide einen - möglicherweise identischen - ideellen Frieden schützen, erscheint daher möglich, ohne zugleich logisch zwingend die Deduktion zu tragen, daß deswegen für eine "Befriedung" die bloße Einhegung nicht ausreicht.

Darüber hinaus kannte das Strafgesetz bis 1975 in § 368 Nr. 9 StGB einen Straftatbestand, der das unbefugte Betreten bestimmter Ländereien unter Strafe stellte und weitläufig als "Feld f r i e d e n s bruch" tituliert wurde[405]; bei dieser Norm hatte - unbeschadet der sonstigen Tatbestandsvarianten - der Berechtigte die Möglichkeit, durch eine rein formale Einfriedung von Äckern, Wiesen, Weiden oder Schonungen oder durch ein Hinweisschild den strafrechtlichen Schutz zu erweitern. Der durch das Gesetz geschützte (Feld-)Frieden konnte daher hier zumindest partiell durch eine willkürliche Grenzziehung hergestellt werden; § 368 Nr. 9 StGB diente daher nicht allein dem Schutz werthafter Zustände, sondern auch einem formalen Besitzschutz.

Auch eine systematische Wortlautinterpretation kann daher die vorliegende Streitfrage nicht überzeugend lösen.

Dasselbe muß letztendlich auch für die Gesamtbezeichnung des § 123 StGB als Hausfriedensbruch gelten: die amtlichen Überschriften eines Straftatbestandes stellen selbst keine Merkmale des gesetzlichen Tatbestandes dar, so daß sie direkt nicht zur Wortlautauslegung der einzelnen Tatobjekte herangezogen werden, sondern allenfalls im Rahmen einer teleologischen Interpretation berücksichtigt werden können, um so eine der Leitidee des Gesetzgebers adäquate Auslegung zu ermöglichen[406].

Darüber hinaus zeigt bereits ein Blick auf die anderen Tatobjekte des § 123 StGB, daß die Bezeichnung als H a u s friedensbruch - und das gleiche gilt selbstredend auch für das nach h.M. geschützte Rechtsgut H a u s recht - keinesfalls sichere Erkenntnisse zur

---

405 So Frank, § 368 Anm. IX; vgl. ferner Sch-Sch (17.), § 368 Rn. 38.
406 A.A. Hagemann, NStZ 1982, 71 (72).

Wortlautauslegung liefern können: Bezüglich des Schutzes des "befriedeten Besitztums" ist - unabhängig von seiner inneren oder äußeren Qualität - jedenfalls der räumliche Bereich innerhalb eines H a u s e s verlassen worden und somit die vom Gesetzgeber gewählte Titulierung zu eng[407]; andererseits scheint bei den derzeitigen Wohnverhältnissen der Begriff "Haus" für die Vielzahl von Mietwohnungen offensichtlich zu weit, da die Wohnung des Einzelnen nicht mehr mit einem Haus identisch ist[408]. Die Gesamtbezeichnung des § 123 StGB stellt insoweit ein historisch zu erklärendes Schlagwort dar, das - sei es als historisches Relikt[409] oder als noch aktuelle Zielvorgabe des Gesetzgebers[410] - jedenfalls auf Wortlautebene kein sinnvoller Auslegungsmaßstab sein kann und darf.

b) Die grammatische Zusammensetzung des § 123 StGB

§ 123 StGB enumeriert als taugliche Tatobjekte unter anderen die "Wohnung, die Geschäftsräume oder das befriedete Besitztum", ohne daß diese einzelnen Tatobjekte ausdrücklich aufeinander Bezug nehmen. Sie stehen vom Wortlaut her getrennt, selbständig und beziehungslos nebeneinander, so daß insbesondere für das Erfordernis einer räumlichen Anbindung des befriedeten Besitztums an eine Wohnung kein Anhaltspunkt ersichtlich ist[411]. Auch die - insoweit zusätzlich historisch argumentierende - Ansicht, daß die Wohnung und das befriedete Besitztum der Alliteration von Haus und Hof entsprächen[412] und daher nur ein häuslicher Bezirk geschützt sei, findet am Wortlaut des § 123 StGB keine Stütze; die grammatische Betrachtungsweise spricht vielmehr eher gegen eine derartige Gleichstellung, da die Wohnung und das befriedete Besitztum nicht etwa hintereinander genannt sind, sondern - jedenfalls seit dem preußischen Entwurf von 1843 - zwischen ihnen die Geschäftsräume als taugliches Tatobjekt deklariert werden. Insoweit liegt die Annahme näher, daß das befriedete Besitztum nicht auf Annexgrundstücke beschränkt sein kann, sondern vielmehr ein völlig selbständiges Tatobjekt darstellt.

Auch für die Einordnung des befriedeten Besitztums als Oberbegriff über sämtliche anderen Tatbestandsmerkmale oder die von der Mindermeinung vertretene Exklusivität der einzelnen Räumlichkeiten läßt sich anhand des Wortlauts keine eindeutige Feststellung

---

407 Kageler, S. 103.

408 Binding, § 129 I 2; Kageler, S. 103 f.

409 Hagemann, NStZ 1981, 71 (72).

410 Vgl. auch RG St 36, 395 (398), das die Titulierung mit der Häufigkeit und Wichtigkeit der Störung des Hausfriedens i.e.S. erklärt und - wie hier - keine Rückschlüsse auf die einzelnen Tatbestandsmerkmale zieht.

411 Zutr.: RG Rspr. 10, 638 (639); Engels, DuR 1981, 293 (299); Schall, NStZ 1983, 241 (243).

412 Armknecht, S. 80 Fn. 261; Holtzendorf, S. 154 f.

treffen: die Begriffe Wohnung, Geschäftsräume und befriedetes Besitztum sind nur durch ein Komma bzw. ein "oder" verbunden, so daß - neben der Stellung des befriedeten Besitztums nach den anderen Tatobjekten - das Fehlen eines Hinweises, daß es sich um ein "sonstiges" oder ein "anderes"[413] Besitztum handeln müsse, zwar gegen eine Qualifizierung dieses Tatobjekts als Gattungs- oder Oberbegriff sprechen könnte. Andererseits kann nach dem Wortlaut der Vorschrift das befriedete Besitztum ebensogut im Sinne eines "befriedeten Raumes" verstanden werden, so daß sich das befriedete Besitztum durch das Hinzutreten weiterer Umstände - Einrichtung und Benutzung als Wohnung, Eröffnung eines Geschäftslokals in diesem Raum p.p. - in eines der anderen Tatobjekte umwandelt und deshalb einen - umfassenden - Gattungsbegriff repräsentiert, der als Auffangtatbestandsalternative dienen kann[414]. Der logische Umkehrschluß, die Qualifizierung aller anderen Tatobjekte als befriedetes Besitztum, wäre dann so selbstverständlich, daß es einer - zusätzlichen - sprachlichen Klarstellung dieses Verhältnisses nicht bedurfte[415]. Weder eine Exklusivität noch die Einordnung des befriedeten Besitztums als Auffangtatbestand lassen sich daher am Wortlaut des § 123 StGB überzeugend begründen. Wortlaut und Wortsinn sind dergestalt offen, daß die Einbeziehung leerstehender Häuser in den Schutzbereich - trotz der vor dem Hintergrund des Art. 103 II GG zu Recht zunehmend anerkannten unüberschreitbaren Auslegungsschranke eines (noch) möglichen Wortsinnes[416] - keine unzulässig strafbarkeitsbegründende Interpretation darstellt.

2.) Systematische Interpretation

Eine eindeutigere Stellungnahme zu der Auslegung des befriedeten Besitztums könnte sich jedoch aus einer logisch-systematischen Interpretation ergeben[417], die sowohl die Bedeutung gleichlautender Begriffe in anderen Vorschriften als auch die Auswirkung einer bestimmten Interpretation auf den Anwendungsbereich anderer Regelungen[418] zu berücksichtigen hat. Die ansonsten ferner übliche Berücksichtigung der Stellung der Norm im Gesetz[419] kann im vorliegenden Fall vernachlässigt werden, da die Einordnung des § 123 StGB wie kaum bestritten nicht dem Rechtsgut der Regelung entspricht und daher keine systematischen Rückschlüsse zuläßt.

---

413 Vgl. etwa § 223 a "gefährliches Werkzeug".
414 Vgl. dazu schon RG Urteil v. 2.1.1874 Stenglein IV, 114 (115).
415 LG Mönchen-Gladbach, MDR 1982, 1039.
416 Vgl. dazu BVerfGE 47, 109 (120); Lackner, NStZ 88, 405 m.w.N.
417 Vgl. dazu Sch-Sch-Eser, § 1 Rdnr. 41; Jescheck, S. 138 f; s.o. S. 39 ff.
418 Larenz, S. 324 ff; BGH St 4, 305; 23, 268.
419 Vgl. dazu: Larenz, aaO., BGH St 3, 245.

a) Strafbarkeitslücken

So wird man unter systematischen Gesichtspunkten eine restriktive, nicht rein formale Auslegung des befriedeten Besitztums nicht allein dadurch entkräften können, daß man auf dann entstehende - nach Auffassung von *Schall*[420] und *Seier*[421] nicht hinnehmbare - Strafbarkeitslücken hinweist, um so ein bezwecktes Ergebnis zu begründen. Strafbarkeitslücken können dem fragmentarischen Charakter des Strafrechts entsprechen, da eine generalklauselartige Strafbarkeit gegen das mit Verfassungsrang ausgestattete Bestimmtheitsgebot - nullum crimen, nulla poena sine lege certa, vgl. Art. 103 II GG, § 1 StGB - verstoßen würde. Der globale Hinweis auf entstehende Strafbarkeitslücken kann daher nur ein Scheinargument darstellen, da trotz vorhandener Strafwürdigkeit und Strafbedürftigkeit einer Verhaltensweise diese nicht zwingend strafrechtlich erfaßt sein muß[422]. Es ist die Aufgabe des Gesetzgebers, derartige Strafbarkeitslücken erforderlichenfalls zu schließen, so daß der "Blick auf das Ergebnis" hier kein tragfähiges Argument liefern kann.

b) Die (mit-)geschützten Räumlichkeiten

Jedoch könnte - und auf diese Argumentation ziehen sich regelmäßig die Vertreter der Formallehre zurück - bereits eine näherliegende systematische Interpretation gegen eine Beschränkung des befriedeten Besitztums auf solche Räumlichkeiten, in denen eine Privatsphäre existiert, sprechen: wenn der Schutz des Hausfriedens als Leitidee der Pönalisierung des Hausfriedensbruches gegolten hätte, wäre es unerklärlich, warum der Gesetzgeber - wenn auch erst später - neben der "Wohnung" und dem "befriedeten Besitztum" auch noch "Geschäftsräume" und "Räume, welche zum öffentlichen Dienst oder Verkehr bestimmt sind" als taugliche Tatobjekte deklarierte. In letzteren Räumlichkeiten wird keine abgeschlossene und daher schützenswerte Privatsphäre aufgebaut, vielmehr ist es gerade Sinn und Zweck dieser Räume, potentiellen Kunden oder gar der Öffentlichkeit offenzustehen. Eine abgeschirmte Privatsphäre soll und kann in diesen Tatobjekten daher gar nicht entstehen. Die Reduzierung des Schutzbereiches des § 123 StGB auf Räumlichkeiten, in denen eine häusliche Privatsphäre herrscht, widerspräche somit bereits der Systematik der im Tatbestand genannten Tatobjekte, da der Gesetzgeber auch solche Räumlichkeiten erfaßte, in denen die Errichtung einer Privatsphäre ihrem Zwecke zuwiderlaufen würde[423]. Der in leerstehenden Häusern fehlende Haus-

---

[420] Schall, NStZ 1983, 241 (243).
[421] Seier, JA 1982, 232 (234).
[422] A.A. offenbar Seier, aaO., S. 234.
[423] OLG Köln, NJW 1982, 2674 (2675); Ostendorf, JuS 1981, 640 (641); Seier, JA 1982, 232 (235).

friede würde eine Subsumtion unter den Begriff des befriedeten Besitztums nicht hindern.

Eine derartige Betrachtungsweise erscheint deshalb fragwürdig, da sie die unterschiedlichen Tatobjekte des § 123 StGB nicht nur zur Bestimmung des geschützten Rechtsgutes[424], sondern darüber hinaus schon auf systematischer Ebene zur Auslegung der einzelnen Merkmale heranzieht. Zwar spricht die Konsistenz des § 123 StGB gegen einen in allen Tatobjekten vorhandenen Hausfrieden[425], jedoch beweist dies nicht, daß neben der Wohnung nicht auch noch das befriedete Besitztum einen derartigen werthaften Zustand aufweisen kann oder gar muß. Insoweit könnte das befriedete Besitztum - wie die Wohnung - durchaus nicht allein aufgrund seiner räumlich-baulichen Kriterien[426] zu bestimmen sein. Die Überschreitung des Bereichs der Gewährung einer privaten Häuslichkeit durch die Aufnahme der Geschäftsräume und der "öffentlichen Räume" könnte sich eben auf diese Tatobjekte beschränken und systematisch nicht zu einer rein formalen Auslegung des befriedeten Besitztums führen. Die Betonung des Schutzes eines privaten Ungestörtheitsanspruches erscheint daher systematisch auch beim befriedeten Besitztum zumindest möglich und nur bei den öffentlich zugänglichen Geschäftsräumen und den "öffentlichen Räumen" offensichtlich ausgeschlossen.

Die von den Vertretern der Formallehre bereits auf systematischer Ebene stillschweigend vollzogene Gewichtung der Einzelmerkmale der Hausrechtsdefinition[427] kann daher weder aus der Zusammensetzung des § 123 StGB noch aus anderen Regelungen zwingend abgeleitet, sondern allenfalls durch eine historische und teleologische Interpretation begründet werden.

c) Haus- und Schrebergärten

Allerdings ist zu beachten, daß die Restriktion des befriedeten Besitztums auf Annexgrundstücke ihrerseits zu systematischen Friktionen führen könnte: nach dieser Auffassung scheint es zwingend, daß zwar die an eine Wohnung angrenzenden Hausgärten, nicht aber die - sowohl dieselbe Funktion erfüllenden als auch ebenso genutzten - fernab von der Wohnung liegenden Schrebergärten dem strafrechtlichen Schutz des § 123 StGB unterfallen[428]. Diese Differenzierung folgt aus einer konsequenten Anwendung der Annexlehre; deren Ergebnisse sind jedoch sachlich nicht zu rechtfertigen. Zwar mag

---

[424] S.o. S. 72 ff.
[425] S.o. S. 80 ff.
[426] Engels, DuR 1982, 293 (296).
[427] S.o. S. 45 ff, 87 ff.
[428] Zutr. Engels, DuR 1982, 293 (299); Schall, NStZ 1983, 241 (243).

man mit *Schall*[429] das Erfordernis eines strafrechtlichen Schutzes für derartige Objekte grundsätzlich bezweifeln, jedoch besteht, sofern man eine der beiden Gruppen als taugliches Tatobjekt deklariert, kein Grund für den Ausschluß nahezu identischer Räumlichkeiten nur aufgrund ihrer fehlenden Anbindung an eine Wohnung. Erst an diesem Punkt gewinnt daher das systematische Argument sich ergebender Strafbarkeitslücken mittelbar an Bedeutung: Strafbarkeitslücken sprechen nicht deshalb für eine formale Auslegung des befriedeten Besitztums, da nur eine solche Interpretation einen möglichst weiten, alle strafbedürftigen und strafwürdigen Fälle erfassenden Strafrechtsschutz ermöglicht[430]. Vielmehr führt die Beschränkung auf Annexgrundstücke zu einer sachlich nicht zu rechtfertigenden und daher systematisch widersprüchlichen Differenzierung zwischen Grundstücken mit gleichen Funktionen und gleicher tatsächlicher Benutzung in Abhängigkeit ihrer räumlichen Zuordnung zu einer Wohnung[431], die es im Rahmen einer sinnvollen - durch den Wortlaut der Norm begrenzten - Auslegung als Auffüllung der Gesetzesbegriffe so weit wie möglich zu vermeiden gilt. Insoweit könnte man einwenden wollen, daß die (Schreber-)gärten bis 1975 jedenfalls durch die Regelung des § 368 Nr. 9 StGB geschützt waren[432]. Eine derartige Betrachtungsweise, der durch die lex lata selbstredend der Boden entzogen worden ist, erschiene zudem im Hinblick auf die unterschiedlichen Strafrahmen der §§ 123, 368 a.F. StGB bedenklich und bedürfte zumindest der Erklärung, warum das Eindringen in einen Schrebergarten gegenüber derselben Handlung in einen Hausgarten privilegierungswürdig war.

d) Auffangtatbestand

Einer daher systematisch denkbaren Einbeziehung fernab einer Wohnung liegender Besitztümer wird jedoch entgegengehalten, daß durch die dann zwangsläufig nur formale Bestimmung des befriedeten Besitztums dieses Tatobjekt sämtliche anderen Räumlichkeiten des § 123 StGB umfassen würde und daher die gesetzliche Enumeration der einzelnen Tatobjekte überflüssig wäre. Das befriedete Besitztum, verstanden als ein hinreichend gesichertes Grundstück, ein befriedeter Raum, würde als Gattungs- und Oberbegriff einen Auffangtatbestand darstellen, der der speziellen Aufzählung der anderen Tatobjekte widerspräche[433]; dieser systematische Widerspruch könnte nur durch eine restriktive, nicht formale Auslegung des befriedeten Besitztums verhindert werden.

---

429 Schall, NStZ 1983, 241 (243) Fn. 22.

430 So aber wohl Seier, JA 1982, 232 (234).

431 Zu denken ist neben dem Begriffspaar Hausgarten - Schrebergarten ferner an Ställe, Scheunen, Silos ..., die sich in der Nähe eines Hofes bzw. auf freiem Feld befinden.

432 Dazu siehe i. Einzelnen S. 120 ff.

433 AG Bochum, StV 1982, 604; AG Stuttgart, StV 1982, 75 (77); AG Münster, bei Küchenhoff, S. 161

Zwar kann man dieser Auffassung kaum überzeugend entgegenhalten, daß die anderen Tatobjekte keine zusammenhängenden Schutzwehren erfordern[434] und daher das befriedete Besitztum grundsätzlich keinen Auffangtatbestand darstellt; denn rein tatsächlich sind regelmäßig die Wohnungen und Geschäftsräume mit intensiveren und wirksameren Schutzwehren versehen als die Tatobjekte, die üblicherweise dem befriedeten Besitztum unterfallen.

Jedoch wurde bereits im Rahmen der Wortlautauslegung[435] darauf hingewiesen, daß die verschiedenen Tatobjekte des § 123 StGB gleichwertig und beziehungslos nebeneinander stehen. Es ist daher systematisch durchaus denkbar, daß dieselbe Räumlichkeit zur gleichen Zeit mehreren Tatobjekten unterfallen kann, bzw. daß beim Wegfall der tatsächlichen Benutzung als Wohnraum oder einer Geschäftsaufgabe eine ehemalige Wohnung zu einem befriedeten Besitztum wird[436]; die aus der formellen Auslegung des befriedeten Besitztums sicherlich resultierende Einordnung dieses Merkmals als Oberbegriff kann systematisch nicht zu einer restriktiven Auslegung zwingen, da das Strafrecht auch an anderen Stellen einen umfassenden Gattungsbegriff nennt und zusätzlich speziellere, diesem Gattungsbegriff unterfallende, Tatbestandsalternativen aufführt: zu denken ist beispielsweise an die sonstigen niedrigen Beweggründe in § 211 StGB, die sämtliche täterbezogenen Merkmale der 1. Gruppe des Mordtatbestandes umfassen[437] und an den Mißbrauchstatbestand bei der Untreue, dessen Verwirklichung auch die Anforderungen des Treubruchtatbestandes erfüllt[438].

Die Tatsache einer aus der formalen Interpretation des befriedeten Besitztums folgenden, möglichen Überschneidung der einzelnen Tatobjekte des § 123 StGB kann daher die Notwendigkeit einer restriktiven Auslegung nicht beweisen.

---

[434] So aber OLG Hamm, NJW 1982, 1824 (1825).

[435] S.o. S. 110 ff.

[436] OLG Dresden, St IV, 114 (115); OLG Köln, NJW 1982, 2674 (2675); OLG Hamm, NJW 1982, 1824 (1825); LG Mönchen-Gladbach, MDR 82, 1039; Olshausen, § 123 Rdnr. 5; Oppenhoff, § 123 Fn. 4; Hirsch, ZStW 88, 752 (756).

[437] Unstr., vgl. Dre-Tröndle § 211 Rdnr. 3 f.

[438] Das Verhältnis der beiden Tatbestandsalternativen des § 266 StGB ist jedoch umstritten, vgl. dazu Dre-Tröndle, § 266 Rdnr. 1 b.

e) Feldfriedensbruch

Systematische Bedenken gegen eine rein formale Auslegung des befriedeten Besitztums könnten sich jedoch aus der Existenz der - bis 1975 geltenden[439] - Vorschrift des § 368 Nr. 9 a.F. StGB ergeben. Sofern sich herausstellen sollte, daß bei der Auslegung des befriedeten Besitztums im Sinne einer physisch gegen das beliebige Betreten durch Dritte wirkenden Absperrung eines Grundstückes dieses Merkmal zugleich sämtliche Tatbestandsalternativen des § 368 Nr. 9 a.F. StGB erfaßte, läge es nahe, das befriedete Besitztum unter systematischen Gesichtspunkten restriktiv zu interpretieren oder auf Annexgrundstücke zu beschränken, da ansonsten die Regelung des § 368 Nr. 9 a.F. überflüssig gewesen wäre[440], beziehungsweise eine - ebenso denkbare - Konkurrenzlösung zu sachwidrigen Ergebnissen führen könnte[441].

Gemäß § 368 a.F. StGB wurde "mit Geldstrafe bis zu fünfhundert Deutsche Mark oder mit Freiheitsstrafe bis zu vierzehn Tagen ... bestraft, Nr. 9:

> wer unbefugt über Gärten oder Weinberge oder vor beendeter Ernte über Wiesen oder bestellte Äcker oder über solche Äcker, Wiesen, Weiden oder Schonungen, welche mit einer Einfriedung versehen sind oder deren Betreten durch Warnungszeichen untersagt ist, ... geht, fährt, reitet oder Vieh treibt."

Diese Vorschrift sollte nach einhelliger Meinung[442] den Schutz bestimmten Privateigentums sicherstellen und "in Wahrung des im Eigentum liegenden Ausschließungsrechtes"[443] unbefugte Eingriffe in dieses Eigentumsrecht unter Strafe stellen.

Insoweit stellt sich vorrangig die Frage, ob zwischen einer "Einfriedung" im Sinne des § 368 Nr. 9 a.F. StGB und einer "Befriedung" im Sinne des § 123 StGB ein qualitativer Unterschied besteht. Die unreflektierte Gleichsetzung beider Begriffe könnte - selbst bei der hier nur zu erörternden Notwendigkeit einer restrikten Auslegung des befriedeten Besitztums - wegen einer damit verbundenen sprachlichen und sachlichen Ungenauigkeit zu Mißverständnissen führen.

---

439 Diese Vorschrift ist seit 1975 nicht mehr im StGB enthalten; seitdem gelten gemäß Art. 4 V EGStGB vorrangig landesrechtliche Vorschriften, vgl. dazu z.B. §§ 3, 70 LFoG NRW.

440 Arnknecht, S. 80; Jäger, S. 30.

441 AG Münster, StV 1982, 425; Schall, NStZ 1983, 241 (243).

442 Vgl. statt vieler Schönke-Schröder (17.), § 368 Rdnr. 38; ferner OLG Bremen, VRS 33, 124 f.

443 Bay OblG VRS 41, 42 (43).

Durch den Wortlaut des § 368 Nr. 9 a.F. StGB war ausdrücklich klargestellt, daß bloße Verbotstafeln keine Einfriedung begründeten, da ansonsten die alternative Gesetzesfassung - "oder deren Betreten durch Warnzeichen untersagt ist" - überflüssig gewesen wäre; Hinweisschilder begründeten keine Einfriedung.
Andererseits war - wie an späterer Stelle gezeigt werden wird[444] - auch unter der Geltung des § 368 Nr. 9 a.F. StGB anerkannt, daß die Begriffe "Einfriedung" und "Befriedung" nicht isoliert nebeneinander stehen, sondern sich inhaltlich überschneiden: Besonders intensive Einfriedungen konnten auch die Voraussetzungen einer "Befriedung" erfüllen.
Unter Geltung des § 368 Nr. StGB bedingte daher das Vorliegen eines befriedeten Besitztums im Sinne des § 123 StGB per se die Bejahung einer für den Feldfriedensbruch hinreichenden Einfriedung, was - sofern die umgrenzten Räume Äcker, Wiesen, Weiden oder Schonungen darstellten - zu interessanten Konkurrenzfragen zwischen dem Hausfriedens - und dem Feldfriedensbruchtatbestand führte[445].

Die "Einfriedung" ist ein Oberbegriff, der geringere Mindestvoraussetzungen aufweist, zugleich aber die Fälle einer hinreichenden Befriedung komplett mitumfaßt; sie wird rein tatsächlich regelmäßig - aber keinesfalls zwingend - ein qualitatives Minus gegenüber einer "Befriedung" darstellen.

§ 368 a.F. StGB unterschied drei Gruppen von Tatobjekten, denen der Schutz dieses Übertretungstatbestandes in verschiedener Intensität zuteil wurde.

ea) Während Gärten und Weinberge stets ein taugliches Tatobjekt darstellten, galt dies für bestellte Wiesen und Äcker nur in der Zeit von der Aussaat bis zur - abgeschlossenen - Ernte. Unabhängig von ihrer äußeren Umgrenzung wurden diese Grundstücke geschützt, da durch ein Betreten Schäden an den auf dem Grundstück - immer oder nur zu bestimmten Zeiten - vorhandenen Früchten angerichtet werden konnte; bezüglich dieser Tatobjekte ergab sich eine - insbesondere aufgrund der unterschiedlichen Strafrahmen interessante - Konkurrenz zu § 123 StGB in den Fällen, in denen die Tatobjekte - was § 368 Nr. 9 a.F. StGB in dieser Tatbestandsvariante nicht voraussetzte - zusätzlich mit einer physisch wirkenden Befriedung versehen waren; insoweit war in Rechtsprechung und Literatur anerkannt, daß bei den Gärten und Weinbergen in einem solchen Fall die Regelung des § 368 Nr. 9 a.F. StGB hinter § 123 StGB zurücktrat[446]: das Betreten eines nicht einge-

---

[444] S.u. S. 126.
[445] Zu den daraus resultierenden und anderen Konkurrenzfragen s.u. S. 127.
[446] RG St 36, 395 (398 f); Maurach, StR BT (5.), S. 181.

zäunten Gartens war "nur" nach der milderen Vorschrift des § 368 a.F. StGB, das Eindringen in einen umzäunten Garten hingegen nach § 123 StGB strafbewehrt[447].

Die Erklärung für eine derartige Spezialität der Hausfriedensbruchregelung lag offensichtlich darin, daß diese Tatobjekte des § 368 Nr. 9 a.F. StGB keinerlei physische Absperrung, sondern nur das Erkennen der Örtlichkeit als Garten p.p.[448] verlangten und die Hemmschwelle des Täters zum Betreten der Örtlichkeiten also bedeutend geringer lag für "Friedensbrüche, zu denen die Gelegenheit leichter verführt"[449]. Die mildere Strafdrohung des § 368 a.F. StGB erschien angemessen. Sofern jedoch eine physisch wirkende Ausschließung überwunden werden mußte, griff als Spezialregelung § 123 StGB und dessen höhere Strafdrohung ein. Insoweit bestand auch unter Geltung des Feldfriedensbruches bezüglich dieser Tatobjekte kein systematischer Widerspruch zu einer rein formalen Auslegung des befriedeten Besitztums, da in den Fällen einer hinreichenden Besitzdokumentation auf das "Eindringen in ein befriedetes Besitztum" (§ 123 StGB) zurückgegriffen wurde und darüber hinaus § 368 Ziff. 9 a.F. StGB auch das Betreten nicht eingefriedeter - und daher von § 123 StGB zweifellos nicht erfaßter - Grundstücke unter Strafe stellte.

eb) Problematischer erscheint hingegen das Verhältnis der dritten Gruppe von Tatobjekten des § 368 Nr. 9 a.F. StGB zu der formalen Auslegung des befriedeten Besitztums; denn Äcker, Wiesen, Weiden und Schonungen waren, sofern sie entweder eingefriedet waren oder ein Betreten durch Warnungszeichen untersagt war, dem Schutz des § 368 a.F. StGB unterstellt. Neben der von § 123 StGB nicht erfaßten, rein psychischen Manifestation eines Ausschließungswillen durch das Aufstellen von Verbotstafeln setzten diese Tatobjekte eine Einfriedung voraus, die - möglicherweise - ebenso physisch wirkte wie die Befriedung eines Besitztums in § 123 StGB. In einem solchen Fall stellte sich erneut die Frage nach dem Verhältnis zwischen dem Haus- und dem Feldfriedensbruch, die jedoch hier - genau entgegengesetzt zu der gerade erörterten Lösung bei Gärten und Weinbergen - gelöst wurde:

§ 123 StGB sollte bei den Tatobjekten der dritten Gruppe von der milderen Strafdrohung des § 368 Nr. 9 a.F. StGB selbst dann verdrängt werden, wenn die Tatobjekte des § 368 Nr. 9 a.F. StGB befriedet waren[450]. Dieser Vorrang des Übertre-

---

447 Zur dritten Gruppe s.u. eb).

448 Für § 368 Nr. 9 StGB war Vorsatz erforderlich, vgl. Sch-Sch (17.) Rdnr. 42.

449 So RG St 36, 395 (399).

450 RG St 36, 395 (398); LK-Schäfer, § 123 Rdnr. 17; Olshausen, § 123 Rdnr. 5; Bernsmann, Jura 1981, 472; Schall, NStZ 1983, 241 (243); a.A.: AG Münster, StV 1982, 425.

tungstatbestandes vor dem Vergehen gemäß § 123 StGB gilt inzwischen aufgrund der gesetzlichen Regelung des Art. 4 V EGStGB auch im Verhältnis des Hausfriedensbruchs zu den landesrechtlichen Ordnungswidrigkeiten, die zum Schutz von Feld und Forst erlassen worden sind.

Einerseits beweist bereits der Gesetzestext, daß der Feldfriedensbruch auch bei einer rein formalen Auslegung des befriedeten Besitztums nicht in jedem Fall von der Regelung des § 123 StGB erfaßt war: während die ersten beiden Gruppen von Tatobjekten überhaupt keiner Schutzwehren bedurften, reichte für die letzte Gruppe grundsätzlich eine nur psychisch wirkende Verbotstafel aus. Unzutreffend ist daher die Annahme, daß die Auslegung des befriedeten Besitztums durch die h.M. die Vorschrift des § 368 Nr. 9 a.F. StGB überflüssig werden ließ, da eine tatbestandliche Kongruenz nur dann vorliegen konnte, wenn die Äcker, Wiesen ... eingefriedet waren und - zusätzlich - diese Einfriedung einer Befriedung im Sinne des § 123 StGB entsprach.

Andererseits konnte bei eingefriedeten Äckern, Wiesen, Weiden oder Schonungen möglicherweise eine sachwidrige und unbefriedigende Lösung dadurch entstehen, daß das Betreten von Grundstücken, die aufgrund ihrer - für die Einordnung als Acker ... relevanten[451] - intendierten Nutzung sinnvoll genutzt werden sollten, selbst dann nur als Übertretung strafbar war, wenn sie mit einer für § 123 StGB hinreichenden Befriedung versehen waren. Die Privilegierung des § 368 a.F. StGB sperrte insoweit einen Rückgriff auf den ebenfalls verwirklichten Hausfriedensbruchtatbestand; das Betreten einer ausreichend befriedeten "Ödfläche"[452] hingegen war nicht von der speziellen Regelung des § 368 Nr. 9 a.F. StGB erfaßt und hätte daher ein Vergehen gemäß § 123 StGB dargestellt. Ausgehend von diesem Konkurrenzverhältnis und der Prämisse, daß im konkreten Fall die Einfriedung im Sinne des § 368 Nr. 9 a.F. StGB die Voraussetzungen einer Befriedung im Sinne des § 123 StGB erfüllt, führt das *AG Münster* folgerichtig aus[453]:

> "Ging jemand unbefugt über ein Stück eingefriedetes Brachland, konnte er wegen Übertretung des § 368 Nr. 9 nicht bestraft werden, dessen Tatbestand nicht erfüllt war, da ein Stück Brachland weder als Acker noch als Wiese oder Weide, noch als Schonung angesehen werden kann. Das Brachland ist demgegenüber etwas weniger Schutzwürdiges. Gleichwohl wäre der Täter in diesem Falle, wenn befriedetes Besitztum mit eingefriedetem Grundstück hinrei-

---

451 RG St 36, 395 (396).
452 Schall, NStZ 1983, 241 (243).
453 AG Münster, StV 1982, 425.

chend definiert wäre, wegen Vergehens gegen § 123 zu bestrafen. Dieses Ergebnis wäre absurd. Definitionen mit solchen Folgen können in der Jurisprudenz aber nicht richtig sein und sind auch für das Strafrecht möglichst zu vermeiden.
Im Verhältnis des § 123 und des § 368 Nr. 9 ist es systematisch allein sinnvoll, von einer Alternativität dieser Normen auszugehen, wobei die Vergehensnorm des § 123 einen Bereich abdeckt, der - ohne Überschneidung - oberhalb der Grenze dessen liegt, was nach der Übertretungsnorm des § 368 Nr. 9 strafbar war. Taten, die unterhalb des Bereiches des § 368 Nr. 9 liegen, wären danach straflos, etwa das unbefugte Betreten eingefriedeten Brachlandes."

ec) Obwohl die Argumentation des *AG Münster* in sich schlüssig ist, stellt sich die Frage, ob allein diese systematische Überlegung eine restriktive Auslegung des befriedeten Besitztums in § 123 StGB rechtfertigen kann.

So wird man zugeben müssen, daß das Betreten eines eingezäunten oder von einer Mauer umgebenen Ödlandes - oder eines leerstehenden Hauses - nicht denselben Unrechtsgehalt wie das Eindringen in eine bewohnte Wohnung aufweist und daher die überwiegend vorgenommene Einordnung derartiger Verhaltensweisen unter § 123 StGB und dessen - im Gegensatz zu § 368 a.F. StGB - höherer Strafdrohung im Hinblick auf die geringe Strafwürdigkeit eines derartigen Verhaltens zumindest in Frage gestellt werden kann[454]. Auch kann der Argumentation des *AG Münster* nicht vorgeworfen werden, daß sie eine Umdeutung des befriedeten Besitztums "in ein mit Frieden versehenes, tatsächlich genutztes Grundstück" vornimmt[455], die ausschließlich dem Gesetzgeber vorbehalten ist. Ein derartiger Vorhalt setzt sich über die vom Wortlaut her möglichen, unterschiedlichen Bedeutungen des befriedeten Besitztums hinweg[456] und unterliegt letztendlich einem Zirkelschluß, indem er das, was zu beweisen ist - die Auslegung des befriedeten Besitztums als formal gesichertes Grundstück - als Prämisse der eigenen Überlegungen vorausschickt und alle anderen Deutungen - da contra legem - ablehnt.

Bedenken gegen die bezweckte, systematische Einschränkung des befriedeten Besitztums ergeben sich jedoch aus der vom *AG Münster* stillschweigend vollzogenen Gleichstellung von den Tatobjekten des § 368 Nr. 9 a.F. StGB, die "mit einer

---

454 Zutr. Schall, NStZ 1983, 241 (243); Seier, JA 1982, 232 (235).
455 Schall, aaO., 243.
456 S.o. S. 110.

Einfriedung versehen sind" und den "befriedeten Besitztümern" in § 123 StGB. Rein tatsächlich wird in den seltensten Fällen ein Acker, eine Wiese oder eine Weide von derartigen Schutzwehren umgeben sein, die einen Garten oder einen Lagerplatz umgeben und seine Befriedetheit begründen: während Äcker regelmäßig überhaupt keine Schutzwehren aufweisen, sondern lediglich durch eine Ackerfurche abgegrenzt sind, werden Wiesen und Weiden üblicherweise durch sogenannte Weidezäune begrenzt, die sich nicht gegen ein Betreten von außen richten, sondern vorrangig ein Ausbrechen des Viehs verhindern sollen und deren Einordnung als Befriedung im Sinne des § 123 StGB daher fraglich ist. Zutreffend werden solche Abgrenzungen, die nur ein Ausbrechen verhindern sollen und sich nicht gegen ein Betreten von außen richten, aus dem Merkmal des befriedeten Besitztums nämlich ausgenommen[457]. Lediglich bei den Schonungen, die der Aufforstung dienen und insbesondere vor dem Wild geschützt werden sollen, dürften die tatsächlich vorhandenen Einfriedungen einer Befriedung entsprechen und daher die Privilegierung des § 368 Ziff. 9 a.F. StGB eingreifen.

Das *AG Münster* konstruiere - so könnte prima facie eingewendet werden - letztendlich einen tatsächlich unwahrscheinlichen "Schulfall": niemand werde ein ihm gehörendes Brachland durch kostspielige Zäune oder gar eine Mauer sichern, um so ein Betreten durch Dritte als Hausfriedensbruch gemäß § 123 StGB bestraft zu sehen, wenn er - nach alter Gesetzeslage - strafrechtlichen Schutz durch eine Handvoll Grassamen, die das Brachland zu einer Wiese machen, und ein zusätzliches Hinweisschild auch über § 368 Nr. 9 a.F. StGB erreichen könnte.

Eine derartige Behauptung würde jedoch - sollte allein daraus zwingend die Unschlüssigkeit der Argumentation des *AG Münster* abgeleitet werden - die Regeln der Dreifelder- und Vierfruchtwirtschaft verkennen.

Bei der Dreifelderwirtschaft als ursprünglich verbreitetestem Fruchtfolgesystem Mitteleuropas wurden vor dem 18. Jahrhundert die Felder eines Bauern in drei Teile (oder einem Mehrfachen davon) untergliedert; entsprechend den Regeln der alten Dreifelderwirtschaft wurde ein Feld mit Sommergetreide, ein weiteres mit Wintergetreide bebaut, während das dritte brachlag.
Dieses Feld wurde während der Brachzeit - gemeinsam mit den angrenzenden brachliegenden Feldern anderer Bauern[458] - als Weideland genutzt und zu diesem Zweck mit - in aller Regel allerdings beweglichen[459] - Zäunen umfriedet[460].

---

457 Otto, Grundkurs, S. 132; Bernsmann, Jura 1981, 472.

458 Bei einer Gemengelage herrschte Flurzwang, aufgrund dessen alle Bauern einer Zelge das Gleiche anbauen mußten. Derartige Flurzwänge waren in den Flurverfassungen und Weiderechtsverordnungen geregelt.

Im Rahmen einer verbesserten Dreifelderwirtschaft wurden später diese Brachzelgen zur Versorgung des zwischenzeitlich eingestallten Viehs durch eine Kultivierung mit Kartoffeln, Rüben, Klee und Luzernen bewirtschaftet und zu diesem Zwecke mit Zäunen umfriedet.

Eine (ungebundene) Dreifelderwirtschaft ohne Flurzwang wird teilweise noch heute in Getreidegebieten fortgeführt.

Bei der Vierfruchtwirtschaft soll ein Feld im regelmäßigen Abstand von vier Jahren brachliegen. Sofern ein solches Feld eingezäunt ist, wird niemand einen vorhandenen Zaun während der Phase, in der das Gelände brachliegt, abreißen.

Brachliegende und zugleich umzäunte Felder, die das *AG Münster* seiner Argumentation zugrundelegt, erscheinen daher vor dem Hintergrund dieser Bewirtschaftungsmethoden sowohl bei einer Dreifelder- als auch bei einer Vierfruchtwirtschaft durchaus denkbar.

Üblicherweise waren und brauchten allerdings die in § 368 Nr. 9 a.F. StGB genannten Örtlichkeiten nicht durch eine physisch wirkende Befriedung im Sinne des § 123 StGB abgegrenzt zu sein, sondern es reichte - im Gegensatz zu § 123 StGB - die Errichtung einer psychisch wirkenden Schranke, das Aufstellen eines Verbotsschildes, das den Ausschließungswillen des Berechtigten für einen Feldfriedensbruch in hinreichendem Maße dokumentierte. Insoweit wird man davon ausgehen müssen, daß regelmäßig die "Einfriedung" im Sinne des § 368 Nr. 9 a.F. StGB ein qualitatives Minus zu einer "Befriedung" im Sinne des Hausfriedensbruchtatbestandes darstellte und daher allein aufgrund des erörterten Extremfalles eine systematische Reduktion des befriedeten Besitztums auf ein tatsächlich genutztes oder mit einem Hausfrieden versehenes Grundstück nicht geboten erscheint. Die sich für den Beispielsfall aus dem Konkurrenzverhältnis ergebende Lösung erscheint sachwidrig und unbefriedigend[461], da das Betreten eines befriedeten Ackers nur eine Übertretung, hingegen das Eindringen in ein mit einer Mauer versehenes Brachland als Hausfriedensbruch eine Straftat darstellte.

Zunächst kann die vom *AG Münster* angestellte Einzelfallanalyse insbesondere dann nicht zu einer systematischen Auslegungskorrektur zwingen, wenn die historische und teleologische Interpretation gegen eine derartige Reduktion des befriedeten Besitztums spricht und der geringere Unwertgehalt auch im Rahmen des

---

459 Vgl. dazu Lexikon 2000, Band 4, "Dreifelderwirtschaft".

460 Insoweit bildeten sich eine Brach-, eine Sommergetreide- und eine Wintergetreidezelge.

461 AG Münster, StV 1982, 425; Schall, NStZ 1983, 241 (243).

Vergehens nach § 123 StGB auf der Rechtsfolgenseite berücksichtigt werden kann und muß.

Meines Erachtens muß aber hier - wie bei den Gärten und Weinbergen - die bei dem Täter vorhandene Hemmschwelle in der strafrechtlichen Einordnung berücksichtigt werden: Sofern ein brachliegendes Land oder ein Acker umzäunt oder von einer Mauer umgeben ist, ist die physisch vorhandene und vom Täter überwundene Aussperrung entscheidendes Indiz für die gesteigerte Strafwürdigkeit und rechtfertigt daher die Anwendung des § 123 StGB.

Wenn die so gebotene Anwendbarkeit des § 123 StGB bei befriedeten Schonungen, Weiden, Äckern und Wiesen allein durch das herrschend propagierte Konkurrenzverhältnis versperrt wurde, deutet sich damit das entscheidende Argument zur Lösung dieses Wertungswiderspruchs an: Im Hinblick auf das von Rechtsprechung und Literatur nicht erörterte Beispiel des *AG Münster* hätte das Konkurrenzverhältnis der §§ 123, 368 a.F. StGB neu überdacht und im Sinne einer Spezialität des § 123 StGB bei ausnahmsweise befriedeten Äckern ... gelöst werden müssen[462]. Insoweit zeigt die Konstruktion des *AG Münster* zwar einen Wertungswiderspruch auf, jedoch hätte dieser Widerspruch durch eine Änderung des Konkurrenzverhältnisses gelöst werden müssen; sie beweist daher nicht zwingend die systematische Widersprüchlichkeit einer Definition des befriedeten Besitztums als ein mit Schutzwehren gesichertes Grundstück.

f) Ergebnis

Vielmehr ist - unabhängig von der inhaltlich getroffenen Konkurrenzlösung - gerade aus der Existenz der Vorschrift des Art. 4 V EGStGB ein Rückschluß auf die Richtigkeit einer formalen Auslegung des befriedeten Besitztums in § 123 StGB zu ziehen: wenn der Gesetzgeber eine Konkurrenz zwischen dem Hausfriedensbruch und den Vorschriften des Landesrechts zum Schutze von Feld und Forst überhaupt für möglich hielt und diese lösen wollte, so ist eine derartige Konkurrenz ausschließlich mit dem befriedeten Besitztum denkbar, da alle anderen Tatobjekte des § 123 StGB sich offensichtlich nicht mit derartigen landesrechtlichen Regelungen überschneiden können. Die Entscheidung für eine positiv-rechtliche Verankerung

---

462 Insoweit würde sich hier dieselbe Lösung wie bei den Gärten und Weinbergen geradezu aufdrängen, so daß bei ummauerten Äckern § 123 StGB als lex specialis vorgehen müßte; anders freilich die geltende Regelung des Art. 4 V EGStGB, die eine Konkurrenz zwischen dem Hausfriedensbruch und den Vorschriften zum Schutze von Wald und Forst im Sinne einer Spezialität der landesrechtlichen Vorschriften regelt.

eines Konkurrenzverhältnisses beweist daher, daß zumindest der Gesetzgeber des EGStGB von einer rein formalen Umschreibung des befriedeten Besitztums ausging, da nur unter dieser Prämisse überhaupt die Notwendigkeit einer Konkurrenzlösung besteht[463].

Zwar kann man dieser Überlegung entgegenhalten, daß der Gesetzgeber 1974 - ebenso wie die h.M. - einer Fehlvorstellung unterlag, und daher die Regelung des Art. 4 V EGStGB an sich überflüssig wäre; insoweit ermöglicht Art. 4 EGStGB sicherlich keine Rückschlüsse auf die - nur bedingt aussagekräftigen - Intentionen des historischen Gesetzgebers, er dürfte jedoch zumindest als systematisches Indiz der Richtigkeit einer formalen Auslegung anzusehen sein.

3.) Historische Auslegung

Die Entstehungsgeschichte des befriedeten Besitztums ist - wie bereits gezeigt wurde[464] - anders als die daraus zu ziehenden Schlußfolgerungen für die heutige Auslegung dieses Tatbestandsmerkmals nahezu unbestritten:

a) Haus und Hof

Zwar hatte das Reichsgericht zunächst das befriedete Besitztum auf die einem der anderen Tatobjekte räumlich-funktional zugeordneten Annexgrundstücke beschränkt[465]; das befriedete Besitztum wurde als die räumliche Vorverlagerung des Schutzes auf die einer Wohnung zuzuordnenden Bezirke verstanden[466]. "Wohnung und befriedetes Besitztum" sollten insoweit die Umschreibung des Wohnbezirkes von "Haus und Hof" in einer ländlichen Agrargesellschaft auf städtische Verhältnisse projezieren[467].

b) RG St 36, 395

Dieser Auslegung, die dem - dann allerdings ausdrücklichen - Tatbestand der meisten Partikulargesetzbücher des 19. Jahrhunderts entsprach, da diese den Schutzbereich auf die zu einer Wohnung gehörenden Bezirke beschränkten[468], erteilte jedoch dann das Reichsgericht selbst aufgrund einer überzeugenden histo-

463 OLG Köln, NJW 1982, 2674 (2675); vgl. auch Amelung, NJW 1986, 2075 (2076).
464 S.o. S. 66 ff.
465 RG Rspr. 1, 547; 3, 143; Oppenhoff, § 123 Fn. 4; Jäger, S. 30.
466 AG Stuttgart, StV 1982, 75 (77).
467 Armknecht, S. 80 Fn. 261; Holtzendorf, Bd. 3, S. 154.
468 S.o. S. 69 f.

rischen Auslegung eine eindeutige Absage[469]. Ausgehend von den in den Partikulargesetzbüchern vorzufindenden zwei Gruppen von historischen Vorbildern, die entweder nur Annexgrundstücke oder jedes befriedete Besitztum unter Schutz stellen, führte das Reichsgericht im Jahre 1903 aus[470]:

"In der Tat verdient die Meinung, daß ein befriedetes Besitztum im Sinne des § 123 St.G.B's überall da vorhanden sei, wo der Eigentümer oder berechtigte Inhaber ein in unbeweglichem Gut bestehendes Besitztum befriedet, d.h. in äußerlich erkennbarer Weise mittels zusammenhängender Schutzwehren gegen das beliebige Betreten durch andere gesichert hat, und daß ein räumlicher oder wirtschaftlicher Zusammenhang mit einem Gebäude nicht erforderlich sei, den Vorzug. Der § 123 St.G.B.'s ist den Bestimmungen der §§ 214, 346 Nr. 1 des früheren preußischen Strafgesetzbuches nachgebildet, und diese wiederum sind in bewußter Abweichung von den bis dahin geltend gewesenen Bestimmungen der §§ 531, 532 preuß. A.L.R.'s II. 20 erlassen worden. In § 531 A.L.R.'s II. 20 war dem eigentlichen Hausfriedensbruch der Fall gleichgestellt, 'wenn dergleichen Handlungen ... innerhalb der Grenze eines mit Mauern, Planken oder Zäunen umgebenen Platzes vorgefallen sind', und im § 532 war derselbe Schutz sogar dem freien Felde gewährt, 'soweit der Eigentümer durch Anbau oder besondere Merkmale andere davon ausgeschlossen hat'. Dem gegenüber bemerkten die Motive zum preußischen Strafgesetzbuche (Goltdammer, Materialien Tl. II. S. 455) hinsichtlich des "befriedigten Besitztums":

'Es ist in Frage gekommen, ob die §§ 531 und 532 Tit. 20 in ihrer weiteren Ausdehnung des Begriffes oder in einer Beschränkung aufzunehmen seien. Man hat zuvörderst sowohl in der Gesetzrevisionskommission als im vereinigten ständischen Ausschusse verneint, daß das Hausrecht auf alle nicht umschlossene, wenn auch durch besondere Merkmale, wie Warnungstafeln u. dgl., dem Betreten Dritter verweigerten Räume auszudehnen sei. Denn die besonderen Feldpolizeiordnungen gewährten in dieser Hinsicht genügenden Schutz. Diesen Schutz gewährt denn auch die ... jetzt im § 347 Nr. 10 St.G.B.'s aufgenommene Bestimmung. Dagegen ist man der Ansicht gewesen, daß das Hausrecht allerdings auf jedes 'befriedigte Besitztum', auch wenn es nicht zur mittelbaren, angrenzenden Umgebung der Wohnung oder des Hauses gehöre (§ 221 Nr. 4), auszudehnen sei.'

469 Andeutungsweise bereits RG St 11, 293 f, das aber - bewußt oder unbewußt - auf die Funktion des Besitztums abstellte; eindeutig dann aber RG St 36, 395 (397 f).

470 RG St 36, 395 (397 f).

Danach ist es klar, daß zwar die Vorschriften über den Hausfriedensbruch sich fortan nicht mehr, wie früher, auf jedes beliebige Besitztum, das Merkmale der verweigerten Erlaubnis zum Betreten aufwies, auch wenn es nicht umschlossen war, beziehen sollten, daß vielmehr fortan nur dem wirklich 'b e - f r i e d i g t e n' Besitztum der Schutz jener Bestimmungen zuteil werden sollte, andererseits erhellt aber auch, daß nunmehr jedem 'befriedigten Besitztum', auch wenn es nicht zu einer Wohnung oder zu einem Hause gehörte, die Bestimmungen über den Hausfriedensbruch zugute kommen sollten. In einer Anmerkung weisen die Motive auf die Gesetzgebungen Württembergs, Sachsens, Braunschweigs und Darmstadts hin, die außer der Wohnung noch den 'dazu', d.h. zur Wohnung gehörigen umschlossenen Bezirk schützten, und eben dieser Hinweis erklärt zur Genüge die Betonung der Motive, daß das Hausrecht nunmehr auf jedes befriedigte Besitztum, 'auch wenn es nicht zur unmittelbaren, angrenzenden Umgebung der Wohnung oder des Hauses gehöre', auszudehnen sei; keineswegs aber ist aus diesem Zusatze zu schließen, daß immerhin noch irgendwelche Zugehörigkeit zu einer Wohnung oder einem Hause, wenn auch nicht die 'unmittelbare, angrenzende Umgebung' als Erfordernis vorausgesetzt worden sei. Auch die Motive zum Reichsstrafgesetzbuch, in das die Tatbestandsmerkmale des Hausfriedensbruchs im wesentlichen gleichlautend mit denen des preußischen Strafgesetzbuchs aufgenommen sind, geben keinen Anhalt dafür, daß unter dem, was nunmehr 'befriedetes Besitztum' genannt wurde, etwas anderes verstanden werden sollte, als was im preußischen Gesetze als 'befriedigtes' gegolten hatte. 'Befriedetes' bedeutet ebenso wie 'befriedigtes' Besitztum ein solches, das mit einer Einhegung, Einfriedung versehen ist. Gerade deshalb, weil der Wille, jede Friedensstörung abzuwehren, kenntlich gemacht ist, schützt das Gesetz den Rechtsfrieden des Eigentümers; aber es straft nicht nur die Störung des H a u s f r i e d e n s, - wenngleich die Häufigkeit und Wichtigkeit gerade dieses Falles zur Wahl der Gesamtbezeichnung 'Hausfriedensbruch' geführt hat - sondern es verpönt gleicherweise die Verletzung des Rechtsfriedens in jeglicher Liegenschaft, die - sofern sie nicht schon zufolge ihres erkennbaren Zusammenhangs mit einer Wohnung oder einem Geschäftsraum als Teil dieser Räume den Schutz derselben mitgenießt - vom Besitzer erkennbar zu einer befriedeten gemacht ist."

Die insoweit eindeutige Entscheidung des historischen Gesetzgebers gegen eine Beschränkung des Schutzbereiches auf die Wohnung und den dazu gehörigen Bezirk und die mit der dezidierten Auseinandersetzung mit der Regelung der §§ 531, 532 PrALR verbundene Ablehnung einer Erstreckung des Hausfriedensbruchtatbestandes auf die in § 532 PrALR genannten Tatobjekte[471] rechtfertigen daher historisch die rein formalistische Auslegung dieses Tatbestandsmerkmals durch die h.M.. Das befriedete Besitztum steht entstehungsgeschichtlich als eigenständiges und gleichberechtigtes Tatobjekt neben den anderen und soll die Verletzung eines rein formalen Ausschließungsrechtes unter Strafe stellen[472].

c) Bedenken

Diese im Prinzip auch von den Anhängern der Hausfriedenslehre nicht bestrittene Entstehungsgeschichte - mag nun die Einbeziehung befriedeter Grundstücke verfehlt sein [473] oder nicht - und die insoweit weitestgehende Einigkeit darüber, daß die Regelung des § 531 PrALR als Ausgangspunkt der historischen Entwicklung des befriedeten Besitztums anzusehen ist, eröffnet zwei Aspekte, die gegen eine Subsumtion leerstehender Häuser und Wohnungen unter dieses Tatbestandsmerkmal sprechen könnten:

aa) Bestritten ist insoweit die Frage, ob die historische Regelung des § 531 PrALR, die in der Umschreibung der tauglichen Tatobjekte nahezu der herrschenden Definition des befriedeten Besitztums entspricht[474], nicht ihrerseits eine - möglicherweise auch noch heute erforderliche - Funktionsbestimmung durch den Berechtigen voraussetzte[475] und ob nicht gerade der Wortlaut dieser Regelung ausschloß, daß sich ein befriedetes Besitztum innerhalb eines Hauses befinden konnte[476].

(1) Für das Erfordernis einer - wie auch immer gearteten - Funktionsbestimmung ergibt jedoch die Regelung des PrALR keinerlei Anhaltspunkte: Die Auflistung einzelner Tatobjekte in unterschiedlichen Tatbeständen, durch die der Bereich der Gewähr einer privaten Häuslichkeit offensichtlich verlassen worden ist, spricht gegen das

---

471 Goltdammer Mat. II, S. 455 f.

472 OLG Köln, NJW 1982, 2674 (2675); OLG Hamm, NJW 1982, 1824; Olshausen, § 123 Rdnr. 4; Degenhart, JR 1984, 30; Engels, DuR 1983, 293 (299); Schall, NStZ 1983, 241 (243); Seier, JA 1982, 232 (234); Weber, 182 ff (199); vgl. auch Ostendorf, JuS 1981, 640 (641).

473 So Trabandt, S. 181, 209; Schall, S. 169; wohl auch Armknecht, S. 80; Bernsmann, Jura 1981, 472; Ostendorf, JuS 1981, 640 (643).

474 Zutr. AG Dortmund, 81 Cs 10 Js 333/81, S. 4; AG Bochum, StV 82, 605; AG Münster, 32 Cs 46 Js 134/80, S. 11.

475 So ein Teil der Funktionslehre; vgl. AG Münster, Teilabdruck bei Küchenhoff, KJ 1982, 162; ob hingegen auch RG St 11, 293 (294) das Funktionserfordernis aus dem PALR ableitete, ist aus der Entscheidung nicht ersichtlich.

476 So ein Teil der Exklusivitätstheorie; ebenso. aber auch AG Münster StV 1982, 605.

Erfordernis eines Hausfriedens im befriedeten Besitztum. Auch die rein objektive Fassung des § 531 PrALR, die ausschließlich auf die Existenz einer formalen Einfriedung abstellt, deutet vielmehr auf die Richtigkeit einer formalen Bestimmung des befriedeten Besitztums hin[477].

(2) Gewichtiger erscheint dagegen das Argument, das aus der Regelung des PALR die Schlußfolgerung zieht, daß sich befriedetes Besitztum und Wohnung exklusiv gegenüberständen[478] und dieses Ausschließungsverhältnis - dann allerdings stillschweigend - auf die heutige Auslegung der Tatbestandsmerkmale des § 123 StGB überträgt.

Ausgehend vom Wortlaut des § 531 PrALR, der eine Verletzung des Hausrechts auch dann unter Strafe stellte, wenn die in den §§ 525, 526 beschriebenen Verletzungshandlungen "z w a r n i c h t innerhalb eines Hauses"[479], jedoch innerhalb eines eingefriedeten Platzes vorgefallen waren, sollte diese gesetzliche Tatumschreibung als - quasi negatives - Tatbestandsmerkmal eine Subsumtion innerhalb eines Hauses befindlicher Räumlichkeiten unter den Begriff des befriedeten Besitztums hindern. Leerstehende Wohnungen, die keine Wohnung im strafrechtlichen Sinne darstellen[480], wären daher untaugliches Tatobjekt eines Hausfriedensbruches, da sich das "befriedete Besitztum nicht innerhalb eines Hauses befinden kann und somit als Auffangtatbestand für Räumlichkeiten, die ehemals Wohnungen waren, es nun aber nicht mehr sind, nicht in Betracht kommt"[481].

So wird man dieser Auffassung zugestehen müssen, daß bei erstem - isoliertem - Hinsehen der Wortlaut des § 531 PrALR einen derartigen Schluß durchaus nahelegt und daß zusätzlich die Benutzung des Begriffes "Platzes" für den intendierten Ausschluß innerhalb eines Hauses befindlicher Räumlichkeiten fruchtbar gemacht werden könnte.

Allerdings wird dabei offensichtlich der systematische Zusammenhang der §§ 525 ff PrALR verkannt. In den §§ 525 und 526 wurde der geschützte Bezirk einer Verletzung des Hausrechts auf den Lebensraum des Berechtigten beschränkt[482], d.h.

---

477 Die entgegengesetzte "Schlußfolgerung" des AG Münster aaO., das allerdings nur behauptete und nicht bewiesene Funktionserfordernis ist insoweit nicht nachvollziehbar; zutr. dagegen auch Schall, NStZ 1983, 241 (243) Fn. 25.

478 So im Ergebnis schon OLG Dresden v. 11.6.1875, Stenglein 5, 290; AG Dortmund, Teilabdruck bei Küchenhoff, KJ 1982, 163; hilfsweise auch AG Bochum, StV 1982, 605.

479 Hervorhebung durch den Verfasser.

480 S.o. S. 58.

481 AG Dortmund, aaO., Fn. 437.

482 Zutr. Trabandt, S. 143.

auf die "typischen" Fälle eines Hausfriedensbruchs. Da das PrALR Tatbestand und Sanktionsmöglichkeiten nicht innerhalb dieser Paragraphen regelte, enthalten die folgenden vier Vorschriften die privatrechtlichen Selbsthilfemöglichkeiten des Betroffenen (§§ 527, 528) und die nach der Intensität des Angriffs gestaffelten öffentlich-rechtlichen Strafdrohungen (§§ 529, 530). Die Regelung des § 531 soll dann inhaltlich wieder die Umschreibung des geschützten Bezirks aufgreifen und erweitert den Kreis der tauglichen Tatobjekte des § 525. Daß derartige Verletzungshandlungen "zwar nicht innerhalb eines Hauses" vorgefallen sind, dürfte daher nicht als negativ gefaßtes Tatbestandsmerkmal, sondern als gesetzestechnischer Anknüpfungspunkt für die erneute und zugleich erweiterte Beschreibung des Schutzbereiches der §§ 531 und 532 anzusehen sein. Die Benutzung des Begriffes "zwar" indiziert insoweit nur die Extension des Schutzbereiches, nicht aber auch die Exklusivität von Haus und befriedetem Besitztum.

Darüber hinaus würde die Ableitung einer derartigen Exklusivität von Haus und befriedetem Besitztum zu systematischen Friktionen innerhalb des PrALR führen, da dieses in § 532 noch weitergehend auch durch Ausschlußmerkmale markierte Felder unter Schutz stellte[483].

Wäre § 531 wirklich im Sinne der oben beschriebenen Exklusivität zu versehen, so wäre das Eindringen in eine leerstehende Wohnung straflos, dasselbe Eindringen in einen mit einem Schlagbaum versehenen Acker hingegen strafbewehrt gewesen. Ein Ergebnis, das mit der vom PrALR erfolgten Einbeziehung eines Eigentums- und Besitzschutzes im Rahmen einer Verletzung des Hausrechts[484] unvereinbar wäre.

bb) Der andere Einwand gegen die Richtigkeit der historischen Gleichstellung eines befriedeten mit einem eingefriedeten Grundstück resultiert aus den Gesetzgebungsverfahren zum Erlaß eines StGB für den Norddeutschen Bund und für das deutsche Reich. Während sowohl die Entwürfe eines StGB für die preußischen Staaten von 1843 und 1847 als auch die spätere Gesetzesfassung des Preußischen StGB von 1851 ein <u>befriedigtes</u> Besitztum als taugliches Tatobjekt deklarierten, wurde dieser Begriff 1870/71 durch den Terminus des <u>befriedeten</u> Besitztums ersetzt[485]. Diese Veränderung ließe die sich auf die historische Entwicklung berufende formalistische Auslegungsweise dann fragwürdig werden, wenn sie als

---

483 Ausschlußmerkmale waren gemäß § 64 I 22 Pr. ALR beispielsweise Schlagbäume, Kreuze p.p.: Es reichten insoweit psychische Aussperrungen.

484 Vgl. dazu Trabandt, S. 145.

485 S.o. S. 70 ff.

bewußte, inhaltliche Änderung des Sinngehalts durch den historischen Gesetzgeber anzusehen wäre.

Gegen eine derartige Verschiebung des Schutzbereiches von einem befriedigten = eingefriedeten zu einem befriedeten = mit einem Hausfrieden versehenen Grundstück spricht jedoch sowohl die semantische Bedeutung der Begriffe befrieden und befriedigen, die Ende des 19. Jahrhunderts synonym verwendet wurden[486], als auch das Fehlen von jeglichen Hinweisen auf eine im Gesetzgebungsverfahren intendierte inhaltliche Änderung des geschützten Bezirkes. Weder die Motive zu dem Entwurf eines Strafgesetzbuches für den Norddeutschen Bund[487], noch die "Transformation" dieser Regelungen durch das "Gesetz betreffend die Redaktion des StGB für den Norddeutschen Bund als StGB für das deutsche Reich"[488] erwähnen überhaupt die Abänderung des Gesetzeswortlautes. Die Abänderung hatte daher offensichtlich keinen sachlichen Hintergrund, sondern sollte als rein redaktionelle Anpassung an einen modernen, geänderten Sprachgebrauch keine inhaltliche Neufassung bewirken[489].

Die Entstehungsgeschichte des befriedeten Besitztums beweist daher die Richtigkeit einer rein formalen Bestimmung dieses Tatbestandsmerkmals; das befriedete Besitztum ist als Nachfolger des "mit Mauern, Planken oder Zäunen umgebenen Platzes" (§ 531 Pr. ALR) und des "befriedigten Besitztums" (§ 346 Preuß. StGB) historisch auf den Schutz einer formalen Eigentums- und/oder Besitzposition an Immobilien zugeschnitten, sofern eine hinreichend physisch wirkende Sicherung dieser Grundstücke vorliegt.

4.) Teleologische Auslegung

Die entstehungsgeschichtlich nicht nur naheliegende, sondern offensichtliche Einbeziehung eines formalisierten Grundbesitzschutzes durch die Aufnahme des befriedeten Besitztums in die Regelung des § 123 StGB könnte jedoch unter teleologischen Gesichtspunkten einer Einschränkung zugänglich sein. Der Wortlaut einer Norm stellt zwar die formal äußerliche Grenze einer noch möglichen Auslegung dar, er ist jedoch mit Hilfe der teleologischen Auslegung als einer der üblichen Auslegungsmöglichkeiten einer Restriktion zugänglich[490]: Die Deduktion sämtlicher Tatobjekte auf ihre objektive Sozialfunktion oder ihre subjektive Zweckbestimmung, die dann als eigenständiges Rechtsgut

---

486 Vgl. Olshausen, § 123 Rdnr. 5; Weber, S. 180 ff.
487 Ebenda, S. 88.
488 RG Bl 1871 Nr. 651, S. 127 f.
489 RG St 13, 312 (314); 36, 395 (398); Olshausen, § 123 Rdnr. 5.
490 Vgl. dazu: LK-Gribbohm, (11.), § 1 Rn. 84 f.

der Regelung des Hausfriedensbruchs zugrunde läge, könnte insoweit die teleologische Reduktion einer - in ihrer historischen Richtigkeit nicht zu bezweifelnden - rein formalen Betrachtungsweise dieses Tatbestandsmerkmals erfordern[491].

Die von *Schall* vorgenommene soziologische Ableitung der einzelnen Schutzgüter des § 123 StGB trägt - obwohl ein Teil der Autoren sich zu Unrecht auf *Schall* beruft - ein derartiges Ergebnis nicht. Da das befriedete Besitztum keine allen Erscheinungsformen zugrunde liegenden Sozialfunktionen aufweist, muß *Schall* dieses Tatbestandsmerkmal aus seiner Analyse auslassen und empfiehlt - de lege ferenda - eine Eliminierung aus der Regelung des § 123 StGB[492].

a) Erfordernis rauminterner Vorgänge

So wurde - ausgehend von einer vergleichenden Betrachtungsweise sämtlicher Tatobjekte des § 123 StGB und unter Berufung auf die bereits angeführte Entscheidung des Reichsgerichts in RG St 11, 293 f[493] - die Tatbestandslosigkeit demonstrativer Hausbesetzungen in zum Abbruch bestimmten Häusern dadurch zu begründen versucht, daß der Schutz des § 123 StGB auch beim befriedeten Besitztum zumindest teleologisch nicht als formaler Besitzschutz zu verstehen sei, sondern daß erst die sich in den Räumlichkeiten abspielenden Vorgänge die strafrechtliche Ahndung einer Störung von außen erfordern würden. Ebenso wie es bei der Wohnung um die Gewährleistung einer existenten Privatsphäre gehe[494], sei auch bei allen anderen Tatobjekten auf das Erfordernis eines rauminternen Vorganges abzustellen: In den Geschäftsräumen wäre der Schutz der produktiven Tätigkeit und in den "öffentlichen Räumen" die Gewährleistung eines reibungslosen Geschäftsbetriebes eigentliche Schutzfunktion des § 123 StGB[495]. Nicht den Räumlichkeiten als solchen, sondern ausschließlich den sich in ihnen abspielenden Vorgängen werde der strafrechtliche Schutz dieser Vorschrift zuteil[496]. Nichts

---

491 Von einer Behandlung der bekannten Streitfrage, ob eine teleologische Auslegung überhaupt zu einer Korrektur einer historisch eindeutigen Auslegung führen kann (verneinend die Vertreter der subjektiven Theorie, die an dem Willen des historischen Gesetzgebers festhalten; bejahend hingegen die Vertreter einer objektiven Theorie, die auf den objektiven Sinngehalt der Regelung zur Zeit der Anwendung abstellen und daher Mängel des Gesetzes überwinden können), wird im vorliegenden Fall abgesehen; zu den genannten Theorien vgl. Jescheck, S. 138 m.w.N.

492 Schall, S. 167 f; ders., NStZ 1983, 241 (244 f).

493 S.o. S. 104 ff; eine Entscheidung, die jedoch im Sinne des aus ihr teilweise abgeleiteten Funktionserfordernisses in der Rechtsprechung nicht wieder aufgegriffen worden ist.

494 S.o. S. 56.

495 In Anlehnung an Schall, S. 116 und 125, der jedoch diese Aussagen inzwischen wieder einschränkt; vgl. dazu Schall, NStZ 1983, 241 (243 f).

496 So wohl auch AG Bückeburg, NStZ 1982, 70 (71); AG Stuttgart, StV 1982, 75 (76 f).

anderes könne aber auch für das befriedete Besitztum gelten, so daß leerstehende Gebäude, in denen "nichts mehr passiert", bei teleologischer Betrachtungsweise aus dem Tatbestand des Hausfriedensbruches ausscheiden müssen[497].

Die Deduktion sämtlicher Tatobjekte auf den Schutz rauminterner Vorgänge vor einer Störung von außen erscheint auf den ersten Blick überzeugend; zweifelhaft wird diese Auffassung allerdings bei näherem Hinsehen. Zwar muß man ihr einerseits zugestehen, daß sie einen einheitlichen Schutzzweck für alle Tatobjekte zur Verfügung stellt und daß das Erfordernis eines tatsächlichen rauminternen Vorganges eine - nach überwiegender Auffassung erforderliche - deutliche Trennung des Hausfriedensbruches von den Vermögensdelikten auch beim befriedeten Besitztum ermöglicht, da nicht auf die Beeinträchtigung einer formalen Rechtsposition des Betroffenen abgestellt wird.

Andererseits darf jedoch nicht übersehen werden, daß diese Lehre - ebenso wie ein Teil der Rechtsguttheorien - nicht die tatbestandliche Beschränkung der Verletzungshandlungen auf die körperbezogene Anwesenheit des Täters (auch bei Abwesenheit der Berechtigten) erklären kann[498] und - sofern man sie in letzter Konsequenz anwendet und nicht nur als "Aufhänger" für die Straflosigkeit demonstrativer Hausbesetzungen ansieht[499] - zu unvertretbaren Ergebnissen führen muß: Sofern eigentliches Schutzobjekt die rauminternen Vorgänge wären, könnte eine vollendete Tatbestandsverwirklichung nur in der tatsächlichen Störung dieser Vorgänge gesehen werden. Diese Auffassung dürfte daher das rein körperliche Eindringen in eine der geschützten Räumlichkeiten nicht ausreichen lassen, sondern hinzukommen müßte stets die Beeinträchtigung der - je nach Tatobjekt unterschiedlichen - konkreten "wirtschaftlichen, ideellen oder persönlichen Nutzung"[500] durch den Eindringenden. Wer somit in während der Urlaubszeit leerstehende Wohnungen, in tagsüber nicht genutzte Gartenhäuser oder des Nachts in bewohnte Wohnungen eindringt, deren Inhaber jedoch schlafen, beginge keinen Hausfriedensbruch. Denn dieser Täter stört tatsächlich keine rauminternen Vorgänge, da solche entweder zur Zeit der Tat gar nicht stattfinden, oder - bei einem unbemerkten Eindringen - die Anwesenheit des Täters den Ablauf der rauminternen Vorgänge in keiner Weise verändert. Ebenso müßte derjenige straffrei ausgehen, der in einen menschenleeren Geschäftsraum nach Ladenschluß oder an einem Wochenende in ein Rathaus eindringt.

---

[497] S.o. S. 104 f.

[498] S.o. S. 80 ff..

[499] Ein Eindruck, dem man sich jedoch nur schwerlich erwehren kann, vgl. auch die zutr. Kritik von Schall, NStZ 1983, 241 (243 f).

[500] AG Münster 32 Cs 46 Js 134/80.

Das Erfordernis einer tatsächlichen Störung der rauminternen Betätigung würde insoweit das schlichte Tätigkeits- und Dauerdelikt Hausfriedensbruch in ein zweiaktiges Erfolgsdelikt umwandeln, da neben der reinen Ausführungshandlung auch noch ein im Tatbestand nicht einmal andeutungsweise vorausgesetzter Störungserfolg erforderlich wäre. Der Erfolgseintritt und damit die Strafbarkeit des Täters wegen eines vollendeten Delikts hinge nicht vom Verhalten des Täters, sondern dem zufälligen Opferverhalten während der Ausführungsphase ab und würde die aus rechtsstaatlichen Gründen erforderliche Vertypisierung und Formalisierung des gesetzlichen Tatbestandes und der Handlungsalternativen hinfällig machen.

Dies sind Schlußfolgerungen, die sowohl inhaltlich, als auch gegen Wortlaut -, systematische und historische Interpretation des § 123 StGB verstoßend, die Ablehnung dieser, auf den Schutz rauminterner Vorgänge abstellenden Auslegung unumgänglich machen[501].

b) Widmung

Ähnliche Überlegungen könnten letztendlich auch zu einer Ablehnung des Einwandes zu führen, der eine teleologische Reduktion des befriedeten Besitztums - und damit den Ausschluß von Abbruchhäusern aus diesem Tatbestandsmerkmal - wie folgt zu rechtfertigen sucht: Zwar könne nicht auf die die tatsächliche Störung der in den Räumlichkeiten stattfindenden Funktionen abgestellt werden, jedoch sei statt dessen auf die von dem Berechtigten getroffene Zweckbestimmung, auf die äußerlich wahrnehmbare Eignung und/oder die subjektive Widmung der Räumlichkeiten abzustellen. Zumindest in den Fällen, in denen keine Zweckbestimmung mehr vorläge, könnten leerstehende Häuser und Wohnungen nicht dem befriedeten Besitztum unterfallen[502].

ba) Unabhängig von der Frage, ob ein derartiger "Bestimmungszweck" überhaupt als strafrechtliches Rechtsgut angesehen werden kann, müßten nach dieser Auffassung alle Tatobjekte anhand einer derartigen Widmung bestimmt werden. Leerstehende Wohnungen würden zumindest dann unter das Tatbestandsmerkmal Wohnung fallen, wenn sie in verändertem Zustand weiterhin Wohnzwecken dienen

---

501 Zutr. Seier, JA 1982, 232 (235).

502 AG Dortmund v. 20.10.1981, 81 Cs 10 Js 333/81; AG Münster v. 22.12.1981, 32 Cs 46 Js 184/80; AG Mönchengladbach 4.2.1982, 12 Ls/8 Js 521/81, Teilabdrucke bei Küchenhoff, KJ 1982, 161 f; Engels, DuR 1982, 293 (298); Schön, NJW 1982, 1126 (1128); ders., NJW 1982, 2649.

sollen. Dies ist eine Überlegung, die - wie bereits gezeigt[503] - zumindest diskutabel erscheint, die jedoch aufgrund der vorhandenen, objektiv beweisbaren Umstände einer konkreten Benutzung als Wohnung Bedenken aus Gründen der Rechtssicherheit ausgesetzt ist. Denn die dann auftretenden Abgrenzungsschwierigkeiten sind evident: Soll eine instandzusetzende, zu renovierende oder zu modernisierende Wohnung "Wohnung" im strafrechtlichen Sinne bleiben oder werden die Räumlichkeiten - wenn beispielsweise geringfügige Grundrißänderungen erforderlich werden - trotz sicherlich fortbestehender Funktionsbestimmung und objektiver Eignung zu Wohnzwecken erst durch die Wiederherstellung der Bewohnbarkeit oder den Einzug der neuen Mieter zu Wohnungen im Sinne des § 123 StGB? Wie groß dürfen die Änderungen an der ursprünglichen Wohnung sein, so daß während der Umbauarbeiten die strafrechtliche Wohnungseigenschaft nicht verloren geht? Fragen, die sich beliebig erweitern ließen, und die die Unbestimmtheit und Unberechenbarkeit einer derartigen Abgrenzung selbst dann verdeutlichen, wenn allein auf die objektive Eignung, d.h. auf die wahrnehmbare Manifestation der Widmung, abgestellt wird.

Noch diffiziler und unberechenbarer wird aber diese Abgrenzung, wenn daneben[504] oder gar ausschließlich[505] auf die subjektive Zweckbestimmung abgestellt wird. Denn selbst in den Fällen, in denen sich die Aufgabe des konkreten Verwendungszweckes in der Außenwelt beweisbar manifestiert hat - sei es durch die Beauftragung eines Abbruchunternehmens oder die Beantragung einer Abbruchgenehmigung - würden dem betroffenen Eigentümer Manipulationsmöglichkeiten in beliebiger Breite eröffnet: Die gedankliche Änderung seiner Verwendungsabsichten könnte von dem - anwaltlich beratenen - Eigentümer stets vorgegeben werden, ohne daß sie in irgendeiner Weise verifizierbar wäre[506].

bb) Daneben erweist sich auch der Begriff einer "Funktionsbestimmung" als problematisch. Denn trotz der Vielzahl möglicher Erscheinungsformen eines Leerstandes wird wohl niemand bezweifeln, daß selbst der "spekulative Wohnraumvernichter" seine Wohnungen durch die geplante Luxusmodernisierung wirtschaftlich nutzen will.

Denn er versucht ja gerade durch die Beseitigung des preisgünstigen und für ihn wenig einträglichen Altbauwohnraumes sein Grundstück wirtschaftlich optimaler zu

---

503 S.o. S. 135 f.

504 So AG Mönchengladbach, aaO., das für den Beginn der Wohnungseigenschaft auf die objektive Bewohnbarkeit und für das Ende auf die subjektive Bestimmung des Eigentümers zum Abriß abstellt

505 Schön, NJW 1982, 2649.

506 Zutr. Seier, JA 1982, 232 (236).

nutzen, so daß die Existenz irgendeiner Nutzungsabsicht und damit einer Zweckbestimmung letztendlich nicht ernsthaft in Frage gestellt werden kann. Insoweit müßte eine derartige Auffassung - um den intendierten Ausschluß von Abbruchhäusern rechtfertigen zu können - zusätzlich auch noch die Werthaftigkeit der Nutzungsabsichten berücksichtigen[507]. Diese könnte dann wiederum allein durch eine Motivforschung bei dem Betroffenen herausgefunden werden und würde erneute Manipulationsmöglichkeiten eröffnen[508]. Sie wäre dann letztendlich (Grenz-) Kriterium der Strafbarkeit. Eine Methode, die nicht allein aufgrund ihrer offensichtlichen Unbestimmtheit und Willkürlichkeit mehr als nur bedenklich erscheint, sondern die in ihrem Bestreben nach der Tatbestandslosigkeit demonstrativer Hausbesetzungen in Abrißhäusern den aus Gründen der Rechtssicherheit vom Gesetzgeber formalisierten Schutz der Tatobjekte[509] im Rahmen einer teleologischen Auslegung unterläuft.

Weder das Erfordernis irgendwelcher (Sozial-)Funktionen des befriedeten Besitztums, noch die Deduktion sämtlicher Tatobjekte auf einen rauminternen Vorgang können daher eine teleologische Reduktion dieses Tatbestandsmerkmals rechtfertigen. Die gebotene, rein formale Bestimmung des befriedeten Besitztums führt zu einer Verlagerung des strafrechtlichen Schutzes des § 123 StGB von einer Privatsphäre - bei der Wohnung - zu einem rein formalen, dem Rechtsgut der Norm[510] entsprechenden Grundbesitzschutz. Das Rechtsgut "Hausrecht" verengt sich insoweit auf die formale Ausschlußposition des Berechtigten, dessen Rechtsposition sich durch eine notwendige - aber auch ausreichende - Einfriedung objektiv wahrnehmbar zu einem strafrechtlichen Schutzobjekt verfestigt hat[511].

Leerstehende Wohnungen und Häuser können daher grundsätzlich als befriedetes Besitztum dem Schutz des § 123 StGB unterfallen.

---

507 So dann auch AG Bochum, StV 1982, 605; ähnlich Küchenhoff, JuS 1982, 235.

508 Vgl. dazu OLG Hamm, NJW 1982, 1824 (1825); OLG Köln, NJW 1982, 2674 (2675); Schall, NStZ 1983, 241 (246).

509 OLG Köln, NJW 1982, 2674 (2675); Bernsmann, Jura 1981, 339; Seier, JA 1982, 232 (235) je m.w.N.

510 S.o. S. 90 ff.

511 Vgl. dazu Bernsmann, Jura 1981, 472; Schall, NStZ 1983, 241 (245); Weber, 242 ff (247); i.E. auch: AK-Ostendorf, § 123 Rn. 23.

III. Notwendigkeit und Ausmaß einer unzweifelhaften Besitzdokumentation

Das Erfordernis einer rein formalen Betrachtungsweise des befriedeten Besitztums beinhaltet jedoch selbst noch keine Aussage über die für eine hinreichende Befriedung ausreichende, aber auch erforderliche Qualität und Quantität der vorhandenen Schutzwehren.

Das Ergebnis der Untersuchung *Webers*, die leerstehende Gebäude grundsätzlich dem Tatobjekt des befriedeten Besitztums selbst dann zuschlägt, wenn Fenster und Türen demontiert sind und nur bei einem fortgeschrittenen Verfallsprozeß, der auch das Außenmauerwerk als Schutzvorrichtung in Mitleidenschaft gezogen hat, dieses Tatbestandsmerkmal verneint[512], bedarf nun einer kritischen Beleuchtung.
Während einige dieses Ergebnis mittragen[513], ist insbesondere die Rechtsprechung eher zurückhaltend und tendiert dazu, bei Fehlen von Türen und Fenstern eine Subsumtion unter § 123 StGB abzulehnen[514].

Zwei Fallgruppen sollen hier zunächst erörtert werden:

So erscheint es zum einen zumindest diskussionswürdig, warum das Fehlen der bestimmungsgemäßen Schutzvorrichtungen in den Öffnungen eines Baukörpers einer ausreichenden Einhegung nicht entgegensteht, während möglicherweise bei vorhandenen Schutzvorrichtungen und einer gleichgroßen Durchbrechung des Außenmauerwerks an einer nicht bestimmungsgemäßen Stelle das Gebäude wegen Lückenhaftigkeit seiner Schutzwehren aus dem tatbestandlichen Anwendungsbereich herausfällt.

Ebenso interessant ist aber die Überlegung, ob bei einem Gebäude, bei dem Fenster und Türen fehlen, ein zusätzliches fenster- oder türgroßes Loch im Außenmauerwerk die Grenzlinie zwischen strafloser Immobiliaranmaßung und strafbarem Hausfriedensbruch bildet, selbst wenn eine - fiktive - ebenso große oder gar größere Durchbrechung der Schutzwehren durch eine ursprüngliche Tür- oder Fensteröffnung für die Strafbarkeit unschädlich wäre.

Die immer wieder verwandte Definition des befriedeten Besitztums als ein in äußerlich erkennbarer Weise mittels zusammenhängender Schutzwehren gegen das beliebige

---

512 Weber, S. 242 f (247).

513 LG Bückeburg, NStZ 1982, 71; Geilen, JK § 123 I 1; Gössel, § 38 Rn. 18; Hagemann, NStZ 1982, 71; Krey, BT 1, Rn. 435; Sch-Sch-Lenckner, § 123 Rn. 6 a.E.

514 OLG Stuttgart, NStZ 1983, 242; wohl auch:OLG Köln, NJW 1982, 2674 (2676); i.E. auch: Wessels, § 13 I 2; Schall, NStZ 1983, 242; offenlassend: OLG Hamm, NJW 1982, 381.

Betreten durch Dritte gesichertes Grundstück[515] kann insbesondere deshalb für die Lösung eines konkreten Einzelfalles keine Anhaltspunkte liefern, da regelmäßig - in einem Nachsatz - darauf verwiesen wird, daß die zusammenhängenden Schutzwehren nicht lückenlos zu sein brauchen[516]. Die rechtliche Qualifikation einer Einfriedung als Befriedung i.S.d. § 123 StGB wird daher nicht als Rechts-, sondern als Tatsachenfrage anhand des zur Entscheidung stehenden Einzelfalls gelöst[517].

Rein juristisch besteht zunächst ein im Hinblick auf die historische Entwicklung, in der die Erstreckung des befriedeten Besitztums auf allein durch psychisch wirkende Absperrungen gesicherte Grundstücke ausdrücklich abgelehnt wurde[518], und die bis 1975 konkurrierend geltende Vorschrift über den sogenannten Feldfriedensbruch[519] nicht verwunderlicher Minimalkonsens dahingehend, daß rein psychische Besitzbarrieren - das Aufstellen von Warn- und Verbotsschildern - keine ausreichende Befriedung im Sinne des § 123 StGB darstellen; das gleiche gilt für nur fußhohe Drähtchen oder Hecken[520]. Kurzfristige Absperrungen durch Plastikketten oder "Flatterbänder", die ausschließlich dazu dienen, eine zeitlich beschränkte Befriedung herzustellen, reichen nicht aus[521]. Für das erforderliche Ausmaß der Besitzdokumentation tätigt daher die Nichtübernahme von Art. 532 des PrALR ihre Wirkung; diese Norm markiert hier - mittelbar - die Grenze zwischen strafloser und strafbarer Immobiliarbesitzstörung. Mit "Mauern, Planken und Zäunen" umgebene Plätze unterfallen dem Strafrechtsschutz, geringere Ausschlüsse stellen hingegen keine hinreichende Besitzsperre dar.

Diese Einigkeit setzt sich auch bei der Bestimmung der für ein befriedetes Besitztum jedenfalls ausreichenden "Obergrenze" fort: Im Hinblick auf die demonstrativen Hausbesetzungen erweisen sich die Fälle als unproblematisch, in denen die leerstehenden Häuser noch mit intakten Fenstern und Türen versehen sind oder der Eigentümer diese Bauwerksöffnungen vermauern oder verbrettern ließ; insoweit ist anerkannt, daß eine technisch sicher funktionierende Ausschließung, die den umschlossenen Grundstücksteil sogar zu einem "umschlossenen Raum" im Sinne des § 243 I Ziff. 1 StGB werden ließe, jedenfalls eine hinreichende Befriedung i.S.d. § 123 StGB darstellt[522].

---

515 Vgl. nur OLG Hamm, NJW 1982, 1824 m.w.N.

516 Statt vieler: LK-Schäfer, § 123 Rdnr. 15; SK-Rudolphi, § 123 Rdnr. 36.

517 So schon RG Rspr. 10, 638 (640); in dieser Entscheidung wurde die seitdem übliche Definition des befriedeten Besitztums kreiert.

518 S.o. S. 66 ff.

519 S.o. S. 120.

520 Statt vieler: LK-Schäfer, § 123 Rdnr. 15; Amelung, NJW 1986, 2075 (2078).

521 Vgl. OLG Celle, MDR 1976, 421; LG Lübeck, StV 1989, 157 f (verneinend für eine Plastikkette vor dem Werkstor eines Atomkraftwerkes).

522 OLG Köln, Neu. Pol. A, § 123 Bl. 18 S. 2; LG Köln v. 12.6.78-41-56/78; AG Bückeburg, NStZ 1982, 71; Braun-Schmidt, DP 1983, 206 (210).

Zwar braucht eine Befriedung - anders als die Umschließung i.S.d. § 243 StGB - nicht begriffsnotwendig selbst den Ausschluß Unbefugter zu bewirken, sondern sie muß lediglich den Ausschließungswillen des Berechtigten in hinreichendem Maße dokumentieren; die Befriedung stellt somit grundsätzlich ein qualitatives Minus zu einer Umschließung dar[523]. Sofern jedoch Grundstücksteile sogar umschlossen im o.g. Sinne sind, liegt eine für das befriedete Besitztum hinreichende Befriedung erst recht vor.

Keineswegs einheitlich wird dagegen aber die Frage beantwortet, ob eine hinreichende Befriedung auch dann noch gegeben ist, wenn an den Häusern nicht bereits die Fenster- und Türöffnungen vermauert sind oder gar ein Bauzaun um das Grundstück errichtet worden ist, sondern die Grundstücksteile dadurch "frei zugänglich"[524] geworden sind, daß entweder der Berechtigte die Fenster und Türen demontieren ließ oder unbekannte Dritte diese zerstört haben. In diesen Fällen könnte es - aufgrund der vorhandenen Lücken in der Schutzwehr - an einer eindeutigen Besitzdokumentation des Eigentümers fehlen und somit eine hinreichende Befriedung nicht (mehr) vorhanden sein. Entscheidend kann insoweit keinesfalls der Erhaltungszustand des leerstehenden Hauses insgesamt sein, da es beim befriedeten Besitztum nicht um den Schutz der Bausubstanz insgesamt, sondern ausschließlich um den Schutz des innerhalb der Umfassungsmauern liegenden Grundstücksteile geht, sofern diese in hinreichendem Maße befriedet sind[525]. Die Befriedung muß daher davon abhängig sein, "ob sich die formale Abwehrposition ... in den objektiven Verhältnissen so dokumentiert, daß die Umgrenzung trotz ... Unterbrechungen insgesamt den Charakter einer einheitlichen Sperrvorrichtung ... noch nicht verloren hat"[526].

Den Überlegungen *Schalls* zufolge soll eine derartige objektive Dokumentation des Ausschließungswillens von der Existenz der für das jeweilige Besitztum typischen Schutzvorrichtungen abhängig sein[527]; sofern diese nicht nur offen ständen - und so durch ihre Existenz eine zwar nicht physisch wirkende, aber doch objektiv wahrnehmbare Hemmschwelle dokumentieren -, sondern gänzlich fehlen, müßte dann das Vorliegen einer hinreichenden Befriedung verneint werden[528]. Diese Unterscheidung zwischen vorhandenen und fehlenden Türen ... trifft *Schall* allerdings selbst nicht; insoweit ist seine

---

523 RG St 54, 42 (44); OLG Hamm, NJW 1982, 2676 (2677); LK-Schäfer, § 123 Rdnr. 15; Olshausen, § 123 Rdnr. 5; a.A. allerdings die Autoren der vorangegangenen Fußnote.

524 AG Bückeburg, NStZ 1982, 70 (71).

525 Dies verkennt offensichtlich AG Bückeburg, aaO., (Fn. 6); vgl. die zutr. Kritik von Schall, NStZ 1983, 241 (243) Fn. 14.

526 OLG Köln, NJW 1982, 2674 (2676).

527 Schall, NStZ 1983, 241 (242).

528 Ähnlich auch die Rechtspr. im Rahmen der Hausbesetzerprozesse, die z.T. auf die Anzahl der fehlenden Fenster abstellt, vgl.: RG Rspr. 10, 638 (640); OLG Köln, NJW 1982, 2676; OLG Stuttgart, NStZ 1983, 123; AG Bückeburg, NStZ 1982, 70 (71); SK-Rudolphi, § 123 Rdnr. 36; Wessels, § 13 I 2; Degenhart, JR 1984, 30; Schickedanz, Rechtsfragen, Bl. f. Grdstcks-Bau-u.WohnR 8/1981; 141.

Argumentation mißverständlich, da - sofern nur verschlossene (!) Fenster eine typische Schutzvorrichtung darstellen würden - eine hinreichende Befriedung konsequenterweise auch dann verneint werden müßte, wenn die Schutzvorrichtungen zwar vorhanden, jedoch im Moment nicht geschlossen wären. Die Möglichkeit vorhandener Lücken in der Schutzwehr dürfte sich insoweit nicht auf die für das jeweilige Besitztum charakterisierenden Zutrittssicherungen beziehen.

Eine derartige Differenzierung zwischen dem Fehlen typischer Zutrittshindernisse und einer Unterbrechung der Schutzwehren an anderer Stelle erscheint weder sinnvoll, noch führt sie zu sachgerechten Ergebnissen. Grundsätzlich ist eine völlig lückenlose Abschließung nicht erforderlich[529], die vorhandenen Schutzwehren müssen nur eine eindeutige Besitzdokumentation des Berechtigten widerspiegeln; lediglich sein Wille, den Besitz nicht der Öffentlichkeit zur Verfügung stellen zu wollen, muß objektiv erkennbar sein und sich über bloße Hinweis- und Verbotsschilder hinaus in der Außenwelt manifestiert haben.

Nach Beispielen aus Rechtsprechung und Literatur stellen die Stangen und Ketten um einen Parkplatz in einem Parkhaus[530] oder an einem Privatparkplatz[531] und Absperrleinen[532] eine ausreichende Befriedung des umgrenzten Raumes dar. Offene Stellen in einer Umzäunung oder ein nicht geschlossenes Friedhofstor zu Schließungszeiten[533] sind für die Bejahung einer ausreichenden Befriedung irrelevant. Dies sind Sachverhalte, in denen der fragliche Grundstücksteil bedeutend weniger eindeutig eingegrenzt ist als durch das Außenmauerwerk eines Hauses, und bei denen die Qualifizierung als befriedetes Besitztum - soweit ersichtlich - nicht in Frage gestellt wird. Solange das Außenmauerwerk eines Gebäudes vollständig vorhanden ist, manifestiert dieses - unabhängig vom Erhaltungszustand oder der Existenz von Fenstern und Türen - den eindeutigen Willen des Berechtigten, Fremden den Zugang zu seinem von dem Gebäude umgrenzten Bezirk zu verwehren[534]. Denn auch in den sonst unumstrittenen Fällen eines "befriedeten Besitztums" wird niemand eine ausreichende Befriedung allein deshalb verneinen wollen, weil beispielsweise der Kleingartenbesitzer das Gartentörchen bewußt offenstehen läßt oder einen Teil des Zaunes zwecks einer Reparatur demontiert. Auch

---

529 Vgl. nur Dre-Tröndle, § 123 Rdnr. 6; Sch-Sch-Lenckner, § 123 Rndr. 4.

530 Neuberg, JuS 1975, 110 (112); LK-Schäfer, § 123 Rdnr. 16.

531 Franke, JuS 1980, 891 (892).

532 OLG Celle, MDR 76, 421; LK-Schäfer, § 123 Rdnr. 15; SK-Rudolphi, § 123 Rdnr. 37; z.T. a.A.: LG Lübeck, StV 1989, 157 f.

533 Schmidhäuser, S. 74 Rdnr. 13.

534 Rspr. des preuß. Obertribunals, GA XXI (1873), 515 (516); LG Bückeburg, NStZ 1982, 71; AG Tiergarten, StV 1983, 335 (326); Geilen, JK § 123 Rn. 1; Gössel, § 38 Rn. 18; Krey, Rn. 432 f; Hagemann, NStZ 1982, 71; offenlassend OLG Hamm, NJW 1982, 1824 (1825).

hier würde die übrige Einfriedung zur eindeutigen Besitzdokumentation ausreichen. Etwas anderes kann dann aber auch bei leerstehenden Häusern mit bereits demontierten Fenstern und Türen nicht gelten.

An dem gerade genannten Beispiel des Kleingartenbesitzers wird aber auch die Widersprüchlichkeit der von *Schall* vorgeschlagenen und zumindest im Ergebnis überwiegend vertretenen Auffassung deutlich: Wollte man auf das Fehlen der für das jeweilige Besitztum typischen Schutzvorrichtungen abstellen, so würde die Demontage des Gartentörchens, das der Besitzer zwecks Reparatur p.p. ausgebaut hat, den Kleingarten zu einem "unbefriedeten Besitztum" machen. Die Entfernung eines gleich großen - oder gar noch größeren - Teiles des Gartenzaunes könnte jedoch an dem Fortbestehen einer hinreichenden Befriedung nichts ändern, obwohl die Möglichkeit eines Eintretens von außen in beiden Fällen nicht von der Überwindung einer physischen Barriere abhängig, sondern angeblich die objektiv erkennbare Besitzdokumentation des Ausschließungswillens in den beiden Fällen unterschiedlich zu behandeln wäre. Die Beispiele offenbaren eine offensichtlich nicht sachgerechte Differenzierung, die die im Ergebnis nicht zu bezweifelnde identische Strafwürdigkeit und Strafbarkeit des Eindringenden in beiden Fallvarianten aufhebt.

Leerstehende Häuser und Wohnungen unterfallen daher dem strafrechtlichen Schutz des § 123 StGB; sie stellen auch bei längerem Leerstand und unabhängig von der Existenz von Fenstern und Türen allein aufgrund des Außenmauerwerks ein befriedetes Besitztum dar[535].

Unproblematisch sind entgegengesetzt auch die Fallkonstellationen, in denen durch den Beginn der Abbrucharbeiten bereits Teile dieses Außenmauerwerks - etwa eine komplette Außenwand - abgerissen worden sind und das Restmauerwerk als Ruine keinen Ausschließungswillen mehr dokumentiert[536]; hier kann der Ausschluß der Tatbestandsmäßigkeit überzeugend begründet werden.

Es verbleiben damit allerdings als Grenzfälle diejenigen Gebäude, bei denen neben dem - strafrechtlich irrelevanten - Fehlen von Fenstern und Türen weitere Durchbrechungen des Außenmauerwerks vorhanden sind. Dabei sei nicht an völlig geringfügige Löcher oder Durchbrüche gedacht, sondern an Öffnungen, die ein Betreten des Gebäudes - auf einem nicht bestimmungsgemäßen Wege - ermöglichen.

---

535 So auch Weber, 247; vgl. ferner die Nachweise der vorstehenden Fn.

536 Zutr.: LG Bückeburg, NStZ 1982, 71; AG Wiesbaden, NJW 1991, 188; Gössel, § 38 Rn. 18.

Kommt es - wie oben dargelegt - nicht auf die Existenz einer physischen Barriere, sondern auf eine sichtbare Dokumentation des Ausschließungswillens an, so muß untersucht werden, ob derartige zusätzliche Gebäudeöffnungen der Manifestation eines diesbezüglichen Willens des Berechtigten entgegenstehen.

Insoweit eröffnet sich eine Parallele zu § 246 StGB; hier sind die Voraussetzungen einer Manifestation des Zueignungswillens als Merkmal des objektiven Tatbestandes mit dem Streit zwischen einer engen und einer weiten Manifestationstheorie behaftet[537]: Während eine Minderansicht einer engen Manifestationstheorie folgt, nach der nur solche Handlungen tatbestandsmäßig sind, aus denen ein alle äußerlichen Umstände kennender Beobachter einen Zueignungswillen ableiten würde und daher mehrdeutige Handlungen unberücksichtigt läßt[538], sollen letztere nach der weiten Manifestationstheorie dann dem Tatbestand unterfallen, wenn sich das Verhalten für den zusätzlich mit den Gedanken des Täters ausgestatteten - gedachten - Beobachter als Manifestation des Zueignungswillens darstellt[539].

Damit scheint der zutreffende Lösungsweg vorgezeichnet: Hat der Berechtigte seinen Ausschließungswillen - wie bei einer Bauruine - aufgegeben und deswegen die zusätzliche Öffnung des Baukörpers veranlaßt oder eine von Dritten herbeigeführte Öffnung nicht beseitigt, so hat sich sein fehlender Ausschließungswille hinreichend in der Außenwelt manifestiert; dem Berechtigten nicht zurechenbare Öffnungen hingegen lassen die Tatobjektsqualität unberührt.

Das Abstellen auf die Erkennbarkeit der Aufgabe des Ausschließungswillens ist jedoch verschiedenen Einwänden ausgesetzt:

Zunächst wird es rein tatsächlich in den Fällen, in denen der Berechtigte keinen Ausschließungswillen mehr hat, auch nicht zu einem Streit mit den Besetzern kommen, so daß dieses Kriterium keine praxisrelevante Abgrenzung zu leisten vermag.

Darüber hinaus - und dieser Ansatzpunkt ist gewichtiger - könnte sie einer gedanklichen Ungenauigkeit erliegen:
Für die hier interessierende Frage der Untergrenze der Tatbestandsqualität einer Räumlichkeit kann es nicht darauf ankommen, daß der fehlende Ausschließungswille hinreichend deutlich dokumentiert wird; vielmehr muß entscheidend sein, daß ein Ausschließungswille nicht hinreichend deutlich dokumentiert ist.

---

537 Vgl. dazu SK-Samson, § 246 Rn. 31, 32.
538 So: Sch-Sch-Eser, § 246 Rn. 11.
539 BGH St 14, 38 (41); Dre-Tröndle, § 246 Rn. 13.

Nicht der fehlende, sondern der fortdauernde Ausschließungswille ist dergestalt relevant, daß er die Grenzlinie der Strafbarkeit bilden könnte. Die zutreffende Fragestellung darf daher allenfalls lauten, wann Bauwerke trotz vorhandener Öffnungen den erforderlichen Ausschließungswillen noch hinreichend deutlich manifestieren.

Das entscheidende Manko der so vorgezeichneten Lösung liegt nun darin, daß dann nicht allein ein objektiver Zustand - fehlende Teile des Außenmauerwerks -, sondern erst dieser objektive Befund in Zusammenhang mit dem subjektiven Willen des Berechtigten über das Vorliegen eines befriedeten Besitztums entschiede.
Die differenzierte Lösung würde neben dem - wenig überzeugenden - Einwand der Erzeugung von Strafbarkeitslücken[540] nicht nur Schutzbehauptungen und Irrtumsfragen Tür und Tor öffnen; die Zuordnung der Gebäude unter den Tatbestand würde letztlich von einer regelmäßig kaum überprüfbaren Aussage des Berechtigten betreffend seinen subjektiven Willen abhängig; eine Aussage, deren Inhalt angesichts der Tatsache, daß der Hausfriedensbruch uneingeschränktes Antragsdelikt ist (vgl. § 123 II StGB), unschwer vorauszusehen wäre.

Aus Gründen der Rechtssicherheit ist daher - in Anlehnung an die von einer Minderansicht vertretene enge Manifestationstheorie - eine Zuordnung allein anhand objektiver Kriterien vorzugswürdig:
Durchbrechungen des Außenmauerwerks, die über die typischen Öffnungen hinausgehen, legen objektiv die Annahme nahe, daß der Berechtigte keinen Wert auf eine Zugangskontrolle legt. Sie dokumentieren daher nicht hinreichend eindeutig einen fortbestehenden Ausschließungswillen. Insoweit besteht ein prinzipieller Unterschied zwischen einer eingeschlagenen Mauer und einer eingeschlagenen Tür, da Fenster und Türen leichter zu überwinden sind; eine defekte Mauer ist wertungsmäßig etwas anderes als eine offenstehende oder eingeschlagene Tür.
Damit scheint, so mag man einwenden - rechtstatsächlich - die Strafbarkeit der Besetzungen von Häusern ohne Fenster und Türen auf eine einmalige Sachbeschädigung[541] reduziert zu werden[542]: Nachdem der erste Besetzer durch die Beseitigung eines Teiles des Außenmauerwerks die Schutzobjektsqualität aufgehoben (und damit den Tatbestand des § 303 StGB verwirklicht) hat, könnten er selbst und alle Mitbesetzer keinen Hausfriedensbruch mehr begehen.
Der von Dritten herbeigeführte Zustand würde - gegen den Willen des Berechtigten - das befriedete zu einem unbefriedeten Besitztum machen.

---

540 So wohl Krey, BT 1, Rn. 435 i.V.m. Fn. 11.

541 Vgl. dazu Amelung, NJW 1986, 2080 (2084).

542 Weitergehend: Krey, BT 1, Rn. 435 (Fn 11), der - i.E. zu Recht - darauf hinweist, daß die Verurteilung nach § 303 StGB in aller Regel auf Beweisschwierigkeiten stoßen wird.

So zutreffend dieser Einwand auch ist, er vermag trotzdessen die durch das Abstellen auf objektive Kriterien gewonnene Rechtssicherheit nicht aufzuwiegen, zumal es der Berechtigte weiterhin in der Hand hat, durch ein Verschließen der vorhandenen - bestimmungsgemäßen und/oder zusätzlichen - Maueröffnungen seinen Ausschließungswillen objektiv erneut zu dokumentieren. Die fortbestehende Verkehrssicherungspflicht an dem Gebäude verdeutlicht, daß der Berechtigte auch durch das Unterlassen der Schließung zusätzlicher Bauwerksöffnungen die hinreichende Dokumentation seines Ausschließungswillens aufgeben kann. Auch geduldete und nicht beseitigte "Mängel" im Zusammenhang der Schutzwehreinrichtungen können daher, wie das *OLG Köln*[543] in anderem Zusammenhang formuliert hat, einer hinreichenden Befriedung entgegenstehen.

In letzter Konsequenz kann an dieser Stelle der vorstehenden Lösung entgegengehalten werden, daß danach Besetzer durch eine systematische "Aussperrung" des Berechtigten - etwa Absperrung des Gebäudes durch eine Personenkette oder andere Formen des "Widerstandes" - ein Verschließen der Bauwerksöffnungen und damit die Wiederherstellung einer hinreichenden Dokumentation des Ausschließungswillens verhindern können.

Fraglich ist jedoch, ob dieses zutreffende - vordergründig überraschende - Ergebnis gegen die vorstehenden Überlegungen spricht.

Zwar mag es prima facie unbefriedigend erscheinen, daß die Möglichkeit einer (strafbewehrten) Manifestation des Ausschließungswillens davon abhängt, daß der potentielle Täter (Hausbesetzer) dem möglichen Opfer (Hausbesitzer) diese Manifestation ermöglicht.
Bei genauerem Hinsehen wird jedoch deutlich, daß die hinreichende Dokumentation des Ausschließungswillens beim Hausfriedensbruch nicht nur bei Hausbesetzungen, sondern generell von einer entsprechenden Ermöglichung durch Dritte abhängt: Wer ein uneingezäuntes Baugrundstück, eine Wiese oder irgendein anderes Grundstück erwirbt, das aufgrund fehlender Zutrittshindernisse bislang nicht dem Schutzbereich unterfällt, muß eine hinreichende Befriedung zunächst herstellen.
Wird die Errichtung des Bauzaunes oder anderer Begrenzungen durch Dritte verhindert, so ist dieses Verhalten möglicherweise als Nötigung strafbewehrt. Die Möglichkeit, daß Dritte die Herstellung einer Befriedung verhindern können, ist allerdings diesem Merkmal immanent.

---

[543] NStZ 1982, 333.

Die orginäre Schaffung einer hinreichenden Befriedung unterscheidet sich wertungsmäßig auch nicht von den vorgenannten Fällen einer Verhinderung der Dokumentation des Ausschießungswillens der Hausbesitzer durch Hausbesetzer:
Zwar bestand hier ursprünglich zunächst eine "Wohnung", die sich dann nach dem Auszug des Mieters - in ein "befriedetes Besitztum" verwandelte und schließlich durch atypische Bauwerksöffnungen völlig aus dem Schutzbereich des § 123 StGB verdrängt wurde; hier wie dort geht es damit aber im Ergebnis um die originäre (Wieder-) Herstellung einer hinreichenden Befriedung.
Die Tatsache, daß Besetzer nach Zerstörung einer hinreichenden Besitzdokumentation theoretisch die Möglichkeit haben, die Errichtung einer erneuten Besitzbarriere zu verhindern, steht daher dem Kriterium der hinreichenden Manifestation des Ausschließungswillens nicht entgegen.
Der Inhaber des Hausrechts ist verpflichtet, gegen seinen Willen entstandene Bauwerksöffnungen zu schließen, um so - weiterhin - den Schutz des § 123 StGB zu genießen.

Das neben den "üblichen" Gebäudeöffnungen vorhandene tür- oder fenstergroße Loch im Außenmauerwerk wird damit für die Strafbarkeit relevant: Zusätzliche Durchbrechungen, die ein Betreten des Gebäudes ermöglichen, heben seine Tatobjektsqualität auf.

IV) Verwirkung strafrechtlichen Schutzes durch das Vorverhalten der Eigentümer?

Eine Notwendigkeit zur Korrektur dieses Auslegungsergebnisses könnte sich jedoch für die Fälle ergeben, in denen der Eigentümer durch einen bewußten Leerstand oder durch die bezweckte Vernichtung von Wohnraum die Schutzbedürftigkeit und Schutzwürdigkeit seiner "Besitztümer" möglicherweise selbst aufgehoben und damit die Notwendigkeit eines strafrechtlichen Schutzes "verwirkt" hat[544].

Es rückt damit allein die Fallgruppe der Eigentümer ins Blickfeld, die unter dem Schlagwort der spekulativen Wohnraumvernichter insbesondere bei den Besetzungen der vergangenen Jahre für Schlagzeilen gesorgt hatte: Der Mißbrauch einer eigenen Rechtsposition könnte materiell-strafrechtlich[545] auf Tatbestandsebene Berücksichtigung finden.

---

544 S.o. S. 109. Die nun zu untersuchende Nichtbestrafung eines Hausfriedensbruchs steht hier in engem Zusammenhang mit der Eigentumsgarantie, da bei leerstehenden und zweckentfremdeten Häusern Eigentums- und Besitzschutz praktisch zusammenfallen.

545 Zum Strafantragsrecht, s.u. Dritter Teil, Zweites Kapitel.

Rechtsprechung und Literatur haben insoweit versucht, dieses im Bereich der Kriminologie unter dem Begriff der Viktimologie durchaus bekannte Phänomen[546] in die Diskussion um die Strafbarkeit demonstrativer Hausbesetzungen einfließen zu lassen.

In einem terminologischen Durcheinander von Verzicht und Verwirkung wurde erwogen, ob das vorangegangene Opferverhalten eine - dann allerdings untechnisch zu verstehende - Einwilligung des Betroffenen und damit einen Verzicht auf strafrechtlichen Schutz darstelle[547] oder ob die Rolle des Opfers der gegen Wohnraumvernichtung gerichteten Hausbesetzungen dogmatisch bereits eine Reduktion des gesetzlichen Tatbestandes auf systematischer[548] oder teleologischer[549] Ebene erfordere, um mögliche Widersprüche innerhalb der Gesamtrechtsordnung zu verhindern.

1) Sozialpflichtwidrigkeit und Strafschutz

Sobald diese Ansätze von ihren sprachlichen Unschärfen befreit und der strikten Trennung von Verzicht als freiwilliger, konsentierter Aufgabe einer Position (Einwilligung) und Verwirkung als Rechts- oder Rechtsausübungsverlust gegen den Willen[550] unterworfen werden, wird deutlich daß allen diesen Auffassungen offensichtlich ein identischer Verwirkungsgedanke zugrunde liegt.

Staatliche Reaktion in Form einer general- und spezialpräventiven Abschreckung durch die Verhängung einer Kriminalstrafe könnte zumindest dann nicht erforderlich sein, wenn das Opfer selbst das durch die strafrechtliche Regelung geschützte Rechtsgut mißbraucht hat[551]. Eine im Leerstand möglicherweise zum Ausdruck kommende sozialpflichtwidrige "Nutzung" durch den Eigentümer soll entweder gar nicht bzw. nur in beschränktem Maße der verfassungsrechtlichen Gewährleistung des Eigentums unterfallen oder als jedenfalls rechtsmißbräuchliche Eigentumsausübung eine teleologische Reduktion des Schutzbereiches des § 123 StGB erfordern.

Überlegungen, die dogmatisch allerdings auf zwei verschiedenen Ebenen Berücksichtigung finden können:

---

546 Umfassend zu diesem Problem: Hillenkamp, Vorsatztat und Opferverhalten, 18 ff und passim.

547 AG Stuttgart, StV 82, 75 (78); AG Bochum, StV 82, 605; AG Münster bei Küchenhoff, KJ 1982, 156 (161).

548 S.o. S. 109 f.

549 Erwägend OLG Köln, NJW 1982, 2674 (2675); Degenhart, JR 1984, 30 f.

550 Vgl. statt aller nur: Palandt-Heinrichs, § 242 BGB, Rn. 87, 88.

551 So dann auch Küchenhoff, BMZ 8/9 1981; Schön, NJW 1982, 2649 (2650); ähnlich Eschen, KrimJ 13 (1981), 81 (82); Reinecke/Weide, Rote Robe, 1981, 86 (91).

Sie könnten als mißbräuchliche Eigentumsausübung zwar nicht eine Berufung auf das geschützte Rechtsgut generell entfallen lassen, sondern nur die konkrete Ausübung des Hausrechts an leerstehenden Wohnräumen als rechtsmißbräuchlich und damit unbeachtlich erscheinen. Sozialpflichtwidrig leerstehende Wohnungen und Häuser würden dann nicht als taugliches Tatobjekt generell aus dem Tatbestand des Hausfriedensbruchs eliminiert, sondern der für die Verwirklichung der Handlungsalternativen im konkreten Fall erforderliche, entgegenstehende Wille des Berechtigten könnte aufgrund seines Vorverhaltens unbeachtlich sein.

Der zunächst zu behandelnde, radikalere Weg läge hingegen darin, sozialpflichtwidrig genutztes Eigentum aus dem Tatbestand der Strafgesetze herauszunehmen und als untaugliches Objekt einer Straftat zu deklarieren; ein "victimo-dogmatischer"[552] Ansatzpunkt, der in seiner dogmatischen Grundkonzeption fragwürdig scheint.

Die Sozialpflichtigkeit des Eigentums bedarf als unbestimmter Verfassungsbegriff der Auslegung und Konkretisierung durch die Rechtsprechung und den Gesetzgeber. Insbesondere angesichts der lokalen Wohnraumnot hat der Gesetzgeber in den letzten Jahren versucht, die Zweckentfremdung von Wohnraum rechtlich zu erfassen und als Ordnungswidrigkeit eingestuft[553]. Insoweit ist - unter gewissen Voraussetzungen[554] - das Leerstehenlassen von Wohnraum rechtlich erfaßt und unter "Strafe" gestellt. Eine zusätzliche Versagung strafrechtlichen Schutzes für den ordnungswidrig handelnden Eigentümer erscheint allenfalls deswegen bedenklich, weil ihm dann einerseits Strafrechtsschutz verwehrt würde, andererseits aber die sich aus der Zweckentfremdungsverordnung ergebenden Pflichten bestehen blieben.

Das zweite Argument gegen eine derartige Berücksichtigung eines mißbräuchlichen Vorverhaltens durch den Eigentümer ist ebenfalls kaum zwingend: Strafrecht dient zwar der Realisierung eines staatlichen Sanktionsanspruches zur Wiederherstellung des Rechtsfriedens[555] und nicht der materiellen oder ideellen Befriedigung des Opfers; nicht der Gedanke des Schutzes individueller und damit verwirkbarer Rechtspositionen, sondern die Ausübung einer Staatsfunktion legitimiert und reglementiert diese Rechtsmaterie[556]. Es scheint daher befremdend, daß der einzelne durch sein Vorverhalten den nicht in seinem Eigeninteresse stehenden strafrechtlichen "Schutz" verwirken können soll.

---

552 Schall, NStZ 1983, 241 (246) Fn. 66; vgl. auch Amelung, NJW 1986, 2075 (2081).

553 S.o. S. 10.

554 S.u. S. 153 ff.

555 Vgl. nur Jakobs, 1/27 f m.w.N.

556 Eine Argumentation, die insbesondere der BGH in seinen zeitlich parallelen Entscheidungen gegen die Verwirkung eines staatlichen Strafanspruches in den Fällen einer Tatprovokation durch polizeiliche Lockspitzel (sog. V-Männer) aufgriff, vgl. BGH St 32, 345 ff.

Diese Argumentation ist bei Offizialdelikten schlüssig, nicht hingegen jedoch beim uneingeschränkten Antragsdelikt des Hausfriedensbruchs.

Allerdings entspricht es im Bereich der Vermögensdelikte - denen sich § 123 StGB auch nach h.M. durch die rein formale Auslegung des befriedeten Besitztums bei diesem Tatbestandsmerkmal erheblich annähert - überwiegender Rechtsauffassung, daß der deliktische Besitzer selbst Opfer eines gegen ihn gerichteten Vermögensdeliktes sein kann[557]. Das Vorverhalten des Betroffenen ist in diesen Fällen irrelevant für die Bestrafung des Täters, vorrangig ist die Wiederherstellung des auch in einem derartigen Fall gestörten Rechtsfriedens.

Insbesondere dieser letzte Aspekt wurde im Rahmen demonstrativer Hausbesetzungen immer wieder betont; unter Hinweis auf den Schutz gesetzeswidriger Zustände in anderen Regelungen des StGB wurde gefolgert, daß das Vorverhalten der Hausbesitzer keinen Einfluß auf die Strafbarkeit der Hausbesetzer haben kann und insbesondere nicht die Verwirkung strafrechtlichen Schutzes zur Folge haben darf. Jedoch läßt die anscheinend "mühelose"[558] Projektion dieser - nicht völlig unbestrittenen[559] - Auffassung auf den Konflikt zwischen Hausbesetzern und Hausbesitzern nicht nur eine Auseinandersetzung mit den verfassungsrechtlichen Bindungen des Eigentums vermissen, sie berücksichtigt darüber hinaus auch nicht den - zugegebenermaßen geringfügigen - Unterschied zwischen diesen beiden Fallgestaltungen. Zwar wird im Ergebnis auch bei den §§ 263, 266 StGB die durch den Täter erfolgte Ausnutzung eines rechtlich mißbilligten Zustandes zu eigenem Vorteil unter Strafe gestellt; jedoch handelt es sich - anders als bei den demonstrativen Hausbesetzungen - nicht um das Problem, ob einer der verfassungsrechtlichen Sozialbindung des Eigentums zuwiderlaufenden Nutzung strafrechtlicher Schutz gebührt.

So kann im Rahmen des § 266 StGB ein Treueverhältnis i.S.d. Treubruchtatbestandes aufgrund einer sittenwidrigen und damit nichtigen Vereinbarung nur dann überzeugend begründet werden, wenn nicht auf die Schutzwürdigkeit des möglicherweise aus einer Straftat stammenden Vermögens und damit letztlich auf die Schutzwürdigkeit des Opfers abgestellt[560], sondern allein die Strafwürdigkeit desjenigen betont wird, der die Verant-

---

557 OLG Köln, NJW 1982, 2674 (2675); Seier, JA 1982, 232 (235).

558 Seier, JA 1982, 232 (233).

559 Vgl. nur RG St 70, 7 (9); Sch-Sch-Lenckner § 266 Rdnr. 32; SK-Samson § 266 Rdnr. 32; § 263 Rdnr. 112 f; LK-Lackner § 263 Rdnr. 123.

560 Bei einer derartigen Prämisse wird ein Treueverhältnis konsequenterweise von den unter Fn. 559 genannten Autoren verneint.

wortung über ein - wenn auch sittenwidrig erlangtes oder zu nutzendes - Vermögen tatsächlich übernommen hat[561].

Eine ähnliche Argumentation gilt dann auch bei der für einen Betrug geforderten Vermögensverfügung im Falle der Vereitelung nichtiger "Forderungen"[562]: Sofern widerrechtlich "erworbene" Werte faktisch realisierbar sind und deshalb einen wirtschaftlichen Wert besitzen[563], sollen auch sie - unabhängig von ihrem rechtlichen Bestand - Vermögensbestandteil und damit taugliches Objekt eines Betruges sein.

Der an dieser Stelle zu erwartende Einwand, daß nach dem gerade dargestellten Meinungsstand zum Schutz rechtlich mißbilligter Rechtspositionen im Rahmen der Vermögensdelikte doch "erst recht" bei Hausfriedensbruch keine Verwirkung denkbar sei, könnte den entscheidenden Unterschied zwischen diesen Fallgestaltungen und der Verwirkung strafrechtlichen Schutzes durch einen Hauseigentümer übersehen:

In den bislang erörterten Fällen der Untreue und des Betruges hat das spätere Opfer des Vermögensdeliktes zu keinem Zeitpunkt eine Rechtsposition erlangt, die ihm unter dem Schutz der Rechtsordnung zustand; bereits der Rechtserwerb wird nämlich in diesen Fällen durch ein illegales, durch andere Rechtsnormen verbotenes Vorverhalten ausgeschlossen.
Nicht der Mißbrauch einer existenten, sondern gerade das Fehlen einer Rechtsposition wirft im Rahmen dieser Delikte die Frage auf, ob auch rechtlose Zustände dem staatlichen Strafanspruch zugänglich sind.

Der Berücksichtigung eines vorangegangenen, mißbräuchlichen Verhaltens der Eigentümer leerstehender Wohnungen liegt dagegen ein anderer Ansatzpunkt zugrunde: Nicht der - möglicherweise Jahrzehnte zurückliegende - Erwerb der Rechtsposition "Eigentum" wird durch eine entgegenstehende Rechtsnorm in Frage gestellt, sondern die Auswirkungen einer gesetzeswidrigen Nutzung des im Einklang mit der Rechtsordnung erworbenen Eigentums sind zu untersuchen. Anders als bei den §§ 263, 266 StGB muß daher nicht hinterfragt werden, ob die Verletzung einer rechtlich mißbilligten und daher gar nicht entstandenen "Rechtsposition" strafbewehrt ist, sondern die Möglichkeit

561 BGH St 8; 254 (256); Wessels, BT/2, § 13 II 4.

562 Diese soll als ungeschriebenes Tatbestandsmerkmal notwendig sein; überwiegend wird das Problem des Vermögenswertes nichtiger Forderungen erst im Rahmen des Vermögensschadens behandelt. Ein derartiger Aufbau erscheint jedoch logisch in manchen Fällen zweifelhaft, da dann u.U. zwar eine Vermögensverfügung bejaht, ein Vermögensschaden aber unter Hinweis auf die mangelnde Vermögensqualität der Forderung verneint wird. Logisch konsequent dürfte es, da auch eine Vermögensverfügung voraussetzt, daß es sich bei dem Anspruch um einen Vermögensbestandteil handelt, sein, das Problem regelmäßig im Rahmen der Vermögensverfügung zu behandeln.

563 Zu diesem rein wirtschaftlichen Vermögensbegriff vgl. BGH St 2, 364 (369); Krey, BT/2, Rn. 498 ff.

des Verlustes der Rechtsposition Eigentum durch ein vorangegangenes Verhalten und deren Auswirkungen auf den staatlichen Strafanspruch müssen diskutiert werden.

Der daher im Hinblick auf die verfassungsrechtlich in Art. 14 II GG festgelegte Sozialbindung des Eigentums, der nach der Auffassung des BVerfG gerade für das Eigentum an Grund und Boden besondere Bedeutung zuzumessen ist[564], regelmäßig mehr postulierten als zwingend nachgewiesenen Relevanz oder Irrelevanz eines vorangegangenen, möglicherweise sozialpflichtigen Verhaltens des Eigentümers in den Fällen demonstrativer Hausbesetzungen gilt es sich daher zuzuwenden. Gedanklich sind dabei die Fragenkreise zu trennen, unter welchen Voraussetzungen das Leerstehenlassen von Wohnraum überhaupt rechtlich mißbilligt und daher sozialpflichtwidrig ist und welche "Sanktionen" die Rechtsordnung an einen Mißbrauch des Eigentums knüpft.

a) Leerstand als Zweckentfremdung i.S.d. MRVerbG

Nach Inkrafttreten des MRVerbG 1971 und dem Erlaß entsprechender Verordnungen durch die Landesregierungen[565] zur Verhinderung der Zweckentfremdung von Wohnraum bestand zunächst Streit darüber, ob das Leerstehenlassen oder der Abbruch von Wohnraum überhaupt in den Anwendungsbereich der Zweckentfremdungsverbote fällt.

Ausgehend vom Wortlaut des Art. 6 § 1 I 1 MRVerbG, der voraussetzt, "daß Wohnraum anderen als Wohnzwecken ... z u g e f ü h r t"[566] wird, wurde vertreten, daß ausschließlich die Herbeiführung einer anderen Benutzungsart von der Ermächtigung des MRVerbG und damit auch von den entsprechenden Verordnungen der Länder erfaßt sei[567]. Erforderlich für das Vorliegen einer Zweckentfremdung sei neben der Aufgabe des (Wohn-) Verwendungszweckes stets - als zweiter Akt - kumulativ die Begründung eines neuen, anderen Verwendungszweckes; da bei leerstehenden Häusern und Wohnungen jedoch allein die ursprüngliche Funktionsbestimmung als Wohnraum aufgehoben werde, ohne daß eine neue Zweckbestimmung getroffen würde, sollten diese Tatobjekte demonstrativer Hausbesetzungen nicht den Zweckentfremdungsverboten unterfallen[568].

---

564 BVerfGE 21, 82 f.
565 Vgl. Art. 6 § 1 I 1 MRVerbG.
566 Hervorhebung durch den Verfasser.
567 Binz, NJW 1977, 2239 (2240 f) m.w.N.
568 BayObIG, NJW 1975, 744; Bay. VGH, Bay VBl. 1976, 400 (401); Binz, NJW 1977, 2239 (2240)

Jedoch ist die Rechtsprechung und überwiegende Literaturmeinung einer derart restriktiven Auslegung des Mietrechtsverbesserungsgesetzes im Hinblick auf den damit kaum zu vereinbarenden Sinn und Zweck des Gesetzes zu Recht nicht gefolgt.

Sofern man die einschlägige Rechtsprechung[569] zusammenfaßt, ist davon auszugehen, daß das reine Leerstehenlassen von Wohnraum für sich allein zumindest dann keine Zweckentfremdung darstellt, wenn der Eigentümer sich selbst seiner Verwendungsabsichten noch im Unklaren ist[570]. Sofern ihm jedoch nachgewiesen werden kann, daß er das Haus leerstehen läßt, um aufgrund des Leerstandes eine Abbruchgenehmigung zu erhalten, erfüllt das bloße Leerstehenlassen ohne Begründung einer neuen Verwendungsabsicht selbst dann den Tatbestand einer Zweckentfremdung, wenn der Eigentümer durch den Abbruch ein gleichzeitig geplantes Bauvorhaben - und die dadurch intendierte Schaffung neueren Wohnraums[571] - realisieren will.

Die sich nach diesen Ausführungen geradezu aufdrängende Sozialpflichtwidrigkeit des Verhaltens der Eigentümer in den Fällen der sogenannten spekulativen Wohnraumvernichtung[572] gilt allerdings nur 'cum grano salis'.

Bereits im Rahmen eines durch das *OLG Frankfurt* initiierten konkreten Normenkontrollverfahrens[573] hatte das BVerfG in seiner ablehnenden Entscheidung[574] ausgeführt, daß der durch das MRVerbG im Interesse der Bevölkerung festgeschriebene Bestandschutz vorhandenen Wohnraums nicht uneingeschränkte Geltung beanspruchen darf: Zweckentfremdungsfähiger Wohnraum liegt dann nicht mehr vor, wenn der Erhaltungszustand der Wohnungen die Grenze der Bewohnbarkeit unterschritten hat, eine Wiederherstellung eines bewohnbaren Zustandes durch den Einsatz dem Eigentümer zumutbarer Mittel nicht möglich ist oder der Wohnraum aus sonstigen Gründen vom Wohnungsmarkt nicht akzeptiert wird. Wörtlich:

---

569 BVerfGE 38, 348 (364 f); BVerwGE 54, 54 (58 f); 55, 135 (139); NJW 1980, 1970 (1971); Hess. VGH, NJW 1979, 444 f; OVG Hamburg, ZMR 1978, 277; vgl. auch Schmidt-Futterer, ZMR 1974, 257 f m.w.N.

570 Als Konkretisierung dieser höchstrichterlichen Rechtsprechung sind dann auch die jeweiligen Erlasse der zuständigen Landesministerien anzusehen, die beispielsweise für NRW eine Zweckentfremdung dann vermuten, wenn Wohnraum länger als 3 Monate vermeidbar leersteht oder vorwerfbar unbrauchbar gemacht wird; vgl. Runderlaß des Ministers für Landes- und Städteentwicklung NW v. 30.7. 1981, NRW MiBl 1981, 1588.

571 BVerfGE 38, 348 (364 f); BVerwGE 55, 135 (139); vgl. in diesen Fällen aber auch BVerfG, DVBl 1981, 379; zur Festlegung einer Abstandssumme in den Fällen eines geplanten Neubauvorhabens: BVerwG, DVBl 1982, 637 (638).

572 S.o. S. 16 f.

573 D.h. es handelte sich um die Vorlage zur Überprüfung des Art. 6 MRVerbG und seiner Vereinbarkeit mit dem GG; vgl. Art. 100 I GG i.V.m. §§ 13 Nr. 11 f, 80 f BVerfGG.

574 BVerfGE 38, 348.

"Art. 6 MRVerbG bezweckt den Bestandsschutz im Interesse der Versorgung der Bevölkerung mit Wohnraum. Daraus folgt zunächst, daß das Gesetz nur anwendbar ist auf Wohnraum, der im Rahmen des durchschnittlichen, auch außerhalb der besonders gefährdeten Gebiete anzutreffenden Standards noch als bewohnbar gilt, oder der doch noch mit vertretbarem, dem Verfügungsberechtigten objektiv zumutbarem Modernisierungs- oder Renovierungsaufwand in einen derartigen Zustand versetzt werden kann. Bloße Notunterkünfte oder abbruchreife Räumlichkeiten zu erhalten, ist nicht der Zweck des Gesetzes. Ferner fällt Wohnraum, der aus anderen Gründen vom Markt nicht mehr angenommen wird, z.B. weil die Umweltbelastung unerträglich geworden ist, aus der Genehmigungspflicht heraus. Derartiger 'Wohnraum' hat keinen Wohnzweck mehr, der bei einem Abbruch des betreffenden Gebäudes noch aufgegeben werden könnte"[575].

Die bereits hier angedeutete Reduktion des Anwendungsbereiches der Zweckentfremdungsregelungen ist inzwischen durch die höchstrichterliche Verwaltungsrechtsprechung weiter konkretisiert worden. Selbst in den Fällen einer spekulativen Wohnraumvernichtung unterfällt danach das Verhalten des Eigentümers nur unter folgenden Voraussetzungen den Zweckentfremdungsverordnungen:

- eine besondere Gefährdung der Versorgung der Bevölkerung mit Wohnraum muß in der Gemeinde, in der das Grundstück liegt, vorliegen[576],

- längerfristig leerstehende Räumlichkeiten, die aufgrund ihrer Beschaffenheit und/oder ihres Mietzinses von den Wohnungsnachfragern nicht angenommen werden, unterfallen nicht dem MRVerBG. Eine Beseitigung der vorhandenen Vermietungshindernisse kann dem Eigentümer nur dann zugemutet werden, wenn dadurch keine Änderungen der baulichen Anlage erforderlich werden[577],

- auch schwerwiegende Lagenachteile der Wohnungen - z.B. außerordentlicher Straßenverkehrslärm - können dazu führen, daß das Leerstehenlassen einer derartigen Räumlichkeit nicht von den Zweckentfremdungsverboten erfaßt ist[578].

---

575 BVerfGE 38, 348 (364).

576 Zu der dabei erforderlich qualitativen Betrachtungsweise vgl. BVerwG NJW 1983, 2893 (2894).

577 Vgl. dazu den Fall BVerwG MDR 1983, 258 f, wonach dem Eigentümer einer großen unvermietbaren Villa nicht zuzumuten ist, diese in ein vermietbares Mehrfamilienhaus umzuwandeln.
Dabei darf allerdings - ohne daß dies hier näher zu thematisieren wäre - nicht übersehen werden, daß diese Voraussetzungen im Ergebnis dazu führen, daß ein Verstoß gegen die Zweckentfremdungsverordnungen recht einfach umgangen werden kann: Insoweit müßte zunächst nur eine überteuerte Miete gefordert werden. Wird die Wohnung dann vom Markt nicht mehr angenommen, könnte der Abriß erfolgen.

578 Vgl. dazu BVerwG, DÖV 1982, 902 (903 f).

b) Verlust der Rechtsposition "Eigentum" durch Mißbrauch?

Allerdings besagt die Mißachtung der durch das MRVerbG konkretisierten Sozialpflichtigkeit des Eigentums[579] und die Einstufung des Vorverhaltens des Eigentümers als Ordnungswidrigkeit unter den gerade genannten Voraussetzungen noch nichts über die daraus resultierenden Schlußfolgerungen für die Auslegung der Strafgesetze; denn allein aus der Feststellung, daß die betroffene Position des Berechtigten der verfassungsrechtlichen Sozialgebundenheit des Eigentums zuwiderläuft, folgt nicht bereits die Notwendigkeit einer Versagung strafrechtlichen Schutzes gegen Eingriffe privater Dritter in diese Rechtsposition[580].

Innerhalb des Verfassungsrechts besteht weitgehende Einigkeit darüber, daß aufgrund der in Art. 14 GG festgelegten Dialektik von Institutsgarantie und subjektivem Abwehrrecht gegen Eingriffe des Staates einerseits und dem ausdrücklich genannten Gebot der Sozialpflichtigkeit des Eigentums andererseits "eine die soziale Funktion des Eigentumsobjekts mißachtende Nutzung" nicht durch die Eigentumsgarantie geschützt ist[581]. Ebenso wie im Rahmen der Meinungsfreiheit des Art. 5 GG nur solche Äußerungen tatbestandsmäßig vom Grundrechtsschutz erfaßt sind, die auf eine geistige Auseinandersetzung ohne die Ausübung wirtschaftlichen Druckes gerichtet sind[582], handelt es sich bei einem Eigentumsgebrauch, der jenseits der Grenzen der Sozialpflichtigkeit liegt, nicht um eine verfassungsrechtlich gewährleistete Grundrechtsausübung.

Staatliche Regelungen - aber allerdings auch nur hoheitliche Maßnahmen[583], - die den Eigentümer an die Grenzen der Sozialpflichtigkeit zurückverweisen, stellen daher keinen Eingriff in eine grundrechtlich geschützte Position dar.

Eine von der Verfassung selbst als die "Verwirkung von Grundrechten" titulierte[584] Norm findet sich in Art. 18 GG. Unter den dort genannten Voraussetzungen - Mißbrauch zum Kampf gegen die freiheitlich demokratische Grundordnung - können die abschließend enumerierten Grundrechte, zu denen auch Art. 14 GG gehört, verwirkt werden, wobei

---

579 BVerfGE 25, 112 (117); 37, 132.

580 Zutr. OLG Köln, NJW 1982, 2674 (2675); Degenhart, JR 1984, 30; ders., JuS 1982, 330 (331).

581 BVerfGE 24, 368 (369); 37, 132; Wernicke BK Art. 18 II 2 c; v. Mangoldt/Klein, (2.) I S. 434; Erichsen, S. 25; Gallwas, S. 19 f, 102 f; DVBl 75, 801 (807); a.A. Bleckmann, S. 229.

582 Blinkfuer-Entscheidung, BVerfGE 25, 256 (264 f).

583 Art. 14 GG schützt nach nahezu einhelliger Meinung - wie die meisten anderen Grundrechte - nur den "status negativus" der Bürger; er entfaltet als Abwehrrecht gegen staatliche Eingriffe keine Drittwirkung gegenüber Privaten, vgl. dazu statt vieler Dürig in Maunz/Dürig Art. 1 Rdnr. 127 f; kritisch allerdings Malunat, Pol. VJS 1982, 257 (263).

584 Eine sprachlich ungenaue Bezeichnung, da die Regelung selbst kaum als Verwirkung von Grundrechten bezeichnet werden kann.

das Entscheidungsmonopol über die "Verwirkung und ihr Ausmaß" beim BVerfG liegt, Art. 18 S. 2 GG.

Unabhängig davon, daß selbst in den Fällen einer sozialpflichtwidrigen Nutzung durch einen "spekulativen Wohnraumvernichter" weder die Tatbestandsvoraussetzungen des Art. 18 GG, noch die konstitutiv wirkende[585] Entscheidung des BVerfG vorliegen, könnte jedoch auch Art. 18 GG - die Erfüllung sämtlicher Voraussetzungen einmal unterstellt - keine Einschränkung des strafrechtlichen Schutzes des Betroffenen rechtfertigen: Die Verwirkung eines Grundrechtes entfaltet keine Drittwirkung gegenüber Privaten dergestalt, daß diesen ein Zugriff in das verwirkte Grundrecht gestattet würde[586]; selbst ein tatsächlich verwirktes Eigentumsrecht bliebe Dritten gegenüber genauso geschützt, wie vor dem Ausspruch des BVerfG[587], da die Aufhebung des Grundrechtsschutzes ausschließlich den Staat zu Eingriffen berechtigt.

Wenn nun aber die vom BVerfG festgestellte Verwirkung eines Grundrechts nicht dazu führt, daß dem Mißbrauchenden diese Rechtsposition vollständig entzogen, sondern selbst in diesem Fall der einfachgesetzliche Zivil- und Strafrechtsschutz fortbesteht und allein die grundrechtlich verbürgte Abwehrposition gegen staatliche Eingriffe verändert wird, erscheint es verfassungssystematisch bedenklich, daß der "nur" in einem ordnungswidrigen Verhalten liegende Verstoß gegen die Sozialpflichtigkeit des Eigentums strafrechtliche Folgen haben soll. Vielmehr legt das Fortbestehen einfachgesetzlicher Ansprüche auch im Falle einer Verwirkung i.S.d. Art. 18 GG den Schluß nahe, daß ein unterhalb dieser Voraussetzungen - vom BVerfG festgestellter Mißbrauch eines Grundrechts zum Kampf gegen die freiheitlich demokratische Grundordnung - liegender Mißbrauch "erst recht" für die Anwendbarkeit einfachgesetzlicher Regelungen unbeachtlich sein muß.

Jedoch war eine - regelmäßig übersehene[588] - weitergehende Sanktionierung eines Mißbrauchs des Eigentums im Sinne einer denkbaren Eingriffsmöglichkeit Privater in sozialpflichtwidrig genutztes Eigentum im Rahmen der Entstehungsgeschichte des Grundgesetzes - ebenso wie im Rahmen der Beratungen über die Fassung des BGB[589] - zumindest in Erwägung gezogen werden.

---

585 Vgl. Dürig in Maunz/Dürig Art. 18 Rdnr. 68; Hesse, S. 281; Gallwas, S. 157 f.

586 Zur Ausstrahlung der Verwirkung auf bestehende Privatrechtsschuldverhältnisse vgl. Gallwas, S. 145.

587 Dürig in Maunz/Dürig Art. 18 Rdnr. 18; Wernicke, BK, Art. 18 II 2 d; v. Mangoldt/Klein, aaO., S. 530; Bleckmann, S. 292; Krieger, DVBl 53, 97 (100).

588 Anders: v. Mangoldt/Klein, I, S. 434; Malunat, aaO.; Melzer, ZMR, 1978, 130 (131).

589 § 887 II der Regierungsvorlage, der dem heutigen § 903 BGB entspricht, hatte folgende Fassung: Eine Ausübung des Eigenthums, die nur den Zweck haben kann, einem anderen Schaden zuzufügen, ist unzulässig, Mugdan III, S. 997.

(1) Zwar beinhaltet weder der sogenannte Herrenchiemseeentwurf[590] noch der darauf folgende Vorschlag der Fachausschüsse für den Entwurf eines Grundgesetzes[591] und die Stellungnahme des Allgemeinen Redaktionsausschusses hierzu[592] im Rahmen der Bestimmung über das Eigentum (Art. 17) eine Regelung über einen denkbaren Mißbrauch dieser Rechtsposition und die daran zu knüpfenden Rechtsfolgen.

(2) Jedoch erhielt die verfassungsrechtliche Eigentumsregelung durch die 1. Lesung des Hauptausschusses folgende Fassung[593]:

Artikel 14

(1) Das Eigentum wird zugleich mit dem Erbrecht gewährleistet. Inhalt und Schranken werden durch die Gesetze bestimmt.

(2) Eigentum verpflichtet. Sein Gebrauch soll zugleich dem Wohle der Allgemeinheit dienen. Wer sein Eigentum mißbraucht, kann sich auf den Schutz dieser Bestimmungen nicht berufen.

(3) Enteignung ist nur zum Wohle der Allgemeinheit zulässig. Sie darf nur durch Gesetz oder auf Grund eines Gesetzes erfolgen, das Art und Ausmaß der Entschädigung regelt. Diese ist unter gerechter Abwägung der Interessen der Allgemeinheit und des Betroffenen zu bestimmen.

Die hier interessierende Mißbrauchsklausel des Art. 14 II 3 war nach ihrem Wortlaut darauf beschränkt, Abwehransprüche des Bürgers gegen staatliche Eingriffe in mißbrauchtes Eigentum zu reduzieren; ein weitergehender zivil- und strafrechtlicher "Totalverlust" des Eigentumsrechts ist weder aus dem Gesetzestext, noch aus den Beratungen im Rahmen der ersten Lesung ersichtlich.

(3) Insbesondere die Formulierung des Art. 14 II wurde jedoch vom Allgemeinen Redaktionsausschuß heftig kritisiert, wobei dann auch die Möglichkeit einer Ausstrahlung der Mißbrauchsklausel auf Zugriffsmöglichkeiten Dritter erörtert wurde:

---

590 Vgl. Bericht über den Verfassungskonvent auf Herrenchiemsee.

591 Parlamentarischer Rat, Grundgesetz, Entwürfe S. 3.

592 Parlamentarischer Rat, Grundgesetz, Entwürfe S. 19.

593 Hauptausschuß, 1. Lesung, 17. Sitzung v. 3.12.1948, aaO., S. 216.

"Gegen Sätze 2 und 3 der Fassung des Hauptausschusses bestehen Bedenken. Nicht jeder zulässige Gebrauch des Eigentums braucht zugleich dem Wohle der Allgemeinheit zu dienen. Es gibt auch selbstsüchtigen Gebrauch des Eigentums, den man nicht verbieten kann. Im übrigen läßt die Fassung des Hauptausschusses völlig offen, was im einzelnen ein "Mißbrauch" ist. Das ist um so bedenklicher, als sich der mißbrauchende Eigentümer nicht auf die verfassungsmäßige Garantie seines Eigentums berufen darf und damit insofern vogelfrei wäre. Ein Mißbrauch würde bei der Fassung des Redaktionsausschusses vorliegen, wenn durch den Gebrauch des Eigentums die Lebensnotwendigkeiten der Gesamtheit verletzt oder die öffentliche Ordnung des Gemeinwesens beeinträchtigt würde. Wenn dies nicht genügt, und man deshalb Satz 3 bestehen lassen will, müßte man im einzelnen regeln, was Mißbrauch ist und die Eingriffe der öffentlichen Gewalt oder Dritter in solch mißbrauchtes Eigentum gesetzlich regeln. All diese Schwierigkeiten werden in der vom Redaktionsausschuß vorgeschlagenen Fassung vermieden"[594].

Art. 14 II sollte daher wie folgt lauten:

Eigentum verpflichtet. Seine Ausübung findet ihre Grenzen in den Lebensnotwendigkeiten der Gesamtheit und in der öffentlichen Ordnung des Gemeinwesens.

Nach der Auffassung des Allgemeinen Redaktionsausschusses schien daher die vom Hauptausschuß angenommene Fassung des Art. 14 II 3 auch einen Eingriffsvorbehalt zugunsten privater Dritter in mißbrauchtes Eigentum zu enthalten; denn nur so läßt sich der Hinweis auf die Notwendigkeit einer Konkretisierung möglicher Zugriffsrechte Dritter erklären: Sofern die Verfassung eine solche weitreichende Drittwirkung nicht intendieren oder ermöglichen würde, wäre eine einfachgesetzliche Regelung derartiger Eingriffsmöglichkeiten nicht nur überflüssig, sondern sogar verfassungswidrig gewesen.

(4) Trotz dieser Anregungen und des Änderungsvorschlages wurde auch in der 2. Lesung des Hauptausschusses[595] die in der 1. Lesung angenommene Fassung des Art. 14 II beibehalten; ein Antrag auf Streichung der Mißbrauchsklausel wurde ausdrücklich abgelehnt[596], wobei auf die zu diesem Zeitpunkt in einigen Ländern be-

---

594 Stellungnahme des Allgemeinen Redaktionsausschusses zur 1. Lesung, aaO., S. 88 Anm. 2 zu Art. 14.

595 44. Sitzung v. 19.1.1949, aaO., S. 578 f.

596 AaO., S. 580.

stehenden Gesetze zur Bekämpfung des Eigentumsmißbrauchs hingewiesen[597] und somit wahrscheinlich eine über die Regelung des Art. 14 II 3 hinausgehende, einfachgesetzliche Konkretisierung der Mißbrauchsfolgen für erforderlich gehalten wurde. Der Wortlaut des Art. 14 entsprach nach dieser zweiten Lesung im wesentlichen dann auch dem späteren Vorschlag des Fünferausschusses[598].

Jedoch wurde im Rahmen der Diskussion über die Vorzüge und Nachteile der zur Debatte stehenden Fassungen der Ausgestaltung der Sozialpflichtigkeit des Eigentums deutlich, daß die Einführung einer Mißbrauchsklausel möglicherweise auch - oder gar ausschließlich - Zugriffsmöglichkeiten Privater eröffnen sollte. Insbesondere die Äußerungen des Abgeordneten Renner, der für die Durchsetzung der vom Allgemeinen Redaktionsausschuß vorgeschlagenen Formulierung des Art. 14 II plädierte, verdeutlichen die nach seinen Vorstellungen intendierten Folgen der Mißbrauchsregelung:

> "Dann kommt aber der entscheidende Satz: 'Wer sein Eigentum mißbraucht, kann sich auf den Schutz dieser Bestimmungen nicht berufen.' In der Fassung des Redaktionsausschusses war meines Erachtens eine weitergehende Formulierung gebraucht, die einer gewissen Entwicklungsmöglichkeit die Tür öffnet, nämlich: 'Seine Ausübung findet ihre Grenzen in den Lebensnotwendigkeiten der Gesamtheit und in der öffentlichen Ordnung des Gemeinwesens.' Die hier vorgenommene Einengung 'Wer sein Eigentum mißbraucht' bedeutet meines Erachtens nur folgendes: allein derjenige, der als Erbe nach dem BGB, ein Anrecht hat, hat das Recht, gegen einen eventuellen Mißbrauch des Eigentums vorzugehen, nicht die Öffentlichkeit, nicht die Allgemeinheit. Ich kenne aus der heute bestehenden Gesetzgebung keine andere Möglichkeit als die von mir dargestellte. Ich weiß nicht, ob Sie ein Zurückgehen noch hinter die Formulierung, wie sie der Redaktionsausschuß hier vorgeschlagen hat, verantworten können oder wollen"[599].

(5) In seiner Stellungnahme zu dieser zweiten Lesung führte dann auch der allgemeine Redaktionsausschuß - entgegen seiner vorangegangenen Stellungnahme zur 1. Lesung - eine Mißbrauchsregelung ein, indem er für Art. 14 I folgende Fassung vorschlug:

---

597 AaO., S. 579.
598 AaO., S. 175.
599 AaO., S. 579.

Das Eigentum und das Erbrecht werden gewährleistet. Inhalt und Schranken werden durch die Gesetze bestimmt. Wer sein Eigentum mißbraucht, kann sich nicht darauf berufen.

In einer Anmerkung[600] wurde dazu folgendes bemerkt:

Die Folgen des Mißbrauchs des Eigentums müssen im Absatz 1, in dem das Eigentumsrecht gewährleistet wird, geregelt werden. "Wer sein Eigentum mißbraucht", soll offenbar nicht den Schutz des Absatzes 1 und des Absatzes 2 verlieren, er soll sich nur nicht auf die gesetzlichen Bestimmungen berufen können, die den Inhalt des Eigentums und die sich daraus ergebenden Rechte des Einzelnen regeln.

(6) Jedoch wurde auch diese Fassung im Rahmen der dritten Lesung des Hauptausschusses nicht aufgegriffen[601]. Vielmehr wurde die nach der Vorstellung des Hauptausschusses in Art. 14 II 3 enthaltene Mißbrauchsbestimmung dadurch inhaltlich aufgewertet, daß sie - einstimmig - zu einem eigenständigen Absatz III erhoben und die bisherige Regelung des Absatzes III in Absatz IV verschoben wurde:

Artikel 14

(1) Das Eigentum und das Erbrecht werden gewährleistet. Inhalt und Schranken werden durch die Gesetze bestimmt.

(2) Eigentum verpflichtet. Sein Gebrauch soll zugleich dem Wohle der Allgemeinheit dienen.

(3) Wer sein Eigentum mißbraucht, kann sich auf den Schutz dieser Bestimmungen nicht berufen.

(4) Enteignung ist nur zum Wohle der Allgemeinheit zulässig. Sie darf nur durch Gesetz oder auf Grund eines Gesetzes erfolgen, das Art und Ausmaß der Entschädigung regelt. Die Entschädigung ist unter gerechter Abwägung der Interessen der Allgemeinheit und der Beteiligten zu bestimmen.

600 AaO., S. 124.
601 47. Sitzung v. 8.2.1949, aaO., S. 617.

(7) Erst bei der letzten, vierten Lesung des Art. 14 GG wurden die Bedenken des allgemeinen Redaktionsausschusses, der in seiner erneuten Stellungnahme wiederum für die Streichung der nun in Art. 14 III enthaltenden Mißbrauchsregelung eingetreten war[602], berücksichtigt[603]. Die Mißbrauchsregelung wurde unter Hinweis auf die im Entwurf vorhandene Möglichkeit einer Verwirkung des Eigentumsrechts in Art. 20 b[604] ersatzlos gestrichen. *V. Mangoldt* als für den Grundrechtsteil zuständiger Berichterstatter kommentiert diese Entscheidung wie folgt:

> "Dieser Absatz ist aber in vierter Lesung im Hauptausschuß gefallen. Dabei hat die allerdings nur zu einem Teil richtige Annahme eine Rolle gespielt, daß dieser Absatz durch die Verwirkungsklausel des Art. 18 gedeckt werde"[605].

Nur diese Äußerung scheint die sich ansonsten geradezu aufdrängende Schlußfolgerung einer abschließenden Verwirkungsregelung in Art. 18 GG und die daraus resultierende Irrelevanz des sozialpflichtwidrigen Vorverhaltens des Eigentümers für die zivil- und strafrechtliche Beurteilung eines Eingriffes privater Dritter in derart mißbrauchtes Eigentum erschüttern zu können; ein mögliches Redaktionsversehen des - im Verfassungsrecht allerdings nur subsidiär zu Auslegung heranzuziehenden[606] - historischen Gesetzgebers, das für den Ausschluß sozialpflichtwidrig genutzten Eigentums aus dem Schutz der Gesamtrechtsordnung und damit auch für die rechtsfolgenlose Eingriffsmöglichkeit Privater hieran sprechen könnte.

Jedoch kann die Annahme einer "unbeabsichtigten Streichung"[607] bei genauer Betrachtung der historischen Dokumente über den Parlamentarischen Rat nicht überzeugen. Zum einen war der Antrag auf Streichung der Mißbrauchsklausel in der abschließenden Lesung in Übereinstimmung mit *v. Mangoldt* gestellt worden[608], der im Rahmen der Beratungen aber nicht einmal auf die nach seiner - im späteren Bericht zum Ausdruck kommenden - Meinung unterschiedlichen Anwendungsbereiche des Art. 14 III und des späteren Art. 18 hingewiesen hatte. Insoweit wird man davon ausgehen müssen, daß - unabhängig von einer vorher diskutierten, weitergehenden Mißbrauchssanktionierung - der Wegfall des Art. 14 III als durchaus bewußte und gewollte Entscheidung des Parlamentarischen Rates zu

---

602 AaO., S. 199 (200).
603 57. Sitzung v. 5.5.1949, aaO., S. 747.
604 Zu der diesem Artikel entsprechenden Regelung des Art. 18 GG s.o.
605 Schriftlicher Bericht von v. Mangoldt über "Die Grundrechte" in Parl. Rat, Grundgesetz, Entwürfe S. 12; ebenso. Malunat, Eigentum Pol. VJS 1982, 257 (266).
606 Vgl. BVerfGE 1, 299 (312); Erichsen, S. 100 m.w.N.
607 Malunat, aaO., Fn. 581.
608 Vgl. den Hinweis des Abgeordneten Zinn auf die Übereinstimmung seines Antrages auf Streichung mit einem gleichlautenden Antrag von v. Mangoldt, Parl. Rat, aaO., S. 747.

akzeptieren ist; denn wenn - wie *v. Mangoldt* in seinem Bericht unterstellt - im Rahmen der 57. Sitzung die von ihm doch anscheinend erkannte und "nur zu einem Teil richtige Annahme" einer inhaltlichen Kongruenz von Art. 14 III und Art. 18 eine Rolle gespielt haben sollte, so hätte doch er - *v. Mangoldt* - dieses Mißverständnis aufklären und die Einführung bzw. Beibehaltung einer weitergehenden Mißbrauchssanktionierung anregen können. Auch der Hinweis des Redaktionsausschusses in seiner Stellungnahme zur ersten Lesung[609], in dem ausdrücklich und unmißverständlich die Notwendigkeit einer dezidierten Regelung der Eingriffsmöglichkeiten "Privater in solch mißbrauchtes Eigentum" für den Fall einer Beibehaltung der Mißbrauchsklausel dargelegt wurde, spricht gegen das Vorliegen eines Redaktionsversehens bei Streichung der Mißbrauchsklausel.
Denn angesichts dieser Anmerkung und der nahezu in jeder Lesung des Art. 14 geführten Diskussion und Abstimmung über die Formulierung und das Ausmaß einer Mißbrauchsbestimmung erscheint die Unterstellung eines Versehens bei der - noch dazu unter ausdrücklichem Hinweis auf die Mißbrauchsregelung des Art. 20 b erfolgten - Streichung wenig wahrscheinlich.

Es liegt eher die Annahme nahe, daß der Verfassungsgeber, der trotz Kenntnis einer Problemlage keine Regelung über diesen Gegenstand trifft, dieses Problem bewußt nicht behandeln und daher eben keine - atypische - Eingriffsmöglichkeit Dritter in mißbrauchtes Eigentum einführen will. Letztendlich deckt sich die nach dem endgültigen Verfassungstext fehlende Drittwirkung der Sozialpflichtigkeit des Eigentums auch mit der verfassungshistorisch intendierten und insbesondere durch die Grundrechte festgeschriebenen Schaffung einer Abwehrmöglichkeit gegen Eingriffe des Staates; dessen Machtausübung im grundrechtlich geschützten Bereich ist besonderen Beschränkungen unterworfen, ohne daß die Grundrechte darüber hinaus eine unmittelbare Drittwirkung zwischen Privaten entfalten[610].

2) Ergebnis

Neben den strafrechtsdogmatischen Bedenken gegen eine Berücksichtigung eines im Einzelfall sozialpflichtwidrigen Vorverhaltens des Eigentümers enthält daher auch die Eigentumsgewährleistung des Art. 14 GG keine Anhaltspunkte für die Notwendigkeit einer Reduktion des Anwendungsbereiches der Strafgesetze auf sozialpflichtgemäß genutztes Eigentum. Vielmehr erfordert diese verfassungsrecht-

---

609 S.o. S. 158 f.

610 Vgl. nur Erichsen, S. 100 m.w.N.; Hesse, S. 147 f.

liche Garantie den Schutz vor Eingriffen Dritter selbst dann, wenn Eigentum jenseits der Grenzen der Sozialpflichtigkeit genutzt wird[611]; der - allerdings nur scheinbare - Wertungswiderspruch, der dadurch entsteht, daß die in den Ordnungswidrigkeitstatbeständen enthaltene Konkretisierung der Sozialpflichtigkeit des Eigentums durch das Verhalten des Berechtigten verletzt und ihm trotz dessen straf- und zivilrechtlicher Schutz zuteil wird, wird durch die Existenz der Rechtfertigungsgründe kompensiert: Erst wenn das Verhalten des Berechtigten[612] eine Intensität erreicht, die Dritten durch einen speziellen Erlaubnissatz den Eingriff in dieses Rechtsgut gestattet, wird das Vorverhalten des Eigentümers strafrechtlich relevant und führt zu einem Interessenausgleich auf Rechtfertigungsebene[613].

E) (Tathandlung): Betreten ohne oder gegen den Willen des Berechtigten

Als bei demonstrativen Hausbesetzungen einschlägige Tathandlung kommt sowohl das "Eindringen" als auch das "Sich-Nicht-Entfernen" in Betracht; regelmäßig werden die Besetzer die Tatobjekte bereits gegen den Willen des Berechtigten betreten und so den Tatbestand des § 123 I StGB in der 1. Handlungsalternative erfüllt haben.

Der bezüglich dieser Handlungsalternative bestehende Meinungsstreit ist wegen seiner praktischen Bedeutungslosigkeit - beide Auffassungen führen zu denselben Ergebnissen - wissenschaftlich wenig ergiebig: Während die h.M.[614] ein Eindringen bei einem Betreten g e g e n den Willen des Berechtigten bejaht, nimmt eine literarische Minderansicht[615] eine Verwirklichung dieses Handlungsmerkmals dann an, wenn der Täter eines der Tatobjekte o h n e den Willen des Hausrechtsinhabers betreten hat.

Beide Konzeptionen müssen jedoch aus praktischen Erwägungen dann "Zugeständnisse" machen, wenn bei Abwesenheit des Berechtigten entweder ein entgegenstehender Wille nicht feststellbar oder trotz eines Betretens ohne den Willen des Berechtigten dessen Zustimmung zu vermuten ist[616].

611 Zutr. Degenhart, JR 1984, 30 (31).

612 Dies gilt allerdings nur für Rechtfertigungsgründe, die als Re-Aktion des "Angegriffenen" konstruiert sind; anders hingegen z.B. die Notstandsregelungen, die auf dem Prinzip des überwiegenden Interesses beruhen.

613 Ein Ergebnis, das eigentlich auf der Hand liegt: Der Angreifer, der durch die Benutzung einer in seinem Eigentum stehenden Pistole dieses Eigentum mißbraucht, verwirkt es nicht, sondern nur die konkrete Angriffslage führt zur Rechtfertigung der Beschädigung oder Zerstörung der Angriffsmittel; vgl. Schall, NStZ 1983, 241 (247); Geilen, JK § 123/2 a.E.

614 Vgl. nur LK-Schäfer, § 123 Rdnr. 24 m.w.N.

615 SK-Rudolphi, § 123 Rdnr. 13; Amknecht, S. 83; Schall, S. 142 je m.w.N.

616 Zutr. Bernsmann, Jura 1981, 337 (341); Seier, JA 1978, 622.

Ob nun das Erfordernis einer positiven Stellungnahme des Hausrechtsinhabers als Regel deklariert wird, die ausnahmsweise dann zu durchbrechen ist, wenn ein Einverständnis zwar objektiv vorliegt, jedoch gegenüber dem Eindringenden nicht geäußert wurde, oder der prinzipiell erforderliche, entgegenstehende Wille bei fehlenden Anhaltspunkten "nur" vermutet wird, ist daher letztendlich ein irrelevanter und damit überflüssiger Streit um die Formulierung der Definition des "Eindringens"[617].

I) Tatbestandsausschließendes (mutmaßliches) Einverständnis im Falle der Durchführung von Renovierungsarbeiten durch die Besetzer?

Bei Berücksichtigung der unterschiedlichen Gründe des Leerstandes von Wohnraum[618] könnte eine - praktisch vor dem Hintergrund von § 123 II StGB nach der geltenden Gesetzeslage[619] allerdings wenig bedeutsame[620] - Tatbestandslosigkeit des Verhaltens der Hausbesetzer möglicherweise dann diskutiert werden, wenn diese die Gebäude besetzen und die erforderlichen Arbeiten, die auch der Eigentümer durchführen lassen wollte, tatsächlich ausführen.

1) Handeln mit dem mutmaßlichen Willen des Berechtigten

Der Tatbestand des § 123 I StGB setzt ein Handeln gegen oder ohne den Willen des Berechtigten voraus, so daß die tatsächlich vorhandene Zustimmung des Rechtsgutträgers nicht als Einwilligung die Rechtswidrigkeit, sondern bereits als Einverständnis die Tatbestandsmäßigkeit des Täterverhaltens ausschließt[621].

---

617 LK-Schäfer, § 123 Rdnr. 26; Wessels, BT/1, § 13 I 3; Bernsmann, aaO., S. 341; vgl. auch Stoiber, S. 77 f (89); instruktiv: Schild, NStZ 1986, 346 ff.

618 S.o. S. 13 ff.

619 Zu den Reformbestrebungen, die auch eine Umwandlung in ein eingeschränktes Antragsdelikt vorsehen, s.u. Vierter Teil, 2. Kapitel.

620 Der einfache Hausfriedensbruch ist uneingeschr. Antragsdelikt, so daß gegen den Willen des Berechtigten, der mit dem Betreten einverstanden ist, eine Strafverfolgung nicht möglich ist:
Für den Praktiker, der zunächst die Strafverfolgungsvoraussetzungen gedanklich durchmustert, verbietet die Tatsache, daß § 123 StGB ein uneingeschränktes Antragsdelikt ist, eine sachliche Prüfung.
In der juristischen Ausbildung hingegen werden Strafverfolgungsvoraussetzungen eher stiefmütterlich nach der Bejahung von Tatbestand, Rechtswidrigkeit und Schuld geprüft, so daß hier die materiellrechtliche Lösung Vorrang genießt: Mangels entgegenstehenden Willens liegt kein Eindringen und damit bereits der objektive Tatbestand nicht vor.

621 Vgl. BGH St 23, 1 (3); LK-Hirsch, Vor § 32 Rdnr. 96 f; daß der übereinstimmende Wille im Rahmen des Hausfriedensbruchs bereits die Tatbestandsmäßigkeit aufhebt, entspricht einhelliger Meinung, vgl. nur Krey, BT/1, Rn. 437; Maurach-Zipf, AT/1, S. 218.

Obwohl ein wirklich vorhandenes Einverständnis der Eigentümer schon aufgrund fehlender Kenntnis der Besetzungen regelmäßig nicht vorliegt, könnte man geneigt sein, in gewissen Fallkonstellationen auf ein - dann allerdings - "mutmaßliches Einverständnis"[622] zurückzugreifen und den Ausschluß der Tatbestandsmäßigkeit des Verhaltens der Hausbesetzer unter folgenden Voraussetzungen erörtern:

Sofern "Instandbesetzer" Gebäude besetzen und die erforderlichen Arbeiten, die der Eigentümer zwar durchführen lassen wollte, aber wegen fehlender Mittel nicht konnte, handwerksgerecht durchführen und es sich dabei nicht um Instandsetzungen handelt, die nur von Konzessionsträgern durchgeführt werden dürfen[623], könnte ein Betreten des Schutzobjektes gegen bzw. ohne den Willen des Berechtigten aufgrund dessen mutmaßlichen Einverständnisses entfallen; denn das Betreten des Gebäudes zwecks Durchführung dieser Arbeiten liegt letztendlich im materiellen Interesse des Eigentümers.

Schwieriger erscheint es, das tatbestandsmäßige Verhalten der Besetzer auch in den Fällen in Frage zu ziehen, in denen konzessionsgebundene Arbeiten - wenn auch lege artis - ausgeführt werden. Trotz einer Besetzung besteht die Verkehrssicherungspflicht[624] und die bauordnungsrechtliche Haftung des Eigentümers[625] fort, d.h. er ist weiterhin für den Zustand des Gebäudes und die ordnungsgemäße Ausführung erforderlicher Arbeiten verantwortlich und darf derartige Arbeiten nur von dafür zugelassenen Betrieben ausführen lassen.

Sofern konzessionsgebundene Arbeiten von Hausbesetzern durchgeführt werden, muß daher ein Rückgriff auf ein mutmaßliches Einverständnis des Eigentümers von vorneherein ausscheiden, da dieser für eine baurechtswidrige Instandsetzung haftbar und somit bereits objektiv seine Zustimmung zum Betreten des Gebäudes nicht zu erwarten wäre.

Durch diese Differenzierung würden zwar nicht die immer wieder in den Vordergrund gerückten Fälle des Protests gegen die sogenannte spekulative Wohnraumvernichtung aus dem Tatbestand des § 123 StGB ausgeschlossen, da in diesen Fällen der Wille des Eigentümers auf die Errichtung rentablerer Neubauten gerichtet war, jedoch könnten danach die Besetzer nicht tatbestandsmäßig handeln, die - unabhängig von ihrer Moti-

---

622 Sofern es ein solches überhaupt gibt, dazu s.u. 2).

623 Insoweit ist es durchweg üblich, daß etwa die Versorgungsbetriebe für Strom und Gas eine Belieferung ihrer Kunden davon abhängig machen, daß die entsprechenden Installationen von einem konzessionierten Handwerksbetrieb ausgeführt wurden.

624 Vgl. BGH BB 1958, 1182 selbst für den Fall, daß die Ordnungsbehörden die Absperrung einer Gefahrenstelle übernommen haben; die Verkehrssicherungspflicht blieb davon unberührt.

625 Der Eigentümer ist als Zustandsstörer für den ordnungsgemäßen Erhaltungszustand seiner Liegenschaften verantwortlich.

vation - weiterhin als Wohnraum bestimmte Gebäude in einem bewohnbaren Zustand erhalten bzw. einen solchen wiederherstellen.

Zu beachten ist hierbei jedoch, daß es nicht um die Berücksichtigung eines mutmaßlichen Willens des Hausrechtsinhabers bei Fehlen einer ausdrücklichen oder konkludenten Stellungnahme zu dem Verhalten des Täters[626] und damit letztendlich um die Formulierung und Auslegung der Definition des Eindringens geht; denn in den Fällen einer vom Eigentümer geplanten Wiederherstellung der Bewohnbarkeit der Räumlichkeiten, die dann durch Dritte in seinem Sinne vorgenommen wird, dürfte es sich ausnahmslos um Wohnungen und Häuser handeln, die eben aufgrund dieser Eigentümerabsichten nach außen hinreichend abgeschirmt sind. Insoweit kann die Existenz eines dem Eintreten Fremder generell entgegenstehenden und objektiv wahrnehmbaren Willens nicht bezweifelt werden. Es stellt sich hier vielmehr die Frage, ob trotz dieses Ausschließungswillens, der gegen ein ausdrückliches oder konkludentes Einverständnis spricht, der allein für den Fall der Durchführung der Arbeiten zu vermutende, übereinstimmende Wille als mutmaßliches Einverständnis die Tatbestandsverwirklichung ausnahmsweise dann entfallen lassen kann, wenn Dritte - ohne vorherige Rückfrage und trotz grundsätzlich entgegenstehenden Willens - die Räumlichkeiten betreten, um dort im materiellen Interesse des Berechtigten tätig zu werden.

2) Wirkt ein "mutmaßliches Einverständnis" tatbestandsausschließend?

Durchgreifende Bedenken gegen die Berücksichtigung eines mutmaßlichen Einverständnisses bei einem dem Betreten Dritter grundsätzlich entgegenstehenden Willen des Berechtigten könnten sich jedoch aus folgenden Überlegungen ergeben:

Die zwischenzeitlich mit beachtlichen Argumenten in Frage gezogene[627] Unterscheidung zwischen tatbestandsausschließendem Einverständnis und rechtfertigender Einwilligung basiert auf der angeblich vom Gesetzgeber bewußt oder unbewußt vollzogenen Aufstellung zweier Gruppen[628] von Tatbeständen.

Bei einem Teil der Strafvorschriften werde allein eine Handlung gegen bzw. ohne den Willen des Berechtigten ausdrücklich oder stillschweigend vorausgesetzt, so daß sich der Unrechtsgehalt dieser Delikte in der Mißachtung eben dieses Willens erschöpfe und

---

626 Vgl. dazu LK-Schäfer, § 123 Rdnr. 25 m.w.N.; offenlassend RG St 75, 355 (357).

627 Vgl. statt vieler: Roxin, AT, § 13; SK-Samson, Vor § 32 Rn. 56 ff (64).

628 Als dritte, für die unrechtsausschließende Wirkung einer Zustimmung jedoch irrelevante Deliktsgruppe sei an die Tatbestände erinnert, die gerade ein Handeln mit dem Willen des Opfers voraussetzen, vgl. dazu Jescheck, S. 298.

ein rein tatsächlich vorhandener, zustimmender Wille des Rechtsgutträgers bereits die Tatbestandsmäßigkeit des Verhaltens ausschließen müsse. Dieser Fall einer Zustimmung wird in Übernahme der Terminologie von *Geerds*[629] "Einverständnis" genannt. Sofern sich jedoch die tatbestandsmäßige Handlung nicht ausschließlich gegen den Willen des Rechtsgutträgers richte, sondern zusätzlich andere, unabhängig von seinem Willen existierende Handlungsobjekte tangiere, sei einer Zustimmung des Berechtigten gegebenenfalls[630] rechtfertigende Bedeutung zuzumessen[631].

Unabhängig von der - im Rahmen der unterschiedlichen Wirksamkeitsvoraussetzungen von Einverständnis und Einwilligung relevanten und - umstrittenen Frage nach der rein tatsächlichen Natur des Einverständnisses[632], besteht jedoch Einigkeit darüber, daß einer Zustimmung des Berechtigten allein dann tatbestandsausschließende Wirkung zukommen kann, wenn dieser Wille - unabhängig von der Kenntnis des Täters - bei Beginn der Tatausführung tatsächlich und objektiv vorliegt. Wenn der deliktische Charakter eines Straftatbestandes gerade dadurch geprägt wird, daß ein Handeln gegen den Willen vorliegt, kann auch nur ein tatsächlich vorhandener Wille den Tatbestandsvorwurf entfallen lassen. Für einen Rückgriff auf den bei Kenntnis der Sachlage mutmaßlichen Willen ist auf dieser Ebene kein Raum. Erforderlich ist daher eine bewußte Zustimmung des Rechtsgutträgers, bloßes "Geschehenlassen oder passives Erdulden"[633] stellt kein tatbestandsausschließendes Einverständnis dar[634].

Einem nur mutmaßlichen, objektiv jedoch nicht vorhandenen Einverständnis kann daher - mangels einer faktisch vorhandenen Zustimmung des Berechtigten - keine tatbestandsausschließende Wirkung beigelegt werden; die vermutete Zustimmung des Berechtigten kann bei Delikten, die ein Handeln ohne oder gegen den Willen des Rechtsgutträgers voraussetzen, als mutmaßliche Einwilligung "lediglich" die Rechtswidrigkeit des Täterverhaltens ausschließen: Ein nur mutmaßliches und zugleich tatbestandsausschließendes Einverständnis im technischen Sinne gibt es daher nicht.

Dies ist ein Ergebnis, das von dem Streit um die zutreffende dogmatische Einordnung der Einwilligung unabhängig ist, da auch nach einer "Tatbestandslösung" bei einer (nur) mutmaßlichen Einwilligung das Rechtsgut deliktstypisch verletzt worden ist und daher allenfalls eine Rechtfertigung in Betracht zu ziehen ist[635].

---

629 Einwilligung und Einverständnis, 105 ff.

630 Zu den Voraussetzungen im einzelnen vgl. Dre-Tröndle, Vor § 32 Rdnr. 3.

631 Jescheck, S. 298 f; Wessels, AT, S. 94 f.

632 BGH St 23, 1 (3); Wessels, AT, § 9 I 1; vgl. aber auch Jescheck, S. 334 f.

633 Wessels, AT, § 9 I 1; ähnlich Jakobs, 109.

634 RG St 68, 306 (307); Geerds, JR 1983, 254 (256).

635 Vgl. dazu: Roxin, AT I, § 18 Rn. 3 ff.

3) Die Erforschbarkeit des "wahren" Willens

Wird - entgegen der hier vertretenen Auffassung - die Konstruktion eines hypothetischen Einverständnisses für grundsätzlich denkbar erachtet[636], ist fraglich, ob sich die Hausbesetzer im Falle der Durchführung der vom Eigentümer geplanten Maßnahmen[637] nicht auf eine bei Tatsachenkenntnis möglicherweise vorhandene Zustimmung des Berechtigten berufen können. Aufgrund der allein konstruktiv bedingten Unterschiede[638] zwischen mutmaßlichem Einverständnis und mutmaßlicher Einwilligung und der ansonsten völlig identischen Interessenlage müßten die von Rechtsprechung und Literatur entwickelten Voraussetzungen einer mutmaßlichen Einwilligung für das mutmaßliche Einverständnis zumindest entsprechende Anwendung finden.

Da der Rechtfertigungsgrund der mutmaßlichen Einwilligung dazu dient, demjenigen Täter den Vorwurf eines rechtswidrigen Verhaltens zu ersparen, dem bei objektiver Würdigung der tatsächlichen Gegebenheiten eine wirksame Einwilligung durch den Rechtsgutträger erteilt worden wäre[639], ist diese Rechtsfigur auf Fallkonstellationen beschränkt, in denen entweder das Täterhandeln im materiellen Interesse des Betroffenen liegt, oder für dessen schutzwürdiges Erhaltungsinteresse keine Anhaltspunkte ersichtlich sind und zugleich - wichtig - eine Entscheidung des Rechtsgutträgers nicht rechtzeitig eingeholt werden konnte[640]; die Unmöglichkeit der Erforschung des wahren Willens des Berechtigten in Eil- und Notfällen ist insoweit unabdingbare[641] Voraussetzung dieses Rechtfertigungsgrundes. Aufgrund dieser Einschränkung, die einer "Bevormundung

---

636 So wohl die Vertreter der Auffassung, die für ein Eindringen ein Handeln ohne den Willen des Berechtigten verlangen, da sie die Zustimmung bei Abwesenheit des Berechtigten ggf. fingieren müssen und eine Tatbestandslosigkeit nur über ein mutmaßliches Einverständnis begründen könnten, vgl. dazu schon S. 164 f.

637 Zu der erforderlichen Differenzierung vgl. Bernsmann, Jura 1981, 343.

638 Ein Argument, das insbesondere unter Berücksichtigung der bei der Formulierung eines Straftatbestandes möglicherweise auftretenden Zufälligkeiten für die Auffassung spricht, die die Wirksamkeitsvoraussetzungen von Einwilligung und Einverständnis identisch bestimmen will. Hätte der Gesetzgeber bei § 123 StGB nicht ein Eindringen, sondern ein Eintreten unter Strafe gestellt, so käme der Zustimmung des Hausrechtsinhabers nur rechtfertigende Bedeutung zu. Zum Problem der Willensmängel bei Einwilligung und Einverständnis vgl. Bernsmann, Jura 1981, 403; LK-Schäfer, § 123 Rdnr. 27 je m.w.N.

639 Dre-Tröndle, Vor § 32, Rdnr. 4 m.w.N.

640 BGH St 16, 309 (312); LK-Hirsch, Vor § 32 Rdnr. 136; SK-Samson, Vor § 32 Rdnr. 83.

641 Demgegenüber wollen OLG Hamburg, NJW 1960, 1482 und Sch-Sch-Lenckner, Vor § 32, Rdnr. 54 für die Fälle eines fehlenden schutzwürdigen Erhaltungsinteresses von dieser Voraussetzung absehen. Unabhängig davon, daß dies zu einer bedenklich weiten Einwirkungsmöglichkeit in fremde - wenn auch unvernünftig geregelte - Angelegenheiten führt, müßte jedoch auch diese Minderansicht in den vorliegenden Fällen eine durchgreifende Rechtfertigung verneinen. Denn die Einholung der Entscheidung des Betroffenen soll nur dann überflüssig sein, wenn Anhaltspunkte dafür ersichtlich sind, daß dieser auf "eine Befragung keinen Wert legt" (Lenckner aaO.). Aufgrund der obigen Ausführungen liegt in der hier diskutierten Fallgruppe jedoch prima facie ein objektiv wahrnehmbarer, entgegenstehender Wille aufgrund der Abgeschlossenheit der Tatobjekte vor.

durch ungebetene Nothelfer"[642] vorbeugen soll, kann ein Tatbestandsausschluß in den Fällen einer Besetzung mit anschließender Instandsetzung selbst dann nicht überzeugend begründet werden, wenn die dogmatische Möglichkeit eines mutmaßlichen Einverständnisses anerkannt würde: Den Tätern wäre es möglich gewesen, den wahren Willen des Berechtigten vor Tatbegehung zu erforschen, indem sie dem Eigentümer der Räumlichkeiten, der regelmäßig über das Adreßbuch zu ermitteln ist, beispielsweise eine Instandsetzung nach seinen Vorstellungen gegen Überlassung zur Eigennutzung durch die "Besetzer" angeboten hätten.

II) Nochmals: Berücksichtigung des Vorverhaltens der Eigentümer; Unbeachtlichkeit des entgegenstehenden Willens bei vorangegangenem Verstoß gegen die Sozialpflichtigkeit des Eigentums?

Einem unter den genannten Voraussetzungen[643] sozialpflichtwidrigen Vorverhalten der Eigentümer könnte allerdings im Rahmen des "Eindringens" Bedeutung beizumessen sein: Da diese Tathandlung ein Betreten gegen den Willen des Berechtigten voraussetzt[644], würde die Tatbestandsmäßigkeit des Verhaltens der Hausbesetzer dann entfallen, wenn der objektiv vorhandene, entgegenstehende Wille aufgrund des Vorverhaltens des Berechtigten als rechtsmißbräuchliche Ausübung des Hausrechts unbeachtlich wäre.

Dieser Gedanke muß auf den ersten Blick befremden, da er - konsequent auf alle Tatobjekte angewandt - die Beachtlichkeit oder Unbeachtlichkeit des entgegenstehenden Willens von zivil- und öffentlich-rechtlichen Wertungen abhängig machen würde und die Beschränkung der Dispositionsbefugnis des Hausrechtsinhabers auf nicht-sittenwidrige Betätigungen des Hausrechts, insbesondere bei der "Wohnung", nicht mit dem Schutz einer diskreten Wohnsphäre zu vereinbaren ist[645]; der Schutz der individuellen, räumlichen Selbstentfaltung scheint zugleich die Willkürlichkeit der Entscheidungen des Wohnungsinhabers und damit auch die völlig freie, von rechtlichen Wertungen unabhängige Betätigung des Hausrechts zu begründen. Jedoch findet der Gedanke des Rechtsmißbrauchs gerade im Rahmen des Hausfriedensbruchs an verschiedenen Stellen Anwendung.

642 H. Mayer Lb AT, S. 168.

643 S.o. S. 148 ff.

644 Aufgrund der praktischen Bedeutungslosigkeit des Streites um die Definition des Eindringens (s.o. S. 146) wird im folgenden der Formel des h.M. gefolgt: Eindringen als "Betreten gegen den Willen des Berechtigten".

645 Vgl. dazu Bemsmann, Jura 1981, 409.

Zwar wird - zu Recht - die unbeschränkte Dispositionsbefugnis desjenigen Wohnungsinhabers betont, der als alleiniger Berechtigter über den Zutritt Dritter zu entscheiden hat[646]; sobald jedoch mehrere (Mit-)Berechtigte vorhanden sind, von denen nur einer einem Dritten den Zutritt zur Wohnung gewährt hat, während die anderen dessen Betreten ausdrücklich nicht wünschen, stellt sich auch bei diesem Tatobjekt die Frage, wessen Wille beachtlich und ob entweder die Zustimmung zum Betreten oder deren Verweigerung rechtsmißbräuchlich ist.

Parallel zu der Lösung dieses Konfliktes mehrerer Mitberechtigter soll auch das Hausrecht des Mieters im Verhältnis zu seinem Vermieter an normative Kriterien angebunden sein; Dritte, die mit Einverständnis des Mieters, aber gegen den Willen des Vermieters ein Mietshaus betreten, sollen zumindest grundsätzlich Hausfriedensbruch begehen können.

Beide Fallkonstellationen - könnte man einwenden - behandeln Sachverhalte, in denen einerseits der tatsächlich geäußerte, zustimmende oder ablehnende Wille eines Berechtigten aufgrund eines Rechtsmißbrauchs unbeachtlich ist, und andererseits die Konfliktlage, die einen Rückgriff auf den Gedanken des Rechtsmißbrauchs erfordert, allein dadurch entsteht, daß an derselben räumlichen Sphäre mehrere Personen eine gleichrangige Rechtszuständigkeit besitzen. Bei der Berücksichtigung eines sozialpflichtwidrigen Vorverhaltens des Eigentümers leerstehender Häuser und Wohnungen ginge es hingegen um die andersartige Frage, ob der entgegenstehende Wille eines Alleinberechtigten unbeachtlich sein kann.

Diesem Einwand darf jedoch für sich allein keine Bedeutung beigemessen werden: Sofern sich erweisen sollte, daß die Dispositionsbefugnis des Hausrechtsinhabers, der "nur" eine Mitberechtigung besitzt, zu Recht und bei allen Tatobjekten durch den Gedanken des Rechtsmißbrauchs einen von normativen Wertungen abhängigen, akzessorischen Charakter hätte, würde sich die Frage geradezu aufdrängen, ob nicht auch eine Alleinberechtigung derartigen Einschränkungen zugänglich sein muß; ferner müßte, sofern der zustimmende Wille einer Rechts- und Billigkeitskontrolle unterläge, auch der entgegenstehende Wille einer derartigen Beschränkung zugänglich sein.

Darüber hinaus findet sich auch eben dieser Gedanke der Beschränkung einer Alleinberechtigung und der Unbeachtlichkeit eines vorhandenen, dem Betreten (oder Verweilen) entgegenstehenden Willens im Rahmen des Hausfriedensbruchs; derartigen Überlegungen kann sich die h.M. dann nicht völlig verschließen, wenn die Ausübung des Haus-

---

646 LK-Schäfer, § 123 Rdnr. 19; Sch-Sch-Lenckner, § 123 Rdnr. 42.

rechts an Geschäftsräumen[647] in folgenden Beispielen strafrechtlich gewürdigt werden soll:

Beispiel 1: Ein Gastwirt fordert den Gast nach Abschluß des Bewirtungsvertrages zum Verlassen der Gaststätte auf, obwohl der Gast weder die vertragsgemäße Leistung erhalten, noch sich in irgendeiner Weise ungebührlich[648] verhalten hat. Hausfriedensbruch (in der Alternative des Verweilens) aufgrund des entgegenstehenden Willens des Gastwirts?

Beispiel 2: Ein Diskothekenbesitzer hat aus persönlichen Gründen Ressentiments gegen Schwarze, Ausländer ... . Daher befindet sich an der Eingangstür ein Schild mit der Aufschrift: "Kein Zutritt für Neger, Ausländer ...". Zwei afrikanische, dunkelhäutige Studenten betreten trotz dessen die Diskothek. Hausfriedensbruch (in der Alternative des Eindringens) durch die Studenten[649]?

Die im Ergebnis kaum zu bezweifelnde Straflosigkeit der Gäste trotz des objektiv entgegenstehenden Willens des Berechtigten wird hier überwiegend durch eine Begrenzung der Dispositionsbefugnis auf nicht sittenwidrige Betätigungen des Hausrechts und eine Ankoppelung an normative Wertungen erreicht: Dem vertragswidrigen oder öffentlich diskriminierenden Willen darf keine strafrechtliche Bedeutung beizumessen sein, so daß - trotz faktisch entgegenstehenden Willens - juristisch ein Handeln gegen den beachtlichen Willen des Berechtigten ausscheidet[650].

Inwieweit der Gedanke des Rechtsmißbrauchs bei den Tatobjekten "Wohnung" und "Geschäftsräume" zu Recht herangezogen wird und - bejahendenfalls - diese Überlegung auch auf den entgegenstehenden Willen des Eigentümers sozialpflichtwidrig leerstehender Häuser und Wohnungen, die dem "befriedeten Besitztum" unterfallen, übertragen werden kann, soll im folgenden untersucht werden.

---

647 Zum Problem der Ausübung des Hausrechts an Dienstgebäuden, die nach h.M. durch deren Widmung beschränkt ist, vgl. LK-Schäfer, § 123 Rdnr. 37 f m.w.N.

648 Vgl. dazu RG St 4, 322 (323).

649 Beispiel in Anlehnung an Bernsmann, Jura 1981, 408; vgl. rechtstatsächlich dazu auch den Sachverhalt, der der Entscheidung des OLG Frankfurt, NJW 1985, 1720 f zugrunde lag ("Türken dürfen dieses Lokal nicht betreten"). Weitere Beispiele bei Bohnert, GA 1983, 1 (5 f).

650 Vgl. dazu Sch-Sch-Lenckner, § 123 Rn. 19; AK-Ostendorf, § 123 Rn. 37.

1) Die Ausübung des Hausrechts im Verhältnis Mieter und Vermieter

Eine Beschränkung des Hausrechts durch überlagernde oder gar vorrangige Interessen Dritter und eine Ankoppelung der Dispositionsbefugnis des Hausrechtsinhabers an vertragliche Regelungen, die Begrenzung durch den Gedanken der Unzumutbarkeit und des Rechtsmißbrauchs findet sich - nach h.M. - in den Fällen einer "Kollision des Hausrechts von Mieter und Vermieter"[651]. Gemeint sind Sachverhalte, in denen eine Person ein Mietshaus[652] im Einverständnis mit dem Mieter betritt, obwohl der Vermieter ihr[653] oder dem Personenkreis, dem sie angehört[654], den Zutritt untersagt hat.

Sowohl die Frage nach der grundsätzlichen Möglichkeit einer derartigen Kollisionslage als auch deren sinnvolle und zugleich konstruktiv einleuchtende Lösung sind in Rechtsprechung und Literatur heftig umstritten. Zwar besteht weitgehende Einigkeit darüber, daß dem Mieter überhaupt (irgend-) ein Hausrecht an der von ihm bewohnten Wohnung zusteht[655], jedoch wird bereits der Entstehungsgrund dieses Mieterhausrechts unterschiedlich beurteilt. Diesem Streit ist für die vorliegende Problematik - Unbeachtlichkeit einer rechtsmißbräuchlichen Hausrechtsausübung - deshalb Bedeutung zuzumessen, da nur bei einem unbegrenzten Rechtserwerb eine konkrete Ausübung rechtsmißbräuchlich und daher unbeachtlich sein kann; die von vorneherein auf rechtlich und vertraglich zugebilligte Betätigungen des Hausrechts beschränkte Rechtsposition des Wohnungsmieters könnte hingegen keinesfalls einen Fall des Rechtsmißbrauchs darstellen, da eine über die so festgelegten Grenzen hinausgehende Ausübung des Rechtes bereits nicht mehr von der - beschränkten - Berechtigung getragen wäre.

a) Derivates Mieterhausrecht?

Eine in Rechtsprechung[656] und Literatur[657] häufig anzutreffende Auffassung geht davon aus, daß das Hausrecht des Mieters mit Besitzerlangung[658] oder Einzug in die gemieteten Räumlichkeiten begründet wird. Obwohl erst die faktische "In-Be-

---

651 Krey, BT/1, Rn. 437 ff; Engeln, S. 107 f.

652 Die h.M. trennt - wie bereits ausgeführt - nicht zwischen den Zugängen und Nebenräumen einer Wohnung und der Wohnung selber, so daß hier offenbleiben kann, ob die unerwünschte Person das Treppenhaus betritt oder sich in der Wohnung des Mieters befindet.

653 Vgl. das Bsp. von Krey, aaO., Rn. 437.

654 Man denke nur an die geläufigen Schilder, die Betteln und Hausieren verbieten, vgl. LK-Schäfer, § 123 Rdnr. 53.

655 So schon Jäger, S. 23; a.A.: Schröder, NJW 1966, 263.

656 RG, GA 50 (1903), 239; OLG Hamm, GA 61, 181 f; OLG Köln, MDR 1954, 359 (360); OLG Köln, NJW 1966, 265.

657 LK-Schäfer, § 123 Rdnr. 53; Olshausen, § 123 Rdnr. 50; Frank, § 123 II 2; Bockelmann, BT/3, S. 152.

658 Nach LK-Schäfer, § 123 Rdnr. 51 f (53) reicht insoweit der Abschluß des Mietvertrages aus, wenn dadurch der Mieter Besitzer der Wohnung wird; ähnlich auch Bockelmann, aaO., (Fn. 608).

sitznahme"[659] eine tatsächliche, subjektive Rechtsposition des Mieters entstehen lassen soll, wird jedoch zugleich die rechtliche Begründung eines derartigen Hausrechts vorverlagert: Die tatsächliche Übernahme und damit auch das Hausrecht fänden ihren rechtlichen Erwerbsgrund in dem zwischen Vermieter und Mieter abgeschlossenen Mietvertrag; das Hausrecht sei daher durch diesen privatrechtlichen Vertrag, die guten Sitten und die Strafgesetze beschränkt.

Die von den Vertretern dieser Auffassung benutzten Termini, die von einem dem Hauseigentümer verbleibenden Recht[660] ausgehen, oder - inhaltlich identisch - betonen, daß der Vermieter durch den Abschluß des Mietvertrages nicht völlig seiner Verfügungsgewalt über das vermietete Objekt "beraubt"[661] werde, verdeutlichen die nach dieser Auffassung bestehende Abhängigkeit des Mieterhausrechts: Das Hausrecht des Mieters wird auf ein dahinterstehendes, übergeordnetes Vermieterhausrecht zurückgeführt. Es wird daher nicht als originäres, sondern als ein vom Vermieter abgeleitetes - derivatives - Recht betrachtet.

b) Bedenken

Die Konstruktion eines derartigen derivativen Erwerbes vermag jedoch nicht zu überzeugen. Sie schwächt das "Hausrecht" des Mieters zu einem von seiner zivilrechtlichen Besitzposition, die jedoch gerade bei der Wohnung nicht alleiniges Schutzgut des § 123 StGB ist[662], abhängigen und damit relativen, disponiblen Rechtsgut ab[663], das - quasi akzessorisch - durch den regelmäßig vom Mieter nicht beeinflußbaren (Formular-) Mietvertrag in beliebiger Weise aushöhlbar wäre und verlagert damit den strafrechtlichen Schutz des Hausfriedensbruchs auf zivilrechtliche Vertragsverletzungen und Unterlassungsansprüche[664].

Auch muß es sich als widersprüchlich erweisen, daß die Vertreter dieser Auffassung ein Fortbestehen des Hausrechts desjenigen Mieters bejahen, der nach Ablauf oder Kündigung des Mietvertrages die Wohnung nicht räumt, sondern vertragswidrig weiterbenutzt[665]. Denn wenn für die rechtliche Begründung des Hausrechts nicht die tatsächliche In-Besitz-Nahme ausreichen soll, dann kann für die

---

659 Bernsmann, Jura 1981, 343.
660 LK-Schäfer, § 123 Rdnr. 53.
661 Bockelmann, BT/3, S. 152; ähnlich auch Frank und Olshausen, aaO., die von einer Beschränkung des dem Eigentümer zustehenden Hausrechts ausgehen.
662 S.o. S. 38 ff und passim.
663 Zutr. Bernsmann, Jura 1981, 343; Seier, JA 1982, 232 (237).
664 Krey, BT/1, Rn. 440; Kageler, S. 168; Sch-Sch-Lenckner, § 123 Rdnr. 17.
665 Vgl. LK-Schäfer, § 123 Rdnr. 52 f; Bockelmann, BT/3, S. 152.

Beendigung dieses Rechts kein anderer Maßstab gelten. Entweder muß die Akzessorietät des Hausrechts von dem Mietvertrag und dessen Regelungen auch in derartigen Fällen gelten und daher die "Aufhebung" des Mietvertrages zum Erlöschen des Hausrechts führen, oder aber auch die Entstehung des Mieterhausrechts darf nicht derivativ erfolgen[666]. Eine Vermischung der beiden Kriterien ist dogmatisch nicht zu rechtfertigen.

Ebenso unerklärlich ist die Anerkennung eines Hausrechts desjenigen, der zwar nicht den Mietvertrag abgeschlossen hat, jedoch die Räumlichkeiten mit dem Mieter zusammen als Wohnung benutzt[667]. Auch hier kann das Hausrecht dessen, der nicht Vertragspartei ist, nicht auf den Mietvertrag, sondern allein auf die Faktizität des Wohnens zurückgeführt werden.

Wenig schlüssig erscheint ferner der Gedanke einer "Abtretung" des Hausrechts durch den Vermieter an den Mieter. Geht man mit der nahezu einhellig vertretenen Auffassung[668] davon aus, daß leerstehende Wohnungen keinesfalls dem Tatbestandsmerkmal "Wohnung" unterfallen, so ist nicht nachvollziehbar, daß der Vermieter, der für den Zeitraum des - wenn auch nur kurzfristigen - Leerstandes das Hausrecht an einem befriedeten Besitztum innehatte, dieses Recht dann allerdings als Hausrecht an eine Privatsphäre "Wohnung" übertragen können soll[669]. Wenn der Schutz der Privatsphäre ausschlaggebendes Kriterium des Hausrechts an Wohnungen ist, kann eben nur die tatsächliche Benutzung als Wohnung diese Rechtsposition entstehen lassen. Tatsächlicher Anknüpfungspunkt und rechtlicher Entstehungsgrund eines Hausrechts ist dann aber originär die Schaffung einer häuslichen Privatsphäre durch den Mieter.

Letztlich stehen der Annahme eines derivaten Hausrechtserwerbes durch den Mieter und der dadurch entstehenden Akzessorietät seines Hausrechts von den Regelungen des Mietvertrages auch Bedenken bezüglich der Rechtssicherheit entgegen[670]. Besucher wären einem potentiellen Strafbarkeitsrisiko[671] ausgesetzt, da der ihnen vom Mieter gestattete Aufenthalt in den Mieträumen möglicherweise

---

666 Ähnlich Schröder, NJW 1966, 263 (264).

667 Vgl. OLG Hamm, NJW 1965, 2067; LK-Schäfer § 123 Rdnr. 57. Der Rückgriff dieser Meinung auf das "Wesen der Ehe und die Gleichberechtigung der Ehegatten" (Schäfer aaO.) stellt unter der Voraussetzung eines derivativen Erwerbs ein Scheinargument dar, da durch diese Grundsätze keine positive, vertragliche Berechtigung des im Vertrag nicht erwähnten Ehepartners begründet werden kann. Insoweit käme allenfalls eine Art Vertrag mit Schutzwirkung zu Gunsten Dritter in Frage.

668 S.o. S. 36 ff.

669 Vgl. Schall, S. 138 m.w.N.

670 So auch Krey, BT/1, Rn. 440.

671 Allerdings würde dieses Strafbarkeitsrisiko durch die dann einschlägige Irrtumsproblematik abgemildert.

nicht von dem durch den Mietvertrag begrenztem Hausrecht des Mieters erfaßt sein könnte, obwohl der Besucher die das Hausrecht begrenzende Vereinbarung zwischen dem Vermieter und dem Mieter regelmäßig nicht kennt.

In letzter Konsequenz hieße dies dann auch, den Mieter der Wohnung, der einen solchen Gast einlädt oder - bei nachträglicher Kenntniserlangung vom entgegenstehenden Willen des Hauswirts - zum Bleiben auffordert, wegen Anstiftung oder Beihilfe zum Hausfriedensbruch belangen zu können. Eine Konsequenz des derivativen Hausrechtserwerbes, die mehr als nur bedenklich stimmen muß[672].

Berücksichtigt man, daß das Hausrecht den Wohnungsinhaber vor ihm unangenehmen und in seiner Privat- und Tabusphäre nicht geduldeten Personen schützt, so liegt es auf der Hand, daß dem Vermieter eine Bevormundung qua eines ihm verbleibenden Resthausrechts grundsätzlich versagt sein muß. Die tatsächliche Schaffung einer diskreten Wohnsphäre läßt originär das Hausrecht in der Person des Mieters entstehen, ohne daß diese Rechtsposition von der Person des Vermieters oder der Ausgestaltung des Mietvertrages abhängig ist[673].

Ein (Rest)Hausrecht der Vormieter an den konkret vermieteten Räumen besteht vielmehr nicht.

c) Beschränkungen des Mieterhausrechts?

Ausgehend von diesen Überlegungen stellt sich dann aber die Frage, ob dieses originäre Recht des Mieters nicht doch mittelbar gewissen Einschränkungen zugänglich sein muß. Sowohl die Fälle, in denen der Mieter Dritte "einlädt", damit diese die Hausflure oder andere gemeinsame Einrichtungen demolieren, als auch die, in denen der Mieter seine Wohnung in ein Luxusbordell umfunktioniert hat und die auf den Fluren stehenden Warteschlangen durch obszöne Reden u.ä. den Gemeinschaftsfrieden des Hauses nachhaltig stören, und in denen jeweils der Vermieter den mit dem Einverständnis des Mieters ausgestatteten Störern den Zutritt oder das Verweilen ausdrücklich untersagt hat, machen deutlich, daß ein Rege-

672 Zutr. Bernsmann, Jura 1981, 343; Seier, JA 1982, 232 (237).

673 RG St 1, 222 (223); 15, 391 (393); 36, 322 (323); SK-Rudolphi § 123 Rdnr. 14, 15; Kageler, S. 129; Schall, S. 137 f; Stoiber S. 65 f; Amelung-Schall, JuS 1975, 565 (566); Bernsmann, Jura 1981, 343; Engeln, 108 f (109); Seier, aaO.; inzident geht auch das OLG München, NJW 1972, 2275 von einem originären Hausrechtserwerb aus, da es auch dem in der Wohnung Straftaten begehenden Mieter ein Hausrecht zubilligt und nicht auf die Begrenzung durch die Strafgesetze eingeht.

lungsbedarf besteht, einem offensichtlichen Mißbrauch des Hausrechts durch den Mieter vorzubeugen[674].

Rechtstatsächlich ist insoweit eine vor kurzem veröffentlichte Entscheidung des *LG Lübeck* von Interesse, nach der die Ausübung der Prostitution in einer Mietwohnung eine fristlose Kündigung des Mietvertrages rechtfertigen kann[675].
Insoweit wird dieser Entscheidung der in der Praxis häufig auftretende Fall zugrunde liegen, daß ein Vermieter ahnungslos eine Mietwohnung an ein sogenanntes "Modell" vermietet hat.

Auf die strafrechtliche Problematik projeziert werfen derartige Sachverhaltskonstellationen die Frage auf, ob sich die Freier, die den entgegenstehenden Willen des Vermieters positiv kennen oder zumindest billigend in Kauf nehmen, wegen eines Hausfriedensbruchs strafbar machen.

Das dahinterstehende Problem eines Mißbrauchs des "Hausrechts" durch den Mieter dürfte sich bei der Annahme eines derivaten Mieterhausrechts konsequenterweise nicht stellen, wird jedoch auch von den Vertretern dieser Auffassung erörtert[676]. Deren Rückgriff auf den Gedanken der Zumutbarkeit und des Rechtsmißbrauchs trotz unterstellter Akzessorietät des Hausrechts verwischt dann ihre eigentlich klare Grundkonzeption, da regelmäßig unerörtert bleibt, ob der Mieter seine Zustimmung aufgrund einer ihm gar nicht zustehenden Rechtsposition und damit als Nichtberechtigter erteilt hat, oder ob die Erlaubnis zum Betreten nur die rechtsmißbräuchliche Ausübung eines ihm aber grundsätzlich zustehenden Rechts darstellt[677].

Der Gedanke der rechtsmißbräuchlichen Ausübung verdeutlicht - wenngleich mit quasi umgedrehten Vorzeichen - den Bezug zur hier interessierenden Besetzerproblematik: Für die Beantwortung der Frage, ob der entgegenstehende Wille des Berechtigten bedeutungslos sein kann, wenn der Leerstand rechtswidrig ist und die seinen Ausschließungswillen mißachtende Besetzung gerade diesen ordnungswidrigen Zustand zu beseitigen sucht, wird daher eine genauere Untersuchung des Verhältnisses von Mieter und Vermieter erforderlich. Diese Beziehung ist eine der Konstellationen, in der die Ausübung des Hausrechts einer (Rechts-) Mißbrauchskontrolle unterworfen wird. Sollte hier das Hausrecht des Mieters einer

---

674 Seier, JA 1982, 232 (237); ähnlich auch LK-Schäfer, § 123 Rdnr. 54; a.A.: Sch-Sch-Lenckner, § 123 Rdnr. 17 m.w.N.; nicht eindeutig: AK-Ostendorf, § 123 Rn. 34.

675 LG Lübeck, 6 S 48/92, veröffentlicht in Der Stern, Heft 49/93, S. 126.

676 OLG Braunschweig, NJW 1966, 263 f; OLG Hamm, GA 1961, 181 f; LK-Schäfer, § 123 Rdnr. 53.

677 Vgl. auch Schall, S. 16 f (17).

derartigen Kontrolle unterliegen, so läge es nahe, den Gedanken des Rechtsmißbrauchs auf die Ausübung des Hausrechts generell anzuwenden und daher den einem Betreten durch Dritte entgegenstehenden Willen eines Spekulanten unter Umständen als unbeachtlich anzusehen.

Auch wenn dadurch der vorgezeichnete thematische Rahmen nun zeitweise verlassen zu werden scheint, gilt es sich zunächst dem "Mißbrauch" des Hausrechts durch den Mieter zuzuwenden.

So einleuchtend die Notwendigkeit einer Beschränkungsmöglichkeit des Mieterhausrechts und die Anerkennung eines Resthausrechts des Vermieters in Extremfällen auch ist, so schwierig ist sie jedoch dogmatisch zu begründen. Zu differenzieren zwischen "normalen" und "unzumutbaren" Besuchern[678], ein Abstellen auf den "berechtigten" Verkehr des Mieters[679] oder auf die Besucher "im üblichen Sinne"[680] führt letztendlich zu einer Kontrollmöglichkeit des Vermieters auch über die räumlich begrenzte Privatsphäre des Mieters[681] und damit letztendlich doch zu einem originären oder vertraglich vereinbarten Resthausrecht[682] des Vermieters, das aus denen im Rahmen der Abgrenzung zwischen originären und derivaten Hausrechtserwerbs des Mieters genannten Gründen entweder global anerkannt oder ebenso rigoros abgelehnt wird[683].

Eine vermittelnde, aber bislang kaum beachtete Lösung schlägt dagegen *Seier* vor[684]:

> "In den Sprüchen, in denen ein Resthausrecht des Vermieters anerkannt wurde, ging es überwiegend um Mehrparteienmiethäuser. Hier sei das Hausrecht des Vermieters verletzt, wenn Personen in der Absicht eindrängen, die Wände des Treppenhauses zu beschmieren, oder wenn Mieter Besucher empfängen, die den Charakter des Hauses gefährdeten oder von denen unzumutbarer Belästigungen oder Störungen für andere Hausbewohner ausgingen. Bei genauer Induktion entdecken wir den entscheidenden Unterschied zum vorgegebenen Fall: Der Vermieter ist nicht nur in seiner Position als Eigentümer und in seinen wirtschaftlichen Interessen berührt. Hinzu tritt

678 OLG Braunschweig, NJW 1966, 263 (264); Maurach (5.) BT S. 183, sofern die Raumdisposition den guten Sitten zuwiderlaufen würde; Gössel, § 38 Rn. 39.

679 OLG Hamm, GA 1961, 181 (182).

680 LG Köln, ZMR 1959, 299 (Nr. 12).

681 Vgl. SK-Rudolphi, § 123 Rdnr. 15; Schröder, NJW 1966, 263 f.

682 LK-Schäfer, § 123 Rdnr. 53.

683 Umfassender Nachweis des Meinungsstandes bei Kageler, S. 162 f.

684 Seier, JA 1982, 232 (237); ähnlich auch Schall, S. 139 f, der jedoch - konstruktiv unbefriedigend - die Nebenräume grundsätzlich der Wohnung zuschlägt. Eine nicht begründete Ausnahme soll aber bei den Treppenhäusern ... großer Wohnblocks gelten (aaO., S. 136 Fn. 21).

eine Beeinträchtigung als 'Schirmherr', als 'übergeordneter Hüter und Bewahrer' des Friedens in einem Hause, in dem mehrere Mietparteien zusammengefaßt sind und in dem zwangsläufig die einzelnen Sozialsphären der Parteien aufeinanderprallen. In diesem Lichte gesehen, ist der Vermieter Subjekt des Hausrechts für die räumlichen Bereiche, die man als gemeinschaftliche Einrichtungen (Flure, Treppenhaus, gemeinsam genutzte Kellerräume, Speicher, etc.) zu bezeichnen pflegt und für die keiner der Mieter sich so recht zuständig fühlt. Außerdem muß man ihm auch da noch unmittelbare Dispositionsgewalt zubilligen, wo es um seine Verantwortung für den 'Gesamthausfrieden' geht, wo also das gedeihliche, von gegenseitigen Störungen und Gefährdungen freie Zusammenleben der Mietparteien in Frage gestellt ist. Enden muß die Raumdisposition des Eigentümers aber da, wo es an einer Garantie für die harmonische Koexistenz mehrerer Parteien fehlt, so etwa bei der Vermietung von Einfamilienhäusern wie auch bei unbenutzten Gebäuden. Mit diesen Räumlichkeiten verbindet den Eigentümer über seine Eigentümerstellung hinaus weder ein tatsächliches Band noch eine 'Koordinations'-Funktion".

Hier wird deutlich, daß der Ausgangspunkt einer sachgerechten Lösung auch hier in der Trennung zwischen den allgemein zugänglichen Nebenräumen und der Wohnung im Sinne der vom Mieter geschaffenen Privatsphäre zu suchen ist. Die unter rechtsgutbezogenen Gesichtspunkten unübersehbaren Unterschiede zwischen diesen beiden Arten von Räumlichkeiten könnten insoweit eine differenzierende Betrachtungsweise ermöglichen: Während bei der Wohnung ein originäres und dem Vermieter in jeder Weise vorenthaltenes Hausrecht des Mieters einen entgegenstehenden Willen des Vermieters unbeachtlich erscheinen läßt, behält dieser eine - dann allerdings noch näher zu charakterisierende - Hausrechtsmitberechtigung und somit auch eine Kontrollfunktion über die von allen Mietern genutzten gemeinschaftlichen Einrichtungen. Diese Trennung hatte bereits das Reichsgericht angedeutet, als es - allerdings unter der Annahme eines derivaten Mieterhausrechts - einen Hausfriedensbruch desjenigen bejahte, der dem Mieter half, die dem Vermieterpfandrecht unterliegenden Sachen aus der Wohnung zu schaffen[685]. Nach seiner Auffassung geht das "Recht des Miethers an den Miethsräumen ... dem des Vermiethers vor und erstreckt sich selbstverständlich auch auf die ... Zugänge ... i n s o w e i t, als der Vermiether dem Miether die Benutzung ... der Zugänge ... gestatten muß"[686].

---

685 RG GA 50 (1903), 289; ähnlich Sächs. OLG, GA 26 (1878), 347, das die Haustreppe als befriedetes Besitztum des Vermieters ansah.

686 RG aaO., S. 289 (Hervorhebung durch den Verfasser).

Lediglich diese Zugänge sollen daher einem gemeinsamen Hausrecht von Mieter und Vermieter unterliegen, so daß der Vermieter bezüglich dieser Räumlichkeiten ein strafbewehrtes Hausverbot erteilen kann[687].

Diese Differenzierung muß vom Standpunkt der h.M. aus konstruktiv bedenklich erscheinen. Denn wenn die Nebenräume dem Tatobjekt Wohnung zugeschlagen werden[688], ist es nicht begründbar, daß eine Mitberechtigung Dritter an diesem einheitlichen Wohnungshausrecht des Mieters zwar bezüglich der Nebenräume und Außenanlagen, nicht aber auch bezüglich der eigentlichen Privatsphäre "Wohnung" bestehen soll. Die unter rechtsgutbezogenen Aspekten unzutreffende Einbeziehung derartiger Gemeinschaftsanlagen in das Tatobjekt Wohnung ermöglicht insoweit lediglich eine Lösung im Sinne einer generellen Bejahung oder Verneinung einer Berechtigung des Vermieters, nicht aber eine sachgerechte Differenzierung.

An dieser Stelle erweist sich dann auch die Vorzugswürdigkeit der hier vertretenen, restriktiven Auslegung des Tatbestandsmerkmals "Wohnung" in § 123 StGB[689]. Beschränkt man dieses Merkmal auf die abgeschlossene und durch die Wohnungstür begrenzte Privatsphäre des Mieters und ordnet die Nebenräume trotz ihrer funktionalen Ausrichtung dem befriedeten Besitztum zu, kann eine differenzierende Betrachtungsweise dogmatisch einleuchtend begründet werden: Bei der Wohnung i.e.S. einerseits und den Gemeinschaftsanlagen andererseits handelt es sich um unterschiedliche Tatobjekte, an denen verschiedene Allein- oder Mitberechtigungen bestehen können.
Der Vermieter hat damit ein "Hausrecht" am Haus, das als "befriedetes Besitztum" geschützt ist, nicht aber auch an den einzelnen Wohnungen, soweit diese tatsächlich zu Wohnzwecken genutzt werden.

Allerdings scheint diese Trennung an einem "Schönheitsfehler" zu leiden: Da regelmäßig alle Besucher - unabhängig von ihren Absichten - die gemeinschaftlichen Zugänge und Treppenhäuser betreten müssen, um zu der Wohnung des Mieters zu gelangen, könnte die differenzierende Betrachtungsweise nur zu einer Verschiebung der Mißbrauchsproblematik führen. Während sich für die h.M. dieses Problem im Rahmen des Tatbestandsmerkmals "Wohnung" stellt, sofern der Mieter

687 Die entgegenstehende Schlußfolgerung des OLG Braunschweig (NJW 1966, 263), das aus dieser RG-Entscheidung ein Präjudiz für die Übertragung eines beschränkten Hausrechts auf den Mieter auch bezüglich der Wohnung ableiten will, verkennt, daß sich der letzte Halbsatz des Zitats eben nur auf die gemeinschaftlichen Zugänge bezieht.

688 S.o. S. 48 ff.

689 S.o. S. 48 ff.

solchen Personen den Zutritt gestattet, die dem Vermieter "unzumutbar"[690] sind, müßte - bei einer gleichberechtigten Hausrechtsmitinhaberschaft von Mieter und Vermieter an den Gemeinschaftsanlagen - die hier vertretene Auffassung dieses Problem im Rahmen des "befriedeten Besitztums" des Vermieters unter denselben Gesichtspunkten erörtern.

In beiden Fällen würde die Betonung der völligen Dispositionsfreiheit des Wohnungsinhabers innerhalb seiner abgeschlossenen Privatsphäre letztendlich aber zu einer begriffsjuristischen Farce, da dem Vermieter - auf dem Umweg über sein Resthausrecht an den Zugängen - dann doch die Möglichkeit einer Bevormundung des Mieters und die Durchsetzung seiner sittlich-moralischen Wertvorstellungen eingeräumt würde.

d) Diese Überlegungen verdeutlichen, daß das Resthausrecht des Vermieters in einem anderen Lichte als bisher betrachtet werden muß. Zum einen darf seine Hausrechtsinhaberschaft an den Gemeinschaftsanlagen nicht dazu führen, daß er Kontrollmöglichkeiten über den Besuch der Mieter erhält; insoweit muß sein Resthausrecht an den Zugängen subsidiär gegenüber der Berechtigung des Mieters an diesen Räumlichkeiten sein.

Personen, die mit dem Willen eines Mieters das Haus betreten, begehen daher bzgl. der Gemeinschaftsanlagen selbst bei entgegenstehendem Willen des Vermieters grundsätzlich keinen Hausfriedensbruch.

Das vorrangige Hausrecht des Mieters an diesen Gemeinschaftsanlagen ist - unbeschadet der vertraglichen Ausgestaltung - nicht durch den Gedanken des Rechtsmißbrauchs beschränkt; das reine Betreten und Durchqueren der Zugänge entspricht deren bestimmungsgemäßem Gebrauch[691] und tangiert weder den Gesamthausfrieden noch die wirtschaftliche Position des Vermieters und Eigentümers.

Sobald aber Dritte - sei es mit oder gegen den Willen eines Mieters - diese Räumlichkeiten über deren bestimmungsgemäßen und offensichtlichen Zweck hinaus "benutzen", ist dem Willen des Vermieters Bedeutung zuzumessen: In diesen Fällen könnte auch ihm eine Art "Polizeifunktion" zustehen, die ihn repressiv - nach

---

690 S.o. S. 170 f.

691 Ähnlich: Schall, S. 139 f (140).

Eintritt der Störung[692] - zum Erlaß eines strafbewehrten Hausverbotes ermächtigt. Die Ausübung des Vermieterhausrechts wäre dann nicht mehr von moralischen Wertvorstellungen abhängig, die durch die Intentionen oder die Herkunft der Besucher verletzt werden könnten, sondern ausschließlich von dem objektiv wahrnehmbaren Vorliegen einer tatsächlich störenden Handlung des Besuchers.

Versteht man die Ordnungsfunktion des Vermieters in diesem Sinne, die ihm insbesondere auch dann eine Ausübung des Hausrechts ermöglicht, wenn Dritte ohne den Willen eines Mieters sich in den Gemeinschaftsanlagen aufhalten und diese zerstören[693], könnte sich zugleich auch die Notwendigkeit einer dritten Einschränkung des Vermieterhausrechts andeuten. Da dieses Recht seine Legitimation allein durch die Aufgabe der "Gefahrenabwehr" erhielte, müßte seine Ausübung - wie das folgende Beispiel beweist - noch in einem anderen Sinne beschränkt werden.

Beispiel[694]:

> Der dem übermäßigen Alkoholgenuß durchaus zugeneigte V besucht des öfteren seine in einem Hochhaus wohnende Verlobte F. Dabei hatte er wiederholt - insbesondere im alkoholisierten Zustand - das Treppenhaus verschmutzt und beschädigt und den Posteingang der F dergestalt "kontrolliert", daß er - mangels eines Schlüssels - ihren im Hausflur befindlichen Briefkasten aufbog und die Post entnahm. Als der Hausmeister ihn dabei antrifft, wie er den Briefkasten der F erneut auf die oben beschriebene Weise zu öffnen versucht, erteilt er dem V ein Hausverbot und sagt ihm, " er möge sich hier nicht mehr blicken lassen!" V verläßt daraufhin das Haus, möchte jedoch in der folgenden Zeit nicht auf den Besuch bei seiner Verlobten verzichten. Darf V auch in Zukunft das Hochhaus betreten, ohne sich gemäß § 123 StGB strafbar zu machen?

Nach den bisherigen Ausführungen scheint das Ergebnis auf der Hand zu liegen: Trotz der Genehmigung der F hat der Hausmeister als Vertreter des Vermieters repressiv und damit zu Recht sein Resthausrecht ausgeübt; V scheint daher auch in Zukunft das Haus nicht mehr betreten zu dürfen.

---

692 Ähnlich: Steinmetz, JuS 1985, 94 (95) für das Hausrecht an Geschäftsräumen; Engeln, S. 110 m.w.N.

693 Diesem Sachverhalt kann seine praktische Bedeutung insbesondere bei großen Hochhäusern und Wohnblocks nicht abgesprochen werden. Derartige Wohnkomplexe, die zumeist von einem Hausmeister verwaltet werden, sind ein beliebtes Tummelfeld der Kleinkriminalität, wie z.B. Keller-, Wohnungs- und Briefkästeneinbrüche ...

694 In Abwandlung des der Entscheidung des OLG Braunschweig, NJW 1966, 263 zugrundeliegenden Sachverhalts.

Ein derartiges Ergebnis kann jedoch weder mit dem Selbstbestimmungsrecht der F, die weiterhin den V gerne in ihrer Wohnung empfangen möchte, noch mit der "Polizeifunktion" des Vermieters harmonieren. Sobald nämlich der V in Zukunft die Zugänge ohne weitere Störungen nur zum Aufsuchen der Wohnung der F benutzen würde, bestände für eine erneute Ausübung des Resthausrechts des Vermieters kein Anlaß. Wollte man dem einmal begründet ausgesprochenen Hausverbot unter Hinweis auf die mehr oder minder große Wahrscheinlichkeit zukünftiger Störungen durch den V auch für die Zukunft fortgeltende Wirkung beimessen, so würde der Ordnungsfunktion des Vermieters zugleich eine präventive Komponente zuteil, die - auf die Spitze getrieben - dem Vermieter auch erlauben würde, verdächtig erscheinenden Personen den Zutritt zu versagen. Die Ausübung des subsidiär-repressiven Vermieterhausrechts wäre dann letztendlich wieder von den Motiven der Besucher und den moralischen Wertvorstellungen des Vermieters abhängig.

Aus diesem Grunde ist es erforderlich, das Hausrecht des Vermieters an den Zugängen auch in seiner zeitlichen Wirkung zu beschränken. Die Abwehr vorhandener Störungen erfordert lediglich eine punktuelle Ausübung und Wirkung eines von ihm erteilten Hausverbots insoweit, als dies zur Gefahrenabwehr erforderlich ist. Der Störer, der sich daher auf die Aufforderung des Vermieters hin nicht entfernt, begeht einen tatbestandsmäßigen Hausfriedensbruch in der Handlungsalternative des Verweilens; sofern dieselbe Person jedoch zu einem späteren Zeitpunkt einen Mieter aufsuchen will und aus diesem Grunde die gemeinschaftlichen Zugänge betritt, steht diesem Betreten weder das vorher erteilte Hausverbot entgegen, noch ermächtigt die funktionsgemäße Benutzung der Gemeinschaftsanlagen den Vermieter zum Erlaß eines erneuten Hausverbotes.

Bei der Annahme eines derartig subsidiär-repressiven Vermieterhausrechts stellt sich konsequenterweise das Problem eines Rechtsmißbrauchs im Verhältnis Mieter und Vermieter nicht mehr: Nicht der Mieter oder Vermieter kann ein ihm zustehendes Hausrecht mißbrauchen, in dem er Dritten den Zutritt gestattet, sondern der Dritte, der die gemeinschaftlichen Zugänge über ihre Funktionsbestimmung hinaus "benutzt", mißbraucht seine Erlaubnis. Die Berechtigung des Mieters an den Gemeinschaftsanlagen, in deren Rahmen er auch Dritten den Zutritt gestatten kann, beschränkt sich auf deren erforderlichen, funktionalen Gebrauch: dem Betreten zwecks Erreichung der Wohnung[695].

---

695 Und - was aber selbstverständlich erscheint - im Falle eines Ein- oder Auszugs die Benutzung zwecks Transport der Möbel ...

Der hier vorgeschlagene Lösungsweg führt einerseits zu der - im Hinblick auf die stets betonte unbeschränkte Dispositionsbefugnis des Mieters an der Wohnung - erforderlichen Entmoralisierung des Vermieterhausrechts an den Zugängen, indem anstelle des Rückgriffs auf Erwägungen der Zumutbarkeit und des Rechtsmißbrauchs objektiv wahrnehmbare Kriterien - das Vorliegen einer Störung - zur Verfügung gestellt werden. Andererseits ermöglicht er dadurch zugleich auch dem Mieter, jeden ihm beliebigen Besuch ohne Rücksicht auf den Vermieterwillen zu empfangen. Angesichts der insbesondere bei großen Wohnhäusern nahezu bestehenden "faktischen Öffentlichkeit" der Zugänge und Treppenhäuser, die von einer für den Vermieter unübersehbaren Vielzahl von Besuchern, Handwerkern, Postboten, Lieferanten berechtigterweise aufgesucht werden, und die diese Räumlichkeiten in gewisser Weise den dem Publikumsverkehr eröffneten Geschäftsräumen annähern[696], erscheint die Trennung von Wohnung i.e.S. und den Gemeinschaftsanlagen auch sachgerecht. Schutzwürdige Belange des Vermieters und seine Ordnungs- und Kontrollfunktion werden nicht durch die Motivation der Eintretenden, sondern erst durch deren störende Handlungen verletzt, die über die funktionelle und generell gestattete Benutzung hinausgehen.

Die Lösung der Konflikte im Verhältnis von Mieter- und Vermieterhausrecht erfolgt damit zudem parallel zum Meinungsstand hinsichtlich des Standardproblems eines Betretens von Geschäftsräumen zu widerrechtlichen Zwecken[697].
Auch dort soll nach überwiegender Auffassung[698] ein strafbewehrter Verstoß gegen eine generelle Betretenserlaubnis erst dann vorliegen, wenn das äußere Erscheinungsbild des Täters erkennbar von dem eines Zutrittsberechtigten abweicht[699] und sich daher aufgrund äußerer Umstände eine Überschreitung der Zutrittserlaubnis ergibt. Allein der "böse Wille" des Täters reicht bei einem Betreten von Geschäftsräumen zu widerrechtlichen Zwecken ebensowenig aus, wie nach der hier vertretenen Auffassung für die Ausübung eines punktuell-repressiven Vermieterhausrechts an den Gemeinschaftsanlagen.

---

696 Bei diesen Räumen stellt die h.M. dann auch nicht auf den Gedanken des Rechtsmißbrauchs ab, wenn jemand eintritt, um als Testkäufer Verstöße gegen das Wettbewerbsrecht aufzuspüren oder um einen Diebstahl zu begehen. Nicht die Motivation des Eintretenden soll hier für die Strafbarkeit relevant sein, sondern allein sein äußeres Erscheinungsbild. Vgl. dazu LK-Schäfer, § 123 Rdnr. 31 f m.w.N. pro und contra.

697 Vgl. dazu: Bernsmann, Jura 1981, 408; Steinmetz, JuS 1985, 94 ff.

698 Die Vertreter einer Minderansicht stellen demgegenüber darauf ab, daß allein das Betreten zu widerrechtlichen Zwecken den mutmaßlichen Willen des Berechtigten ignoriert und gelangen so zu einem "Eindringen", vgl. dazu LK-Schäfer, § 123 Rn. 32.

699 Insoweit ist hier schlagwortartig nur an maskierte und unmaskierte Bankräuber zu erinnern, vgl. dazu und zu anderen Beispielen: Bernsmann, Jura 1981, 407 f; Otto, § 35 I 2; Ranft, Jura 1993, 490; Steinmetz, JuS 1985, 94 ff je m.w.N. pro und contra.

Eine durch den Gedanken des Rechtsmißbrauchs zu lösende Kollisionslage zwischen Mieter- und Vermieterhausrecht besteht daher nicht.

Der entgegenstehende Wille des berechtigten Mieters ist in dieser Fallgruppe nicht an rechtliche oder moralische Vorgaben gebunden; seine Wirksamkeit kann daher nicht wegen eines Verstoßes gegen solche Kriterien in Frage gestellt werden.
Die zivilrechtliche Stellung des Mieters - etwa durch die Ausgestaltung des Mietverhältnisses - wirkt sich auf seine im Rahmen des § 123 StGB strafrechtlich geschützte Berechtigung an den Räumlichkeiten nicht aus.

Für die Problematik einer möglicherweise aus dem Gedanken des Rechtsmißbrauchs abzuleitenden Unbeachtlichkeit des Willens eines Berechtigten, der Gebäude rechtswidrig leerstehen läßt, kann das Verhältnis von Mieter- und Vermieterhausrecht keinen Aufschluß liefern; zwar wird diese Beziehung überwiegend mit dem Gedanken des Rechtsmißbrauchs konfrontiert, um so eine Kontrollmöglichkeit des Vermieters zu rechtfertigen. Bei genauerer Betrachtung wird jedoch deutlich, daß die repressiv-punktuelle Ordnungsfunktion des Vermieters an den Gemeinschaftsanlagen, die "nur" ein "befriedetes Besitztum" darstellen, nicht durch einen Rechtsmißbrauch des Mieters entsteht, sondern originär fortbesteht.
Die Ausübung des Hausrechts an den Gemeinschaftsanlagen, die wie Geschäftsräume funktional einer faktischen Öffentlichkeit zur Verfügung stehen, ist durch diese generelle Betretenserlaubnis geprägt und auf repressive Ordnungsfunktionen reduziert.
Das Kriterium eines Rechtsmißbrauchs, das möglicherweise dann auch auf demonstrative Hausbesetzungen übertragbar wäre, spielt daher im Verhältnis von Mieter- und Vermieterhausrecht keine Rolle.

Dies ist eine Erkenntnis, die, auf die Frage nach der (Un)Beachtlichkeit des entgegenstehenden Willens eines zuvor sich selbst regelwidrig verhaltenden Eigentümers transferiert, den Schluß nahelegt, daß auch hier das Vorverhalten materiell rechtlich keine Relevanz entfaltet und der entgegenstehende Wille einer Mißbrauchskontrolle entzogen ist.

2) Die Ausübung des Wohnungshausrechts bei mehreren Mitberechtigten

Zur Absicherung dieses Ergebnisses ist es allerdings erforderlich, sich einer anderen - vielfach diskutierten - Fallkonstellation zuzuwenden, bei der die Unbeachtlichkeit des entgegenstehenden Willens eines (Mit-)Berechtigten mit dem Gedanken des Rechtsmißbrauchs zu begründen versucht wird: Die Folgen von Meinungsverschiedenheiten bei einer gemeinschaftlichen Berechtigung an einem Schutzobjekt.

Eine Beschränkung der Dispositionsbefugnis des Berechtigten soll vorliegen, wenn mehrere Personen[700] eine Wohnung gemeinsam nutzen und somit eine gleichberechtigte Mitinhaberschaft an einem Wohnungshausrecht besteht. Die h.M. glaubt auch hier - in Parallele zu dem "Konflikt" von Mieter- und Vermieterhausrecht - nicht ohne einen Rückgriff auf den Gedanken des Rechtsmißbrauchs auszukommen, wenn Uneinigkeiten zwischen den Mitberechtigten bestehen.

a) Der Gedanke des Rechtsmißbrauchs

Rechtsprechung und Literatur gehen davon aus, daß grundsätzlich jeder Mitberechtigte allein Dritten den Aufenthalt in der Wohnung - unabhängig vom Willen der anderen Hausrechtsinhaber - gestatten kann. Von dieser Befugnis zur Aufenthaltsgestattung werden lediglich die Fälle ausgespart, in denen die Betretenserlaubnis rechtsmißbräuchlich erteilt worden[701] oder die Anwesenheit des Dritten für die anderen Mitberechtigten unzumutbar ist[702].

Zum Teil[703] wird auch - in Kombination dieser beiden Kriterien[704] - darauf abgestellt, daß die Erlaubnis dann rechtsmißbräuchlich und daher unbeachtlich sei,

---

700 Überwiegend werden die Fälle einer sog. Mitberechtigung noch weiter unterteilt: Für Ehepaare einerseits und sonstige Wohngemeinschaften andererseits sollen andere Regelungen gelten (vgl. insbes. Kageler, S. 219 f u. 229 f m.w.N.). Diese Trennung kann jedoch im Hinblick auf das originäre Wohnungshausrecht, das von rechtlichen Regelungen und Bindungen unabhängig ist (s.o.) nicht überzeugen. Zutr. Bernsmann, Jura 1981, 344.

701 OLG Bremen, NJW 1963, 395 f; Preisendanz, § 123 4 d.

702 RG St 72, 57 f; OLG Hamm, NJW 1955, 761; 1965, 2067 (2068); Dre-Tröndle, § 123 Rdnr. 2; Engeln, S. 103; LK-Schäfer, § 123 Rdnr. 57; Sch-Sch-Lenckner, § 123 Rdnr. 18; SK-Rudolphi, § 123 Rdnr. 16; Krey, BT/1, RN 446; Schmidhäuser, S. 75, Rdnr. 14; Schall, S. 140 Fn. 36; Stoiber, S. 60 f; Serwe, Schiedsmannszeitung 1987, 101.

703 BGH (Z) 6, 360 (363) (vor Erlaß des Gleichberechtigungsgesetzes); Gössel, § 38 Rn. 40; Wessels, BT/1, § 13 I 4.

704 Zu Recht weist Kageler (S. 231 f) auf die Unterschiedlichkeit von Rechtsmißbrauch und Unzumutbarkeit hin, da die Unzumutbarkeit für die eine Partei nicht zwingend von einem Rechtsmißbrauch der anderen Partei abhängig ist; die Unzumutbarkeit ist insoweit umfassender. Dieses Problem soll nicht vertieft werden, da Verf. auch hier einen anderen Lösungsweg vorschlägt.

wenn die Anwesenheit des Außenstehenden den anderen Mitberechtigten nicht zumutbar ist.

Die Aussage *Wessels* zur Verweilensalternative des Hausfriedensbruchs bei mehreren Mitberechtigten, daß "eine rechtsmißbräuchliche Ausübung des Erlaubnisrechts keine Befugnis zum Verweilen ..."[705] verschaffe, ist als Arbeitshypothese einer Transformation auf die Eindringensalternative unschwer zugänglich:
Die rechtsmißbräuchliche Ausübung des Verbotsrechts schafft dann keinen entgegenstehenden Willen.

Eine Begründung für die zugrunde liegende Prämisse - trotz Mitberechtigung nicht allein gemeinschaftliche, sondern individuelle Rechtsausübung jedes Hausrechtsinhabers - sucht man vergebens. Einzig denkbarer Ansatzpunkt könnte insoweit die Überlegung sein, daß Außenstehende aus Gründen der Rechtssicherheit auf die Zustimmung eines der Berechtigten vertrauen dürfen und eventuelle Uneinigkeiten der Berechtigten untereinander den Dritten nicht mit einem Strafbarkeitsrisiko belasten sollen.

b) Bedenken

Jedoch läßt sich dieses Argument nur zu leicht auch gegen die durch den Gedanken des Rechtsmißbrauchs begrenzte, ansonsten aber unterstellte Alleinberechtigung einwenden: Der unbestimmte Rechtsbegriff der Zumutbarkeit ist einer für alle Fälle gleichartigen, objektiven Beurteilung nicht zugänglich, sondern wird durch die Toleranz, die persönlichen Gepflogenheiten und die gemeinsamen Ansichten der Mitberechtigten und damit durch deren Innenverhältnis bestimmt[706]. Auch nach dieser Meinung wird das Vertrauen des Außenstehenden - trotz gleichen Rechtsscheintatbestandes, der Einladung durch einen der Berechtigten - dann nicht (mehr) geschützt, wenn dieser Mitberechtigte - bewußt oder unbewußt - die Grenze des Zumutbaren überschreitet, obwohl die unter den Mitberechtigten geltenden "Spielregeln" dem Außenstehenden regelmäßig nicht einsehbar sind[707]. Darüber hinaus könnte sich der Einladende, der bewußt den gesetzten Rahmen überschreitet, einer Anstiftung zum Hausfriedensbruch strafbar machen[708], obwohl er selbst - als Mitberechtigter - nicht tauglicher Täter des § 123 StGB ist[709].

---

705 Wessels, BT 1, § 13 I 4.

706 Zutr. Arzt, BT/1, S. 156; Bernsmann, Jura 1981, 344 (345).

707 Besuche, die in einer liberalen Ehe/Wohnungsgemeinschaft durchaus (noch) toleriert werden, würden in entsprechend konservativen Gemeinschaften bereits dem Verdikt der Unzumutbarkeit unterfallen.

708 Zutr. Arzt, aaO., S. 156; zu der entsprechenden Problematik im Verhältnis von Mieter und Vermieter s.o. S. 173 f.

709 Unstr., vgl. statt vieler: LK-Schäfer, § 123 Rdnr. 58 m.w.N.

Die Relativität des Kriteriums der Zumutbarkeit, die die Beurteilung der Wirksamkeit oder Unwirksamkeit einer Einladung - insbesondere bei vorhandenem und vom Außenstehenden wahrgenommenen Widerspruch des anderen Mitbewohners - in Grenzfällen für diesen zu einem möglicherweise strafbewehrten Vabanquespiel macht, läßt sich kaum mit dem Gedanken der Rechtssicherheit vereinbaren. Vielmehr scheinen diese Überlegungen den Schluß nahezulegen, daß im Falle einer Mitberechtigung dem entgegenstehenden Willen eines jeden Mitberechtigten - zumal wenn er dem Dritten gegenüber geäußert wurde oder sonst bekannt ist - strafrechtliche Bedeutung beizumessen ist. Die Hausrechtsmitberechtigung wäre dann im Sinne einer gesamthänderischen Rechtszuständigkeit zu verstehen, so daß das gemeinsame Hausrecht nur gemeinschaftlich ausgeübt und Dritten der Zutritt nicht gegen den Willen eines Mitberechtigten gestattet werden könnte[710].

c) Zur Notwendigkeit einer Mißbrauchskontrolle

Die Überlegenheit dieses Lösungsweges wird deutlich, wenn man sich sowohl die Rechtsnatur von Gemeinschaftsverhältnissen generell als auch den Schutzzweck des Hausfriedensbruchs beim Tatbestandsmerkmal "Wohnung" vergegenwärtigt.

Zunächst entspricht es grundsätzlich dem Wesen einer jeden von mehreren Mitberechtigten eingenommenen Rechtsposition, daß bei solch gemeinsamer Inhaberschaft jeder Mitberechtigte zwar über seinen Anteil, nicht aber über den gemeinschaftlichen Gegenstand insgesamt verfügen kann. Die Berechtigung des einzelnen ist durch die Berechtigung der anderen überlagert und beschränkt; eine Disposition über den Gesamtbereich ist nur im Einverständnis aller Berechtigten möglich[711].

Der Bezugspunkt einer Mitberechtigung mehrerer an einer Wohnung, die unabhängig von den Parteien des Mietvertrages und dessen Regelungen allein durch die Faktizität des Wohnens entsteht[712], ist die eine abgeschlossene Privatsphäre bildende Wohnung insgesamt, so daß bei Projektion der zivilrechtlichen Regelungen der gemeinsamen Rechtsinhaberschaft auf den Hausfriedensbruch eine Erlaubnis zum Betreten nur im gemeinschaftlichen Einverständnis erteilt werden könnte.

---

710 Arzt. aaO., S. 156; Bernsmann, S. 344 f; z.T. auch Kageler, S. 231 f (236), der jedoch eine derartige Mitberechtigung auf Ehewohnungen beschränkt und bei anderen Wohngemeinschaften der h.M. folgt.

711 Vgl. §§ 747, 2038 I 1 BGB; insoweit zutr. auch Stoiber, S. 61.

712 S.o. S. 173 ff.

Parallel zu diesen Überlegungen löst dann auch die Strafrechtswissenschaft "Uneinigkeiten" zwischen mehreren gleichrangigen Gewahrsamsinhabern im Rahmen des § 242 StGB. Dem Diebstahl liegt nach h.M. neben dem Eigentum auch der Gewahrsam als geschütztes Rechtsgut zugrunde[713], so daß sich hier die - insbesondere aufgrund einer gewissen Parallelität von Gewahrsam und Besitz[714] interessante - Frage stellt, ob derjenige Dritte einen Diebstahl begeht, der mit dem Einverständnis nur eines der gleichrangig mitberechtigten Gewahrsamsinhaber eine fremde Sache wegnimmt.

Außer Streit steht zunächst, daß bei einer gleichberechtigten Mitgewahrsamsinhaberschaft jeder Rechtsinhaber den Gewahrsam des anderen brechen und sich daher - sofern die Sache für ihn "fremd" i.S.d. § 242 StGB ist - wegen eines Diebstahls strafbar machen kann[715]. Da aber auch derjenige, der mit dem Einverständnis eines Gewahrsamsmitinhabers handelt, die Rechtsposition des anderen Gewahrsamsinhabers ohne oder gegen dessen Willen angreift, wird auch hier ein Diebstahl des Außenstehenden bejaht[716]. Das - ebenso wie bei § 123 StGB - tatbestandsausschließende Einverständnis kann daher nur von allen Mitberechtigten gemeinsam erteilt werden.

Letztendlich ausschlaggebend dürfte folgende Überlegung sein: Wenn der Schutz der Wohnung die räumliche Abschirmbarkeit einer diskreten Wohnsphäre vor ungebetenen Besuchern bezweckt, dann erfordert - sofern mehrere Personen eine derartige Diskretionsphäre gemeinsam geschaffen haben - eben dieser Schutzzweck die Berücksichtigung des Willens eines jeden Mitbewohners. Dritte, die als willkommener Besuch nur eines Berechtigten die Wohnung betreten, dringen dadurch nämlich zugleich auch in den - räumlich identischen - Privatbereich des Mitberechtigten ein[717].

---

713 Vgl. statt vieler BGH St 29, 319 (323); LK-Ruß, § 242 Rn. 1; a.A. SK-Samson, § 242 Rn. 1 m.w.N.

714 Auch das Hausrecht setzt ein tatsächliches Beziehungsverhältnis zu einer Sache voraus. Besitz/Hausrecht einerseits und Gewahrsam andererseits sind daher weniger durch rechtliche Regelungen, als durch eine faktische Betrachtungsweise zu bestimmen.

715 OGH St 1, 253 (256); Sch-Sch-Eser, § 242 Rdnr. 24; Krey BT/2, Rn. 24 m.w.N.; insoweit besteht dann allerdings ein Unterschied zum Hausfriedensbruch, da hierbei ein Mitinhaber des Hausrechts nicht tauglicher Täter des § 123 StGB sein kann. Jedoch betrifft diese Feststellung nur das Verhältnis der Berechtigten zueinander und nicht die hier interessierende Frage nach der Wirksamkeit einer Zustimmung eines Mitberechtigten gegenüber Außenstehenden.

716 Sch-Sch-Eser, § 242 Rdnr. 29 allerdings unter unzutreffendem Hinweis auf BGH St 8, 273 (Leitsatz); diese BGH-Entscheidung betrifft den andersartigen Fall der "Wegnahme" durch einen Gewahrsamsinhaber im Einverständnis mit den anderen Mitgewahrsamsinhabern (= Unterschlagung).

717 Zutr.: Bernsmann, Jura 1981, 345.

Die Auffassung, die das "Empfangen von Besuchern zu dem Privatbereich d e s e i n z e l n e n rechnet und Uneinigkeit der Berechtigten als Interessenkonflikt deklariert", bei dem die Zumutbarkeit ein geeignetes Abgrenzungskriterium dafür abgibt, w e s s e n P r i v a t s p h ä r e im Einzelfall geschützt wird"[718], verkennt die üblicherweise bestehende quasi gesamthänderische Rechtszuständigkeit: Außerhalb von allein aus sachlichen Gründen bestehenden Wohngemeinschaften mit einer strikten Zimmertrennung einerseits und "Gemeinschaftsräumen" andererseits - liegen innerhalb der Gemeinschaftsphäre Wohnung keine trennbaren, individuellen Einzelprivatsphären mehr vor, sondern die von den Beteiligten gewollte und jederzeit aufhebbare Wohnungsgemeinschaft hat eine unteilbare Rechtsposition geschaffen. Insoweit existiert keine im Einzelfall durch den Gedanken der Zumutbarkeit zu begrenzende individuelle, sondern ausschließlich eine kollektive, gemeinsame Privatsphäre, deren Schutz ein einverständliches Zusammenwirken aller Berechtigten erfordert.

Auch im Rahmen der Uneinigkeit mehrerer Hausrechtsmitinhaber erweist sich daher der Rückgriff auf den Gedanken des Rechtsmißbrauchs und der Unzumutbarkeit als überflüssig; gemeinsame Inhaberschaft eines Rechtes bedingt strukturell und teleologisch dessen gemeinschaftliche Ausübung, so daß derjenige, der gegen den Willen nur eines Mitbewohners die Wohnung betritt - unabhängig von dem Einverständnis des anderen Mitberechtigten und der Zumutbarkeit oder Unzumutbarkeit des Besuchers - gegen den Willen eines Berechtigten eindringt. Allerdings muß - insoweit in Abweichung zu dem vermuteten entgegenstehenden Willen des alleinigen Hausrechtsinhabers - insbesondere bei Abwesenheit eines Mitberechtigten dessen Einverständnis fingiert werden; sofern er jedoch seinen entgegenstehenden Willen dem Dritten kundtut, muß sich dieser entfernen, um nicht einen Hausfriedensbruch in der Alternative des Verweilens zu begehen[719].

Auch die Ausübung des Hausrechts bei mehreren Mitberechtigten wird daher zu Unrecht mit dem Gedanken des Rechtsmißbrauchs in Verbindung gebracht; ebensowenig wie im Verhältnis Mieter/Vermieter ist hier Raum für eine Mißbrauchskontrolle bei der Ausübung des Hausrechts.

Eine Übertragung der *Wesselschen* Mißbrauchsformel[720] auf die Fälle einer spekulativen Wohnraumvernichtung, in denen die Besetzer einen "rechtmäßigen" Zustand des Bewohntseins wiederherstellen, scheidet daher aus. Zwar eröffnet seine

---

718 So ausdrücklich Stoiber, S. 61; Hervorhebungen durch den Verfasser.

719 I.E. zutr.: AK-Ostendorf, § 123 Rn. 36; Arzt, BT 1, S. 156; Bernsmann, Jura 1981, 344 (345); Engeln, S. 93 ff, 172.

720 S.o. S. 187.

Aussage zur Verweilensalternative in abstracto die Möglichkeit der Unbeachtlichkeit des entgegenstehenden Willens der Eigentümer im Falle einer geplanten spekulativen Wohnraumvernichtung. Die Projektion scheitert aber schon daran, daß selbst bei mehreren Mitberechtigten kein Raum für eine Zumutbarkeitskontrolle bleibt. Auch hier ist die Ausübung des Hausrechts nicht mißbrauchsanfällig.

Im Verhältnis mehrerer (Hausrechts-)Mitberechtigter spielt daher das Kriterium des Rechtsmißbrauchs - entgegen der überwiegenden Auffassung - keine Rolle; Parallelen zu einem unbeachtlichen - da rechtsmißbräuchlichen - Willen des Eigentümers, der Gebäude rechtswidrig leerstehen läßt, können daher auch von hier nicht gezogen werden.

3) Die Ausübung des Hausrechts an Geschäftsräumen

Als letzte[721] Fallgruppe, in der der dem Betreten oder Verweilen entgegenstehende Wille des Hausrechtsinhabers aufgrund einer Ankoppelung seiner Dispositionsbefugnis an normative Regelungen unbeachtlich sein soll, werden vereinzelt gewisse willkürliche Betretensverbote[722] an dem Publikum eröffneten Geschäftsräumen deklariert. Trotz der nicht zu unterschätzenden praktischen Relevanz behandelt die strafrechtliche Literatur insbesondere öffentliche diskriminierende Hausverbote[723] gar nicht oder allenfalls am Rande: Diskriminierende Zutrittsverweigerungen sollen - so wird behauptet - ohne Rückgriff auf den Gleichheitssatz des Art. 3 GG, der nach h.M. keine Drittwirkung entfaltet - gemäß § 138 BGB sittenwidrig und daher nichtig sein[724]; ein normativ - akzessorischer Charakter des Hausrechts wird hier dann nicht mehr nur stillschweigend unterstellt, sondern ausdrücklich betont.

So wenig sich über die Richtigkeit der dadurch im Einzelfall erzielten Ergebnisse streiten läßt, so fragwürdig erscheint auch hier der eingeschlagene Lösungsweg, da es zumindest einer Begründung bedürfte, warum der entgegenstehende oder mit dem Täterverhalten übereinstimmende Wille des Berechtigten nicht stets und bei allen Tatobjekten des Hausfriedensbruches auf seine Übereinstimmung mit den guten Sitten und spezielleren Rechtsnormen zu überprüfen ist.

---

721 Zu dem hier ausgesparten Problem des Hausfriedensbruchs beim Betreten von Geschäftsräumen zu widerrechtlichen Zwecken vgl. Steinmetz, JuS 1985, 94 ff.

722 S.o. S. 172.

723 S.o. S. 172 Beispiel 2.

724 AK-Ostendorf, § 123 Rn. 37; Maunz-Dürig, Art. 3 I, Rdnr. 516; Sch-Sch-Lenckner, § 123 Rdnr. 19. Im Ergebnis auch Bohnert, GA 1983, 1 (6), der darauf verweist, daß eine Verurteilung "den Würdeverstoß entgegen Art. 1 GG im staatlichen Urteil verlängern" würde.

Der Gedanke einer Abhängigkeit der (Straf-)Rechtsrelevanz des entgegenstehenden Willens des Berechtigten von der Frage, ob dieser Wille inhaltlich mit dem Sittengesetz und anderen Rechtsnormen harmoniert, macht den zunächst scheinbar verlorengegangenen Bezug zu den Fällen der Besetzung spekulativ leerstehender Räumlichkeiten deutlich.
Sofern ein Leerstand etwa wegen eines Verstoßes gegen das Verbot zur Zweckentfremdung von Wohnraum rechtswidrig ist, muß auch der diesen Verstoß aufrechterhaltende Wille dem Verdikt der Rechtswidrigkeit unterfallen. Wäre die Wirksamkeit des Willens akzessorisch von seiner Rechtskonformität, so könnte der einer Wiederherstellung des rechtmäßigen Zustandes durch Hausbesetzung entgegenstehende Wille unbeachtlich sein.

Insoweit gilt es nun zunächst zu untersuchen, ob und in welchem Umfang Zutrittsverbote bei Geschäftsräumen normativ-akzessorisch sind.

Eine über die bloße Behauptung der Unbeachtlichkeit des entgegenstehenden Willens hinausgehende und zugleich tragfähige Begründung dieses Ergebnisses auch im Falle der vertragswidrigen Aufforderung zum Verlassen im Gastwirtsfall[725] zeichnet sich ab, wenn auch hier auf die schutzwürdigen Interessen des Geschäftsinhabers, der seine Räumlichkeiten dem Zutritt Dritter eröffnet hat, die daher bestehende "faktische Öffentlichkeit" dieser Räumlichkeiten und den Schutzzweck des § 123 StGB zurückgegriffen wird. Insoweit könnte sie hier eine Parallele zu den Erörterungen eines Resthausrechts des Vermieters zeigen[726].

Die Aufnahme eines Geschäftsbetriebes bedingt zugleich, daß der Inhaber möglichst vielen Kunden seine Waren oder Leistungen zugänglich machen möchte, um so wirtschaftlich rentabel arbeiten zu können[727]. Die durch § 123 StGB potentiell geschützte räumliche Sphäre "Geschäftsraum" steht insoweit nicht einem individuell vom Hausrechtsinhaber selektierten, sondern einem unübersehbaren, abstrakten Personenkreis - dem erforderlichen und grundsätzlich erwünschten Publikum - offen.

---

725 S.o. S. 172 Beispiel 1; ein Fall, der sich über die "diskriminierende Zutrittsverweigerung" nicht lösen läßt. Die h.M. gelangt hier zur Straflosigkeit, indem sie ein vertragliches Recht des Gastes anerkennt, das die Widerrechtlichkeit des Verweilens entfallen läßt, vgl. LK-Schäfer, § 123 Rdnr. 70.

726 S.o. S. 173 ff.

727 Die entgegenstehende Auffassung von Eckhardt (S. 182), der die Öffnung des Geschäftslokals nur auf die dem Inhaber genehmen Personen erstreckt, sofern für die Selektion objektiv erkennbare Kriterien vorhanden sind, dürfte kaum der Realität entsprechen. Dagegen auch Schall, S. 153.

Dabei wird nicht verkannt, daß gewisse Gaststätten, Diskotheken und Clubs durch eine - etwa durch einen Türsteher vorgenommene - selektive Einlaßkontrolle eine prima facie konträre Geschäftsphilosophie verfolgen: Hier wird letztlich durch den willkürlichen Aufbau einer physischen Hemmschwelle in Form der Einlaßkontrolle dem Eingelassenen psychisch ein gesteigertes Selbstwertgefühl vermittelt. Die - teilweise nur vorgetäuschte - Selektion des Publikums stellt insoweit für "Insider" und "Outsider" sicher, daß nicht jedermann, sondern nur gewisse, "interessante" Leute dieses Geschäftslokal aufsuchen dürfen - und demgemäß auch wieder aufsuchen.
Allerdings bilden Geschäfte, denen eine derartige Logik zugrunde liegt, insgesamt betrachtet eine Minderheit; solche Geschäftsräume, die nicht einer generellen Betretenserlaubnis unterliegen, sondern bei denen durch eine Türkontrolle oder andere Einlaßmodalitäten eine individuelle Kontrolle und Gestattung stattfindet, sollen daher im folgenden ausgespart bleiben.
Zudem werden hier diskriminierende Zutrittsverbote rein tatsächlich keine tatbestandsspezifischen Probleme des § 123 StGB aufwerfen, da durch die Einlaßkontrolle in aller Regel zugleich sichergestellt wird, daß unerwünschte Besucher die Geschäftsräume gar nicht erst betreten können. Insoweit stellt sich hier nicht die Frage, ob sich der Besucher wegen eines Hausfriedensbruchs strafbar gemacht hat[728].

Eine Untersuchung der Unbeachtlichkeit des entgegenstehenden Willens eines Geschäftsinhabers wird daher nur bei solchen Geschäftsräumen erforderlich, die dem Publikumsverkehr - unter Verzicht auf eine individuelle Einlaßkontrolle - generell eröffnet sind; sofern hier - etwa durch Hinweisschilder am Eingang[729] - gewissen Personengruppen der Zutritt versagt wird, ist problematisch, ob ein diesem Willen bewußt[730] zuwiderlaufendes Betreten strafbewehrt ist.

Der Gedanke des Schutzes der räumlichen Ungestörtheit greift offensichtlich ins Leere, da der Inhaber durch die Gestattung des Publikumsverkehrs während der Geschäftszeiten eben diese Rechtsposition preisgegeben hat. Die funktionell generelle Betretenserlaubnis durchlöchert bildlich die den räumlichen Bereich "Geschäftsraum" umgebende Schutzmauer während der Geschäftszeiten dergestalt, daß alleine das dem bestimmungsgemäßen Zweck der Räumlichkeiten entsprechende Betreten der Räumlichkeiten nicht eine räumlich begrenzte ungestörte Sphäre, sondern den - durch § 123 StGB je-

728 Vielmehr ist in diesen Fällen in entgegengesetzter Richtung zu überlegen, ob nicht - abhängig von der Art und Weise der Zurückweisung - eine Strafbarkeit des Geschäftsinhabers und/oder seiner Beauftragten etwa wegen einer Beleidigung in Betracht kommt. Eine Vertiefung dieses Problems muß hier unterbleiben, da es keinen Bezug zur Hausbesetzerproblematik aufweist.

729 Zu den möglichen Beispielen s.o. S. 172.

730 Die naheliegende Irrtumsproblematik - sofern der Eintretende den Hinweis nicht wahrgenommen und/oder falsch verstanden hat - soll damit ausgeblendet werden.

doch nur im Zusammenhang mit einem derartigen Tatobjekt geschützten - Willen des Berechtigten verletzt[731]. Ein strafrechtlich schützenswertes Interesse des Geschäftsinhabers kann dann aber allein bezüglich der Verhinderung und Abwehr von Störungen seines Geschäftsbetriebes anerkannt werden, der jedoch weder durch die Motivation, noch durch die Hautfarbe oder Staatsangehörigkeit des Eintretenden, sondern ausschließlich durch die Vornahme einer störenden Handlung behindert wird.

Nicht die über den Gedanken des Rechtsmißbrauchs oder der Drittwirkung der Grundrechte konstruierbare Unbeachtlichkeit des entgegenstehenden Willens, sondern bereits eine rechtsgutbezogene Interpretation[732] begründet daher die Straflosigkeit der Kunden in den genannten Beispielsfällen[733]: Sowohl der noch nicht bewirtete Gast, als auch die afrikanischen Studenten begehen solange keinen Hausfriedensbruch, wie sie sich im Rahmen der widmungsgemäßen Nutzung halten.

Die Verneinung der Mißbrauchsanfälligkeit wird an dieser Stelle Einwänden ausgesetzt sein, die hier - wegen des allenfalls geringen Ertrages für die vorliegende Untersuchung - allerdings nur kurz erörtert werden sollen.

Das Kriterium einer widmungs- oder funktionsgemäßen Nutzung führt nicht - wie man zunächst argwöhnen könnte - zu einem "Etikettenschwindel" dergestalt, daß sich nun alle Mißbrauchsgedanken hier unterbringen ließen. Die provokante Fragestellung, ob nicht etwa eine Ausländerdiskriminierung zum Umfang der Nutzung oder der Funktion einer überwiegend von rechtsradikalen Besuchern frequentierten Gaststätte gehört, zeigt jedoch, daß der Begriff einer widmungsgemäßen Nutzung zumindest mißverständlich sein könnte.

Die durch den Verstoß gegen eine "ordnungsgemäße" Nutzung gleichsam vorgegebene Notwendigkeit der Störung könnte zu Mißverständnissen führen und bedarf daher einer Präzisierung.
Allein der Umstand, daß - entgegen einem entsprechenden Aushang - eintretende Ausländer in einer Rechtsradikalenkneipe[734], Frauen in einem Bordell[735], Schaulustige und

731 Vgl. auch OLG Hamm, WRP 1964, 311, das in einem sog. Testkäuferfall von einer Einschränkung des Hausrechts durch die Geschäftseröffnung ausgeht. In Parallele hierzu ist auch die öffentlich-rechtliche Diskussion um das Zutrittsrecht der Handwerkskammern an Geschäftsräumen (vgl. § 17 II Handwo) zu sehen. Eine im Vordringen befindliche Auffassung nimmt derartige Geschäftsräume, die dem Publikum zugänglich sind, aus dem Wohnungsbegriff des Art. 13 GG heraus, da der Inhaber durch die Eröffnung seine schützenswerte Position selbst aufgibt. Vgl. dazu Maunz-Dürig, Art. 13 Rdnr. 3 c, 9; BK-Dagtoglou, Art. 13, Rdnr. 16; Pappermann, v. Münch, Art. 13 Rdnr. 9.

732 Zutr. Bernsmann, Jura 1981, 409.

733 S.o. S. 172.

734 Möglicher Aushang: Ausländer verboten!

735 Möglicher Aushang: Frauen verboten!

Autogrammjäger bei einem Luxusjuwelier[736] oder radikale Tierschützer bei einem Kürschner[737] den jeweiligen Betreiber subjektiv und im umgangssprachlichen Sinne "stören", darf für die Annahme einer die Widmung überschreitenden Handlung nicht ausreichen.

Der Verzicht des Geschäftsinhabers auf eine individuelle Einlaßkontrolle, durch die zudem auch nur äußerlich sichtbare Merkmale, nicht aber auch innere (Kauf-)Absichten nachgeprüft werden könnten, bedingt den Verlust der Möglichkeit einer willkürlichen Ausübung des Hausrechts. Es verbleibt dem Berechtigten ein "Resthausrecht" entsprechend den repressiv-punktuellen Möglichkeiten des Vermieters[738]. Verhindern daher beispielsweise die vorgenannten "unerwünschten" Personen den Zutritt von Kunden, beschimpfen diese oder versuchen sie, Kunden gewaltsam zu entfernen, so liegt deswegen eine aufgrund der äußeren Umstände objektiv wahrnehmbare Störung des Geschäftsbetriebes vor. Erst dieser Einfluß auf den Geschäftsablauf - und nicht bereits der "böse Wille", die mißbilligte Nationalität oder das "falsche Geschlecht" der Eintretenden - stellt ein Überschreiten einer ordnungsgemäßen Nutzung dar.

Neben der Parallele zu dem Resthausrecht des Vermieters ermöglicht diese Lösung auch eine einheitliche Lösung der Fälle, in denen Dritte die Geschäftsräume als Testkäufer oder in Diebstahlsabsicht betreten. Auch hier führt - nach zutreffender Meinung - die funktionsgemäße Nutzung - wenn auch zu vom Geschäftsherrn mißbilligten Zwecken - zur Straflosigkeit des Eintretenden[739].

4) Ergebnis

Die vorstehenden Überlegungen haben gezeigt, daß bei der Tathandlung für den Rückgriff auf den Gedanken des Rechtsmißbrauchs im Rahmen des § 123 StGB kein Bedürfnis besteht. Die Fallgruppen, in denen eine mißbräuchliche Ausübung des Hausrechts diskutiert wird, sind durch einen Rückgriff auf den Schutzzweck der Norm zufriedenstellend zu lösen.

§ 123 StGB ist nicht dergestalt "mißbrauchsanfällig", daß hier - über allgemeine Grundsätze hinaus - der Wille des Berechtigten einer erweiterten Mißbrauchskontrolle unterliegt.

---

736 Möglicher Aushang: Nur für wirklich Kaufinteressierte!; vgl. auch das Beispiel von Bohnert, GA 1983, 1 (20) i.V.m. Fn. 60.

737 Möglicher Aushang: Kein Zutritt für Tierschützer!

738 Dazu s.o. S. 173 ff.

739 Vgl. statt vieler: Bernsmann, Jura 1981, 407 f. m.w.N. pro und contra.

Für die Strafbarkeit demonstrativer Hausbesetzer bedeutet dies nicht zugleich auch schon, daß das Vorverhalten der Eigentümer - selbst in den Fällen evidenter Sozialpflichtwidrigkeit des Leerstandes - strafbarkeitsirrelevant ist, etwa weil das Hausrecht und seine Ausübung nicht an sittlich-moralischen Wertvorstellungen zu messen sind.

Die Feststellung, daß die vorgenannten Fallkonstellationen ohne einen Rückgriff auf den Gedanken des Mißbrauchs zu lösen sind, spricht allenfalls prima facie dafür, daß die Norm der § 123 StGB generell einer solchen Einschränkung nicht zugänglich ist; ob - und mit welchen Folgen - ein Rechtsmißbrauch dogmatisch auch hier möglich ist, soll an späterer Stelle[740] untersucht werden.

F) Geringfügigkeitsprinzip als Tatbestandskorrektiv

Die hier getroffene Rechtsgutbestimmung "Besitz" und die damit konsequenterweise erforderliche Einordnung des Hausfriedensbruchs als Vermögensdelikt[741] scheint eine Restriktion des tatbestandlichen Anwendungsbereiches der Norm über das Prinzip der Geringfügigkeit geradezu zu eröffnen, da insbesondere die Eigentums- und Vermögensdelikte weite Tatbestandsfassungen aufweisen, dadurch regelmäßig auch völlig geringfügige Verletzungshandlungen nach ihrem Wortlaut unter Strafe stellen[742] und daher mit dem Bagatellprinzip in enger Verbindung stehen.

I. Die Fallgruppen

Die Szenarien, die eine Erörterung des Bagatellprinzips erfordern, entsprechen zunächst den Grenzfällen, bei denen aufgrund der formalistischen Betrachtungsweise ein befriedetes Besitztum (gerade noch) zu bejahen ist:

Die Besetzung leerstehender Gebäude ohne Türen und Fenster, die nach überwiegender Auffassung dem Tatobjekt des befriedeten Besitztums unterfallen[743], rückt damit nochmals in den Blickpunkt, wie die Okkupation noch weitergehend einem Verfallprozeß ausgesetzter Räumlichkeiten, bei denen über die Fenster- und Maueröffnungen hinaus weitere Durchbrechungen des Außenmauerwerks vorhanden sind. Nach der hier vertre-

740 S.u. Dritter Teil, 2. Kapitel.
741 S.o. S. 93 ff.
742 Vgl. dazu Arzt/Weber, LH 3, Rn. 73.
743 S.o. S. 140 ff.

tenen Auffassung hindern diese Mauerwerksöffnungen erst dann eine Subsumtion unter § 123 StGB, wenn sie eine Größe erreichen, die ein Betreten der Gebäudegrundfläche ermöglicht[744].

Zwar erscheint die Geringfügigkeit zunächst - scheinbar unabhängig vom objektiven Erhaltungszustand der Besetzungsobjekte - aus einem anderen Blickwinkel diskutabel: Die überwiegende "Lösung" einer Besetzung eines äußerlich intakten Wohnhauses, das luxusmodernisiert werden soll, für eine Nacht oder für wenige Stunden, um so zu demonstrieren, daß dieses leerstehende Gebäude noch bewohnbar ist, läßt ein Unbehagen an der einhellig befürworteten Tatbestandsmäßigkeit aufkommen.

Diese Zweifel werden gravierender, wenn Zeitfaktor und schlechter Erscheinungszustand des Gebäudes aufeinandertreffen:
Zu hinterfragen ist, ob es strafbares (und strafwürdiges) Unrecht darstellt, wenn ein Gebäude, bei dem sämtliche bauwerkstypischen Gebäudeöffnungen nicht mehr verschlossen sind, für ein paar Tage oder ein noch weitergehend einem Verfallprozeß ausgesetztes Abbruchhaus, für das sich der Eigentümer nicht mehr interessiert, kurz vor dem bevorstehenden Abriß für eine Nacht, wenige Stunden oder (nur) bis zum Eintreffen des Abrißbaggers in Beschlag genommen wird.
Der Zeitfaktor - die Dauer der Besetzung - und/oder eine fehlende Friedensstörung könnten in diesen Fällen über das Geringfügigkeitsprinzip Tatbestandsrelevanz entfalten.

Das *OLG Köln* hatte einen Sachverhalt zu entscheiden, in dem ein seit 8 Jahren leerstehendes Wohnhaus, das zum Abbruch bestimmt war, beim Anrücken der Abbruchfirma[745] für wenige Stunden[746] besetzt wurde. Strafkammer und Strafsenat werteten dieses Verhalten "als an der unteren Grenze des in Fällen des Hausfriedensbruchs denkbaren Unrechts- und Schuldgehalts liegend"[747], bejahten jedoch übereinstimmend - ohne das Bagatellprinzip auch nur zu erwähnen - einen strafbaren Hausfriedensbruch.

Ob die - möglicherweise zunächst unbemerkt gebliebene - Besetzung eines Hauses, das abgerissen werden soll und für das sich der Eigentümer nicht mehr interessiert, für eine oder mehrere Stunden oder die Besetzung eines jeden Abbruchhauses, das keine zusätzlichen Mauerwerksdurchbrüche aufweist, ebenso einen tatbestandsmäßigen Hausfriedensbruch darstellt, wie eine zeitlich kurzfristige Besetzung, die die Verwendungsmöglichkeiten des Berechtigten nicht berührt, soll im folgenden untersucht werden.

---

744 S. o. S. 140 ff.
745 OLG Köln, NStZ 1982, 333.
746 OLG Köln, NStZ 1982, 333 (334).
747 OLG Köln, NStZ 1982, 333 (334).

II. Ausprägungen des Bagatellprinzips

Unabhängig von dem bekannten Streit, ob es ein allgemeingültiges tatbestandsübergreifendes und - einschränkendes Prinzip der Geringfügigkeit gibt, oder diese nur einen Unterfall der teleologischen Auslegung verkörpert[748], ist anerkannt, daß den prozessualen Geringfügigkeitsregeln[749] und der Berücksichtigung geringfügigen Unrechts auf Strafzumessungs-(Rechtsfolgen)Ebene[750] vorgelagert, der Bagatellgedanke bereits tatbestandlich Berücksichtigung finden kann[751].

Der römisch rechtlich tradierte Rechtsgrundsatz "minima non curat praetor" tätigt - ausgenommen von den bagatellfreien Verbrechen[752] - seine Wirkung dergestalt, daß trotz Verwirklichung aller geschriebenen Tatbestandsmerkmale eine Rechtsgutverletzung und damit die Tatbestandsmäßigkeit ausscheidet.

1. Gesetzlicher Niederschlag

Der Gesetzgeber hat teilweise geringfügige Verletzungen expressis verbis nicht mit Strafe belegt[753]:

- Bei den Straftaten gegen die sexuelle Selbstbestimmung sind gemäß der Legaldefinition des § 184 c Nr. 1 StGB sexuelle Handlungen nur solche, die im Hinblick auf das geschützte Rechtsgut von einiger Erheblichkeit sind

- Ausschluß der im Ergebnis inzwischen einer Qualifikation angepaßten, technisch aber als Strafzumessungsregel konzipierten Regelbeispiele bei Geringwertigkeit, § 243 II StGB

- Kein durch das OrgKG neu eingeführter schwerer Bandendiebstahl bei geringwertigen Sachen, § 244 a IV StGB

---

748 Vgl. dazu: Sch-Sch-Lenckner, Vorbem. §§ 13 ff Rn. 68 (70a) m.w.N.

749 Vgl. die §§ 153 ff StPO, 45, 47 JGG einerseits und die Umsetzung des Geringfügigkeitsprinzips i.R.d. Strafverfolgungsvoraussetzungen durch die Einführung eines Strafantragserfordernisses bei Geringwertigkeit des Tatobjektes (§§ 248 a, 263 IV, 265 a III, 266 III, 257 IV, 259 II) andererseits.

750 Ostendorf, GA 1982, 333 (337).

751 Instruktiv - auch zu den möglichen Einwänden: Ostendorf, GA 1982, 333 (339 ff); umfassend: Kunz, 57 ff.

752 Zu den hier nicht näher interessierenden Möglichkeiten ungeschriebener Tatbestandsmerkmale und den - was aus dem Wortlaut nicht ersichtlich ist - ausschließlich auf inländische Rechtsgutträger anwendbaren Tatbeständen vgl. Kunz, S. 206; Krümpelmann, S. 127.

753 Vgl. dazu Gössel, FS Oehler, 97 (104 ff).

- Die Gefährdung von Sachen mit geringfügigem Wert reicht bei den konkreten Gefährdungsdelikten der §§ 315 bis 315 c StGB - ebenso wie bei § 330 StGB - nicht aus

2. Tatbestandsmäßige Tatbestandslosigkeit

Über die derart kodifizierte Relevanz des Bagatellunrechts hinaus sind aber auch Fallkonstellationen denkbar, die Gössel[754] treffend als tatbestandsmäßige Tatbestandslosigkeit charakterisiert hat. Dabei sei - ohne Anspruch auf Vollständigkeit - an folgende Tatbestände des StGB erinnert:

- Kein Verstrickungsbruch (§ 136) bei unerheblichen Erschwerungen des Zugriffs[755]
- Kein Unfall (§ 142) bei völlig belanglosen Personen- oder Sachschäden[756]
- Keine Beleidigungsdelikte (§§ 185 ff) innerhalb sogenannter beleidigungsfreier Räume, wie z.B. der Familie[757] oder dem Gespräch zwischen Rechtsanwalt und Mandanten[758]
- Keine Körperverletzung (§ 223) bei unerheblichen Beeinträchtigungen[759]
- Keine Freiheitsberaubung (§ 239) bei völlig geringfügiger kurzzeitiger Aufhebung der potentiellen Fortbewegungsfreiheit[760]
- Möglicherweise kein tatbestandsmäßiger Diebstahl (§ 242) i.S. einer Wertsummentheorie beim eigenmächtigen - dem Willen des Eigentümers im Einzelfall sogar zuwiderlaufenden - Geldwechseln[761] oder der Auswechselung vertretbarer Sachen
- Keine Verfolgungsvereitelung (§ 258 I) bei nur geringfügiger Verzögerung[762]

---

754 Gössel, FS Oehler, 97 (104).
755 OLG Hamm, NJW 1980, 2537.
756 Zur Kasuistik vgl. Sch-Sch-Cramer, § 142 Rn. 8.
757 Streitig, aber wohl h.M., Vgl. Krey, BT 1, Rn. 417 m.w.N. pro und contra.
758 Streitig, wie hier: OLG Hamm, NJW 1971, 1852 (1854); Lackner, § 185 Rn. 9; Krey, aaO.; a.A.: OLG Hamburg, NJW 1990, 1246 m.Bspr. Geppert, JK StGB § 185 Nr. 8. Ob dieser Ausschluß eine Ausprägung des Geringfügigkeitsprinzips darstellt, ist m.E. zweifelhaft, soll hier aber nicht erörtert werden.
759 Allg. Auffassung seit BGH St 14, 269 (1. LS); Dre-Tröndle, § 223 Rn. 5.
760 Vgl. dazu LK-Schäfer, § 239 Rn. 22.
761 OLG Celle, JZ 1974, 555 f; Krey, BT 2, Rn. 46 ff (48); a.A.: SK-Samson, § 242 Rn.91 ff.
762 Zum - durchaus fragwürdigen - Aspekt der Vereitelung auf "geraume Zeit" vgl. statt aller die (ablehnende) Darstellung bei Samson, SK, § 258 Rn. 21 ff (25 f).

- Möglicherweise keine Geldwäsche (§ 261) bei Austauschgeschäften und Dienstleistungen des täglichen Lebens[763]

- Kein unerlaubtes Glücksspiel (§ 284) bei Bagatelleinsätzen[764]

- Keine Sachbeschädigung (§ 303) bei völlig wert- und bedeutungslosen Sachen[765] oder bei Veränderungen, die ohne einen größeren Aufwand an Zeit und Mühe wieder rückgängig gemacht werden können[766]

- Keine Verwirklichung der §§ 331 ff bei üblichen Bagatellzuwendungen[767], also solchen - wie der *BGH* erst kürzlich formuliert hat - "geringwertigen Zuwendungen ..., die nach der Verkehrssitte aus Höflichkeit gegeben werden oder die sich ... als bloße Aufmerksamkeit darstellen"[768]

Den Restriktionen gemein ist der Gedanke, daß eine buchstabenmäßige Verwirklichung der Norm nicht per se das im Tatbestand geschützte Rechtsgut verletzen muß und daher das Strafrecht als ultima ratio auf den Plan ruft; belanglose Tangierungen verletzen nicht den geschützten Gegenstand in seiner sozialen Realität. Sie lassen vielmehr die im Tatbestand geschützte Rechtsmacht unberührt[769], so daß das Geringfügigkeitsprinzip als unmittelbar rechtsgutbezogen[770] Tatbestandsrelevanz entfaltet: Weil das Rechtsgut in den vorgenannten Fällen nicht oder zumindest nicht nennenswert verletzt wird, erfüllt das Verhalten nicht den jeweiligen Tatbestand[771].

Das Geringfügigkeitsprinzip wird so als Auslegungsmaxime[772] zu einem Arbeitsinstrument der restriktiven Auslegung des Tatbestandes, wobei - je nach Tatbestand unterschiedlich, vor dem Hintergrund von Art. 103 II GG aber völlig unbedenklich - diese Einschränkung in einigen Fällen als Auslegung auf der Wortlautebene, in anderen Fällen - auf einer späteren Stufe - als teleologische Reduktion bewerkstelligt wird.

---

763 Vgl. dazu: Barton, StV 1993, 156 ff.
764 RG St 40, 21 (33); OLG Hamm, JMBl NRW 1957, 250; Sch-Sch-Eser, § 284 Rn. 6.
765 RG St 10, 120 (122); BGH St 13, 207 (208); Dre-Tröndle, § 303 Rn. 5.
766 Vgl. dazu Sch-Sch-Stree, § 303 Rn. 8 f.
767 Streitig, vgl. dazu Sch-Sch-Cramer, § 331 Rn. 20 und 55.
768 BGH JZ 1993, 472 mit zust. Anm. Wagner, ebda, 473 f.
769 Gössel, FS Oehler, 97 (108 f).
770 Ostendorf, GA 1982, 333 (343).
771 OLG Hamm, NJW 1980, 2537; Roxin, AT, § 10 Rn. 40; Jescheck, § 25 IV 2.
772 So schon Roxin, JuS 1964, 376; ebenfalls anerkannt von OLG Hamm, NJW 1980, 2537; Ostendorf, GA 1982, 333 ff.

Bagatellunrecht und Sozialadäquanz liegen insoweit nicht nur wegen ihrer identischen Zielrichtungen einer Restriktion des Strafrechts durch den Aspekt der Verkehrsanschauung dicht beieinander.

Nach *Ostendorf*[773] lassen sie sich dadurch unterscheiden, daß die Lehre von der Sozialadäquanz das fehlende Handlungsunrecht ausfiltern, das Geringfügigkeitsprinzip hingegen die Fälle fehlenden Erfolgsunrechts tatbestandslos stellen will[774].

Die wohl überwiegende Ansicht, die sich eher terminologisch von dieser Differenzierung distanziert, siedelt beide diesseits und jenseits der Grenzlinie zwischen Straflosigkeit und Strafbarkeit an, wobei die auf *Welzel* zurückgehende Lehre von der Sozialadäquanz[775] die Tatbestandsmäßigkeit derjenigen Handlungen verneint, die im "sozialen Leben gänzlich unverdächtig"[776] sind, die "sich völlig im Rahmen der normalen, geschichtlich gewordenen sozialethischen Ordnung des Gemeinschaftslebens bewegen"[777]; das Bagatellprinzip hingegen ermöglicht, sofern es ausschließlich teleologisch reduzierend zu einer Unterschreitung des noch möglichen Wortsinnes gebraucht wird, geringfügige - rein formale - Überschreitungen der Strafbarkeitsschwelle und damit die Fälle auszusondern, die - entgegen den Buchstaben des Gesetzes - nicht strafbedürftig erscheinen[778], eben weil sie keine materielle Interessenverletzung beinhalten und daher das geschützte Rechtsgut nicht verletzen[779].

Das Geringfügigkeitsprinzip liefert Entscheidungsparameter, die trotz der Verletzung eines an sich strafrechtlich geschützten Gutes den Einsatz einer Kriminalstrafe als ultima ratio entbehrlich erscheinen lassen, da das konkrete Verhalten wegen seiner Belanglosigkeit nicht strafwürdig ist, m.a.W. eine strafrechtliche Sanktionierung bildlich mit Kanonen auf Spatzen schießen würde.

---

773 GA 1982, 333 (344).

774 Vgl. auch Sch-Sch-Lenckner, Vorbem § 13 ff, Rn. 70 a.

775 Welzel, Lb, S. 55 f.

776 BGH St 23, 226 (228), wo allerdings offenbleibt, ob die Sozialadäquanz auf Tatbestands- oder auf Rechtfertigungsebene Wirkung tätigen soll. Für Tatbestandsrelevanz: Welzel, aaO.; OLG München, NStZ 1985, 549 (550); Roxin, AT, § 10 Rn. 33 f. Dazu und zu anderen Auffassungen (Schuldrelevanz) vgl. Sch-Sch-Lenckner, Vorbem. §§ 13 ff Rn. 69.

777 So Hirsch, Soziale Adäquanz, 79.

778 Vgl. dazu umfassend Kunz, 229 ff, 245 ff.

779 Eine zwingende allgemeingültige Grenzziehung zwischen Sozialadäquanz und Geringfügigkeitsprinzip, deren Relevanz zudem im Verborgenen bliebe, soll nach Lenckner allerdings weder möglich noch erforderlich sein, vgl. Sch-Sch-Lenckner, Vorbem. §§ 13 ff Rn. 70 a.

III. Bagatellgedanke als Strafbarkeitskorrektiv bei Hausbesetzungen?

Ein Blick auf § 123 II StGB, der den Hausfriedensbruch zum uneingeschränkten Antragsdelikt macht, legt prima facie den Gedanken nahe, daß hier möglicherweise das Bagatellprinzip (allein) durch das Strafantragserfordernis verwirklicht wird[780] mit der Folge, daß neben diesem subjektiven Bagatellprinzip kein Raum für eine Restriktion des Tatbestandes bliebe. Eine derartige Deduktion würde allerdings verkennen, daß ein rein subjektives Bagatellprinzip im Sinne eines uneingeschränkten Antragsdeliktes nur einen Teilbereich möglicher Bagatellfälle - nämlich die aus der Sicht des Antragsberechtigten - erfaßt. Ob daneben auch in anderen Fällen eine materielle Interessenverletzung ausgeschlossen sein kann, wird daher durch die Festschreibung eines Antragserfordernisses nicht präjudiziert.

Für eine somit grundsätzlich denkbare "tatbestandslose Tatbestandsmäßigkeit" des Verhaltens der Hausbesetzer wäre erforderlich, daß ihre Okkupation einen gegenüber dem Normalfall eines Hausfriedensbruchs nur geringfügigen - minimalen - Unrechtsgehalt aufweist, wobei sich eine derartige Strafunwürdigkeit wegen des fehlenden Erfolgsunrechts nicht nur aus dem Erhaltungszustand der Wohnungen (oder der Motivation der Besetzer) ergeben kann, sondern auch aus der Dauer der Besetzung[781].

1. Grenzfälle des befriedeten Besitztums

Besetzt ein Hausbesetzer der stadtpolitischen Fraktion oder ein existentieller Hausbesetzer[782] die von einem spekulativen Wohnraumvernichter[783] vorsätzlich verwüsteten Wohnungen längerfristig, so scheint dies eine intuitiv geringer strafwürdige Fallkonstellation, die als "Selbstbedienung" an einer noch tatbestandlichen "Bauruine" eine bloß rein formal-periphere Verletzung des § 123 StGB beinhalten könnte.

Allerdings stellt - wie bereits erörtert[784] - § 123 StGB durch die Anerkennung des befriedeten Besitztums als taugliches Tatobjekt jedes Überwinden einer hinreichenden Besitzbarriere als Normaltypus der Deliktsverwirklichung unter Strafe; dieses naheliegende und zutreffende Argument wird durch die hier getroffene Rechtsgutbestimmung nur bestärkt: Der Hausfriedensbruch schützt den (Immobiliar-)Besitz als rein formale Rechts-

---

780 Dazu s.u. Dritter Teil, Zweites Kapitel.

781 Zur Verfolgungsprivilegierung bei Bagatellfällen im Bereich der Vermögensdelikte vgl. Krey, BT 2, Rn. 609 (610).

782 S.o. S. 18.

783 S.o. S. 13 ff.

784 S.o. S. 110 ff.

position, m.d.F., daß es - eine hinreichende Befriedung vorausgesetzt - auf den Zustand und eine mögliche Zweckentfremdung des Schutzobjektes ebensowenig ankommen kann wie auf die Motivation des Täters.

Beim befriedeten Besitztum besteht - anders als bei den "üblichen" Vermögensdelikten, die ein Bagatellprinzip jedenfalls subjektiv durch die Einführung eines Strafantragserfordernisses bei Geringwertigkeit anerkennen[785] - eine derartige Möglichkeit nicht: Unbeschadet der Tatsache, daß beim Hausfriedensbruch stets ein Strafantrag erforderlich ist, läßt sich ein "Marktwert" der Besetzung leerstehender Räumlichkeiten nicht feststellen; weder der Gebäude- oder Grundstückswert, noch ein fiktiver Mietzins können die Hoch- oder Geringwertigkeit der Besetzung eines Abbruchhauses widerspiegeln. Der formalisierte Besitzschutz des § 123 StGB zwingt zu einer Einordnung der tauglichen Räumlichkeiten im Sinne eines "Entweder -Oder".

Anders als in den vorgenannten Bagatellfällen bedingt der rein formal - bagatellarische Besitzschutz bei isolierter Betrachtungsweise eine materielle Interessenverletzung des Berechtigten, die einer Tatbestandslosigkeit entgegensteht.

Die Anforderungen, die an eine hinreichende Befriedung zu stellen sind, sind daher einer weiteren Korrektur über das Bagatellprinzip nicht zugänglich. Der Umstand, daß ein Gebäude "so eben" die erforderliche Tatobjektsqualität aufweist, ist insoweit für das Geringfügigkeitsprinzip irrelevant; eine daraus resultierende geringere Strafwürdigkeit des Besetzers kann daher nur auf der Strafzumessungsebene Berücksichtigung finden.

2. Kurzfristige Besetzungen

Es verbleibt damit der Zeitfaktor als möglicher Ansatzpunkt einer Restriktion des tatbestandlichen Anwendungsbereiches; kurzzeitige Besetzungen könnten aus dem Anwendungsbereich des § 123 StGB auszunehmen sein.

Die Frage in dieser Allgemeinheit aufzuwerfen, scheint gleichsam einherzugehen mit ihrer inhaltlichen Verneinung: Unabhängig von der erforderlichen zeitlichen Präzisierung eines schon (oder nicht mehr) tatbestandlichen Verhaltens ist offensichtlich, daß sich die Wohnung und die anderen Tatobjekte des § 123 StGB einer derartigen Beschränkung im Sinne eines "bißchen Hausfriedensbruchs" entziehen.

---

785 §§ 248 a, 259 II, 263 IV StGB p.p.; vgl. dazu instruktiv: Krey, BT 2, Rn. 609 (610).

Die Fragestellung muß daher dergestalt präzisiert werden, ob hier ein zumindest auf die wegen der äußeren Umstände als untere Grenzfälle des befriedeten Besitztums anzusehenden Gebäude beschränktes, "temporäres" Bagatellprinzip in Erwägung gezogen werden kann.

Die Entscheidung für einen formalisierten Besitzschutz und die damit verbundene Verneinung einer wirtschaftlichen Geringwertigkeit steht insoweit zwar einer Geringfügigkeitskorrektur dieses Auslegungsergebnisses allein wegen des Erhaltungszustandes entgegen; da sie jedoch nicht zugleich auch eine Aussage über die erforderliche Intensität der Verletzungshandlung beinhaltet, eröffnet sich hier - trotz der vorangegangenen Überlegungen - die gedankliche Möglichkeit, das Bagatellprinzip einfließen zu lassen.

Bereits an dieser Stelle ist der Einwand denkbar, daß es nicht auf die Zahl der Löcher in der Außenwand ankomme, sondern wieviel "Frieden" des Berechtigten gestört werde; Ausgangspunkt für die Überlegungen zum Geringfügigkeitsprinzip wären dann nicht der Erhaltungszustand der Gebäude und ein Zeitfaktor - beziehungsweise ein Produkt dieser beiden Faktoren -, sondern das Betroffensein einer Privatsphäre in Kombination mit einem Zeitfaktor.

Ob das Geringfügigkeitsprinzip zur Tatbestandslosigkeit demonstrativer Hausbesetzungen durch eine Kombination von Erhaltungszustand des Tatobjekts und Zeit oder durch ein Produkt von Friedensbruch mal Zeit führen kann, soll an späterer Stelle erörtert werden[786].

Zunächst gilt es aber kurz die Fälle in Erinnerung zu rufen, in denen ein zeitliches Bagatellprinzip bislang diskutiert wird.

a) Der Meinungsstand bei den §§ 239, 258 StGB

Die Beschränkung der Fragestellung auf die zeitliche Komponente lenkt den Blick auf die §§ 239 und 258 I StGB, die einzigen Normen, bei denen - soweit ersichtlich - eine zeitliche Bagatellschranke anerkannt wird.

So soll eine nur ganz unerhebliche "bloß augenblickliche"[787] Beeinträchtigung der persönlichen Fortbewegungsfreiheit für "nur einige Sekunden"[788] nicht unter den Tatbestand

---

786 S. S. 205 ff.
787 RG St 2, 292 (297).
788 OLG Hamm, JMBl NRW 1964, 31.

der Freiheitsberaubung fallen[789]; erst eine einminütige[790], eine "ein Vater unser lange"[791] oder jedenfalls eine halbstündige[792] Beraubung der Bewegungsfreiheit entfaltet hier Tatbestandsrelevanz.

Ähnlich verläuft eine zeitliche Bagatellgrenze bei der Strafvereitelung. Erkennt man - was hier nicht vertieft werden soll[793] - entgegen der Minderauffassung von *Samson*[794], *Vormbaum*[795] und anderen - die Möglichkeit einer Strafvereitelung auf Zeit an, so stellt sich die Frage, welche Anforderungen an eine ausreichende Zeitspanne zu stellen sind. Auch hier werden ganz unerhebliche Verzögerungen ausgeschieden und eine Verzögerung "für geraume Zeit"[796] gefordert; bei der Quantifizierung dieses Merkmals eröffnet sich dann eine Bandbreite von "mehreren Nächten"[797] bis zu 10 Tagen[798] für die Bejahung der Tatbestandsverwirklichung, wohingegen der *BGH* bei einer Verzögerung von 6[799] und das *Kammergericht* bei 7 und 8 Tagen[800] eine Vollendungsstrafbarkeit verneint hat.

b) Die Projektion auf § 123 StGB

Die vorstehende Schilderung verdeutlicht, daß der Zeitfaktor für die Tatbestandsverwirklichung als Bagatellproblematik Wirkungen tätigen kann. Insbesondere drängt sich bei kurzfristigen Besetzungen eine Parallele zu § 239 StGB auf, der ebenfalls strukturell ein Dauerdelikt darstellt.
Das *OLG Hamm* hat diesbezüglich über den bloßen Zeitfaktor hinaus eine für die vorliegende Fragestellung interessante Relation zwischen Zeit und Intensität der Einwirkung hergestellt. Wörtlich:

> "Bei der Beurteilung dieser Frage (Scil: der hinreichenden Dauer) kommt es aber auch auf die Intensität der Freiheitsberaubung für das Opfer an. Wenn

---

789 Vgl. ferner: LK-Schäfer, § 239 Rn. 22; Krey, BT 1, Rn. 313; Welzel, S. 328.

790 Vgl. dazu BGH NJW 1967, 941.

791 RG St 7, 259 (260 f); i.E. ähnlich: RG St 33, 234 (235).

792 Vgl. BGH St 14, 314 (315); ähnlich: Arzt/Weber, LH 1, Rn. 545 f, die wenige Minuten nicht ausreichen lassen.

793 Vgl. dazu Scheffler, 91 f (94 f).

794 SK-Samson, § 258 Rn. 29 b m.w.N.

795 Vormbaum, S. 394 ff.

796 RG St 70, 251 (254); BGH NJW 1984, 135; Sch-Sch-Stree, § 258 Rn. 16; Lenckner, GS Schröder, 343 ff.

797 LG Hannover, NJW 1976, 979.

798 OLG Stuttgart, NJW 1976, 2084.

799 BGH NJW 1959, 494 (495).

800 KG JR 1985, 24 (25); NStZ 1988, 178.

diesem ... auch die körperliche Bewegungsfreiheit genommen wird ..., so ist wegen der besonders einschneidenden Wirkung für den Verletzten ein strenger Maßstab anzulegen"[801].

Diese - im Rahmen der Freiheitsberaubung nahezu einhellig konsentierte[802] - Auffassung, die insbesondere bei zeitlich geringen Einwirkungen eine Relation zwischen Dauer und Intensität der Einwirkung herstellt, weist - auf die Problematik kurzfristiger Hausbesetzungen übertragen - einen Lösungsweg.

Das Zusammenspiel von Zeit- und Umstandsfaktor, das das *OLG Hamm* im konkreten Fall strafbarkeitsbegründend fruchtbar gemacht hatte, ist insoweit seiner Umkehrung und Abstraktion fähig; je weniger intensiv sich eine Einwirkung darstellt, desto eher wird eine kurzfristige Rechtsgut"verletzung" toleriert.

c) Die gegenständliche Beschränkung

Die auch von der herrschenden Meinung - allerdings nur im Rahmen der Strafzumessung - anerkannte unterschiedliche Schutzwürdigkeit der unterschiedlichen Tatobjekte[803], die auch innerhalb eines Tatobjektes bei einer einzelfallspezifischen Betrachtungsweise einer weitergehenden Unterteilung zugänglich ist, könnte hier unter dem Aspekt der Intensität des Eingriffes eine Art von Wechselwirkung entfalten.

An dieser Stelle liegt die Versuchung nahe, sämtliche dem befriedeten Besitztum unterfallenden Liegenschaften - oder doch wenigstens leerstehende Gebäude insgesamt - dem vorstehend entwickelten Bagatellprinzip zu unterwerfen. Die ihnen gemeinsam fehlende (Sozial-)Funktion könnte zugleich den Grund für die Anwendbarkeit des Bagatellprinzips in gegenständlicher Hinsicht bilden.

Insoweit scheint sich zunächst eine nicht formal an der Zahl der Löcher in der Außenwand, sondern stattdessen - wertend - an einer Friedensstörung orientierte Betrachtungsweise aufzudrängen:

Das Abstellen auf das Erfordernis einer realen (Haus-)Friedensstörung und des damit verbundenen Eingriffs in eine Privatsphäre wäre so für die Unanwendbarkeit des Gering-

---

801 OLG Hamm, JMBl NRW 1964, 31 (32).

802 Vgl.: LK-Schäfer, § 239 Rn. 22; Beulke/Hillenkamp, JuS 1975, 309 (311); Krey, BT 1, Rn. 313; a.A.: Welzel, S. 328.

803 AK-Ostendorf, § 123 Rn. 53; Sch-Sch-Lenckner, § 123 Rn. 36.

fügigkeitsprinzips ausschlaggebend; sobald hingegen das Produkt von Zeit der Besetzung mal dadurch bewirktem Friedensbruch geringfügig wäre, schiede eine Tatbestandsverwirklichung über das Bagatellprinzip aus.

Die Kombination von Zeit und Friedensbruch ist auf den ersten Blick bestechend. Zunächst scheint sie in Einklang mit dem umfassenden Schutz der "Wohnung" zu stehen: Bei der Wohnung als abgeschlossener diskreter Wohnsphäre[804] ist jeder zeitlich noch so geringe Zutritt nicht geringfügig, was sich etwa auch daran zeigt, daß - zu Recht - bereits das Hineinstellen eines Fußes in die geöffnete Wohnungstür als tatbestandsmäßiges "Eindringen" angesehen wird[805]. Die Privatsphäre Wohnung ist einer Bagatellisierung nicht zugänglich.

Wollte man dieses Ergebnis allerdings auf die beim Eindringen in eine Wohnung doch jedenfalls vorhandene Beeinträchtigung eines realen Hausfriedens stützen, so würde damit letztendlich auch auf ein Rechtsgut "Hausfriede" zurückgegriffen[806]; wie bereits an anderer Stelle gezeigt wurde[807], hätte dies die bedenkliche Konsequenz, daß das Vorliegen eines werthaften Zustandes bei Begehung der Tat Voraussetzung eines Hausfriedensbruchs wäre[808] und ein solcher letztlich bei Abwesenheit des Berechtigten ausschiede[809].

Darüber hinaus spielt der Gedanke des Friedensbruchs - verstanden als das Betroffensein in einer Privatsphäre - weder beim Hausrecht des Vermieters[810] noch bei den dem Publikumsverkehr eröffneten Geschäftsräumen[811] eine Rolle; in beiden Fällen reduziert sich der Aspekt der Friedensstörung vielmehr auf eine formal-äußerlich wahrnehmbare Störung.

Gegen eine Anerkennung des Erfordernisses einer realen Hausfriedensbeeinträchtigung spricht ferner, daß dann eine funktionale Betrachtungsweise, die auch auf die subjektiven Intentionen des Berechtigten und nicht allein auf die regelmäßig vorhandene äußerliche Abgeschirmtheit abstellen müßte, letztlich über die Tatbestandsmäßigkeit des Verhaltens entscheiden würde.

---

804 S.o. S. 56 ff.
805 Vgl. statt aller: BGH MDR (Da) 1955, 144; LK-Schäfer, § 123 Rn. 28; Bohnert, GA 1983, 1.
806 Dazu s.o. S. 80 ff.
807 S.o. S. 80 ff.
808 S.o. S. 81 f, 83 f.
809 S.o. S. 81 f, 83 f.
810 S.o. S. 173 ff.
811 S.o. S. 191 ff.

Ausschlaggebend scheint aber, daß eine derartige Grenze der Bagatellanfälligkeit sich dem Einwand aussetzt, die gesetzliche Wertung eines formalen Besitzschutzes wenn auch nicht vollständig, so aber doch in einem mit dem Charakter des Bagatellprinzips als Grenzfallregelung nicht mehr zu vereinbarenden Maße zu umgehen.

Der Umstandsfaktor im Rahmen des Bagatellprinzips kann daher nicht durch die Beeinträchtigung einer Privatsphäre und einem damit verbundenen Friedensbruch erschlossen werden; vielmehr erscheint es mit einem durch § 123 StGB bezweckten formalen Besitzschutz allein vereinbar, die gegenständliche Beschränkung im Rahmen des Bagatellprinzips als Untergrenze der Strafbarkeit ebenfalls an formalen Gesichtspunkten auszurichten:

Die kurzfristige Besetzung von Gebäuden, die aufgrund ihres Erhaltungszustandes objektiv erkennbar an der "unteren Grenze" des befriedeten Besitztums liegen, stellt die geringste mögliche Intensität eines Eingriffes dar; leerstehende Gebäude mit offenen Tür- und Fensteröffnungen oder weiteren Mauerwerksöffnungen unterfallen zwar noch dem Begriff des befriedeten Besitztums[812] und unterstehen damit latent strafrechtlichem Schutz. Ihre Grenznähe zum unbefriedeten Besitztum macht sie allerdings "bagatellanfällig" dergestalt, daß ein nur kurzfristiges Eindringen in sie durch das Bagatellprinzip gedeckt wird.

In gegenständlicher Hinsicht sind daher nur solche Gebäude dem Bagatellprinzip ausgesetzt, bei denen - objektiv erkennbar - Fenster und Türen fehlen oder gar weitergehende Durchbrechungen des Außenmauerwerkes vorhanden sind.

d) Die zeitliche Beschränkung

Naturgemäß wirft eine derart differenzierte Betrachtungsweise zwingend die Frage nach den Kriterien für die Bestimmung der zeitlichen Grenze und damit nach dem Begriff der Kurzfristigkeit auf. Ein einfacher - und zudem unanfechtbarer - Weg wäre es, hier keine feste Zeitgröße aufzustellen, sondern auf ein flexibles Produkt von Zeit und Intensität zu verweisen, das im Ergebnis geringfügig sein müßte, um eine Tatbestandslosigkeit des Verhaltens zu begründen.

Fraglich ist jedoch, ob ein solches Produkt von Zeit- und Umstandsfaktor, bei dem der Begriff "Intensität" sowohl den hier bevorzugten formalen Kriterien als auch dem Gedan-

---

812 S.o. S. 140 ff.

ken einer Friedensstörung[813] zugänglich wäre, mit dem Ziel einer fallbezogenen, juristisch-neutralen und zugleich präzisen Lösung des Sachverhalts "Hausbesetzung als Hausfriedensbruch"[814] in Einklang zu bringen ist.

Die Flexibilität der vorstehend angedeuteten Lösung geht naturgemäß mit der Notwendigkeit einer subjektiven Bewertung einher: Ob der einminütige oder gar im Sekundenbereich anzusiedelnde Aufenthalt in einer Privatwohnung für die Tatbestandsverwirklichung ausreicht, eine wochenlange - vom Eigentümer und der Allgemeinheit unbemerkte - Besetzung eines Abrißhauses vielleicht aber geringfügig wäre, ließe sich in diesen Einzelfällen behaupten und auch nachvollziehbar begründen.

Die - hypothetische - Feststellung, daß bei der Bildung eines Produktes aus Zeit und Intensität die kurzfristige Besetzung eines Abrißhauses für einen Tag noch tatbestandslos sein könnte, während die Besetzung desselben Tatobjekts für zwei Tage nicht mehr der Geringfügigkeit unterfiele, zeigt dann hingegen die Willkürlichkeit dieser Lösung: Sofern Sachverhalte sich im Zeitfaktor nur graduell unterscheiden, läßt sich - mangels der Anerkennung einer festen Zeitgröße - eine überzeugende Begründung für eine Lösung in dieser oder jener Richtung nicht finden.

Natürlich ist das gerade erörterte flexible Produkt aus Zeit und Intensität bedeutend konsensfähiger als eine starr festgelegte Zeitgröße, zumal der Aspekt der Intensität in seiner Allgemeinheit zum "Einfallstor" für alle beliebigen Faktoren und vom jeweiligen Rechtsanwender mit einem individuellen Begriffsinhalt versehen werden kann.

Der Vorzug der Flexibilität bedingt allerdings eine Unberechenbarkeit des konkreten Ergebnisses. Die gegenständliche und die zeitliche Beschränkung werden so zu Leerformeln, deren Produkt nahezu jedes gewünschte Ergebnis mit einer Pseudolegitimation versehen könnte.

Trotz der Angreifbarkeit der nachfolgenden Lösung erscheint daher - insoweit auch entgegen den bislang erarbeiteten Lösungen im Rahmen der §§ 239, 258 I StGB[815] - für eine Bagatellgrenze die Aufstellung einer festen Zeitgröße vorzugswürdig.

Eine starre zeitliche Grenzziehung zwischen erheblichen und unerheblichen Besetzungen solcher Gebäude, die "so eben noch" dem Merkmal des befriedeten Besitztums unterfallen[816], wäre nur dann nicht ungerecht und willkürlich, wenn dieser Zeitfaktor sich

---

813 S.o. S. 102 ff.

814 Dazu s.o. S. 18 ff, 27 ff.

815 S.o. S. 199 ff (204).

816 Dazu s.o. S. 140 ff.

in einer vom Gesetz selbst vorgegebenen oder doch anerkannten Größe widerspiegeln würde. Unvorhersehbare und damit rechtsstaatlich unbefriedigende Zeitschwankungen - wie etwa bei der Strafvereitelung auf Zeit[817] - sollten - soweit möglich - vermieden werden.

Angesichts des Ausnahmecharakters der hier befürworteten "tatbestandslosen Tatbestandsmäßigkeit" erscheint eine relativ kurze Bemessung der Zeitgrenze erforderlich. Weder die im Minutenbereich anzusiedelnde Kasuistik zur Freiheitsberaubung[818], noch die regelmäßig im Bereich von 6 bis 10 Tagen befindliche Rechtsprechung zur Strafvereitelung[819] ist auf den Hausfriedensbruch übertragbar, da hier keine gesetzlich anerkannten Zeitgrößen zugrundegelegt werden.

Als zeitliche Größe ließe sich - insbesondere auch wegen der Verbindungen der einfachen Freiheitsberaubung mit dem Bagatellprinzip[820] - zunächst an die Wochenfrist des § 239 II StGB denken:

Der qualifizierte Fall einer Freiheitsberaubung setzt ein Überschreiten der Wochenfrist voraus, so daß hier die Woche als gesetzlich anerkannte Zeitgröße (straf-)rechtliche Wirkung tätigt.
Zudem findet sich im Rahmen der Bemessung der Freiheitsstrafe in § 39 1. Alt. StGB die Wochenfrist als kleinste denkbare Einheit[821] bei der Verhängung einer Freiheitsstrafe von unter einem Jahr wieder.

Bedenken gegen eine Übertragung dieser Zeitgröße auf das Bagatellprinzip im Rahmen des Hausfriedensbruchs ergeben sich jedoch aus dem zuvor bereits dargelegten Ausnahmecharakter einer "tatbestandslosen Tatbestandsmäßigkeit"[822]: Der formale Besitzschutz, auf den sich die Schutzbestimmung des § 123 StGB jedenfalls beim befriedeten Besitztum reduziert[823], darf insoweit nicht durch eine großzügige Einführung und Handhabung einer zeitlichen Bagatellgrenze "ausgehöhlt" werden; Notfälle, die eine längerdauernde Inbesitznahme der Tatobjekte des § 123 StGB durch Dritte erfordern[824], sind

---

817 S.o. S. 204.
818 S.o. S. 204.
819 S.o. S. 204.
820 S.o. S. 204.
821 Zu den Reformvorschlägen vor der Heraufsetzung des Mindestmaßes der Freiheitsstrafe auf einen Monat vgl. Dre-Tröndle, § 38 Rn. 1 m.w.N.
822 S.o. S. 199.
823 S.o. S. 93 ff, 140 ff.
824 Zu erinnern ist etwa an den in nahezu keiner Vorlesung wegzudenkenden Bergwanderer, der von einem plötzlichen Wetterwechsel überrascht wird und beispielsweise wegen eines langdauernden Schneesturms tagelang in einer Berghütte verweilt, dazu s.u. S. 227.

zudem jedenfalls auf Rechtfertigungsebene einer durch die Notstandsabwägung gesetzlich vorgegebenen Abwägung zugänglich.

Die Fälle fehlenden Erfolgsunrechts müssen daher - um sich nicht dem Vorwurf einer Umgehung der gesetzlichen Vorgaben auszusetzen - zeitlich enger begrenzt sein.
Die Wochenfrist erscheint selbst bei der Besetzung solcher Gebäude, die "gerade so" noch als befriedetes Besitztum anzuerkennen sind, als zu lang.

Als - kürzere - gesetzlich anerkannte Zeitgröße verbleibt die Einheit des Tages:
Gemäß § 40 I 1 StGB ist eine Geldstrafe in Tagessätzen zu verhängen; an die Stelle der Geldstrafe tritt im Falle ihrer Uneinbringlichkeit eine sogenannte Ersatzfreiheitsstrafe. Einem Tagessatz (der Geldstrafe) entspricht ein Tag Freiheitsstrafe, § 43 StGB[825].
Darüber hinaus wird sowohl der Beginn der Strafverfolgungs- und der Strafvollstreckungsverjährung als auch deren Ende auf den Tag genau berechnet[826]; der Kalendertag ist im Rahmen der Anklage[827] und des Urteils die kleinste Zeiteinheit zur Angabe der Tatzeit, da - mit Ausnahme des § 212 a III 2 StPO[828] - alle Fristen der StPO in Einklang mit den vorgenannten Verjährungsfristen in vollen Tagen bemessen werden.

Der Tag stellt somit eine gesetzlich anerkannte Zeitgröße dar, die wegen ihrer Kürze nicht dem Verdikt einer Umgehung der gesetzlichen Zielvorgabe eines formalisierten Besitzschutzes unterfällt. Natürlich ist diese Grenzziehung dem Einwand der Willkürlichkeit ausgesetzt, da sie sich zwar aus dem Strafrecht selbst ergibt, ohne aber eine "hausfriedensbruchspezifische" Legitimation aufweisen zu können. Allerdings relativiert sich dieses Argument, sobald man sich vor Augen führt, daß jede starre Grenzziehung willkürlich ist.
Letztlich ist die Festlegung einer exakten - nachprüfbaren - Zeitgrenze aus Gründen der Rechtssicherheit und Praktikabilität gegenüber einem flexiblen Produkt aus Zeit und Intensität der Verletzung[829] vorzugswürdig.

---

825 Insoweit findet hier § 38 II StGB keine Anwendung; auch eine Ersatzfreiheitsstrafe von einem Tag ist zu vollstrecken. Lediglich wenn ein Teilbetrag einer Geldstrafe verbleibt, der keinem vollen Tagessatz entspricht, ist die Vollstreckung der Ersatzfreiheitsstrafe gemäß § 459 e III StPO unzulässig.

826 Anders als bei § 77 b I 2 StGB ist hier auch irrelevant, ob das Ende der Frist auf einen Sonn- oder Feiertag fällt, vgl. Dre-Tröndle, § 78 a Rn. 12.

827 Vgl. dazu Zuberbier, S. 84.

828 Die hier geregelte Ladungsfrist im beschleunigten Verfahren beträgt 24 Stunden.

829 S.o. S. 208. Hier wird durch die starre Grenzziehung den Hausbesetzern de facto die günstige Verteidigung eingeräumt, daß jeder aus der örtlichen "Szene" sich eben nur für einen Tag in dem betreffenden Haus aufgehalten habe. Diese praktische Verteidigungsmöglichkeit eröffnet sich in der Tat; sie kann jedoch die Richtigkeit der dogmatischen Grundkonzeption nicht ernsthaft in Frage ziehen.

Für den Zeitfaktor im Rahmen des Bagatellprinzips erscheint die vom Gesetz anerkannte Zeitgröße eines Tages angemessen, wodurch Bagatellprinzip und Eigentümerinteressen in gleichem Maße berücksichtigt werden dürften.

IV) Ergebnis

Die Besetzung leerstehender Gebäude, die noch dem Begriff des befriedeten Besitztums unterfallen, ist daher aus Gründen des Bagatellprinzips dann nicht tatbestandsmäßig, wenn

1. die Häuser keine Fenster und Türen mehr aufweisen oder weitere - die Tatobjektsqualität allerdings nicht berührende[830] - Bauöffnungen haben

und (kumulativ)

2. eine kurzfristige - auf den Zeitraum eines Tages beschränkte - Besetzung erfolgt.

Bei einer derartigen Fallkonstellation steht das Bagatellprinzip auf Tatbestandsebene einer Strafbarkeit dieser Hausbesetzungen entgegen[831].

2. Kapitel: Rechtswidrigkeit

Hausbesetzer behaupteten und behaupten vielfach die Rechtmäßigkeit ihrer Aktionen: Besetzungen seien durch persönliche Wohnungsnot, die Verwirkung strafrechtlichen Schutzes durch die Eigentümer, Notwehr oder ein verfassungsrechtlich gesichertes "Demonstrations"- oder Widerstandsrecht gerechtfertigt.

Inwieweit Rechtfertigungsgründe bei demonstrativen Hausbesetzungen einschlägig sind, wird im folgenden überprüft werden.
Die Flexibilität dieser Rechtfertigungsebene erfordert allerdings - ebenso wie nach der hier vertretenen Auffassung die Tatbestandsprüfung - in besonderem Maße eine nach Fallgruppen differenzierte Betrachtungsweise, da offensichtlich die in Frage kommende

830 S.o. S. 140 ff.

831 A.A. OLG Köln, NStZ 1982, 333 f; Rinsche, ZRP 1984, 38 (39), der dies als "Normalfall" des Hausfriedensbruchs ansieht und die anderen Fälle als "Hausraub" bestrafen will.

Rechtfertigung eines Hausbesetzers der stadtpolitischen Fraktion[832] aufgrund eines Demonstrationsrechts völlig losgelöst von der nach Notstandskriterien zu beurteilenden Hausbesetzung durch einen existentiellen Hausbesetzer[833] zu betrachten ist.

Die nachfolgende Darstellung wird daher bei der Erörterung der einzelnen Rechtfertigungsmöglichkeiten jeweils vorweg eine - wenn auch nicht stets die einzige - für diesen Erlaubnissatz charakteristische Sachverhaltskonstellation schildern. Zunächst werden mögliche verfassungsrechtliche Rechtfertigungsgründe dargestellt: Ein verfassungsrechtlicher Anspruch - etwa gerichtet auf Wohnraum - hätte ebenso zweifelsfrei Auswirkungen auf die Beurteilung einer in der Diskussion immer wieder angeklungenen Rechtfertigung unter dem Gesichtspunkt der "Selbsthilfe", wie die Feststellung, daß die Besetzungen eine grundrechtlich geschützte Tätigkeit darstellen: Grundrechtsausübung und Strafrechtswidrigkeit schließen sich aus[834].

Insoweit ist es verwunderlich, daß *Martina Weber* bei ihrer Untersuchung zum Thema "Hausbesetzung als s t r a f b a r e r Hausfriedensbruch"[835] dem Rechtsgut des § 123 StGB und dem Tatobjekt des befriedeten Besitztums jeweils ein eigenes Kapitel einräumt[836], dann aber die Rechtfertigungsproblematik mit keinem Wort erwähnt; die rechtstatsächlich zutreffende Feststellung, daß Besetzungen als "Ausdruck von Wohnungsnot" und "Protest gegen staatliche Wohnungsbaupolitik"[837] verstanden wurden, findet in ihrer rechtlichen Dimension bei ihr keinen Niederschlag.

Die Abhandlungen zur Rechtswidrigkeit sollen daher überprüfen, ob im wesentlichen das bestätigt werden kann, was *Webers* beredtes Schweigen zu den Erlaubnissätzen indiziert und *Wessels* lapidar damit zusammenfaßt, daß sich an der Rechtswidrigkeit nicht ernsthaft zweifeln läßt[838]. Dem Hinweis *Geilens*[839] auf die flexiblere Rechtfertigungsebene und der aktuellen Kommentarliteratur, die bei Hausbesetzungen in Fällen "echter" Obdachlosigkeit eine Rechtfertigung vorschlägt[840], wird im folgenden nachgegangen.

---

832 S.o. S. 18 ff.
833 S.o. S. 18 ff.
834 Vgl. BVerfGE 73, 206 (248 f).
835 S.o. S. 6 f, Hervorhebung durch den Verfasser.
836 Weber, S. 225 ff; 242 ff.
837 Weber, S. 1.
838 Wessels, BT 1, § 13 I 6 a.E.
839 Geilen, JK StGB, § 123 Nr. 2.
840 Dazu s.u. S. 224, 227 ff.

A) Verfassungsrechtliche Rechtfertigung

Grundsätzlich ist der Katalog strafrechtlicher Rechtfertigungsgründe nicht begrenzt, so daß auch Verfassungsnormen straftatbestandsmäßige Handlungen zu rechtfertigen vermögen. Insoweit ist unter dem Aspekt der "Einheit der Rechtsordnung"[841] nahezu einhellig anerkannt, daß auch die Erlaubnissätze und Eingriffsbefugnisse außerhalb des Strafrechts unter allen Umständen die Strafrechtswidrigkeit eines solchermaßen gestatteten Verhaltens ausschließen. Subsidiarität des Strafrechts und die Notwendigkeit der Vermeidung von Wertungswidersprüchen innerhalb der Gesamtrechtsordnung führen somit dazu, daß strafrechtliche Rechtfertigungsgründe der gesamten Rechtsmaterie und insbesondere der Verfassung entnommen werden können.

I. Art. 5, 8 GG

1. Die Fallgruppe

Hausbesetzer proklamieren vielfach eine Rechtfertigung durch ein Grundrecht der Demonstrationsfreiheit. In den Mittelpunkt der Untersuchung rückt daher die Besetzung tatbestandlich erfaßter Räumlichkeiten durch Überzeugungstäter, die sich demonstrativ gegen Mißstände zur Wehr - ein "Zeichen" - setzen wollen und die in den Besetzungen der vergangenen Jahre als stadtpolitische Fraktion oder modische Hausbesetzer[842] aufgetreten waren.

Die Berufung auf die Demonstrationsfreiheit und damit auf ein Grundrecht, das die Verfassung nicht ausdrücklich anerkennt, das aber durch das Zusammenspiel von Meinungsfreiheit (Art. 5 I GG) und Versammlungsfreiheit (Art. 8 I GG) praktisch existiert[843], wird dadurch legitimiert, daß Hausbesetzungen als Meinungsäußerungen und Demonstrationen gegen die Vernichtung von Wohnraum und damit als Grundrechtsausübung deklariert wurden; Grundrechte müßten dann - über die Sicherung des status negativus[844] des Bürgers hinaus - einen Erlaubnissatz beinhalten.

---

841 Statt aller: BGH St 11, 241 (244); Roxin, AT, § 14 Rn. 30 f; a.A. - soweit es um die Anwendbarkeit zivilrechtlicher Rechtfertigungsgründe geht -: Hellmann, 1 ff, 191 ff m.umf.N.

842 S.o. S. 18 ff.

843 Grundlegend: BVerfGE 69, 315 ff (317) = Brokdorf; BVerfGE 73, 206 (248 f); BVerfG NJW 1991, 971 und 994.

844 Die Grundrechte waren zunächst reine Abwehrrechte gegen staatliche Maßnahmen und Eingriffe; vgl. dazu: v. Münch, Vorbem. 16.

2. Die rechtliche Lösung

Sicherlich sind beide Grundrechtsgarantien unstreitig notwendige Elemente eines demokratischen Rechtsstaates, in dem der Einzelne seine Meinung frei äußern kann und soll (Art. 5 GG) und gegen - tatsächliche oder nur vermutete - Mißstände kollektiv und öffentlich im Rahmen des Art. 8 GG vorgegangen werden darf. Trotz dessen besteht - im Ergebnis zu Recht - ein Konsens dergestalt, daß Besetzungen (und Blockaden) verfassungsrechtlich nicht legitimiert sind[845].

Bei Art. 8 GG sind, um zu diesem Ergebnis zu gelangen, zwei[846] Wege denkbar und werden - wenn auch nicht immer deutlich unterschieden - vertreten:

Entweder wird bereits der Schutzbereich dieser Norm verneint, da nur friedliche und waffenlose Versammlungen geschützt seien und ein Verstoß gegen den Tatbestand eines Strafgesetzes zur Unfriedlichkeit führe[847]. Insoweit soll Art. 8 I GG durch das Gebot der Friedlichkeit bereits jede einfach-gesetzliche Rechtswidrigkeit aus dem Schutzbereich der Versammlungsfreiheit ausschließen. Eine derartige weite Auslegung des Begriffes der Friedlichkeit, die einerseits die Regelung des Art. 8 II GG praktisch überflüssig macht[848] und zudem bei der hier interessierenden Frage einer strafrechtlichen Rechtfertigung einem Zirkelschluß nahekommt, scheint zwar bedenklich.

Nur konstruktiv anders - im Ergebnis allerdings übereinstimmend - funktioniert aber der überwiegend vertretene Weg über Art. 8 II GG, der für Versammlungen unter freiem Himmel einen Gesetzesvorbehalt statuiert: Insbesondere das BVerfG bejaht zunächst einen Eingriff in den Schutzbereich der Versammlungsfreiheit, um dann im selben Atemzug die Strafrechtsnorm, deren Verletzung auf Rechtfertigungsebene hinterfragt wird, als einfachgesetzliche Einschränkung im Sinne von Art. 8 II GG zu deklarieren, mit der Folge, daß die verfassungsrechtliche Rechtfertigung wegen der Verwirklichung des Straftatbestandes ausscheidet[849].

---

845 Vgl. dazu: BGH St 35, 270 (282); Küpper/Bode, Jura 1993, 187(190) m.w.N.

846 Insbesondere bei Sitzblockaden wird allerdings noch eine dritte - für die Fälle demonstrativer Hausbesetzungen allerdings nicht einschlägige - Koppelung an die polizeilichen Maßnahmen nach dem Versammlungsgesetz vertreten: Erst die - rechtmäßige - Auflösung gem. § 15 Versammlungsgesetz lasse den Rechtfertigungsgrund des Art. 8 I GG entfallen. So z.B. Eser, FS-Jauch, 45 f; weitere Nachweise bei Küpper/Bode, aaO., Fn. 57; Mißverständlich: BVerfGE 73, 206 (250); zu Recht ablehnend: Krey, BT 1, Rn. 373 a f.

847 Vgl. dazu: Braun/Schmidt, DP 1983, 206 (207).

848 Zutr.: Herzog in Maunz/Dürig, Art. 8 GG Rn. 71 m.w.N.

849 BVerfGE 73, 206 (250).

Die parallele Argumentation findet sich dann bei der in Art. 5 I GG niedergelegten Meinungsfreiheit wieder:

Das in Art. 5 I GG festgelegte Recht auf freie Meinungsäußerung ist nicht auf die verbal-intellektuelle Kundgabe einer bestimmten Auffassung beschränkt; insoweit ist in der verfassungsrechtlichen Literatur anerkannt, daß der Schutzbereich dieser Norm auch dann einschlägig ist, wenn die Meinung in anderer Art und Weise - etwa durch bestimmte Verhaltensweisen - kundgetan wird[850].

Selbst wenn somit - entgegen der Grundkonzeption des BGH[851] - die Besetzung leerstehender Häuser dem Schutzbereich der Meinungsfreiheit unterfällt, greift wiederum eine Schrankenbestimmung ein: Die Meinungsfreiheit ist nicht grenzenlos gewährleistet, sondern findet ihre Grenze gemäß Art. 5 II GG in den allgemeinen Gesetzen, zu denen § 123 StGB zweifelsfrei gehört.

Hausbesetzungen verletzen das zivilrechtliche Eigentums- und Besitzrecht Dritter und erfüllen zudem den Tatbestand des § 123 StGB; all diese Normen stellen zulässige Beschränkungen einer - möglicherweise - grundrechtlich gewährleisteten Freiheit dar, so daß eine Rechtfertigung durch die Demonstrationsfreiheit ausscheiden muß.

Die Inanspruchnahme straftatbestandlich geschützter Rechtspositionen anderer kann daher nicht durch Art. 5 I und 8 I GG legitimiert werden[852]; Meinungskundgabe ist nur mit friedlichen Mitteln gestattet[853], so daß der Zugriff auf fremdes Eigentum den verfassungsrechtlich gezogenen Rahmen verläßt.

---

850 Statt aller: Herzog, aaO., Art. 5 Rn. 73.

851 Vgl. dazu BGHSt 23, 46 (56 f).

852 BGH (Z) NJW 1975, 49 (50); VG Hannover, DVBl 1981, 786 (787); AK-Ostendorf, § 123 Rn. 47 a.E.; LK-Schäfer, § 123 Rn. 49, 43; Sch-Sch-Lenckner, § 123 Rn. 33; SK-Rudolphi, § 123 Rn. 39; Degenhart, JuS 1982, 331; Maul, JR 1970, 81 (85); Herzog in Maunz/Dürig, Art. 8 Rn. 24 f; Ostendorf, JuS 1981, 641 je m.w.N.

853 Zutr.: VG Hannover, aaO., m.w.N.

II. Art. 13 GG (und verwandte Normen der Landesverfassungen)

1. Die Fallgruppe

Bei der Prüfung einer Rechtfertigung durch die in Art. 13 GG gewährleistete Unverletzlichkeit der Wohnung sind im wesentlichen die Täter in Erinnerung zu bringen, die ihre eigene - existentielle oder latente - Wohnungsnot durch eine Selbstversorgung mit Wohnraum beheben wollen[854].

Auch der der Entscheidung des *AG Wiesbaden*[855] zugrunde liegende "Kampf für ein kulturelles Selbstverwaltungszentrum" mag hier als plastisches Beispiel aus der Rechtsprechung dienen.

2. Die rechtliche Lösung

Das Nebeneinander von Grundgesetz und Landesverfassungen, denen die Gewährung weitergehender Rechte durchaus vorbehalten ist, macht an dieser Stelle eine Trennung erforderlich:

a) Die "bundesrechtliche Lösung"

Art. 13 GG schützt vorhandenen Wohnraum gegen Eingriffe, beinhaltet aber nicht - als Teilhaberecht - einen Anspruch auf angemessenen Wohnraum[856]. Das Grundrecht gewährleistet eine ideelle Freiheit, die nur dann zu einer realen Freiheit im Sinne eines (Grund-)Rechtes erstarkt, wenn der Betroffene eine Wohnung innehat. Die Verfassungsnorm des Art. 13 GG scheidet daher als Rechtfertigungsgrund aus.

b) Die "landesrechtliche" Lösung

Eine Rechtfertigung könnte allerdings in den Fällen erwogen werden, in denen eine Landesverfassung - über die Gewährleistung des Art. 13 GG hinausgehend - einen Anspruch auf angemessenen Wohnraum konstituiert, der Landesgesetzgeber also das reine (bundesrechtliche) Abwehrrecht um einen Leistungsanspruch - ein sogenanntes subjektiv-öffentliches Recht - ergänzt hat.

---

[854] S.o. S. 18 ff.

[855] AG Wiesbaden, NJW 1991, 188.

[856] Unstr., statt aller: Maunz in Maunz/Dürig, Art. 13 Rn. 3; vgl. dazu auch BVerfG MDR 1993, 728 m.Anm. Sternel, eda, S. 729 ff, wo das BVerfG einen Räumungsprozeß nicht dem Schutzbereich des Art. 13 unterstellt; vgl. ferner: BVerfGE 7, 230; Jaeschke, NJW 1983, 434; Ehmke, DP 1983, 221 (225).

Art. 19 I der Verfassung von Berlin postuliert beispielsweise in Übereinstimmung mit anderen Landesverfassungen[857], daß jedermann das Recht auf Wohnraum hat und garantiert insoweit ein soziales Grundrecht, das jedoch nicht als aktives Teilhaberecht ausgestaltet ist, sondern allein eine programmatische Staatszielvorgabe enthält, aus der keine subjektiven Teilhaberechte abgeleitet werden können[858].

Unterstellt man einmal eine in dieser Richtung weitergehende Landesnorm, die einen Anspruch i.e.S. konstituiert und würden bei einer solchen Rechtslage Häuser privater Eigentümer besetzt, so scheiterte eine Rechtfertigung allerdings an der fehlenden Drittwirkung der (Landes-) Grundrechte, die allenfalls Ansprüche gegen den Staat, nicht aber auch gegenüber privaten Dritten begründen[859].

Die sich nun aufdrängende Umkehrung - Rechtfertigung der Besetzung leerstehender Häuser, die im Eigentum der öffentlichen Hand stehen - verfängt nicht: Zwar hat der Bürger bei abstrakter Betrachtung im Verhältnis zum Staat einen quasi bilateralen Anspruch auf Wohnraum.
Jedoch muß dieser Anspruch in einem formellen Rechtsstaat auch mit den Mitteln des Rechts durchgesetzt werden. Allein die Existenz des Anspruches berechtigt nicht zu einer Selbstbedienung und Selbstversorgung mit Wohnraum; die Möglichkeit der Selbsthilfe ist wegen der Eröffnung des Rechtsweges - verwaltungsgerichtliche Klage - versperrt.

III. Art. 14 II GG

1. Die Fallgruppe

Art. 14 II GG legt die Sozialpflichtigkeit des Eigentums fest; der Blickwinkel bei der charakteristischen Fallgruppe verschiebt sich daher von der Motivation der Besetzer auf die bereits oben erörterten[860] Fälle einer spekulativen Vernichtung von Wohnraum und damit auf ein pflichtwidriges Vorverhalten der Eigentümer.

---

[857] Weitere landesrechtliche Regelungen bei Maunz, aaO., Rn. 3a.
[858] Schwan in Pfennig/Neumann, Art. 19 Rn. 1 m.w.N.; Maunz, aaO., Rn. 3a.
[859] Zutr.: Ostendorf, aaO., S. 641; Degenhart, JuS 1982, 330 (331).
[860] S.o. S. 148 ff.

2. Die rechtliche Lösung

Die rechtliche Lösung wurde hier bereits im Rahmen der Tatbestandsprüfung und insbesondere auch bei der Erörterung einer Rechtfertigung durch Art. 13 GG vorbereitet:
Aus eben den vorgenannten Gründen vermag auch ein noch so eklatanter Verstoß gegen die Sozialpflichtigkeit des Eigentums[861] keine Rechtfertigung zu begründen[862]. Allein der Regelverstoß des Eigentümers eröffnet nicht das Recht, aus Tätersicht fremdes Eigentum in Anspruch zu nehmen. Auch hier bleibt es beim Vorrang der Ausübung staatlicher Gewalt und beim Ausschluß der Selbsthilfe.

IV. Art. 20 IV GG

Als weiterer - von *Fabricius-Brand*, *Küchenhoff* und *Malunat* [863] in die Diskussion der Strafbarkeit vergangener Hausbesetzungen eingebrachter - Rechtfertigungsgrund mit Verfassungsrang könnte das individuelle Widerstandsrecht des Art. 20 IV GG erwogen werden.

1. Die Fallgruppe

Die hier einschlägige Fallkonstellation hat *Küchenhoff* [864] mittelbar wie folgt eindrucksvoll umschrieben:

> "Es ist aller Überlegung wert, ob die Ursachen der Hausbesetzungen nicht einen solchen Problemkreis darstellen. So könnte man daran denken, daß die jahrelange Duldung und Förderung des gesellschaftlichen und verfassungsrechtlichen Unrechts der mieterverdrängenden spekulativen Wohnraumvernichtung durch professionelle Wohnraumvernichter, eine Duldung und Förderung, deren Fehlerhaftigkeit immer mehr führende Politiker zugeben, ein solches Widerstandsrecht begründet, weil gegen einen solchen politischen Komplex ein individualisierbarer Rechtsweg nicht offensteht. Ein solches Widerstandsrecht könnte das erlauben, was die Studentenbewegung als 'begrenzte Regelverletzung' definiert hat."

---

[861] Dazu s.o. S. 148 ff.

[862] OLG Düsseldorf, NJW 1982, 2678 (2680); AG Wiesbaden, NJW 1991, 188; Dre-Tröndle, § 123 Rn. 5 a; Sch-Sch-Lenckner, § 123 Rn. 6a, 16, 33; SK-Rudolphi, § 123 Rn. 39; Amelung, NJW 1986, 2081; Degenhart, JuS 1982, 331; Ostendorf, JuS 81, 641; Schall, NStZ 1983, 247; vgl. auch BGH (Z) NJW 1975, 49 (51).

[863] Fabricius-Brand, DuR 1981, 287 (292); Küchenhoff, Demonstrative Hausbesetzungen, BMZ-Dokumentation, S. 4; Malunat, Hausbesetzungen, RuP 1982, 143 ff.

[864] Küchenhoff, aaO., S. 4.

2. Die rechtliche Lösung

Art. 20 IV ermöglicht es, gegen jeden, der es unternimmt, die verfassungsgemäße Ordnung zu beseitigen, subsidiär - sofern andere Abhilfe nicht möglich ist - Widerstand zu leisten[865]. Das Widerstandsrecht ist insoweit nicht auf die Anwendung im Verhältnis Bürger - Staat beschränkt, sondern kann gegenüber jedermann und damit auch gegen einen anderen Mitbürger ausgeübt werden.

Der seit 1969 kodifizierte Fall des Staatsnotstandes, der bislang keine praktische Relevanz entfaltet hat (und kaum entfalten wird[866]), setzt zunächst das Unternehmen (vgl. § 11 I Nr. 6 StGB) einer Beseitigung der verfassungsmäßigen Ordnung voraus.
Insoweit fallen unter diese Voraussetzung nicht nur Angriffe gegen die organisatorischen Grundentscheidungen des Grundgesetzes oder - um mit einem innerstrafrechtlichen Begriff zu sprechen - gegen Verfassungsgrundsätze[867], sondern auch solche gegen die gesamte Verfassung im materiellen Sinne. Sämtliche das Wesen der freiheitlichen Demokratie prägenden Grundsätze und ihre Ausprägungen in der Verfassungsrealität[868] und damit auch die subjektiv-rechtlichen Regelungsgehalte der Grundrechte sind Bestandteil der verfassungsmäßigen Ordnung und daher latent widerstandsfähig.
Ob darunter auch der Leerstand von Wohnraum bei vorhandener Nachfrage fällt, erscheint zweifelhaft, kann jedoch dahingestellt bleiben. Der Wortlaut des Art. 20 IV GG enthält nämlich eine ausdrückliche Subsidiaritätsklausel: Widerstand ist jedenfalls nur dann legitim, wenn eine andere Abhilfemöglichkeit ausscheidet.

Zwar hat der einzelne wohnraumsuchende Besetzer keine Möglichkeit, auf gerichtlichem Wege selbst gegen einen verfassungswidrig handelnden privaten spekulativen Wohnraumvernichter vorzugehen. Trotz der Tatsache, daß eine Wohnung zu den elementaren Grundbedürfnissen des Menschen zählt, besteht selbstverständlich kein Kontrahierungszwang für Wohnraum.

---

865 Zur - unstreitigen - Anwendbarkeit im Strafrecht vgl. statt aller: Dre-Tröndle, Vor. § 32 Rn. 10 m.w.N. Speziell zu den Hausbesetzungen: Küchenhoff, FuG, 1981, 85 (90).

866 Das individuelle Widerstandsrecht dürfte insoweit nicht mehr als einen gutgemeinten Programmsatz enthalten: Wird die verfassungsmäßige Ordnung beseitigt, so entfällt damit auch die in der Verfassung kodifizierte Rechtfertigung. Bei einem erfolgreichen Umsturz nützt daher Art. 20 IV GG dem Widerstandsleistenden nichts. Im umgekehrten Fall eines erfolglosen Umsturzversuches wird in aller Regel die Erfolglosigkeit auf einer von anderer Seite geleisteten Abhilfe beruhen und daher die ausdrückliche Subsidiarität einer Anwendung der Norm entgegenstehen. Zutreffend: Roxin, AT, § 16 Rn. 114.

867 Vgl. dazu § 92 II StGB. Gemeint sind hier - im Gegensatz zu § 81 f StGB - insbesondere Volkssouveränität, Wahlrechtsgrundsätze, Gewaltenteilung p.p.

868 Dre-Tröndle, Vor. § 32 Rn. 10 i.V.m. § 81 Rn. 6.

Eine Ausnahme von diesem Grundsatz bestünde nur - fiktiv - bei leerstehenden Wohnungen der öffentlichen Hand und zugleich einem landesverfassungsrechtlich festgeschriebenen Anspruch auf Wohnraum; hier würde dann aber bereits die verwaltungsgerichtliche Möglichkeit einer Geltendmachung dieses subjektiv öffentlichen Rechts auf Wohnraum einer Berufung auf Art. 20 IV GG entgegenstehen[869].

Allein der fehlende Kontrahierungszwang Privater vermag aber im Ergebnis auch hier eine Anwendung des Art. 20 IV GG nicht zu rechtfertigen. Ein Widerstandsrecht, das als ultima ratio der Verfassung nur dann seinen Zweck erfüllt, wenn sämtliche anderen Notstandskompetenzen des Grundgesetzes versagen[870], darf nicht dazu mißbraucht werden, von einem Teil der Gesellschaft mißbilligte Verhaltensweisen praeter oder gar contra legem zu sanktionieren und dagegen ein verfassungsrechtlich abgesichertes Faustrecht zu statuieren. Entscheidungen über die (Un)Rechtmäßigkeit eines Verhaltens sind dem Gesetzgeber vorbehalten, so daß zumindest in den Fällen, in denen eine verfassungsgemäße Regelung besteht, kein Raum für ein Widerspruchsrecht gegen ein von diesen Gesetzen erfaßtes Verhalten bleibt.

Die Regelungen über das Verbot zur Zweckentfremdung von Wohnraum, die mit der Verfassung in Einklang stehen[871], sperren daher eine Anwendbarkeit des Art. 20 IV GG[872].

V. Ziviler Ungehorsam

Als letzter verfassungsrechtlicher Rechtfertigungsgrund bleibt der zivile Ungehorsam[873] zu erörtern.

Küchenhoff[874] stufte den zivilen Ungehorsam als Verfassungsinstitut und damit als über dem einfachen (Straf-)Gesetz stehenden Rechtfertigungsgrund ein[875].

---

869 A.A. Eberhardt, Der Spiegel, Heft 14/1981, S. 32, der den "Besetzern undifferenziert eine von der Verfassung gebilligte Selbsthilfe" attestiert.

870 Hesse, S. 299.

871 BVerfGE 38, 348 f.

872 A.A.: Eberhardt, aaO., S. 32; Gollwitzer, Frankfurter Rundschau v. 24.7.1981; Küchenhoff, FuG, S. 90.

873 Vgl. dazu zuletzt: Roxin, FS Schüler-Springorum, 443 ff.

874 Ziviler Ungehorsam als Rechtsinstitut, Vorgänge 1983 2/3, S. 156; vgl. auch Dreier, JZ 1985, 353 (358 f) m.w.N. pro und contra.

875 Vgl. dazu die instruktive Darstellung bei Roxin, FS Schüler-Springorum, S. 446 f.

1. Die Fallgruppe

Demonstrative Hausbesetzer der stadtpolitischen Fraktion[876], die sich auf eine Rechtfertigung qua zivilem Ungehorsam beriefen und berufen, deklarieren ihr Verhalten als Warnruf einer Minderheit, der auf Mißstände hinweisen soll.
Hausbesetzungen werden als vorsätzlicher Regelverstoß mit symbolischem Appellcharakter begriffen. Es wird also die bewußte Übertretung gesetzlicher Normen und das damit eintretende Sanktionssystem hingenommen, um so auf Mißstände und/oder (angebliches) staatliches Unrecht aufmerksam zu machen.

2. Die rechtliche Lösung

Ziviler Ungehorsam wird überwiegend - in Anlehnung an *Schüler-Springorum*[877] und *Hassemer*[878] - verstanden als "eine bewußte Regelverletzung als Mittel zum Zweck eines öffentlich bekundeten und ethisch - normativ begründeten symbolischen Protestes, der gewaltlos bleibt und für dessen Folgen einzustehen der Protestierende bereit ist".
Setzt man diese - von einigen Randkorrekturen[879] abgesehen - anerkannte Formel unbeschadet des Vorliegens ihrer tatsächlichen Voraussetzungen in Fällen demonstrativer Hausbesetzungen in Beziehung zur begehrten Rechtsfolge - Rechtfertigung -, so wird die Perplexität der allgemeinen dogmatischen Fragestellung einer Rechtfertigung strafrechtlicher Normverletzungen durch die Rechtsfigur des zivilen Ungehorsams evident:

Zu Recht hat es das BVerfG[880] als "widersinnig" bezeichnet, daß eine bewußte Rechtsverletzung, für die der Täter gerade einstehen will, aufgrund dieser Zielsetzung nun ihrerseits zur strafrechtlichen Rechtfertigung führt, m.a.W. ihr ihrer Zielvorgabe zuwider rechtfertigende Wirkung bzgl. der Gesetzesverletzung eingeräumt wird[881].
Ein verfassungsrechtlich legitimiertes Widerstandsrecht unterhalb der Schwelle des Art. 20 IV GG existiert - wie zudem eben die Kodifikation dieses Rechtes eindrucksvoll beweist - nicht.

---

876 Dazu s.o. S. 18 ff.
877 Ziviler Ungehorsam, S. 79.
878 Hassemer, FS Wassermann, 325 (328); vgl. aber auch: Prittwitz, JA 1987, 17 (22 f).
879 Vgl. dazu Hassemer, aaO., S. 328; Prittwitz, aaO., 22 f.
880 BVerfGE 73, 206 (250).
881 Zutr.: Lenckner, JuS 1988, 349 (355).

Konstruktiv ist hier allenfalls - worauf *Roxin*[882] zu Recht hinweist - eine Entschuldigung denkbar; auf diese Feststellung und den Hinweis *Lenckners*[883], der zunächst behauptet, daß es Entschuldigungsgründe hier nicht gibt, dann jedoch die Möglichkeit einer Gewissenstat zumindest erwähnt, wird an späterer Stelle zurückzukommen sein[884].

Ziviler Ungehorsam ist daher kein eigenständiger Rechtfertigungsgrund[885]; ein ostentativer Rechtsbruch steht - sofern er sich nicht in einem Verhalten niederschlägt, das von einem anerkannten Erlaubnissatz erfaßt wird - der Strafrechtswidrigkeit nicht entgegen.

B) Einfachgesetzliche Rechtfertigungsgründe

I. Selbsthilfe, § 229 BGB

1. Die Fallgruppe

Erneut sind hier die existentiellen Hausbesetzer zu erwähnen, die eine Selbstversorgung mit Wohnraum anstreben. Insoweit besteht - tatsächlich und rechtlich - eine Parallele zu den Erörterungen bei Art. 13 GG.

2. Die rechtliche Lösung

Die vorstehenden Ausführungen zum Nichtbestehen eines Anspruchs Wohnraumsuchender gegenüber Hauseigentümern machen eine Erörterung des § 229 BGB[886] praktisch nahezu überflüssig: Selbsthilfe scheitert zum einen daran, daß die Besetzer keinen insoweit erforderlichen - fälligen und einredefreien - Anspruch innehaben. Das BGB eröffnet genau entgegengesetzt dem (Grund-)Besitzer, dem bestehender Besitz durch verbotene Eigenmacht entzogen wird, seinerseits ein Selbsthilferecht, vgl. §§ 858, 859 III BGB.

---

882 Roxin, FS Schüler-Springorum, S. 451.

883 Lenckner, JuS 1988, 349 (355).

884 S.u. S. 242 ff; 245 ff.

885 BVerfGE 73, 206 (252); Dre-Tröndle, Vor. § 32 Rn. 10 a; LK-Schäfer, § 240 Rn. 61 b; Sch-Sch-Lenckner, § 34 Rn. 41 a.E.; Jakobs, AT, 15. Abschn., Rn. 5; Roxin, AT, § 16 Rn. 49; ders., FS Schüler-Springorum, 451; Dreher, MDR 1988, 19; Hassemer, FS Wassermann, 325 (336 ff); Lenckner, JuS 1988, 349 (355).

886 Zu den Problemen einer Rechtfertigung qua Selbsthilfe und möglichen Lösungsvorschlägen de lege ferenda vgl. Joerden, JuS 1992, 23 ff (28).

Demgemäß scheidet dann auch die Gefahr der zumindest wesentlichen Erschwerung der Verwirklichung dieses - hier bereits nicht bestehenden - Anspruchs aus.
Da zudem obrigkeitliche Hilfe in aller Regel erlangbar ist, ist selbst bei den existentiellen Hausbesetzern keine der drei kumulativ erforderlichen Voraussetzungen des § 229 BGB erfüllt.

Durch persönliche Wohnungsnot motivierte Selbstversorgung mit Wohnraum ist daher rechtlich nicht durch Selbsthilfe legitimiert.

II. Rechtfertigender Notstand, § 34 StGB

Zu erörtern bleibt eine Rechtfertigung unter dem Gesichtspunkt des rechtfertigenden Notstandes, der als Ausfluß des Prinzips der Güter- und Pflichtenabwägung entwickelt wurde und bei Interessenkonflikten aller Art anwendbar ist; die Einschlägigkeit dieses Erlaubnissatzes bei Hausbesetzungen wurde und wird - zumeist unreflektiert - bejaht, sofern sich der Täter in einer extremen Ausnahmesituation[887] befindet, aus "tatsächlicher Wohnungsnot heraus" handelt[888] oder "echte Obdachlosigkeit"[889] vorliegt.

§ 34 StGB setzt zunächst eine Notstandslage, eine gegenwärtige Gefahr für ein beliebiges Rechtsgut voraus. Erforderlich ist also eine auf festgestellte tatsächliche Umstände begründete Wahrscheinlichkeit eines schädigenden Ereignisses[890] , wobei lediglich der Intensitätsgrad der für § 34 vorauszusetzenden Wahrscheinlichkeit umstritten ist[891].

1. Die Fallgruppe

Die Notstandsrechtfertigung als kodifiziertes Prinzip einer umfassenden Interessenabwägung erfordert eine ausführlichere Darstellung der möglichen Szenarien:

Auszuscheiden sind zunächst - mangels einer wie auch immer gearteten Gefahr - die Hausbesetzungen modischer Hausbesetzer, stadtpolitischer Täter und der Anhänger der Anarchoszene[892]. Die fehlende persönliche Notsituation dieser Besetzer sperrt per se

---

887 So schon: Decken, DP 1974, 161.
888 Schall, NStZ 1982, 241 (247).
889 Sch-Sch-Lenckner, § 123 Rn. 33; SK-Rudolphi, § 123 Rn. 39.
890 BGH St 18, 271 (272); Sch-Sch-Lenckner, § 34 Rn. 12.
891 Die Skala reicht von "sicher oder doch höchstwahrscheinlich" (BGH MDR 1982, 447) über "in hohem Maß" (BGH NJW 1951, 769) bis zur "bedrohlichen Nähe" (BGH St 19, 371 (373); 22, 341 (345)).
892 S.o. S.18 ff; vgl. auch AG Wiesbaden, NJW 1991, 188.

eine Subsumtion ihres Verhaltens unter § 34 StGB; zudem setzt der Notstand durch sein subjektives Rechtfertigungselement voraus, daß der Täter handelt, um die Gefahr von s i c h abzuwenden.
Allerdings rechtfertigt § 34 StGB auch ein Handeln, das die Gefahr von einem bedrohten a n d e r e n abwendet, sofern bei diesem eine hinreichende Notstandslage vorliegt. Eine Rechtfertigung qua Not(stands)hilfe[893] könnte bei Hausbesetzungen dann einschlägig sein, wenn Hausbesetzer - ohne in eigener Person in einer für § 34 StGB ausreichenden Notsituation zu sein - Gebäude in Beschlag nehmen, um sie bedrohten anderen zur Verfügung zu stellen.

Bei den existentiellen Hausbesetzern erscheint das Vorliegen einer gegenwärtigen, nicht anders abwendbaren Gefahr möglich. Zwei unterschiedliche Ausgangspunkte, die in der bisherigen Diskussion allerdings nicht hinreichend deutlich voneinander getrennt worden sind, sind insoweit zu berücksichtigen:

So könnte zunächst wegen der im Rahmen des § 34 StGB entscheidenden Interessenabwägung zu untersuchen sein, ob das generelle Interesse eines Obdachlosen an einer Wohnung in bestimmten Fällen das Interesse des Hauseigentümers an dem Leerstand seines Gebäudes wesentlich überwiegen kann.

Soweit der Berechtigte sein leerstehendes Eigentum - etwa wegen einer fehlenden Abriß- oder Baugenehmigung - zur Zeit der Besetzung tatsächlich gar nicht nutzen oder umbauen will, erscheint ein derartiges, zeitlich begrenztes - wesentliches - Interessenübergewicht obdachloser Besetzer zumindest erwägenswert.

Der andere Gesichtspunkt, der offensichtlich *Lenckner* und *Rudolphi*[894] vorschwebt, wenn sie - ohne dies allerdings näher zu erläutern - von "echter Obdachlosigkeit" sprechen, die eine Rechtfertigung via Notstand eröffnen soll, verläßt allerdings die Typizität der demonstrativen Hausbesetzungen und eröffnet einen anderen Blickwinkel.

Der jährlich bei Wintereinbruch wiederkehrende Ruf nach gezielter Unterstützung für Obdachlose[895] durch die Bereitstellung von beheizten Wohncontainern, die Öffnung von U-Bahnhofstationen, Bahnhöfen und anderen öffentlichen Gebäuden[896] spiegelt die Notwendigkeit einer Winterhilfe für Obdachlose wider. Die Tatsache, daß nach Informationen der Bundesarbeitsgemeinschaft Wohnungslosenhilfe im Winter 1992/93 vermutlich

893 Vgl. statt vieler: Dre-Tröndle, § 34 Rn. 18; Sch-Sch-Lenckner, § 34 Rn. 9.
894 Sch-Sch-Lenckner, § 123 Rn. 33; SK-Rudolphi, § 123 Rn. 39.
895 Vgl. zuletzt RN vom 25.11.1993.
896 Zu denken ist hier vorrangig an Rathäuser und Schulen. Allerdings stellen auch Kirchengemeinden teilweise ihre Gemeindehäuser zur Verfügung.

33 Obdachlose wegen fehlender Quartiere auf den Straßen erfroren sind[897] verdeutlicht, daß echte - lebensbedrohende - Obdachlosigkeit kein Phantasieprodukt der Lehrbuchliteratur ist, sondern auch im Jahre 1993[898] eine traurige Realität darstellt.
Sachverhalte, in denen Besetzer wegen klirrender Kälte und überfüllter Notunterkünfte Häuser oder Zweitwohnungen in Beschlag nehmen, um drohende Gefahren für Leib oder Leben abzuwenden, sind zwar in der Vergangenheit (noch) nicht bekannt geworden, aber durchaus denkbar.

2. Die rechtliche Lösung

a) Die Rechtfertigung im Falle "einfacher" Obdachlosigkeit

Im Falle einer einfachen - nicht konkret lebensgefährdenden - Obdachlosigkeit stellt sich die Frage, ob das latente Interesse eines Obdachlosen an einer Wohnung nicht jedenfalls bis zu dem Zeitpunkt, zu dem der Eigentümer das Haus tatsächlich nutzen oder umbauen will, das rein formale Besitzschutzinteresse des Eigentümers am Leerstand wesentlich überwiegen kann.

Der rechtfertigende Notstand ist Ausdruck eines allgemeinen Rechtsgedankens[899]; Interessenkollisionen unterschiedlichster Art können nur durch eine umfassende Interessenabwägung gelöst werden: Die Notstandslage besteht in einer gegenwärtigen Gefahr für irgendein Rechtsgut, das ansonsten strafrechtlich nicht anerkannt zu sein braucht; jedes beliebige Interesse ist rettungsfähig im Sinne von § 34 StGB[900].

Eine Notstandslage kann daher nicht allein deshalb verneint werden, weil die Besetzer in aller Regel nach der geltenden Rechtsordnung kein Recht oder gar einen Anspruch auf Wohnraum innehaben.

Unterstellt man - etwa aufgrund weitergehender landesrechtlicher Gewährungen - einmal die Existenz eines solchen Rechtes oder stellt im Rahmen des § 34 StGB zutreffenderweise auf das im Grundsatz kaum zu leugnende Interesse eines Obdachlosen an einer Wohnung ab, so stellt sich - unabhängig vom (wesentlichen) Überwiegen des

---

897 Quelle: RN vom 25.11.1993.

898 Für das Jahr 1994 sind bislang - soweit ersichtlich - entsprechende Zahlen noch nicht veröffentlicht; allerdings sollen bereits vor dem eigentlichen Wintereinbruch bis zum 25.11.1993 bereits 5 Menschen erfroren sein, vgl. RN vom 25.11.1993.

899 Zur Geschichte der Vorschrift vgl. LK-Hirsch, § 34 Rn. 1; Joerden, JuS 1992, 23 (27).

900 Vgl. statt Aller: Sch-Sch-Lenckner, § 34 Rn. 9; Jescheck, § 33 IV 3.

einen oder des anderen Interesses - zunächst die Frage, ob eine dann gegenwärtige Gefahr nicht anders als durch eine Hausbesetzung abwendbar ist.
Eine anderweitige Abwendbarkeit liegt vor, wenn der Handelnde die Gefahr etwa durch die Inanspruchnahme der Hilfe Dritter erfolgreich abwenden könnte[901].
Insoweit scheiterte eine Rechtfertigung dann daran, daß die Hausbesetzung nicht das relativ mildeste Mittel zur Gefahrabwendung darstellt. Diese Gefahr wäre jedenfalls anders abwendbar, sei es durch die Beschreitung des Rechtsweges oder die Inanspruchnahme von Sozialhilfe bzw. staatlicher Notunterkünfte.
Allein das latente Interesse eines Obdachlosen an einer Wohnung vermag daher eine Hausbesetzung nicht zu rechtfertigen.

b) Die Rechtfertigung im Falle lebensbedrohlicher Obdachlosigkeit

Bedingt die Obdachlosigkeit eine weitergehende Gefahr für ein (anderes) Rechtsgut des Täters oder besteht eine solche Wahrscheinlichkeit einer Rechtsgutverletzung unabhängig von dem fehlenden Wohnraum, so vermag natürlich d i e s e Gefahr eine Notstandslage zu begründen und eine Okkupation fremder Räumlichkeiten zu rechtfertigen, m.a.W. der Hausfriedensbruch zur Abwendung einer derartigen gegenwärtigen Leibes- oder gar Lebensgefahr gerechtfertigt sein.

Solche Konstellationen würden eine Parallele zu den allgemein bekannten Lehrbuchfällen des von einem Unwetter überraschten Bergsteigers bilden, der, um sein Leben zu retten, in eine fremde Berghütte eindringt[902], oder zu dem Täter, der bei Vorliegen einer Notstandslage ein fremdes Hausrecht verletzt, um telefonisch Hilfe herbeizurufen[903].

Die hier im Ergebnis nicht zu bezweifelnde Rechtfertigung unter Notstandsgesichtspunkten[904] ist selbstredend auch für den zuvor geschilderten Hausbesetzerfall einschlägig, fände ihren Ursprung und ihre Legitimation aber allein in der drohenden Lebens- oder Leibesgefahr, zwecks deren Abwendung eine Inanspruchnahme der Räumlichkeiten gestattet wäre.

---

901 Vgl. dazu Dre-Tröndle, § 34 Rn. 5.
902 Jescheck, AT, § 33 III 1.
903 Roxin, AT, § 16 Rn. 94; Parallelfall bei Pfrogner, DP 1977, 148 (149).
904 Ob hier der zivilrechtliche Aggressivnotstand des § 904 BGB eingreift oder die allgemeinere Norm des § 34 StGB, ist zwar umstritten, kann jedoch vorliegend dahingestellt bleiben, da jedenfalls § 34 StGB in solchen Fällen eine Rechtfertigung eröffnet (Zum Streitstand vgl. Roxin/Schünemann/Haffke, (4.), S. 37).

§ 34 StGB rechtfertigt so - allerdings nicht wegen der Wohnungsnot der Besetzer, sondern ausschließlich wegen unmittelbar drohender Gefahren für Leib oder Leben - einen Hausfriedensbruch und zwar begrenzt auf den Zeitraum, in dem die Gefahr fortbesteht: Ebenso wie der Bergsteiger nach dem Aufklaren die Berghütte verlassen muß, kann ein Hausbesetzer allein aus einer momentanen Notstandslage kein dauerhaftes Nutzungsrecht ableiten; eine in Notfällen denkbare Notstandsrechtfertigung ist daher stets - entgegen der regelmäßigen Motivation und Intention der Besetzer - zeitlich begrenzt.

Allerdings stellt sich dann - sofern Hausbesetzer nach Fortfall der die Anwendung des § 34 StGB begründenden Umstände die Räumlichkeiten nicht unaufgefordert räumen - an dieser Stelle ein Standardproblem des § 123 StGB:
Im Rahmen des Hausfriedensbruchs ist es bekanntermaßen aufgrund der unterschiedlichen Handlungsvarianten des Tatbestandes umstritten, ob das bloße Verweilen nach Erlöschen der rechtfertigenden Situation ein Eindringen durch Unterlassen darstellt, obwohl eine Aufforderung zum Verlassen nicht geäußert worden ist.

Im Parallelfall eines Verweilens nach Erlöschen einer individuellen Aufenthaltserlaubnis bejaht die wohl h.A. unter Hinweis auf den Dauerdeliktscharakter der Norm eine derartige Möglichkeit[905]. Eben dies soll auch dann gelten, wenn das Betreten - wie in den hier diskutierten Fällen - zunächst gerechtfertigt war[906].

Demgegenüber erkennt eine im Vordringen befindliche Auffassung die Möglichkeit eines Eindringens durch Unterlassen nur dann an, wenn ein Garant seinen Schützling nicht an einem aktiven Eindringen hindert[907].
Zur Begründung dieses Ergebnisses wird zu Recht darauf verwiesen, daß andernfalls - systemwidrig und contra legem - das bloße Verweilen ohne Aufforderung zum Verlassen der geschützten Räumlichkeiten über die Eindringensalternative unter Strafe gestellt würde. Zudem würde bei Anerkennung eines "Eindringens durch Unterlassen" durch bloßes Verweilen letztendlich die Verweilensvariante entgegen dem Gesetzestext überflüssig, da jedes Verweilen trotz Aufforderung zugleich ein Eindringen durch Unterlassen begründen würde[908].

Zutreffenderweise ist daher das bloße Verweilen in den geschützten Räumlichkeiten nach Erlöschen einer rechtfertigenden Situation solange nicht strafbewehrt, bis der Berechtigte den Verweilenden zum Verlassen auffordert; ein Eindringen durch Unterlassen,

---

905 BGH St 21, 224 ff; BayObLG MDR 1969, 778; Lackner, § 123 Rn. 3.
906 Sch-Sch-Lenckner, § 123 Rn. 15; Maurach/Schröder, § 30 II 3 b.
907 Vgl. dazu Armknecht, S. 89; Bernsmann, Jura 1981, 404 (405); SK-Rudolphi, § 123 Rn. 19; Otto, § 35 I 2 a.
908 Zutr.: Bernsmann, Jura 1981, 405.

das damit begründet wird, daß der Verweilende auch ohne Aufforderung zur Beendigung des nunmehr mißbilligten Zustandes verpflichtet sei[909], erscheint aus den vorgenannten Gründen dogmatisch nicht vertretbar.

"Echte Obdachlosigkeit", verstanden als Gefahr für ein anerkanntes Individualrechtsgut der Besetzer, kann daher eine auf die Dauer des Fortbestehens der Gefahr begrenzte Hausbesetzung rechtfertigen; allerdings ergibt sich hier das Eingreifen des Erlaubnissatzes aus allgemeinen Abwägungsgesichtspunkten und nicht als Ausfluß demonstrativer Hausbesetzungen.

III) Mutmaßliche Einwilligung

1. Die Fallgruppe

Greift man das eingangs bereits zitierte Beispiel *Rinsches* von der einkommensschwachen Witwe auf, die ihr Wohnhaus, das sich in einem unvermietbaren Zustand befindet, wegen fehlender Mittel nicht renovieren oder modernisieren kann[910] und kombiniert es mit dem Besetzer, der eben diese Arbeiten ausführt, so drängt sich für diesen und vergleichbare Sachverhalte die Frage nach einer Rechtfertigung aus dem Gesichtspunkt der mutmaßlichen Einwilligung auf.

2. Die rechtliche Lösung

Wegen der Überlegungen zur Frage, ob ein mutmaßliches Einverständnis tatbestandsausschließend wirkt[911], kann die Erörterung des Rechtfertigungsgrundes einer mutmaßlichen Einwilligung kurz gehalten werden:

Dieser eigenständige Rechtfertigungsgrund, der keinen Unterfall des § 34 StGB bildet[912], sondern als Surrogat einer tatsächlich nicht erteilten Einwilligung Handlungen und Erfolge zu rechtfertigen vermag, bei denen eine Einwilligung rechtlich zulässig wäre[913], ist - unbeschadet seiner sonstigen Voraussetzungen - nur in solchen Sachverhaltskonstella-

---

909 So aber BGH St 21, 224 ff.

910 Rinsche, ZRP 1984, 38.

911 S.o. S. 165.

912 Allerdings ist die dogmatische Einordnung dieses Rechtfertigungsgrundes höchst umstritten: Für einen Fall des Notstandes u.a. Welzel, S. 92. Zum Teil wird sie als Unterfall der Einwilligung (Mezger, S. 220) oder des erlaubten Risikos angesehen. Wie hier: u.a. BGH St 35, 246 (249); LK-Hirsch, Vor. § 32 Rn. 129; Sch-Sch-Lenckner, Vor. § 32 Rn. 56.

913 Statt aller: BGH St 35, 246 ff; Sch-Sch-Lenckner, Vor. § 32 Rn. 54.

tionen einschlägig, in denen der wahre Wille des berechtigten Rechtsgutträgers nicht feststellbar ist[914].

Da es keinen sachlich einleuchtenden Grund dafür gibt, ein Handeln gegen den wirklichen Willen des Berechtigten zu rechtfertigen, wenn und soweit dieser wahre Wille ohne die Gefährdung oder Verletzung anderweitiger Rechtspositionen aufklärbar wäre[915], kommt gerechtfertigtes Handeln im Interesse des Berechtigten (oder im Drittinteresse bei mangelndem Gegeninteresse des Betroffenen) subsidiär nur dann in Betracht, wenn eine zugespitzte Sachlage und/oder die Unmöglichkeit einer Erforschung des wahren Willens vorliegt bzw. ausnahmsweise Umstände die Annahme nahelegen, daß der Betroffene auf eine derartige Befragung keinen Wert legt[916].

Diese Subsidiarität der mutmaßlichen Einwilligung steht somit einer durchgreifenden Rechtfertigung entgegen: Regelmäßig ist - sei es durch eine Befragung der verbliebenen Bewohner bei einem Teilleerstand und/oder durch einen Blick in das Adreß- und/oder Grundbuch, das auch den Eigentümer aufführt -, der Berechtigte zu ermitteln und sein wahrer Wille zu erforschen.

IV. Geschäftsführung ohne Auftrag

1. Die Fallgruppe

Zu erinnern ist hier an solche Hausbesitzer, die ihren Wohnraum bewußt und unerlaubt leerstehen lassen. Wird solcher Wohnraum von Besetzern wieder hergerichtet und wohnlich gestaltet, so kann zwar wegen des evident entgegenstehenden Willens des Berechtigten und der gerade aufgezeigten Subsidiarität der mutmaßlichen Einwilligung eine solche Rechtfertigung nicht ernsthaft in Erwägung gezogen werden.
Diese Fallkonstellation eröffnet eine interessante Parallele zu den alltäglichen Abschleppfällen bei verbotswidrigem Parken: Hier wie dort wird durch die Handlung eines Dritten (Besetzer oder Abschleppunternehmer) ein verbotswidriger Zustand (Leerstand oder Parken) beseitigt.
Die Unbeachtlichkeit des entgegenstehenden Willens des Hauseigentümers oder des Falschparkers könnte sich hier aus § 679 BGB und damit aus den Regeln der Geschäftsführung ohne Auftrag ergeben.

---

914 Statt aller: BGH St 35, 246 ff; Sch-Sch-Lenckner, Vor. § 32 Rn. 54.
915 Zutr.: Roxin, AT, § 18 Rn. 10.
916 BGH St 16, 309 (312); 35, 246 (249 f); Roxin, AT, § 18 Rn. 10; Sch-Sch-Lenckner, Vor. § 32 Rn. 54 je m.w.N.

2. Die rechtliche Lösung

Das Institut der Geschäftsführung ohne Auftrag, das möglicherweise in direkter oder entsprechender Anwendung auch im Strafrecht als Rechtfertigungsgrund wirkt, erklärt in § 679 BGB den entgegenstehenden Willen eines Geschäftsherrn für unbeachtlich, sofern "ohne die Geschäftsführung eine Pflicht des Geschäftsherrn, deren Erfüllung im öffentlichen Interesse liegt, ... nicht rechtzeitig erfüllt werden würde".

So hat das *OLG Kiel 1926* in einer Zivilsache[917] einen Ersatzanspruch einer Gemeinde, die erforderliche Ausbesserungsarbeiten an einem Wohnhaus eines privaten Dritten gegen dessen Willen vorgenommen hatte, damit begründet, daß der entgegenstehende Wille des Geschäftsherrn unbeachtlich sei, da "die Instandsetzung baufällig gewordener Wohnräume im öffentlichen Interesse liege"[918].
Trotz der Verneinung der Voraussetzungen einer mutmaßlichen Einwilligung können daher die Voraussetzungen der §§ 677 ff BGB vorliegen und eine Rechtfertigung demonstrativer Hausbesetzungen erwogen werden: Der Eigentümer, der den Vorschriften der ZweckentfremdungsVO zuwider Wohnraum leerstehen läßt, verstößt gegen seine aus der Sozialpflichtigkeit des Eigentums resultierenden öffentlich-rechtlichen Pflichten.

Die eigentliche Problematik liegt hier aber nicht in dieser Überwindung des entgegenstehenden Willens des Eigentümers, sondern - dogmatisch vorgelagert - bei der Frage nach der generellen Anwendbarkeit des Rechtsinstituts der Geschäftsführung ohne Auftrag im Strafrecht.

Eine literarische Mindermeinung befürwortet - überwiegend unter Hinweis auf den Grundsatz der Einheit der Rechtsordnung - eine strafrechtliche Relevanz der GoA[919]; diese sei kein durch die Existenz der mutmaßlichen Einwilligung verdrängter, sondern auf einer Interessenabwägung beruhender, sich also mit § 34 StGB überschneidender, aber trotz dessen eigenständiger Rechtfertigungsgrund.

Allerdings regeln die zivilrechtlichen Vorschriften über die GoA allein die internen Ausgleichspflichten zwischen Geschäftsführer und Geschäftsherrn, ohne zugleich auch die Voraussetzungen für eine Zulässigkeit des Eingriffes festzulegen[920]. § 679 BGB konstitu-

917 OLG Kiel, OLG Band 46 (1928), 139 (140).

918 Eine Anspruchsgrundlage, die jedenfalls dann auch heute noch einschlägig ist, wenn der Landesgesetzgeber nicht durch spezielle öffentlich-rechtliche Regelungen Eingriffs- und Regreßmöglichkeiten eröffnet hat, vgl. zu einem solchen Fall das Gesetz zur Erhaltung und Pflege von Wohnraum für das Land Nordrhein-Westfalen (Wohnungsgesetz - WoG -) vom 6.11.1981 = GV NW 1984 S. 681 f.

919 Roxin, AT, § 18 Rn. 9; Schroth, JuS 1992, 476 (479 f); Welzel, S. 93; Zitelmann, AcP 99 (1906), 1 (104 ff); i.E. auch Günther, S. 364.

920 Jescheck, § 34 VII 2, Wollschläger, S. 271 ff.

iert nicht die Erlaubnis zum Eingriff, die - würde sie dort geregelt - zweifelsfrei auch strafrechtliche Folgen haben müßte, sondern normiert allein die vermögensrechtliche Abwicklung eines Eingriffes gegen den Willen des Geschäftsherrn.

Schroth[921], der sich zuletzt ausführlich mit dieser Problematik beschäftigt hat, meint, es erscheine "ausgeschlossen, daß der Gesetzgeber für eine strafbare Tat Ansprüche auf Aufwendungsersatz" zugestehe und folgert daraus die "implizite" Beinhaltung einer Rechtfertigung[922] in den Vorschriften der GoA.
Dies ist eine Behauptung, für die er zum einen eine Begründung schuldig bleibt und die zudem übersieht, daß nicht jede berechtigte GoA die Tatbestandsvoraussetzungen einer Straftat erfüllen muß. Zum anderen erscheint es widersprüchlich und willkürlich , wenn derselbe Autor wenige Augenblicke später - aus naheliegenden Gründen[923] - postuliert, bei der Möglichkeit einer nachträglichen Genehmigung einer ursprünglich unberechtigten GoA gemäß § 684 S. 2 BGB werde nur ein internes Ausgleichsverhältnis geregelt, mit der Folge, daß eine derartige Genehmigung einer unberechtigten GoA nicht die Rechtswidrigkeit entfallen lasse, sondern "nur" als Verantwortungsausschließungsgrund einer Strafe aus Zweckmäßigkeitsgesichtspunkten entgegenstehe[924].

Eine direkte oder auch entsprechende Anwendung der §§ 679, 680 BGB als Rechtfertigungsgrund muß vielmehr ausscheiden; die GoA stellt keinen Rechtfertigungsgrund dar. Ein Handeln ohne oder gar gegen den Willen des Geschäftsherrn kann daher strafrechtlich nur unter den Voraussetzungen der mutmaßlichen Einwilligung oder des rechtfertigenden Notstandes, die insoweit abschließend den Regelungen des § 679 BGB vorgehen, gerechtfertigt sein[925]. Diese beiden Rechtfertigungsgründe haben die Aufgaben übernommen, die teilweise früher der GoA im Strafrecht zugewiesen wurden[926].

Demonstrative Hausbesetzungen sind daher auch dann nicht unter dem Aspekt einer Geschäftsführung trotz entgegenstehendem Willen des Geschäftsherrn rechtmäßig, wenn durch sie der der Sozialpflichtigkeit des Eigentums zuwiderlaufende Leerstand faktisch beseitigt wird.

---

921 JuS 1992, 476 (477).
922 AaO., S. 487.
923 Da die Strafrechtswidrigkeit bei Begehung der Tat feststehen muß und mit dem Eingriffsrecht Duldungspflichten korrelieren, kann eine nachträgliche Willenserklärung des Opfers auf dieser Ebene keinesfalls Wirkungen tätigen.
924 AaO., S. 480 i.V.m. Fn. 27.
925 Jescheck, § 34 VII 2; LK-Hirsch, Vor § 32 Rn. 13; Sch-Sch-Stree, Vor § 32 Rn. 57; Wollschläger, S. 271 je m.w.N.
926 Zutr.: Mitsch, JuS 1992, 289 (290); Hellmann, 172 ff.

Dieses Ergebnis müßte im übrigen auch von denjenigen geteilt werden, die die berechtigte GoA als strafrechtlichen Rechtfertigungsgrund anerkennen. Eine berechtigte GoA setzt einen Fremdgeschäftsführungswillen voraus[927]; das entscheidende Kriterium des § 687 BGB ist der Wille des Geschäftsführers, für einen anderen zu handeln. Die bei Hausbesetzern intendierte Selbstversorgung mit Wohnraum oder der Aspekt einer Demonstration gegen Mißstände begründet nicht einen Fremdgeschäftsführungswillen. Die Besetzer handeln insoweit nicht für den Hauseigentümer, sondern für sich selbst, so daß auch aus diesem Grunde eine Geschäftsführung für den Hauseigentümer als Geschäftsherrn ausschiede.

V) Wahrnehmung berechtigter Interessen

1. Die Fallgruppe

Als einschlägige Sachverhaltskonstellation muß hier nochmals auf die Besetzungen durch Täter der stadtpolitischen Fraktion und damit auf demonstrative Hausbesetzungen verwiesen werden, die den Protest gegen einen Leerstand und/oder eine verfehlte Wohnungsbaupolitik verkörpern[928].

2. Die rechtliche Lösung

Die Wahrnehmung berechtigter Interessen gemäß § 193 StGB stellt nach überwiegender Auffassung einen besonderen Erlaubnissatz für den Bereich der Ehrdelikte dar[929].

Der eindeutige Wortlaut der Norm steht insoweit jedenfalls einer unmittelbaren Anwendung auf die Fälle demonstrativer Hausbesetzungen entgegen.

In der Literatur wird teilweise weitergehend im Sinne eines allgemeinen Rechtsgrundsatzes oder einer Analogie eine Rechtfertigung über den Bereich der Ehrdelikte hinaus für solche Tatbestände propagiert, die Rechtsgüter schützen, die in einem besonderen

---

927 Vgl. dazu etwa BGH Z 40, 28 ff; 38, 270 ff; 72, 151 ff; Schroth, JuS 1992, 476 (477); Zitelmann, aaO., S. 107.

928 S.o. S. 18 ff.

929 BGH St 12, 287 (293); 18, 181 (184); Dre-Tröndle, § 193 Rn. 1; Sch-Sch-Lenckner, § 193 Rn. 1; SK-Rudolphi, § 193 Rn. 1; a.A.: Günther, S. 309 ff.

Maße gemeinschaftsbezogen sind und deren Schutz wegen dieser Gemeinschaftsbezogenheit durch die Interessen anderer relativiert werden kann[930].

Die überwiegende Auffassung steht einer solchen Extension kritisch gegenüber, da eine derart allgemeine und dementsprechend vage Abwägungsklausel letztlich die relativ scharfen Konturen der anderen Rechtfertigungsgründe verwischt und verneint demgemäß eine Anwendbarkeit der Grundsätze der Wahrnehmung berechtigter Interessen außerhalb des Bereichs der Ehrdelikte[931].
§ 193 StGB erlaubt nämlich im Gegensatz zu Notwehr und Notwehrhilfe nicht nur die Konservierung eines bestehenden Zustandes beziehungsweise rechtfertigt - wie die Notstände - bei Gefahren durch Dritte oder Naturereignisse einen Eingriff in fremde Rechtsgüter, sondern ermöglicht weitergehend eine rechtfertigende Güterabwägung auch und gerade dann, wenn erst durch das Verhalten des "Täters" dessen Interessen und die Interessen Dritter in Konflikt geraten.

Für den Hausfriedensbruch hat das *AG Stuttgart* [932] bei der Besetzung eines US-Militärgeländes eine analoge Anwendung des § 193 StGB bejaht; andere[933] haben eine Analogie zumindest erwogen.
Nahezu einhellig soll - im Ergebnis zu recht - der Wahrnehmung berechtigter Interessen im Rahmen des Hausfriedensbruchs keine Bedeutung zukommen[934], ohne daß es auf die Lösung der grundsätzlichen dogmatischen Streitfrage ankommt:

Wird die Anwendbarkeit des § 193 StGB auf die Ehrdelikte begrenzt, so ergibt sich dieses Ergebnis zwanglos aus ihrer fehlenden Analogiefähigkeit.
Folgt man trotz der beachtlichen Bedenken, die gegen eine entsprechende Anwendung sprechen, der literarischen Minderansicht, so steht einer durchgreifenden Rechtfertigung jedenfalls die fehlende Gemeinschaftsbezogenheit des verletzten Rechtsgutes entgegen. Weder das nach h.M. durch § 123 StGB geschützte Hausrecht, noch der nach

---

930 So z.B. Schröder in Sch-Sch, (17.), Vor § 51 Rn. 62 a; Tiedemann, JZ 1969, 717 (721 f); ähnlich Lackner, Vor § 32 Rn. 28, der eine Rechtfertigung durch eine Wertabwägung nach Maßgabe der grundgesetzlichen Wertordnung für möglich hält, sofern diese ein Übergewicht des vom Täter gewahrten Interesses ergibt. Im Ergebnis dürfte damit eine umfassende Interessenabwägung nach Maßgabe des § 193 eröffnet werden.

931 OLG Stuttgart, NStZ 1987, 121; Lenckner, JuS 1988, 349 (351 f); Dre-Tröndle, § 193 Rn. 4; Krey, BT 1, Rn. 376; LK-Hirsch, Vor § 32 Rn. 167; Roxin, AT, § 18 Rn. 37; Sch-Sch-Lenckner, Vor § 32 Rn. 80 je m.w.N.

932 Als Vorinstanz zu OLG Stuttgart, NStZ 1987, 121 f.

933 Reinecke/Weide, Rote Robe 1981, 86 (93).

934 Vgl. nur Decken, DP 1974, 161; Gössel, BT 1, § 38 Rn. 50; Lenckner, JuS 1988, 349 (351 f).

der hier vertretenen Auffassung geschützte Besitz[935] sind nach den Anhängern der Mindermeinung dergestalt exponiert[936], daß ihr Gebrauch in gesteigertem Maße die Interessen anderer tangiert[937].

C) Résumé

Das Ergebnis der Prüfung denkbarer Rechtfertigungsmöglichkeiten bestärkt - cum grano salis - die Aussage *Wessels*, daß sich an der Rechtswidrigkeit nicht ernsthaft zweifeln läßt[938]. Die Überlegungen zur Rechtfertigung erscheinen zudem dadurch in einem anderen Lichte, daß Hausbesetzungen in aller Regel mit weiteren Straftaten[939] einhergehen, die sich einer verfassungsrechtlichen oder einfachgesetzlichen Rechtfertigung entziehen:

So werden in leerstehenden Häusern überwiegend die Stromzähler durch die Energieversorgungsunternehmen demontiert worden sein, mit der Folge, daß hier rein tatsächlich eine ordnungsgemäße Stromabnahme unmöglich ist und daher ein "Stromdiebstahl" im Sinne des § 248 c StGB vorliegt[940].

Darüber hinaus kommt eine Sachbeschädigung zunächst unproblematisch dann in Betracht, wenn Zutrittshindernisse gewaltsam geöffnet werden. Weitergehend soll aber auch eine gestalterische Einwirkung auf eine Sache nach einer Minderauffassung den Tatbestand des § 303 StGB erfüllen können; jede unerwünschte Zustandsveränderung sei durch das Verbot der Sachbeschädigung strafbewehrt[941].

---

935 S.o. S. 90 ff.

936 Dies würde selbst dann gelten, wenn eine landesrechtliche Norm ein "Recht auf Wohnen" festschreiben würde, da allein die Existenz eines derartigen Rechtes nicht eine gesteigerte Gemeinschaftsbezogenheit des Besitzes (oder des Hausrechts) begründen könnte.

937 Zutr.: Lenckner, JuS 1988, 349 (353); i.E. auch OLG Stuttgart, NStZ 1987, 121.

938 Wessels, BT 1, § 13 I 6 a.E.

939 Ausgespart bleiben aber auch hier die Fragen, ob

- Hausbesetzer eine kriminelle Vereinigung i.S.d. § 129 StGB bilden, (vgl. dazu BGH NJW 1975, 985 f; Schultz-Leppin, Jura 1981, 521 (522); Ostendorf, JuS 1981, 642),
- Hausbesetzungen als schwerer Hausfriedensbruch (§ 124 StGB) anzusehen sind, da sich die Besetzer vor Beginn der Hausbesetzung in gewalttätiger Absicht "zusammengerottet" haben, und
- Hausbesetzungen als Landfriedensbruch im Sinne des § 125 StGB unter Strafe gestellt sind, wenn bei der "Verteidigung" besetzter Häuser und Protestdemonstrationen nach erfolgter Räumung in verstärktem Maße Gewalttätigkeiten ausgeübt werden.

940 Allerdings wäre auch hier im Falle einer lebensbedrohlichen Obdachlosigkeit eine Rechtfertigung über § 34 StGB möglich, vgl. dazu o.S. 227.

941 So insbesondere die von Schroeder begründete Zustandsveränderungstheorie, vgl. dazu Maurach/Schroeder/Maiwald, BT 1, 36/7 ff, 11, 12.

Der insoweit bestehende Streit[942] soll hier nicht dargelegt werden; allein die Tatsache, daß auch ansonsten gewaltfreie Besetzungen regelmäßig von weiteren Straftaten begleitet werden, relativiert allerdings die Gedanken an und die Bemühungen um eine verfassungsrechtliche Rechtfertigung.

Die von der herrschenden Meinung propagierte Rechtswidrigkeit von Hausbesetzungen trifft daher grundsätzlich zu.

Auch bei einer fallspezifischen Betrachtungsweise sind nur die Fälle "echter Obdachlosigkeit" von einem Erlaubnissatz gedeckt, soweit darunter das Bestehen einer für die Notstandslage hinreichender Gefahr verstanden wird[943].
In einer solchen Notlage ist eine - regelmäßig nur kurzzeitige - Besetzung als erforderliche Notstandshandlung durch § 34 StGB gerechtfertigt.

Alle anderen Rechtfertigungsversuche scheitern; der Hinweis *Geilens*, daß eine Differenzierung nach den Gründen des Leerstandes strafrechtlich durch ein "Umschalten" von der Tatbestands- auf die "Rechtfertigungsebene mit ihrer konstruktiv größeren Flexibilität"[944] erreichbar sei, geht im Ergebnis fehl.

---

942 Zum Streitstand vgl. Krey, BT 2, Rn. 240; Otto, § 47 I 2; Sch-Sch-Stree, § 303 Rn. 8 c, 9.
943 S.o. S. 226 f.
944 Geilen, JK StGB, § 123/2.

3. Kapitel: Schuld

A) Irrtumsfragen

Der Glaube der Besetzer an die Tatbestandslosigkeit oder Rechtmäßigkeit ihrer Aktionen und die jedenfalls zu Beginn der Hausbesetzerwelle entfachte, kontroverse Diskussion um die Strafbarkeit demonstrativer Hausbesetzungen läßt es geboten erscheinen, die rechtliche Relevanz möglicher Fehlvorstellungen zu untersuchen.

Diese Fehlvorstellungen lassen den Tatbestandsvorsatz offensichtlich unberührt[945], da die Hausbesetzer - trotz eigener Rechtsüberzeugung[946] und der ihnen entgegengebrachten Sympathien[947] - regelmäßig lediglich entweder über die Einbeziehung leerstehender Wohnungen in das Tatbestandsmerkmal "befriedetes Besitztum" irren[948] und daher einem Subsumtionsirrtum unterliegen, oder ihre Rechtsüberzeugung als Glaube an einen nicht anerkannten Rechtfertigungsgrund keinen Tatbestandsirrtum begründet.

---

[945] Etwas anderes gilt lediglich, sofern man einer strengen Vorsatztheorie im Sinne Schmidhäusers (AT, 7/87 ff) und Langers (GA 1976, 193 ff) folgt. Beide begreifen den Vorsatz als ein das Unrechtsbewußtsein umfassendes Schuldmerkmal, mit der Folge, daß auch beim Verbotsirrtum eine Zuschreibung von Tatbestandsvorsatz entfällt. Gegen eine derartige strenge Vorsatztheorie spricht jedoch die Existenz der §§ 16, 17 StGB, durch die der Gesetzgeber in einer durch das 2. StrRG eingeführten Neuregelung seit 1969 klargestellt hat, daß jedenfalls der Verbotsirrtum vorsatzirrelevant ist, vgl. dazu statt vieler: AK-Neumann, § 17 Rn. 1 f.

[946] Vgl. Ostendorf, JuS 1981, 640 (641).

[947] S.o. S. 22.

[948] Allerdings sind hinsichtlich der Reflexion der Voraussetzungen, die an eine hinreichende Befriedung zu stellen sind (dazu s.o. S. 140), auch Konstellationen denkbar, die die Zuschreibung von Vorsatz berühren:
War ein Gebäude zunächst wegen umfangreicher Bauwerksöffnungen nicht mehr hinreichend befriedet (dazu s.o. S. 140 ff) und daher die anfängliche Besetzung tatbestandslos, so befinden sich Besetzer, die nach einer von ihnen unbemerkten Schließung der zusätzlichen Bauwerksöffnungen das Gebäude erneut betreten, in einem Tatbestandsirrtum hinsichtlich des Vorliegens der Voraussetzungen eines befriedeten Besitztums.
Eine solche Konstellation läge vor, wenn der Eigentümer während einer Abwesenheit der Besetzer (nur) die über die üblichen Gebäudeöffnungen hinausgehenden Bauwerksöffnungen zumauern ließe.
Das Betreten des dann (wieder) existenten befriedeten Besitztums in Unkenntnis (!) der hinreichenden Befriedung würde nicht dem Tatbestand des § 123 StGB unterfallen.
Praktische Relevanz dürfte diese Konstellation allerdings kaum entfalten, da besetzte Häuser regelmäßig von Besetzern bewacht und verteidigt werden und es zudem unwahrscheinlich klingt, daß der Eigentümer nur die zusätzlichen Bauwerksöffnungen verschließen läßt; ausgeschlossen ist ein derartiges Vorgehen dann nicht, wenn etwa im Rahmen einer Modernisierung oder Umwandlung die vorhandenen Tür- und Fensteröffnungen erhalten bleiben sollen und daher ihre Schließung nur unnötige Kosten verursachen würde.
Allerdings würde die Praxis eine auf einen derartigen Irrtum gestützte Einlassung regelmäßig als bloße Schutzbehauptung ansehen und dem Beschuldigten den Irrtum "nicht glauben".

I) Die tatsächlichen Ansatzpunkte

Die regelmäßig unspezifische Berufung auf die "Erlaubtheit" demonstrativer Hausbesetzungen kann ihren realen Ursprung in zwei unterschiedlichen Vorstellungen haben, die - jeweils für sich - einen Verbotsirrtum begründen könnten.

1) Fehlende oder fehlerhafte Reflexion der Tatbestandsverwirklichung

Zum einen ist an die - praktisch wohl eher fernliegende - Möglichkeit zu denken, daß Besetzer ihr Verhalten in keiner Weise mit dem Begriff des Hausfriedensbruchs in Verbindung bringen, also entweder wegen einer fehlenden oder einer fehlerhaften Reflexion eine Subsumtion leerstehender Häuser und Wohnungen unter den gesetzlichen Tatbestand ablehnen.

Eine derartige Fehlvorstellung steht der Zuschreibung von Tatbestandsvorsatz nicht entgegen, da die unzutreffende oder ohne weitere Reflexion verneinte Subsumtion eines Lebenssachverhaltes unter ein Tatbestandsmerkmal als bloßer Subsumtionsirrtum dann unbeachtlich ist, wenn der Täter den unrechtstypisierenden Bedeutungsgehalt des Normbefehls erfaßt hat[949]; da die Besetzer in aller Regel wissen, daß die okkupierten Räumlichkeiten durch Schutzwehren und Außenmauerwerk gegen ein willkürliches Betreten durch Dritte gesichert sind, begründet eine subjektiv im Einzelfall fehlende Einsicht, Unrecht zu tun, allenfalls einen Verbotsirrtum.

2) Berufung auf die Rechtmäßigkeit

Zum anderen - und hier dürfte der tatsächliche Schwerpunkt der Irrtumsproblematik gelegen haben und möglicherweise auch weiterhin liegen - erfolgen Hausbesetzungen vielfach unter Berufung auf die Rechtmäßigkeit der eigenen Handlung, da leerstehender Wohnraum in Zeiten der Wohnraumknappheit zur Vermietung angeboten werden müssen und nicht spekulativ (aus-)genutzt werden dürfe.

Hausbesetzer gehen teilweise aufgrund einer eigenen Rechtsüberzeugung davon aus, daß ihr tatbestandsmäßiges Verhalten infolge des Eingreifens eines Rechtfertigungsgrundes gerechtfertigt ist.

---

949 Vgl. dazu Jescheck, AT, § 29 V 7; Warda, Jura 1979, 81 ff.

Auch hier liegt eine falsche rechtliche Wertung vor, sei es durch die Überdehnung der anerkannten oder - partiell identisch - den (Irr-)Glauben an in der Rechtsordnung nicht existente Rechtfertigungsgründe. Der Täter erkennt bei voller Sachverhaltswahrnehmung die objektiv bestehende Rechtswidrigkeit seines Handelns nicht, sondern hält sein Verhalten - objektiv rechtsirrtümlich - für erlaubt. Ein für den Vorsatz oder zumindest die Vorsatzschuld relevanter Irrtum könnte sich nach herrschender Lehre und Rechtsprechung daraus nur dann ergeben, wenn der Täter sich tatsächliche Gegebenheiten vorstellt, die im Falle ihres Vorliegens zu einer durchgreifenden Rechtfertigung führen würden, m.a.W. die Voraussetzungen eines Erlaubnistatbestandsirrtums vorlägen[950].

Soweit die Besetzer im Einzelfall an einen Rechtfertigungsgrund glauben, stellen sie sich keinen der Realität zuwider laufenden Sachverhalt vor, sondern billigen sich einen von der Rechtsordnung in dieser konkreten Situation nicht anerkannten Rechtfertigungsgrund zu. Bei einer derartigen Konstruktion eines an sich nicht anerkannten Rechtfertigungsgrundes kann ausschließlich ein Verbotsirrtum in Betracht kommen[951].

II) Die Vermeidbarkeit des Verbotsirrtums

Demonstrative Hausbesetzer unterlagen und unterliegen daher möglicherweise im Einzelfall einem Verbotsirrtum, der bei Unvermeidbarkeit einen Schuldvorwurf und damit die Strafbarkeit entfallen läßt, § 17 1 StGB.

1) Zu den Anforderungen an die Vermeidbarkeit

Bei Hausbesetzungen mit *Ostendorf*[952] zur Unvermeidbarkeit jedenfalls dann zu gelangen, wenn "zuvor von der anderen Seite Rechtsverletzungen begangen werden" dergestalt, daß der Leerstand im Einzelfall gegen die Sozialpflichtigkeit des Eigentums verstößt, erscheint jedoch mehr als problematisch; hierin liegt letztlich eine Rückkehr zu einer Rechtsprechung[953], die vor der Einführung des § 17 StGB im Jahre 1969[954] nur dem u n v e r s c h u l d e t e n Verbotsirrtum Entschuldigungsrelevanz zumißt und sich damit heute in Widerspruch zur lex lata setzt, die allein auf die Vermeidbarkeit des Irrtums abstellt.

---

950 Statt aller: Wessels, AT, § 11 III 1 m.umf. N.

951 Einhellige Auffassung, Vgl. statt vieler: Sch-Sch-Cramer, § 17 Rn. 10; SK-Rudolphi, § 17 Rn. 21.

952 AK-Ostendorf, § 123 Rn. 49; ders., JuS 1981, 640 (641).

953 Vgl. etwa BGH St 21, 18 (20 f).

954 Eingefügt durch das 2. StrRG vom 4.7.1969, BGBl. I, S. 717.

Insoweit sollte - entgegen einer "engherzigen Praxis"[955] - anerkannt werden, daß Vermeidbarkeit nicht bereits dann vorliegt, wenn der Täter aufgrund seiner sozialen Stellung, seiner individuellen Fähigkeiten, nach dem ihm zumutbaren Einsatz seiner Erkundigungspflicht zu dem Ergebnis hätte kommen müssen, daß sein Verhalten rechtlich mißbilligt sei[956].

Der Täter braucht nicht jede seiner Handlungen stets und ständig auf ihre Rechtmäßigkeit zu überprüfen; überzogen und weltfremd ist insoweit die Forderung des *BGH*, der Mensch habe

> "bei allem, was er zu tun im Begriff steht, sich bewußt zu machen, ob es mit den Sätzen des rechtlichen Sollens in Einklang steht"[957].

Ebensowenig vermag aber auch das diametral entgegengesetzte Postulat *Horns* und *Zaczyks* zu überzeugen, die zumindest subjektive Unrechtszweifel des Täters im Sinne eines aktuellen Bewußtseins an der Erlaubtheit bzw. Verbotenheit seiner Handlung für erforderlich halten[958].

Einer ungerechtfertigten Einschränkung bzw. Ausweitung der Unvermeidbarkeit ist dadurch zu entgehen, daß objektiv ein Anlaß für den Täter vorliegen muß, die rechtliche Qualität seines Verhaltens zu hinterfragen[959] und entgegen der ursprünglichen Judikatur des BGH[960], der für den Schuldvorwurf bereits das bloße Unterlassen der Einholung einer Auskunft eines Rechtskundigen ausreichen ließ, für die Vermeidbarkeit nur ein Erkennen-Können der Rechtswidrigkeit des eigenen Verhaltens relevant sein darf[961]; die Einholung einer - verläßlichen - Rechtsauskunft muß daher die Verbotsunkenntnis aufheben können.

Ein unvermeidbarer Verbotsirrtum liegt somit vor, wenn der Täter

- aufgrund konkreter Anlässe Grund gehabt hätte, sich über die rechtliche Qualität seines Handelns Gedanken zu machen[962], da er Kenntnis von Umständen hatte, die die Rechtswidrigkeit seines Verhaltens nahelegen oder auf sie hindeuten[963],

---

955 Maurach Zipf, AT 1, § 38 III Rn. 35 ff (38); liberaler vor allem auch Roxin, AT, § 21 Rn. 53 ff.
956 So aber noch: BGH St 2, 194 (201); 3, 105 (108); 4, 80 (86); 9, 164 (172); 18, 192 (197); LG Münster, NStZ 1982, 202.
957 BGH St 2, 194 (201).
958 Horn, S. 104 f; Zaczyk, JuS 1990, 889 (893).
959 Vgl.: SK-Rudolphi, § 17 Rn. 31; Sch-Sch-Cramer, § 17 Rn. 16; Roxin, AT, § 21 Rn. 53 f.
960 BGH St 21, 18 (21); vgl. auch BayObIG NJW 1965, 1924 (1926); OLG Celle, NJW 1977, 1644 (1645).
961 Zutr.: BayObIG, JZ 1989, 599 (600).
962 Horn, Verbotsirrtum, S. 84 ff; SK-Rudolphi, § 17 Rn. 25, 30 f; Sch-Sch-Cramer, § 17 Rn. 14.
963 OLG Düsseldorf, NStZ 1981, 444; BayObIG, JZ 1989, 599 (600); SK-Rudolphi, § 17 Rn. 31.

- trotzdessen die rechtliche Qualität seines Verhaltens nicht durch die Einholung eines Rechtsrates hinterfragt hat und
- bei Erfüllung der Erkundigungspflicht die Verbotsunkenntnis durch eine zutreffende Auskunft aufgehoben worden wäre[964].

2) Hausbesetzungen und Vermeidbarkeit

Relativ unproblematisch ist die Bejahung der ersten beiden Voraussetzungen der Vermeidbarkeit: Nach der allgemeinen Lebenserfahrung hatte die Mehrzahl der Besetzer in der Vergangenheit zumindest Bedenken oder geringe Zweifel an der Rechtmäßigkeit ihres Verhaltens und zukünftige Besetzer werden diese Zweifel erst recht haben. Aber auch derartige Ungewißheit über die und selbst minimale Zweifel an der Rechtmäßigkeit eines Verhaltens stellen einen hinreichenden Grund dar, die Rechtsqualität der Handlung verläßlich zu überprüfen[965]; die Frage nach der Vermeidbarkeit des Verbotsirrtums im Einzelfall stellt sich damit als Frage nach der - hypothetischen - Aufhebung der Verbotsunkenntnis durch die Einholung eines vertrauenswürdigen Rechtsrates.
Die juristische Diskussion um die Strafbarkeit der Hausbesetzungen erfordert insoweit eine zeitlich und nach Fallgruppen differenzierte Betrachtungsweise:

a) Strafbarkeit der ersten (frühen) Hausbesetzungen der Vergangenheit

Angesichts der bereits geschilderten[966] zunächst aufgekommenen Bedenken an der Tatbestandsmäßigkeit bzw. Rechtswidrigkeit demonstrativer Hausbesetzungen und dementsprechend widersprüchlicher literarischer und gerichtlicher Stellungnahmen, ist es nicht ganz sicher, daß die (regelmäßig rechtsunkundigen) Besetzer zu Beginn der Hausbesetzerwelle eine auf die Rechtswidrigkeit abstellende Auskunft erhalten hätten.

Insoweit ist anerkannt, daß kein Schuldvorwurf gegen den Täter erhoben werden kann, der einer vertrauenswürdigen Auskunft glaubt, die das überprüfte Verhalten als rechtmäßig kennzeichnet[967], sofern ihm nicht ausnahmsweise die Existenz widersprechender

---

[964] BayOblG, aaO., S. 600; OLG Celle, NJW 1977, 1644; Sch-Sch-Cramer, § 17 Rn. 20; Timpe, GA 1984, 51 ff; Zaczyk, JuS 1990, 889 (894).
[965] Vgl. dazu BGH St 15, 377 (382); SK-Rudolphi, § 17 Rn. 31; Sch-Sch-Cramer, § 17 Rn. 14.
[966] S.o. S. 3.
[967] BGH NJW 1989, 410; BGH R § 17 Vermeidbarkeit 1.

ebenso glaubwürdiger Auskünfte und/oder anderslautender Gerichtsentscheidungen bekannt ist[968].

Die von der Judikatur aufgestellten Grundsätze zur (Un-)Vermeidbarkeit in Einzelfällen schaffen kein einheitliches Bild:
So soll ein Verbotsirrtum unter anderem dann regelmäßig unvermeidbar sein, wenn eine unzutreffende Auslegung (auch) durch die Rechtsprechung erfolgt ist[969] oder berufene Stellen die irrige Rechtsauffassung bestätigen[970]; ob die Auskunft eines Rechtsanwalts insoweit ausreicht[971] oder nur die (unzutreffende) Auskunft eines Notars[972] einen unvermeidbaren Verbotsirrtum begründet, ist eine Frage des Einzelfalls.

Hier scheint es denkbar, daß in Ausnahmefällen (und vor Verkündung zweit- oder höherinstanzlicher Urteile) auch die Einholung der an sich vertrauenswürdigen Auskunft eines Rechtsanwalts oder Hochschullehrers die Verbotsunkenntnis nicht beseitigt hätte[973].

b) Strafbarkeit späterer und zukünftiger Hausbesetzungen

Der sich somit zunächst Anfang der achtziger Jahre im Irrtumsbereich - wie stets im Einzelfall - eröffnenden Verteidigungsmöglichkeit wurde jedoch spätestens durch die ersten einhellig verurteilenden Urteile der Oberlandesgerichte und der sich dann recht schnell herauskristallisierenden herrschenden Lehre, die Hausbesetzungen nahezu ausnahmslos als strafbedrohter Hausfriedensbruch begriff und weiterhin begreift, der Boden entzogen.

Der irrige Glaube der Hausbesetzer an ein stärkeres Recht stellte daher in späteren Verfahren und zukünftig regelmäßig nur einen vermeidbaren Verbotsirrtum dar, der gemäß § 17 Satz 2 i.V.m. § 49 I StGB eine fakultative Strafmilderung eröffnet.

---

968 Vgl. dazu SK-Rudolphi, § 17 Rn. 40 m.w.N.
969 Vgl. dazu OLG Köln, MDR 1954, 374; OLG Stuttgart, MDR 1973, 689.
970 Vgl. dazu Maurach-Zipf, AT 1, § 38 III Rn. 36.
971 Im konkreten Einzelfall verneinend: BayObIG NJW 1965, 163.
972 Vgl. dazu BGH GA 1959, 88.
973 Auf eine genauere Charakterisierung der hier einschlägigen Fallkonstellationen wird aus praktischen Erwägungen verzichtet, da diese nur eine zeitlich und sachlich eng begrenzte Übergangsphase der Hausbesetzungen betrafen und in Gegenwart und Zukunft keine Rolle mehr spielen.

B) Überzeugungstäterschaft als Entschuldigungsgrund?

Bei den Überlegungen zu einem Rechtfertigungsgrund des zivilen Ungehorsams[974], der bei Hausbesetzern aus der stadtpolitischen Fraktion[975] diskutabel erschien, wurde gezeigt, daß eine bewußte Rechtsverletzung konstruktiv allenfalls die Möglichkeit einer Entschuldigung eröffnet.

Das Motiv mancher Hausbesetzer, die durch eine Besetzung symbolisch auf Mißstände und staatliches Unrecht hinweisen und aktiv Widerstand gegen eine Sanierungspolitik leisten wollen, eröffnet im Rahmen der Schuld einen - allerdings äußerst kurzen - Seitenblick auf den Gesichtspunkt der Überzeugungstäterschaft[976].
Roxin könnte diesen Gedanken verfolgt haben, wenn er bei der Darstellung der Gewissenstat Sachverhalte untersucht, in denen sich der Täter "durch sein Gewissen gedrängt fühlt, gegen staatliche Entscheidungen zu protestieren" und "dies in den Formen des Hausfriedensbruchs ... tut"[977].

I) Gewissens- und Überzeugungstäter

Charakteristisch für beide Tätergruppen ist zunächst eine gemeinsame psychische Drucksituation, die eine notstandsähnliche Situation verursacht:
Es existiert ein "innerer Notstand"[978], bei dem das Gewissen den Einzelnen zu einem der verbindlichen Rechtsordnung zuwiderlaufenden Verhalten drängt[979]; das Gewissen des Täters bleibt insoweit auch bei "schärfster Anspannung unter dem Banne seiner Überzeugung"[980].

Allerdings unterscheiden sich die beiden Tätereinstellungen in einem wesentlichen Punkt[981]:

---

974 S.o. S. 221 f.
975 S.o. S. 18 ff.
976 Der an dieser Stelle denkbare Einwand der Abwegigkeit jedweder Erläuterungen zu einem Entschuldigungsgrund der Überzeugungstäterschaft bei symbolischen Hausbesetzungen relativiert sich dadurch, daß sich bei vielen anderen Aspekten, die diskutiert wurden, gezeigt hat, daß sie letztlich nicht einschlägig sind.
977 Roxin, AT, § 22 Rn. 111 a.E.
978 Roxin, AT, § 22 Rn. 100. Die nachfolgenden Ausführungen folgen im wesentlichen den Erörterungen Roxins.
979 Jescheck, AT, § 37 II 3; Roxin, AT, § 22 Rn. 100 a.E.
980 Maurach/Zipf, AT 1, § 38 III Rn. 35.
981 Roxin, AT, § 22 Rn. 103 ff.

Überzeugungen können die Verbindlichkeit einer Rechtsordnung, die nicht von der Billigung durch den Einzelnen abhängig ist, nicht in Frage stellen, da andernfalls die Rechtsordnung ihre Verläßlichkeit einbüßen würde. Sie sind daher nicht in der Lage, den Verstoß gegen (entgegengesetzte) Wertentscheidungen des Gesetzgebers zu legitimieren oder zu entschuldigen; bloße Überzeugungen sind hinter die Entscheidungen des Gesetzgebers zurückzustellen.
Der Überzeugungstäter ist nach herrschender Lehre weder gerechtfertigt noch entschuldigt[982]; seine Gesinnung kann - abhängig von der Werthaftigkeit der Motive - nur bei der Strafzumessung Berücksichtigung finden[983].

Demgegenüber ist die Gewissensentscheidung nur eine solche, "die der einzelne ... als für sich bindend und u n b e d i n g t verpflichtend innerlich erfährt"[984], so daß ihn die Bindung an einen entgegenstehenden Normbefehl in "ernste Gewissensnot"[985] versetzt. Gewissens- und Überzeugungstat unterscheiden sich daher qualitativ in der Intensität der inneren Drucksituation:
Für den Gewissenstäter hat seine Entscheidung (gegen die Rechtsordnung) existentiellen Charakter[986]. Die durch Art. 4 GG geschützte Freiheit des Gewissens erfaßt neben der Gewissensbildung (forum internum) auch deren Umsetzung nach außen, die Gewissensbetätigung (forum externum); die Gewissenstat ist insoweit auf existentielle und unlösbare Gewissenskonflikte des forum externum beschränkt. Hier soll der gegen ein Strafgesetz verstoßende Gewissenstäter unter engen Voraussetzungen strafrechtlich nicht zur Verantwortung gezogen werden[987].

II) Hausbesetzungen als Gewissenstat?

Die eher kursorische Darstellung der Abgrenzung zwischen Überzeugungs- und Gewissenstätern macht an dieser Stelle eine weitergehende Erörterung eines Entschuldigungsgrundes der Überzeugungstäterschaft nahezu überflüssig:

---

982 BGH St 2, 194 (200); Dre-Tröndle, § 46 Rn. 19 a; Jescheck, AT, § 37 II 3; Roxin, AT, § 22 Rn. 103 je m.w.N. auch zu abweichenden Auffassungen.

983 BGH St 8, 162 (163); Jescheck, AT, § 37 II 3; Roxin, AT, § 22 Rn. 103.

984 BVerfGE 12, 45 (55); Hervorhebung d.d. Verf.

985 BVerfGE 12, 45 (55).

986 Roxin, AT, § 22 Rn. 103.

987 Zu den Voraussetzungen und zur systematischen Einordnung vgl. insbesondere Roxin, AT, § 22 Rn. 120 ff; Jescheck, AT, § 37 II 3. Die insoweit problematischen Voraussetzungen einer strafbefreienden Gewissenstat sollen hier im einzelnen ebensowenig erörtert werden, wie der Streit um die dogmatische Einordnung. Beides ist - wie sogleich gezeigt werden wird - für die Strafbarkeit symbolischer Hausbesetzungen irrelevant.

Zum einen fällt die Rechtsüberzeugung der Besetzer und der intendierte Hinweis auf staatliches Unrecht und vorhandene Mißstände nicht in den Bereich existentieller Entscheidungen, der möglicherweise einen Verstoß gegen Strafgesetze als strafbefreiende Gewissenstat entschuldigen könnte. Der Warnruf einer Minderheit gegen gesetzliche Entscheidungen und deren Umsetzung durch die Verwaltung ist insoweit die Kundgabe einer Überzeugung, die durch die Strafgesetze limitiert ist.

Zum anderen kann eine strafbefreiende Gewissenstat lediglich dann in Betracht kommen, wenn dem Täter nur die Möglichkeit verbleibt, sein Gewissen in einer Art und Weise zu betätigen, die gegen Strafgesetze verstößt.

Roxin kommt zu dem Ergebnis, daß der Protest gegen staatliche Entscheidungen "in den Formen des Hausfriedensbruchs, der Nötigung" strafbar ist, "sofern der Protest sich auch in legaler Weise hätte artikulieren lassen"[988]; er verweist dann darauf, daß eine derartige Alternative - etwa durch eine ordnungsgemäße und friedliche Demonstration - unter rechtsstaatlichen Verhältnissen regelmäßig besteht[989].
Dem Einwand, daß ein legaler Protest ohne Resonanz bliebe, hält er - völlig zu Recht - entgegen, daß auch die begehrte Straflosigkeit gewissensbedingter Regelverletzungen dazu führen würde, daß solchen Protesten in Zukunft keine Aufmerksamkeit mehr zuteil werden würde[990].

Der Entschuldigungsgrund der strafbefreienden Gewissenstat ist daher aus mehreren Gründen nicht einschlägig.
Widerstand gegen eine mißliebige Sanierungspolitik begründet keinen inneren Notstand, der einen Verstoß gegen strafrechtliche Verbote entschuldigt.

C) Die Möglichkeit einer Exkulpation jenseits der (bislang) anerkannten Entschuldigungsgründe

Die Verneinung der Möglichkeit einer schuldausschließenden Gewissenstat war auf solche Sachverhaltskonstellationen bezogen, die zuvor unter anderem unter dem Aspekt des zivilen Ungehorsams untersucht worden waren.
Die Feststellung, daß symbolisch-demonstrative Regelverletzungen weder gerechtfertigt noch - bislang - entschuldigt sind, soll nun nochmals hinterfragt werden.

---

988 Roxin, AT, § 22 Rn. 111.
989 Roxin, AT, § 22 Rn. 111 i.V.m. Fn. 158.
990 Roxin, AT, § 22 Rn. 111 i.V.m. Fn. 158.

l) Das Unbehagen an der bisherigen Lösung aus der Sicht der herrschenden Meinung

Die fallbezogene Untersuchung des Problems der Hausbesetzungen hat an vielen Stellen die Chance eines "Ausstiegs aus der Strafbarkeit" eröffnet; manche dieser Möglichkeiten sind in Rechtsprechung und Lehre kontrovers diskutiert worden. Sämtliche Lösungsvorschläge führen aus der Sicht der herrschenden Meinung[991] - abgesehen von der Anerkennung einer eng begrenzten Notstandsrechtfertigung[992] - im Ergebnis nicht zur Straflosigkeit der Hausbesetzer.

Die Praxis der vergangenen Jahre beschritt - wie die Strafverfolgungsstatistiken zeigen[993] - offensichtlich einen anderen Weg:
Den freisprechenden erstinstanzlichen Urteilen und den Einstellungen von Verfahren nach den §§ 153, 153 a StPO war eine Verneinung der Bestrafungsnotwendigkeit vorgelagert.

Insoweit zeigt sich eine Parallele zu den viel diskutierten Nötigungsfällen bei der Besetzung von Atomkraftwerken, Militärgeländen und ähnlichen Einrichtungen, bei denen - jedenfalls bis BGH St 35, 270 - die Justiz eher zur Straflosigkeit eines solchen Verhaltens neigte[994]. *Lenckners* "Unbehagen" und "Ratlosigkeit"[995] an der von ihm bejahten Bestrafung demonstrativer Nachrüstungsgegner[996] wegen Hausfriedensbruchs und Sachbeschädigung ist charakterisierend und auf symbolisch-demonstrative Hausbesetzungen übertragbar.

Nach dem bisherigen Stand der Dogmatik ist - läßt man die hier entwickelten Ausnahmen und die prozessualen Einstellungsmöglichkeiten zunächst außer Betracht - eine Bestrafung unausweichlich, obwohl sie - wie die "sanfte Lösung" der Justiz[997] beweist - vielfach als ungerecht empfunden wurde.

Wird an dieser Stelle zudem berücksichtigt, daß sich an den Hausbesetzungen vergangener Jahre teilweise "integre Persönlichkeiten"[998] beteiligt[999] und bewußt dem Risiko

---

[991] Zu der hier entwickelten Einschränkung auf Tatbestandsebene durch ein Bagatellprinzip s.o. S. 196 ff.

[992] Dazu s.o. S. 227.

[993] Dazu s.o. S. 24 ff.

[994] Vgl. dazu Roxin, FS Schüler-Springorum, 452.

[995] Lenckner, JuS 1988, 344 (355).

[996] Lenckners Feststellung betrifft den Sachverhalt der Besetzung eines unbenutzten Militärgeländes, der der Entscheidung des OLG Stuttgart in NStZ 1987, 121 zugrundelag.

[997] S.o. S. 23 f.

[998] So Arthur Kaufmann, NJW 1988, 2581 (2583) in Zusammenhang mit Sitzblockaden.

[999] Zur Übernahme von Patenschaften und dem Einzug in besetzte Häuser durch Professoren und Politiker s.o. S. 22.

einer "an sich" unausweichlichen Bestrafung[1000] gestellt haben, wird eine - nahezu ausnahmslose - Bestrafungsnotwendigkeit noch fragwürdiger.

Ferner unterstreicht die Häufung diskutabler "Ausstiegsmöglichkeiten" etwa bei einer kurzfristig-symbolisch-demonstrativen Besetzung[1001] eines Abrißhauses, das "so eben noch" die Voraussetzungen erfüllt, die an ein befriedetes Besitztum zu stellen sind[1002], die Existenzberechtigung der Frage, wann die Schuld des Täters dermaßen verringert ist, daß eine strafrechtliche Verantwortlichkeit ausscheidet.

Die h.M., die auch im zuvor geschilderten Fall zur Strafbarkeit gelangt[1003], könnte jedenfalls vor diesem Hintergrund in Begründungsnöte[1004] geraten, wenn das Tatobjekt zusätzlich durch den Eigentümer zweckentfremdet worden ist und daher die Besetzer durch ihr (strafwürdiges?) Verhalten materiell einen von der Rechtsordnung gewollten Zustand herstellen.

Wer dem Bagatellprinzip bei § 123 StGB keine Tatbestandsrelevanz zuspricht, wird einräumen müssen, daß im vorgenannten Beispiel eine geringfügige Verletzung auf Tatbestandsebene mit einer überdurchschnittlichen Nähe zu den Rechtfertigungsgründen einhergeht.

Dieses Zusammentreffen in - wie *Günther* es im vergleichbaren Zusammenhang der Verwerflichkeit von Nötigungen ausdrückt - "Rechtfertigungsnähe"[1005] kann nach h.M. allenfalls auf der Ebene der Schuld dogmatisch integriert und berücksichtigt werden.

Roxin[1006] weist in diesem Zusammenhang darauf hin, daß die bisherige Diskussion über die Verwerflichkeit bei Sitzblockaden und anderen symbolischen Tatbestandsverwirklichungen zu spezifisch auf den offenen Tatbestand des § 240 I, II StGB zugeschnitten ist und bei "dem symbolisch-demonstrativen Hausfriedensbruch, der sinnvollerweise nicht anders behandelt werden sollte als die Nötigung"[1007], keine Lösungsmöglichkeit eröffnet.

1000 Die Möglichkeit einer Einstellung des Verfahrens nach dem §§ 153, 153 a StPO soll hier zunächst außer Betracht bleiben.

1001 Dazu s.o. S. 203 ff.

1002 Vgl. etwa den Sachverhalt, der der Entscheidung des OLG Köln in NStZ 1982, 333 f zugrundelag; dazu siehe schon oben S. 206 ff.

1003 Nach der hier vertretenen Auffassung würde bereits eine Tatbestandsverwirklichung wegen des oben entwickelten Bagatellprinzips ausscheiden, vgl. dazu oben S. 212 und sogleich III).

1004 Sie entgeht diesen, indem sie die Bestrafungsnotwendigkeit nicht als Problem der Schuld, sondern der §§ 153, 153 a StPO oder der Strafzumessung begreift, dazu s.u. S. 260 ff.

1005 Günther, FS Baumann, 213 (214).

1006 Roxin, FS Schüler-Springorum, 451 ff.

1007 Roxin, FS Schüler-Springorum, 453.

II) Die Lösung *Roxins*

Eine Lösung des so skizzierten Problems auf Schuldebene, die naturgemäß mit den bislang anerkannten Entschuldigungsgründen nicht erzielt werden kann, hat bislang nur *Roxin* vorgeschlagen[1008]. Er will für spezielle Fallkonstellationen des zivilen Ungehorsams einen "grundgesetzlichen Verantwortungsausschluß als Ausstrahlungswirkung der Art. 5, 8 GG"[1009] anerkennen.

Eine Exkulpation in Fortentwicklung der zum zivilen Ungehorsam entwickelten Kriterien soll dort zuzulassen zu sein,

> "(1) wo der regelverletzende Protest existentielle, die Gesamtbevölkerung angehende Fragen (z.B. der Rüstung, der Atomkraftnutzung, der Ökologie) oder mit beachtlichen Gründen als verfassungswidrig beurteilte Gesetze betrifft,
> (2) wo der Täter aus Sorge um das Gemeinwohl (und nicht z.B. als herumreisender Krawallmacher) handelt,
> (3) wo der Regelverstoß einen einsehbaren Zusammenhang mit dem Adressaten des Protestes aufweist (z.B. wird die Zufahrt zu einer militärischen Einrichtung von Anhängern der Friedensbewegung blockiert),
> (4) wo der Protestierende sich eindeutig zur parlamentarischen Demokratie bekennt (und nicht als Revolutionär gutgläubige Pazifisten nur für seine umstürzlerischen Zwecke einsetzt),
> (5) wo die Regelverletzung alle Gewalttätigkeit und den Widerstand gegen Ordnungskräfte meidet und
> (6) wo die aus dem Protest erwachsende Behinderung und Belästigung geringfügig und zeitlich begrenzt bleibt."[1010]

III) Zu den Voraussetzungen einer Entschuldigung symbolischer Regelverletzungen

Die Lösung *Roxins* hat bislang keine Resonanz erfahren; der Umstand, daß in Literatur und Rechtsprechung bei kurzfristigen und symbolischen Tatbestandsverwirklichungen eine Tendenz besteht, die Strafbedürftigkeit zu verneinen, legt die Annahme nahe, daß der von ihm vorgeschlagene Verantwortlichkeitsausschluß auf Schuldebene breite Akzeptanz finden wird.
Roxin kommt insoweit das Verdienst zu, den Gedanken des zivilen Ungehorsams präzisiert und dorthin verwiesen zu haben, wo die individuelle Sorge des Täters um existen-

---

1008 Roxin, FS Schüler-Springorum, 451 ff (453 ff).
1009 Roxin, FS Schüler-Springorum, 454.
1010 Roxin, FS Schüler-Springorum, 456.

tielle Fragen der Gesellschaft Relevanz entfalten kann. Die Frage nach der Bestrafungsnotwendigkeit symbolischer Regelverstöße erweist sich so als ein Problem, das auf der Ebene der Schuld zu erörtern ist.

Die kumulativ erforderlichen Voraussetzungen, unter denen *Roxin* eine Exkulpation zulassen will, und die er selbst als verhältnismäßig restriktiv beschreibt[1011], sollen hier einer kritischen Beleuchtung unterzogen werden:

1) Der Anlaß des Protestes

Sicherlich ist *Roxin* darin beizupflichten, daß der Protest sich gegen existentielle Entscheidungen richten und die Bevölkerung generell interessierende Fragen betreffen muß; hierunter fallen dann auch[1012] die Wohnungsnot und allgemeine wohnbevölkerungspolitische Entscheidungen.

Zu weit erscheint aber die Formulierung *Roxins*, der eine Exkulpation auch dann für möglich erachtet, wenn der Protest "mit beachtlichen Gründen als verfassungswidrig beurteilte Gesetze betrifft"[1013].
Ob eine derartige Einschätzung der Verfassungswidrigkeit von Gesetzen im formellen und materiellen Sinne überhaupt eine Exkulpationsmöglichkeit eröffnen sollte, erscheint zweifelhaft, zumal dadurch - zumindest soweit es sich um formelle und nachkonstitutionelle Gesetze handelt - die Dignität des Gesetzgebers und die Funktion des Bundesverfassungsgerichts als "Hüter der Verfassung" in Frage gestellt werden könnte. Dieses Problem soll hier allerdings nicht näher vertieft werden, da es für Hausbesetzungen - soweit ersichtlich - keine Entscheidungsrelevanz entfaltet.
Erkennt man die Möglichkeit einer Exkulpation hingegen grundsätzlich an, so wäre jedenfalls erforderlich, daß die behauptete Verfassungswidrigkeit (ansonsten) nicht gerichtlich festgestellt oder überprüft werden kann und - neben dieser "Subsidiarität" der Entschuldigung eines Regelverstoßes - die Voraussetzungen der "beachtlichen Gründe" näher präzisiert werden müßten. Insoweit böte sich in Parallele zu § 17 StGB an, die Voraussetzungen, die zur Unvermeidbarkeit des Verbotsirrtums führen[1014], hier entsprechend zu Grunde zu legen.

[1011] Roxin, FS Schüler-Springorum, 456.
[1012] Roxin, FS Schüler-Springorum, 456.
[1013] Roxin, FS Schüler-Springorum, 456.
[1014] S.o. S. 239 ff.

2) Der personelle Ausschluß auf Täterseite

Zuzustimmen ist grundsätzlich der Forderung, daß der Täter aus Sorge um das Gemeinwohl handeln muß.
Insoweit verringert die subjektive - auf den Schutz der Belange der Allgemeinheit gerichtete - Einstellung des Täters die Vorwerfbarkeit eines tatbestandsmäßigen und rechtswidrigen Verhaltens gegenüber dem "Normalfall" drastisch.
Allerdings wird es hier zu weit gehen, ein ausschließlich altruistisches Motiv zu fordern. Eine Selbstbetroffenheit - etwa dergestalt, daß ein Hausbesetzer durch seinen Protest auch erhofft, persönlich eine angemessene Wohnung zu erhalten[1015] - steht einer Entschuldigung nicht entgegen.

3) Die personelle Beschränkung auf Opferseite

Uneingeschränkten Beifall verdient demgegenüber das wichtige Postulat eines nachvollziehbaren - bilateralen - Zusammenhangs zwischen dem Protestgegenstand und dem Adressaten des Protests; eine Entschuldigung kann ernsthaft nur dann befürwortet werden, wenn eine Unmittelbarkeit zwischen dem Anlaß des Protests und dessen "Opfer(n)" vorliegt.

4) Das Bekenntnis des Täters zu staatstragenden Prinzipien

Wenn *Roxin* weiter die Anwendbarkeit des Verantwortungsausschließungsgrundes davon abhängig machen will, daß der Täter sich zur parlamentarischen Demokratie bekennt, erscheint dies zu eng:
Die parlamentarische Demokratie, die naturgemäß mit den Kommunikationsgrundrechten der Art. 5, 8 und 9 GG in Verbindung steht, stellt nur eines der staatstragenden Prinzipien dar.
Der zutreffende Gedanke *Roxins*, daß über die Entschuldigungsmöglichkeit nicht etwa der Einsatz gutgläubiger Dritter zum Zwecke eines Umsturzes durch Revolutionäre legitimiert werden kann, zeigt, daß hier auf ein Bekenntnis zu sämtlichen staatstragenden Prinzipien abzustellen ist. Zutreffender Ansatzpunkt ist daher die Ewigkeitsgarantie des

---

1015 ... oder etwa aus Sorge um das Leben seiner Kinder wegen drohender Umweltzerstörung p.p. gegen Umweltverschmutzungen, Atomenergie p.p. demonstriert.

Art. 79 III GG, an der alle in Art. 1 und 20 GG niedergelegten Grundsätze[1016], also insbesondere die Menschenwürde und sämtliche tragenden Strukturprinzipien teilnehmen. Insoweit erscheint es interessengerechter, an dieser Stelle ein Bekenntnis des Täters zu all diesen Prinzipien und nicht allein zur Demokratie zu fordern.

5) Die Gewaltlosigkeit des Protests

Völlige Zustimmung verdient dann allerdings wieder die Forderung nach der Gewaltlosigkeit des Protests; lediglich deklaratorisch sei hier angemerkt, daß die Grenze der Gewaltlosigkeit in Parallele zu § 113 StGB gezogen werden muß und daher passiver Widerstand gegen Ordnungskräfte der Gewaltlosigkeit nicht entgegensteht.

6) Der Bagatellgedanke

Der Bagatellcharakter der Regelverletzung stellt dann in Übereinstimmung mit *Roxin* die letzte Voraussetzung einer Entschuldigung dar; hier kann auf die an anderer Stelle[1017] gemachten Ausführungen uneingeschränkt verwiesen werden.
Allerdings sollte auch an dieser Stelle versucht werden, die Bagatelle in ihrer zeitlichen Dimension aus Gründen der Rechtssicherheit an starren Größen festzumachen; aus den bereits dargelegten Gründen[1018] erscheint insoweit die Größenordnung eines Tages als angemessen.

7) Ergebnis

Die Voraussetzungen, die *Roxin* für eine Exkulpation ausreichen lassen will, sind hier im einzelnen weiter zu präzisieren versucht worden; maßgebend sind dabei - und dies sei ausdrücklich eingeräumt - letztlich weniger rechtliche als vielmehr soziale und politische Zielvorstellungen, die für (oder gegen) eine enge oder weite Grenzziehung streiten.
Die Idee des zivilen Ungehorsams erlangt somit - unbeschadet der vorgenannten Schwierigkeiten - auf Schuldebene unter dem Aspekt der Strafwürdigkeit symbolischer Regelverstöße Relevanz.

1016 Das sich aufdrängende Argument eines Zirkelschlusses, da der Täter mit seiner Straftat doch jedenfalls gegen Art. 20 GG verstoße, verfängt insoweit nicht. Natürlich kann der vorgelagerte tatbestandsmäßige Eingriff, dessen Exkulpation hinterfragt wird, an dieser Stelle nicht verwendet werden, um den Täter als "Verfassungsfeind" zu (dis-)qualifizieren.

1017 S.o. S. 196 ff.

1018 S.o. S. 211 f.

IV) Zur Möglichkeit eines strafrechtlichen Verantwortungsausschlusses bei Hausbesetzungen

Inwieweit der vorstehend dargelegte Schuldausschließungsgrund für die Strafbarkeit von Hausbesetzern Auswirkungen tätigt, soll nun untersucht werden.

1) Entschuldigung bei Verletzung des Tatobjekts "Wohnung"?

Fraglich ist zunächst, ob eine Lösung auf Schuldebene in Betracht kommt, wenn Hausbesetzer Objekte in Beschlag nehmen, die dem Tatobjekt "Wohnung" unterfallen.
Die Möglichkeit der Exkulpation einer vom Grundgedanken eines zivilen Ungehorsams getragenen Besetzung einer (Zweit-)Wohnung könnte etwa dann erörtert werden, wenn demonstrative Hausbesetzer die Zweitwohnung eines Politikers kurzfristig besetzen, um - vor dem Hintergrund genereller Wohnungsnot - auf das Erfordernis einer "gerechte(re)n" Verteilung des Wohnraums hinzuweisen.

Die sachliche Beschränkung des hier auf Tatbestandsebene entwickelten Bagatellprinzips auf solche Räumlichkeiten, die "so eben" die Voraussetzungen einer hinreichenden Befriedung erfüllen[1019] und die damit verbundene fehlende Bagatellanfälligkeit der "Wohnung"[1020], eröffnet hier allerdings nur scheinbar einen Anwendungsbereich für eine Exkulpationslösung:
Wie in anderem Zusammenhang erörtert, ist die "Wohnung" als abgeschlossene diskrete Privatsphäre auf Tatbestandsebene keiner Einschränkung zugänglich[1021]. Dieser gewissermaßen verabsolutierte Schutz der Privatsphäre muß dann auch bei einer Lösung auf Schuldebene Auswirkungen tätigen; ein Blick auf die Voraussetzungen, deren Erfüllung für eine Exkulpation erforderlich sind, zeigt, daß wegen der bei der "Wohnung" unter Strafe gestellten Friedensstörung bei diesem Tatobjekt stets eine "geringfügige" Behinderung und Belästigung ausscheiden muß.

2) Entschuldigung bei Verletzung des Tatobjekts "befriedetes Besitztum"?

Allerdings könnte eine Lösung auf Schuldebene diskutiert werden, wenn Hausbesetzer Gebäude in Beschlag nehmen, die dem Tatobjekt des "befriedeten Besitztums" unterfallen.

1019 S.o. S. 140 ff.

1020 S.o. S. 206 ff.

1021 S.o. S. 206 ff.

a) Die Grenzfälle des befriedeten Besitztums

Für die Fälle der Besetzung solcher Gebäude, die "so eben noch" die Voraussetzungen erfüllen, die an eine hinreichende Befriedung zu stellen sind, besteht nach den bisherigen Ergebnissen der vorliegenden Untersuchung zunächst kein Bedürfnis für ein Strafbarkeitskorrektiv auf Schuldebene:
Wenn - wie gerade erörtert - für eine Exkulpation unter anderem gefordert wird, daß "die Behinderung und Belästigung geringfügig und zeitlich begrenzt"[1022] bleiben muß, wird deutlich, daß der Bagatellgedanke auch für die Entschuldigung eine ausschlaggebende Rolle spielt.
Der Gedanke, der dem Verantwortlichkeitsausschließungsgrund *Roxins* zugrunde liegt, führt daher über das bislang Erörterte nicht hinaus, sondern verlagert nur den Gedanken des Bagatellprinzips von der hier befürworteten Tatbestands-[1023] auf die Schuldebene.

Insoweit liegt spätestens an dieser Stelle der Einwand nahe, daß für die Anerkennung einer auch auf dem Bagatellprinzip basierenden Exkulpationsmöglichkeit neben einer tatbestandlichen Geringfügigkeitsgrenze kein Raum ist.
Dabei würde allerdings verkannt, daß zwischen dem zunächst auf Tatbestandsebene entwickelten Bagatellprinzip und der nun in Frage stehenden Exkulpationsmöglichkeit entscheidende Unterschiede bestehen:
Die Möglichkeit einer Exkulpation ist einerseits im Hinblick auf die Qualität der Intention des Täters enger als der hier vertretene Tatbestandsausschluß; nicht allein das Zusammentreffen von Zeit- und Umstandsfaktor begründet die Straflosigkeit, sondern erst das zusätzliche Hinzutreten der friedlichen Inanspruchnahme der Kommunikationsgrundrechte der Art. 5 und 8 GG.
Andererseits aber ist - und gerade dies erfordert und rechtfertigt ein Nebeneinander beider Möglichkeiten - die Exkulpation in ihren Voraussetzungen im Hinblick auf die Qualität der Tatobjekte bedeutend weiter: Sie ist grundsätzlich nicht auf den Bereich der vorskizzierten Bauruinen beschränkt.
Die objektive - durch Zeit- und Zustandsfaktor umschriebene - tatbestandsrelevante Bagatellgrenze ist von der Motivation der Täter unabhängig; ein Schuldausschließungsgrund kommt hingegen nur in Betracht, wenn eine objektiv durchaus weiter zu ziehende Geringfügigkeit mit einer fehlenden Vorwerfbarkeit wegen der Grundrechts- und Rechtfertigungsnähe einhergeht.

[1022] S.o. S. 248.
[1023] Dazu s.o. S. 202 ff.

Jedenfalls im Rahmen des beim "befriedeten Besitztum" bezweckten rein formalen Besitzschutzes besteht allerdings an dessen Untergrenze kein Bedürfnis, dem Bagatellprinzip in Verbindung mit weiteren - restriktiven - Kriterien (erst) auf Schuldebene Wirkung beizulegen; das Bagatellprinzip entfaltet Tatbestandsrelevanz, so daß bereits auf dieser Ebene die Sachverhaltskonstellationen aus dem Bereich des Strafbaren ausscheiden, die - unter engeren Voraussetzungen - zur Exkulpation führen könnten.

b) Die verbleibenden Fälle der Besetzung "befriedeter Besitztümer"

Eine darüber hinausgehende Straflosigkeit durch eine Entschuldigung könnte jedoch dann in Betracht kommen, wenn leerstehende Räumlichkeiten, die die Voraussetzungen erfüllen, die an eine hinreichende Befriedung zu stellen sind, aus Protest gegen Wohnungsnot symbolisch-kurzfristig in Beschlag genommen werden.
Besetzen etwa demonstrative Hausbesetzer leerstehende Gebäude eines spekulativen Wohnraumvernichters zum Ausdruck ihrer politischen Einstellung im Sinne eines demonstrativen Aufschreies gegen eine verfehlte Sanierungs- und Wohnraumpolitik, so liegt ein solches Verhalten an der Schnittstelle zwischen "schon strafwürdigem" und "noch straflosem" Verhalten; die Anerkennung eines Entschuldigungsgrundes unter den vorbezeichneten engen Voraussetzungen liefert dann das dogmatische Instrumentarium zur Begründung der überwiegend als zutreffend empfundenen Straflosigkeit.

Die Möglichkeit einer von der Bejahung der Rechtswidrigkeit losgelösten Entschuldigung bietet insoweit den Vorteil, daß der tatbestandliche Eingriff in fremde Rechtsgüter weiterhin rechtlich mißbilligt wird und daher etwa auch - worauf *Roxin* zu Recht hinweist[1024] - zivilrechtlich Schadensersatzverpflichtungen auslösen kann, zugleich aber - wegen der fehlenden Vorwerfbarkeit des Regelverstoßes - entkriminalisiert wird.

Friedliche Hausbesetzungen, die maximal auf einen Tag begrenzt sind, die als symbolischer Protest gegen eine verfehlte Wohnungspolitik verstanden werden und bei denen die besetzten Objekte einen erkennbaren Bezug zum Anlaß des Protestes haben, können daher dann entschuldigt sein, wenn sich die Regelverstöße in der Verwirklichung eines tatbestandsmäßigen und rechtswidrigen Hausfriedensbruchs erschöpfen.

[1024] Roxin, FS Schüler-Springorum, 455.

3) Entschuldigung bei Verletzung der übrigen Tatobjekte des § 123 StGB?

Ein Anwendungsbereich für den Entschuldigungsgrund eines symbolischen Regelverstoßes ergibt sich damit auch bei den verbleibenden Tatobjekten des § 123 StGB: Das symbolisch-kurzfristige Eindringen in Geschäftsräume und insbesondere in die abgeschlossenen Räume, die zum öffentlichen Dienst oder Verkehr bestimmt sind, lenkt insoweit wieder den Blick einerseits auf die Fälle der Besetzungen von Militärgeländen und öffentlichen Gebäuden, andererseits aber auch auf die demonstrative Besetzung des Geschäftslokals eines spekulativen Wohnraumvernichters.

Die Lösung solcher Fälle liegt nach dem zuvor Gesagten auf der Hand: Unter den engen Voraussetzungen, die an eine Exkulpation wegen eines symbolischen Regelverstoßes zu stellen sind[1025], kann hier der zutreffenden Forderung *Roxins* Genüge geleistet werden: "Es ist wünschenswert, das grundsätzlich systemkonforme Protestpotential unserer Gesellschaft zu integrieren, anstatt es durch eine Kriminalbestrafung zu diskriminieren und auszugrenzen"[1026].

V) Resumee

Damit dürfte der Ansatz[1027] einer dogmatisch fundierten Lösung für die strafrechtliche Problematik symbolischer Regelverletzungen gefunden sein: Der Verzicht auf Bestrafung erfolgt nicht über den regelmäßig im Nichts verhallenden Ruf nach Amnestien[1028], sondern über den durch die Ausstrahlungswirkung der Grundrechte dogmatisch begründeten Ausschluß der Vorwerfbarkeit eines tatbestandsmäßigen und rechtswidrigen Verhaltens; bei symbolischen Regelverletzungen, die die zuvor geschilderten Voraussetzungen[1029] erfüllen, ist eine Exkulpation des Täters zuzulassen.

1025 S.o. S. 248 ff.

1026 Roxin, FS Schüler-Springorum, 457; vgl. auch: Eschen, Krim. Journal 13 (1981), 81 (83).

1027 Eine weitergehende Untersuchung dieser Problematik - über das Getane hinaus - hätte den thematischen Rahmen mehr als gesprengt.

1028 So aber: Lenckner, JuS 1988, 344 (355); vgl. auch: Eschen, Krim. Journal 13 (1981), 81 (82).; wie hier: Roxin, FS Schüler-Springorum, 453.

1029 S.o. S. 248 ff.

Dritter Teil: Die strafprozessualen Probleme

Im folgenden Teil der Untersuchung sollen einige strafprozessuale Aspekte der Strafbarkeit und Verfolgbarkeit von Hausbesetzungen beleuchtet werden.
Im ersten Kapitel wird die Frage behandelt, unter welchen Voraussetzungen eine Nichtverurteilung von Hausbesetzern aus Gründen der §§ 153, 153 a StPO in Betracht kommt; über die Voraussetzungen des öffentlichen Interesses an einer Strafverfolgung eng damit verbunden ist die Möglichkeit, den Hausbesitzer auf den Privatklageweg (§§ 374 ff StPO) zu verweisen.
Die danach zu erörternden Fragestellungen, die sich daraus ergeben, daß der Hausfriedensbruch ein uneingeschränktes Antragsdelikt darstellt[1], dürften auch über das Phänomen der Hausbesetzungen hinaus von Interesse sein: Ob - und unter welchen Voraussetzungen - ein vorsorglich gestellter Strafantrag wirksam ist, und ob das Strafantragsrecht einer Mißbrauchskontrolle unterliegt, beschäftigt Rechtsprechung und Wissenschaft seit längerem.

1. Kapitel: Legalitäts- und Opportunitätsprinzip bei Hausbesetzungen

Gemäß § 152 II StPO gilt für ein Einschreiten der Staatsanwaltschaft grundsätzlich das Legalitätsprinzip, das bei hinreichenden tatsächlichen Anhaltspunkten einen Verfolgungszwang - verstanden als Zwang zur Aufnahme von Ermittlungen[2] und zur Anklage[3] - festschreibt.

Diese Regel wird von einigen Vorschriften durchbrochen, die bei der Frage, ob eine Verfolgung stattfinden muß, der Staatsanwaltschaft und dem Gericht einen Beurteilungsspielraum[4] eröffnen.

Der Verfolgungszwang ist durch das Opportunitätsprinzip relativiert, das in Fällen absoluter oder relativer Geringfügigkeit[5], verfahrensbezogener Zweckmäßigkeit[6] oder bei den Privatklagedelikten die Notwendigkeit der Strafverfolgung von einer Beurteilung durch den Staatsanwalt abhängig macht.

---

1 Dazu s.u. S. 264 ff.
2 § 160 I StPO.
3 § 170 I StPO.
4 Insoweit besteht bzgl. der Frage der "geringen Schuld" und des "öffentlichen Interesses" kein Ermessen der Strafverfolgungsbehörde, vgl. dazu KK-Pelchen, § 374 Rn. 1; LR-Rieß, § 153 Rn. 35 je m.w.N. auch auf abweichende Auffassungen.
5 Vgl. §§ 153, 153 a, 153 b, 154, 154 a StPO.
6 Vgl. §§ 153 c bis e, 154 b bis e.

Sowohl eine Nichtverurteilung von Hausbesetzern gemäß den §§ 153, 153 a StPO als auch die zunächst abzuhandelnde Möglichkeit einer Verweisung der Hausbesitzer auf den Privatklageweg (§§ 374, 376 StPO) stellen Ausprägungen dieses Opportunitätsprinzips dar[7].

A) Einstellung des Verfahrens gemäß §§ 170 II (376) StPO und Verweisung auf den Privatklageweg

Der Hausfriedensbruch ist gemäß § 374 I Nr. 1 StPO ein Privatklagedelikt; das Gesetz eröffnet der Staatsanwaltschaft hier die Möglichkeit einer prozeßökonomischen Arbeitsweise, indem es die Strafverfolgung einer Entscheidung unterstellt, die keiner gerichtlichen Nachprüfung unterliegt: Eine Strafverfolgung durch staatliche Organe soll nur erfolgen, wenn dies im öffentlichen Interesse liegt.

I) Zum öffentlichen Interesse an einer Strafverfolgung

Der mit einer im Privatklageweg zu verfolgenden Straftat[8] eines Heranwachsenden oder Erwachsenen[9] befaßte Staatsanwalt wird daher zunächst keine Ermittlungen in der Sache selbst anstellen, sondern vorrangig prüfen, ob die Strafverfolgung im öffentlichen Interesse liegt; zu diesem Zweck kann er eigenständige Ermittlungen anstellen[10].

Da somit der Begriff des "öffentlichen Interesses" für die Möglichkeit einer Verweisung auf den Privatklageweg[11] Relevanz entfaltet, drängt sich die Frage auf, ob dieses öffentliche Interesse an einer Strafverfolgung von Hausbesetzern generell und etwa auch dann besteht, wenn diese bewußt zweckentfremdeten Wohnraum zu Wohnzwecken in Beschlag nehmen und so durch ihr tatbestandsmäßiges, rechtswidriges und schuldhaftes Verhalten materiell letztendlich einen öffentlich-rechtlich rechtswidrigen Zustand beseitigen.

---

7 Z.T. a.A. allerdings: KK-Schoreit, § 153 Rn. 1; wie hier: Roxin, StrafverfR, § 38 B; Kl-M-Goßner, § 153 Rn. 1.

8 Trifft allerdings ein Offizialdelikt mit einem Privatklagedelikt in einer Tat im prozessualen Sinne zusammen, so ist das Privatklageverfahren unzulässig.

9 Gemäß § 80 I 1 JGG ist die Privatklage gegen Jugendliche ausgeschlossen; hier erfolgt - im wesentlichen aufgrund des Erziehungsgedankens - entweder eine staatliche Verfolgung oder die Einstellung wegen fehlenden öffentlichen Interesses, § 80 I 2 JGG.

10 Vgl. Nr. 86 III RiStBV; ferner: LR-Wendisch, § 376 Rn. 4; Kl-M-Goßner, § 376 Rn. 5.

11 Streitig ist hier allerdings, ob die Verweisung auf den Privatklageweg durch eine Einstellung nach § 170 II StPO erfolgt, oder hier - mangels öffentlichen Interesses - die Einstellung eine logische Folge darstellt, für die es keiner Vorschrift bedarf. Vgl. dazu Zuberbier S. 60 f i.V.m. Fn. 46, 47.

Das Gesetz selbst definiert den Begriff des öffentlichen Interesses nicht näher; lediglich die Nrn. 86 II und 87 II der RiStBV geben einige Entscheidungsdeterminanten vor:

Nr. 86 II RiStBV: "Ein öffentliches Interesse wird in der Regel vorliegen, wenn der Rechtsfrieden über den Lebenskreis des Verletzten hinaus gestört und die Strafverfolgung ein gegenwärtiges Anliegen der Allgemeinheit ist, z.B. wegen des Ausmaßes der Rechtsverletzung, wegen der Roheit oder Gefährlichkeit der Tat, der niedrigen Beweggründe des Täters oder der Stellung des Verletzten im öffentlichen Leben. Ist der Rechtsfrieden über den Lebenskreis des Verletzten hinaus nicht gestört worden, so kann ein öffentliches Interesse auch dann vorliegen, wenn dem Verletzten wegen seiner persönlichen Beziehung zum Täter nicht zugemutet werden kann, die Privatklage zu erheben, und die Strafverfolgung ein gegenwärtiges Anliegen der Allgemeinheit ist."

Nr. 87 II RiStBV: "Kann dem Verletzten nicht zugemutet werden, die Privatklage zu erheben, weil er die Straftat nicht oder nur unter großen Schwierigkeiten aufklären könnte, so soll der Staatsanwalt die erforderlichen Ermittlungen anstellen, bevor er den Verletzten auf die Privatklage verweist, z.B. bei Beleidigung durch namenlose Schriftstücke. Dies gilt aber nicht für unbedeutende Verfehlungen."

Das öffentliche Interesse darf zunächst nicht mit dem "besonderen öffentlichen Interesse" an der Strafverfolgung verwechselt werden; letzteres vermag bei eingeschränkten Antragsdelikten einen Strafantrag zu ersetzen und wird bei häufig auftretenden Delikten[12] regelmäßig zu bejahen sein[13].

Vielmehr ist der Begriff des öffentlichen Interesses in § 376 StPO - ebenso wie bei den §§ 153, 153 a StPO[14] - weiter als der des besonderen öffentlichen Interesses[15]: Das öffentliche Interesse ist anhand der Umstände des Einzelfalles zu bestimmen. Die Fragen, ob "mehr als die Privatsphäre"[16] der an der Straftat Beteiligten berührt ist, nach den Tatfolgeschäden und nach dem Maß der Schuld sind ebenso mit in die Entscheidung

12 Zu denken ist beispielsweise an fahrlässige Körperverletzungen im Straßenverkehr.

13 Vgl. dazu Nrn. 234 und 243 III RiStBV.

14 Vgl. zutr.: Zuberbier, S. 60; LR-Rieß, § 153 Rn. 27; vgl. auch: Rieß, NStZ 1981, 8.

15 Zutr.: Kl-M-Goßner, § 376 Rn. 3.

16 Zuberbier, S. 60.

einzubeziehen, wie general- und spezialpräventive Gesichtspunkte, die Wiedergutmachung des Schadens und der Zeitablauf seit Begehung der Tat[17].

Bei der Entscheidung, ob ein öffentliches Interesse vorliegt, ist darauf abzustellen, ob eine Bestrafung im konkreten Fall im Verhältnis zu anderen Fällen dringlich ist[18]. Das Zusammenspiel von geringer Schuld und fehlendem öffentlichen Interesse bei § 153 StPO läßt sich nur dann sinnvoll ausdeuten, wenn bei letzterem der Gedanke des Präventionsbedürfnisses und damit die General- und Spezialprävention als Leitgesichtspunkte erkannt werden[19]. Ein öffentliches Strafverfolgungsinteresse entfällt daher dann, wenn das Strafbedürfnis dergestalt herabgesetzt ist, daß eine Vernachlässigung des verbleibenden - minimalen - Präventionsbedürfnisses vertretbar erscheint[20].

Das öffentliche Interesse kann somit - wie *Rieß* zutreffend formuliert - nicht "mit Umständen begründet werden, die als Strafzumessungsgründe illegitim wären, es kann jedoch aus Umständen heraus verneint werden, die die materiell-rechtliche Strafwürdigkeit nicht gänzlich aufheben"[21].

Der letzte Gedanke führt dann zum einen erneut zu den Fällen solcher Hausbesetzer, die "so eben noch" dem befriedeten Besitztum unterfallende Räumlichkeiten in Beschlag nehmen[22].
Zum anderen liegt es nahe, ein öffentliches Interesse an einer Strafverfolgung jedenfalls dann zu verneinen - und demgemäß den Eigentümer auf den Privatklageweg zu verweisen -, wenn der Berechtigte durch ein rechtlich mißbilligtes Vorverhalten die Gefahr einer Besetzung hervorgerufen hat und die Besetzer - jedenfalls materiell - durch ihr Verhalten einen rechtlich gewollten Zustand herstellen, ohne daß dieses Verhalten durch einen Rechtfertigungsgrund gedeckt ist.

Allerdings sollen diese Überlegungen, die zur Aufstellung weiterer Fallgruppen führen könnten[23], aus einem naheliegenden - pragmatischen - Grund nicht weiter vertieft werden: Die Entscheidung der Staatsanwaltschaft in Bezug auf das öffentliche Interesse an einer Strafverfolgung ist einer gerichtlichen Nachprüfung nicht zugänglich[24]; die Strafver-

---

17 LR-Meyer-Goßner, § 153 Rn. 19; Homann, S. 38 ff, 78 ff, 82 ff; Bloy, GA 1980, 161 (174).

18 Bloy, GA 1980, 161 (174).

19 LR-Meyer-Goßner, § 153 Rn. 38; Bloy, GA 1980, 161 (174); Krümpelmann, S. 218.

20 Bloy, GA 1980, 161 (175).

21 Rieß, NStZ 1981, 2 (8); ähnlich: Bloy, GA 1980, 161 (175).

22 S.o. S. 206 ff.

23 Zu denken wäre beispielsweise an eine von der Öffentlichkeit und dem Berechtigten unbemerkt gebliebene Besetzung, die erst geraume Zeit nach freiwilliger Räumung bekannt wird.

24 BVerfGE 51, 176 (182 ff); LR-Wendisch, § 376 Rn. 9, 12, 13; KMR-Fezer, § 376 Rn. 9; KK-Pelchen, § 376 Rn. 2, 3 je m.w.N. pro und contra.

folgungsbehörde trifft eine weitgehend ungebundene Entscheidung, die sachgerechten, politisch opportunen und sachfremden Erwägungen in unkontrollierbarer Weise zugänglich ist[25].

Der hier aufgezeigte Lösungsweg eröffnet daher nur eine unverbindliche Möglichkeit der Anklagebehörde, im Falle der Verneinung eines öffentlichen Interesses an der Strafverfolgung dem betroffenen Eigentümer freizustellen, gegen den Beschuldigten im Wege der mit allen Rechtsweggarantien versehenen - aber auch mit einem Kostenrisiko verbundenen[26] - Privatklage vorzugehen.

Eine Verneinung des öffentlichen Interesses jedenfalls an einer Strafverfolgung solcher Hausbesetzer, die durch die Hausbesetzung einen öffentlich-rechtlich rechtswidrigen Zustand beseitigen, liegt nahe; diese Lösung verläßt allerdings zugleich die Ebene, die einer juristisch-neutralen Argumentation zugänglich ist, in Richtung auf eine politisch-polemische Diskussionsebene, die der Verfasser bewußt zu meiden versucht.

II) Resumee

Das fehlende öffentliche Interesse an einer Strafverfolgung wird in einer Vielzahl der Hausbesetzungen eine Verweisung des Hausbesitzers auf den Privatklageweg rechtfertigen; der Umstand, daß der Hausfriedensbruch ein Privatklagedelikt darstellt, eröffnet der Staatsanwaltschaft bei Hausbesetzungen die Möglichkeit einer ökonomischen Arbeitsweise durch die Einstellung solcher Verfahren, in denen das Präventionsbedürfnis vernachlässigenswert erscheint.

B) Einstellung des Verfahrens gemäß §§ 153, 153 a StPO

Eine Möglichkeit der Einstellung des Verfahrens wegen absoluter Geringfügigkeit enthalten die §§ 153, 153 a StPO, die bei Vergehen eine Ausnahme vom Verfolgungszwang festlegen: Sofern die Schuld des Täters als gering anzusehen ist und kein öffentliches Interesse an der Strafverfolgung besteht[27] bzw. dieses Interesse - im Falle des § 153 a StPO - durch Auflagen beseitigt werden kann, ist die Verfolgung oder Nichtverfolgung

---

25 Zutreffend daher Zuberbier (S. 60 f), der darauf hinweist, daß sich hier - wegen der staatsanwaltschaftlichen Behördenhierarchie - ein weiter Bereich zulässiger Weisungen eröffnet. Vgl. dazu auch KK-Schoreit, § 153 Rn. 33.

26 Vgl. § 471 II StPO. Insoweit tritt an die Stelle der Staatskasse der Privatkläger.

27 So im Falle des § 153 StPO.

der Straftat von einer Bewertung und Beurteilung durch die Staatsanwaltschaft abhängig.
Auch hier eröffnet das Gesetz einen weiten Beurteilungsspielraum; die Prüfung dieser Voraussetzungen stellt insoweit Rechtsanwendung und nicht Ermessensausübung - verstanden im Sinne eines Wahlrechts zwischen verschiedenen Alternativen - dar[28].

Das sowohl in § 376 StPO als auch in den §§ 153 f StPO genannte "öffentliche Interesse" verklammert hier - beim Hausfriedensbruch - die Problembereiche einer "Verweisung auf den Privatklageweg" und einer "Einstellung wegen absoluter Geringfügigkeit".

l) "Geringe Schuld" im Sinne der §§ 153, 153 a StPO

Die §§ 153, 153 a StPO eröffnen bei Vergehen und absoluter Geringfügigkeit durch die in beiden Normen identische[29] Voraussetzung geringer Schuld dem Rechtsanwender einen Beurteilungsspielraum. Über das Opportunitätsprinzip fließen an dieser Stelle die allgemein anerkannten Strafzumessungserwägungen[30] ein; das Maß der Schuld und die Bewertung als "gering" im Sinne der §§ 153 f StPO ist an den Strafzumessungsgesichtspunkten des § 46 II StGB auszurichten[31].

Die Schuld ist daher dann als gering im Sinne der §§ 153, 153 a StPO einzustufen, wenn sie graduell erheblich unter der durchschnittlichen Schuld eines typischen Vergehens dieser Art liegt[32] und daher eine Strafe im untersten Bereich des Strafrahmens angemessen wäre[33].

Neben dem Vorleben des Täters, der etwa bislang strafrechtlich noch nicht - oder zumindest nicht einschlägig - in Erscheinung getreten ist[34] und den Entstehungsgründen für die Tat, bei denen etwa ein Mitverschulden anderer berücksichtigt werden kann[35],

---

28 KK-Schoreit, § 152 Rn. 25; Kl-M-Goßner, § 152 Rn. 7.

29 Eckl, JR 1975, 99 (100).

30 Insoweit wird die geringe Schuld nicht als Einzeltatschuld, sondern als Strafzumessungsschuld aufgefaßt, vgl. dazu aber auch Bloy, GA 1980, 161 (172).

31 Vgl. dazu: Eckl, JR 1975, 99 f; Kl-M-Goßner, § 153 Rn. 3; KK-Schoreit, § 153 Rn. 18; Kunz, S. 272 ff; LR-Rieß, § 153 Rn. 21; Rieß, NStZ 1981, 8; Schlüchter, Rz. 406.3; a.A. Krümpelmann (S. 213 ff) und Bloy (GA 1980, 161 (172)), die die Tatschuld berücksichtigen wollen.

32 Vgl. Eckl, aaO., S. 99; Schlüchter, Rz. 406.3.

33 Kl-M-Goßner, § 153 Rn. 3; Rieß, NStZ 1981, 8.

34 Vgl. statt Vieler: Dre-Tröndle, § 46 Rn. 24; LR-Rieß, § 153 Rn. 24.

35 Vgl. statt Vieler: Dre-Tröndle, § 46 Rn. 34; LR-Rieß, § 153 Rn. 24.

sind auch die Folgen der Tat - wie etwa die Höhe des Schadens[36] - Strafzumessungsdeterminanten und entfalten damit Relevanz für das Opportunitätsprinzip.
Sofern Rechtfertigungs- oder Schuldausschließungsgründe ernsthaft diskutabel erscheinen, ohne letztlich durchzugreifen, können die Voraussetzungen einer geringeren Schuld erfüllt sein, wenn das Verhalten des Täters die Voraussetzungen derartiger Gründe nur knapp verfehlt[37].
Im Rahmen der Prüfung der Voraussetzungen einer Einstellung aus Gründen des Opportunitätsprinzips im Sinne des § 153 StPO müssen sich daher diejenigen Fallgruppen wiederfinden, denen nach h.M.[38] eine Rechtfertigung oder Entschuldigung verwehrt ist, die aber in der Nähe dieser anzusiedeln sind.

So wird eine geringe Schuld die Strafbarkeit vieler modischer Hausbesetzer[39] entfallen lassen, bei denen sich aufgrund ihres makelfreien Vorlebens, ihrer Jugendlichkeit und/oder des geringen Schadens, der durch die Tat verursacht wurde, eine Beurteilung als geringfügig geradezu aufdrängt.

Dasselbe gilt für eine Vielzahl der Täter aus der stadtpolitischen Fraktion[40], die ihre Aktionen als überzeugten Widerstand gegen eine verfehlte Politik verstanden.

Auch bei existentiellen Hausbesetzern[41] kann eine vorhandene Notlage und die bei Drogenabhängigen anzunehmende erheblich verminderte Schuldfähigkeit (§ 21 StGB) dazu führen, daß hier eine geringe Schuld zur Anwendbarkeit des § 153 StPO führt[42].

Letztlich muß spätestens an dieser Stelle[43] eine unterschiedliche Schutzwürdigkeit der verschiedenen Tatobjekte des § 123 StGB dergestalt Berücksichtigung finden, daß die - kurzfristige - Besetzung solcher Objekte, die "so eben noch" die Voraussetzungen erfüllen, die an ein befriedetes Besitztum zu stellen sind, für eine geringe Schuld des Täters spricht; jedenfalls auf Strafzumessungsebene - und damit auch im Rahmen des Opportunitätsprinzips - tätigt das Bagatellprinzip seine Auswirkungen.

---

36 Vgl. statt Vieler: Jescheck, § 83 I.

37 So ausdrücklich: LR-Rieß, § 153 Rn. 23; Kunz, S. 229 ff.

38 Überwiegend allerdings in Einklang mit den Ergebnissen dieser Untersuchung, vgl. dazu S. 212 ff.

39 Dazu s.o. S. 18 ff.

40 Dazu s.o. S. 18 ff.

41 Dazu s.o. S. 18 ff.

42 Dabei sollte allerdings nicht verkannt werden, daß die Praxis in Fällen der Drogenabhängigkeit, die stets mit einer Strafbarkeit nach den §§ 3, 29 I BtmG einhergeht, eher auf eine Einstellung nach §§ 154, 154 a StPO zurückgreifen würde, da diese relative Geringfügigkeit - abgesehen von der Prognose einer ausreichenden Straferwartung im Verfahren nach § 29 BtmG - keiner Begründung bedarf.

43 Zur hier vertretenen Tatbestandsrelevanz s.o. S. 196 ff.

In vielen Fällen - wenn nicht gar regelmäßig - wird daher die Beurteilung der Tat durch die Staatsanwaltschaft dazu führen, daß eine "geringe Schuld" vorliegt, die die Möglichkeit einer Einstellung des Verfahrens gegen Hausbesetzer eröffnet, sofern kein öffentliches Interesse an der Strafverfolgung besteht.

II) Nochmals: Zum öffentlichen Interesse an einer Strafverfolgung

Selbst wenn im Einzelfall eine geringe Schuld des Täters anzunehmen ist, stellt sich bei § 153 StPO die Frage, ob nicht ein öffentliches Interesse an der Strafverfolgung der Hausbesetzer bejaht werden kann und einer Verfahrenseinstellung entgegensteht[44].

Insoweit ist anerkannt, daß auch bei der Annahme geringer Schuld die Bejahung eines öffentlichen Verfolgungsinteresses möglich ist[45]; allerdings erübrigt sich an dieser Stelle eine nähere Untersuchung des Begriffsinhalts, da das öffentliche Interesse im Rahmen der §§ 153 f StPO mit dem öffentlichen Interesse an der Strafverfolgung bei den Privatklagedelikten übereinstimmt. Insoweit kann an dieser Stelle auf die vorstehenden Überlegungen zu § 376 StPO verwiesen werden[46].

III) Resumee

Das Opportunitätsprinzip eröffnet über die §§ 153, 153 a StPO (und §§ 374 ff StPO) in weiten Bereichen der Staatsanwaltschaft eine Bandbreite von Möglichkeiten, die zu einer Nichtverurteilung von Hausbesetzern führen können.

Die geringe Schuld und das öffentliche Interesse reflektieren einen Beurteilungsspielraum; die Prüfung dieser Voraussetzungen kann die Strafverfolgung von Hausbesetzern entfallen lassen. Allerdings darf wegen der Existenz dieser Lösungsmöglichkeit nicht die Notwendigkeit einer fallbezogenen, juristisch exakten Prüfung auf Tatbestands-, Rechtswidrigkeits- und Schuldebene in Frage gestellt werden.

Die Weite der Entscheidungskriterien, die regelmäßig fehlende gerichtliche Überprüfbarkeit der Entscheidung und die Tatsache, daß sämtliche vorgenannten Normen in der

---

44 Im Rahmen des § 153 a StPO, der auch auf gewichtigere Fälle anwendbar ist, sofern nur die Schuld im unteren Bereich anzusiedeln ist, stellt sich demgegenüber die Frage, ob das - bestehende - öffentliche Interesse durch Auflagen beseitigt werden kann.

45 Vgl. dazu LR-Rieß, § 153 Rn. 28; Kl-M-Goßner, § 153 Rn. 7 je m.w.N.

46 S.o. S. 257 ff.

Praxis der nicht zu unterschätzenden Gefahr eines Mißbrauchs unterliegen[47], fordert vielmehr umgekehrt dazu auf, diese Kriterien soweit wie möglich zu "verrechtlichen" und daher - etwa im Rahmen eines Bagatellprinzips[48] - völlig geringfügige Tatbestandsverwirklichungen auf einer justitiablen Ebene auszuscheiden.

Das Opportunitätsprinzip spielt aber im Rahmen von Hausbesetzungen eine nicht zu unterschätzende Rolle; die Prüfung der sich hier ergebenden Beurteilungsspielräume wird häufig die strafrechtliche Verfolgung von Hausbesetzungen entfallen lassen.

2. Kapitel: Der Hausfriedensbruch als uneingeschränktes Antragsdelikt

§ 123 II StGB macht die Verfolgbarkeit einer Straftat nach Absatz 1 uneingeschränkt von dem Vorliegen eines (rechtswirksamen) Strafantrages abhängig. Wie bereits an anderer Stelle geschildert[49], wird hier partiell der Geringfügigkeit im Sinne eines subjektiven Bagatellprinzips Rechnung getragen.
In diesem Zusammenhang hat die *Gewaltkommission* bei der Untersuchung der Hausbesetzerkriminalität den teilweisen Verzicht der öffentlichen Hand und Privater auf das Antragsrecht bedauert und als Konsequenz eine Umwandlung des Hausfriedensbruchs in ein eingeschränktes Antragsdelikt gefordert[50].

A) Allgemeine Fragen des Strafantragsrechts

Die Strafverfolgung findet regelmäßig von Amts wegen - ex officio - und losgelöst vom Willen des Tatopfers statt; dieses Offizialprinzip unterliegt beim Hausfriedensbruch einer in ihren Wirkungen bereits erörterten Ausnahme[51], da diese Norm ein Privatklagedelikt darstellt.
Allerdings erfährt das Offizialprinzip darüber hinaus hier auch eine Einschränkung[52]: Unabdingbare Prozeßvoraussetzung[53] ist das form- und fristgerechte Verlangen des

---

47 Der - dem Verfasser aus eigener Erfahrung bekannte - stereotype Hinweis erfahrener Staatsanwaltskollegen auf die §§ 153, 153 a StPO, sofern eine Sache tatsächliche oder gar rechtliche Schwierigkeiten aufweist, zeigt insoweit nur zu deutlich, daß diese Normen - abgesehen von politischen Einflußmöglichkeiten über die Behördenhierarchie - häufig dazu mißbraucht werden, unliebsame Verfahren zu vermeiden oder abzuschließen. Vgl. dazu auch Zuberbier, S. 60 f.

48 Dazu s.o. S. 196 ff.

49 S.o. S. 196 ff.

50 Endgutachten, Rn. 374 (= S. 135).

51 Dazu s.o. S. 257.

52 Die andere - hier zu vernachlässigende - Einschränkung sind die Ermächtigungsdelikte (§§ 90, 97 StGB) bei politisch motivierten Taten.

53 Diese Einordnung ist allerdings nicht unumstritten, vgl. dazu nur Jescheck, § 85 I 1.

Verletzten (oder eines anderen Berechtigten) nach einer Strafverfolgung; der Hausfriedensbruch stellt ein uneingeschränktes - absolutes - Antragsdelikt dar.

Die sich daraus ergebenden allgemeinen Probleme sollen nur kurz und exemplarisch erwähnt werden.

I) Antragstellung und Vertretung

Der Strafantrag muß bei einem Gericht oder der Staatsanwaltschaft schriftlich oder zu Protokoll, bei einer anderen Behörde schriftlich angebracht werden, § 158 II StPO.

Dabei ist - was insbesondere bei der Besetzung von Gebäuden, die im Eigentum der öffentlichen Hand oder privatrechtlicher Gesellschaften stehen Relevanz entfaltet - eine Antragstellung durch einen Boten ebenso zulässig[54], wie die Antragstellung durch die vertretungsberechtigten Organe[55]; es findet keine - in ihrer rechtlichen Zulässigkeit umstrittene - Vertretung im Willen des Berechtigten[56], sondern "nur" eine Vertretung in der Erklärung statt[57].

II) Zur Antragsfrist des § 77 b StGB

Die Strafantragsfrist beträgt regelmäßig drei Monate (§ 77 b I StGB); sofern diese Ausschlußfrist verstreicht, geht das Antragsrecht verloren.

Die Einhaltung der Dreimonatsfrist kann - trotz ihrer Länge - problematisch werden, wenn Objekte für einen längeren Zeitraum besetzt bleiben. Hier stellt sich die Frage, ob der Berechtigte einen Strafantrag binnen drei Monaten nach Räumung stellen kann, oder ob möglicherweise - da ein fortgesetzter Hausfriedensbruch vorliegt - die Frist des § 77 b I StGB für jeden Teilakt isoliert zu berechnen ist.

---

54 Vgl. dazu LK-Jähnke, § 77 Rn. 52.

55 Dre-Tröndle, § 77 Rn. 2; LK-Jähnke, § 77 Rn. 52.

56 Die h.M. erachtet hier im wesentlichen eine Vertretung im Willen nur dann für zulässig, wenn durch die Tat vermögenswerte Rechtsgüter betroffen wurden. Dazu und zu den sich daraus ergebenden Konsequenzen vgl. Jescheck, § 85 I 3; LK-Jähnke, § 77 Rn. 52 f.

57 Zu der vom BGH bejahten Frage, ob der ohne Vollmacht gestellte Strafantrag genehmigungsfähig ist vgl. Dre-Tröndle, § 77 Rn. 22 und die mit beachtlichen Argumenten ablehnende Darstellung bei LK-Jähnke, § 77 Rn. 54.

Die Antragsfrist beginnt gemäß § 77 b II StGB mit dem Ablauf des Tages, an dem der Berechtigte von Tat und Täter derart eindeutig Kenntnis erlangt, daß es ihm zuzumuten ist, seine Entscheidung über das Begehren zur Strafverfolgung zu treffen.
Da das Ausmaß der schädigenden Handlung für die Entscheidung regelmäßig mitbestimmend sein wird, beginnt die Frist erst mit dem Abschluß der Rechtsgutverletzung: Bei einem Versuch der Beteiligung mit der bloßen Verbrechensverabredung (§ 30 II StGB)[58], beim strafbaren Versuch mit der letzten auf den Taterfolg gerichteten Handlung[59] und ansonsten mit der Beendigung der Straftat[60].

Ein Spezialproblem ergibt sich bei der Berechnung der Antragsfrist daraus, daß ein Hausfriedensbruch einerseits - bei ununterbrochener Gegenwart der Besetzer - ein Dauerdelikt vorliegt, andererseits aber - sofern die Besetzer das Gebäude regelmäßig verlassen - eine fortgesetzte Tat[61] darstellen kann[62].
Bei einem Dauerdelikt ist anerkannt, daß die Antragsfrist erst anläuft, wenn das Opfer Kenntnis von der Beseitigung des rechtswidrigen Zustandes erhält[63]; die Frist des § 77 b StGB wird daher bei Hausbesetzern, die sich ununterbrochen in dem besetzten Gebäude aufhalten, erst in Gang gesetzt, wenn sie die Räumlichkeiten räumen.

Etwas anderes könnte jedoch gelten, wenn eine Hausbesetzung in concreto als fortgesetzter Hausfriedensbruch zu qualifizieren ist.
Die Meinungen zu der Frage, ob bei einer fortgesetzten Tat die Antragsfrist erst mit der Beendigung des rechtswidrigen Zustandes beginnt[64] oder für jeden Teilakt der fortgesetzten Handlung eine eigenständige Antragsfrist läuft[65], sind geteilt:
Die Auffassung, die regelmäßig ohne nähere Begründung die Existenz isolierter Anfechtungsfristen behauptet, dürfte - wie auch die hier untersuchten Hausbesetzungen zeigen[66] - den Erfordernissen der Praxis und der Ratio des Antragserfordernisses bei § 123 StGB kaum gerecht werden: Verlassen die Hausbesetzer etwa zum Zwecke einer Ar-

---

58 Sofern - hypothetisch - das Verbrechen als Antragsdelikt ausgestaltet ist.

59 LG Konstanz, NJW 1984, 1767; Sch-Sch-Stree, § 77 b Rn. 8.

60 Vgl. dazu LK-Jähnke, § 77 b Rn. 6.

61 Deren neuerdings umstrittene Zulässigkeit (vgl. dazu Geppert, Jura 1993, 649 ff) soll hier allerdings nicht in Frage gestellt werden. Der Große Senat des BGH hat - nach Einreichung der Dissertation - die Rechtsfigur der fortgesetzten Tat praktisch beseitigt; vgl. BGH JZ 1994, 1016. Eine Auseinandersetzung mit dieser Entscheidung (und ihren Folgen für die Praxis) würde den thematischen Rahmen sprengen.

62 Vgl. dazu etwa AG Wiesbaden, NJW 1991, 188; OLG Düsseldorf, NJW 1982, 2680.

63 RG St 43, 285 (287) für eine Entführung im Sinne des § 237 StGB, LK-Jähnke, § 77 b Rn. 6; Sch-Sch-Stree, § 77 b Rn. 8 je m.w.N.

64 RG St 35, 267 (270); 40, 329 (331); 61, 299 (303); Dre-Tröndle, § 77 b Rn. 4; LK-Jähnke, § 77 b Rn. 6.

65 OLG Düsseldorf, MDR 1980, 952; Lackner, § 77 b Rn. 3 a; Sch-Sch-Stree, § 77 b Rn. 8; SK-Rudolphi, § 77 b Rn. 9.

66 Weiteres Beispiel bei LK-Jähnke, § 77 b Rn. 6 a.E.

beitsaufnahme, des Studiums oder aus anderen Gründen regelmäßig - täglich - das für einen längeren Zeitraum besetzten Gebäude, so müßte der Berechtigte spätestens 3 Monate nach dem Beginn der Besetzung Strafanträge stellen, obwohl Dauer und Umfang der Besetzung zu diesem Zeitpunkt noch nicht feststehen.
Eine für jeden Teilakt einer fortgesetzten Handlung selbständige Antragsfrist läuft so dem Zweck vieler Antragserfordernisse zuwider[67].

Auch bei einem fortgesetzten Hausfriedensbruch beginnt daher die Strafantragsfrist erst mit der Beseitigung des rechtswidrigen Zustandes durch Räumung; von diesem Zeitpunkt an muß sich der Berechtigte binnen 3 Monaten entscheiden, ob er eine Strafverfolgung dieser Tat begehrt.

Allerdings haben die Probleme, die in den vorstehenden Erörterungen zum Strafantrag angesprochen wurden, bei den Hausbesetzungen der vergangenen Jahre - soweit ersichtlich - der Praxis keine Schwierigkeiten bereitet.

Die strafprozessualen Hürden des Strafantragsrechts, die bei den Besetzungen vergangener Tage zu überwinden waren und wieder auftreten werden und die nun untersucht werden sollen, sind anderer Natur: Das Verfolgungshindernis eines fehlenden Strafantrages könnte einer Bestrafung von Hausbesetzern entgegenstehen, wenn der erforderliche Strafantrag entweder - wegen einer verfrühten Antragsstellung - "formal" unzulässig oder "materiell" - etwa im Hinblick auf ein zu mißbilligendes Vorverhalten des Antragsberechtigten - einer Mißbrauchskontrolle zugänglich und unter diesem Gesichtspunkt unwirksam wäre.

B) Der vorsorglich gestellte Strafantrag

I) Die tatsächlichen und rechtlichen Vorgaben

Die Einordnung des Hausfriedensbruchs als uneingeschränktes Antragsdelikt (§ 123 II StGB)[68] wirft bei der Bewältigung der Hausbesetzerkriminalität vielfach die Frage nach der Zulässigkeit und Rechtswirksamkeit vorsorglich, d.h. vor Beginn der Tat, gestellter Strafanträge auf.

Der Strafantrag ist beim Hausfriedensbruch eine unabdingbare Verfahrensvoraussetzung, die allerdings nicht dergestalt absolut verstanden werden darf, daß beispielsweise

---

67 Zutr.: LK-Jähnke, § 77 b Rn. 6 a.E.

68 Daß der Hausfriedensbruch zugleich Privatklagedelikt ist (Vgl. § 374 I Nr. 1 StPO), spielt hier keine Rolle.

bereits die Einleitung polizeilicher oder staatsanwaltschaftlicher Ermittlungen von der Stellung des Strafantrages abhängig ist. Natürlich sind - wie ein argumentum e contrario aus § 127 III und § 130 StPO beweist - auch bereits vorher Verfolgungsmaßnahmen möglich[69].

Trotz dieser Rechtslage stellten gerade bei den Hausbesetzungen der vergangenen Jahre Hauseigentümer in nicht unbeträchtlichem Umfang "vorsorgliche" Strafanträge[70], um - wie u.a. *Braun/Schmidt* mutmaßen - "der Polizei ein schnelleres Zugreifen zu ermöglichen"[71].
Teilweise wurden - wie *Ott* berichtet - blanko unterzeichnete Strafanträge bei den Polizeidienststellen regelrecht "hinterlegt"[72]. Der Süddeutschen Zeitung zufolge[73] behauptete der bayrische Justizminister 1981 die Rechtswirksamkeit derart prophylaktischer Strafanträge.

Die Welle der Hausbesetzungen und die teilweise recht sicher prognostizierbare oder gar ausdrücklich angekündigte Besetzung bestimmter (weiterer) Objekte führte offensichtlich dazu, daß ein von der Rechtsnatur und Funktion des Strafantrages her gesehen durchaus fragwürdiges Verhalten in erhöhtem Maße praktiziert wurde: Die - allerdings auch ansonsten nicht gänzlich unbekannte - Stellung eines Strafantrages vor Begehung der Tat, zu der das Gesetz ausdrücklich keine Stellung bezieht.

II) Der Streitstand und die Lösung

Die Rechtsprechung geht unter Berufung auf die reichsgerichtliche Judikatur davon aus, daß ein Strafantrag regelmäßig erst gestellt werden kann, wenn die Straftat begangen worden ist; eine - hier möglicherweise einschlägige - Ausnahme wird allerdings für den Fall konzidiert, daß eine Straftat unmittelbar bevorsteht oder hinreichend sicher feststeht, daß alsbald konkretisierbare Straftaten begangen werden; bei einer solchen Sachverhaltskonstellation soll ein Strafantrag auch bereits vor Begehung der Tat rechtswirksam gestellt werden können[74]. Das *LG Berlin* hat auf dieser Linie bei einer zuvor angekündig-

---

69 Geppert, Jura 1989, 378 (379); Roxin, StrafVerfR, § 12 B II 1 a.
70 So der Begriff bei Braun/Schmidt, DP 1983, 206 (211); Ott, StV 1982, 45 f; Schroth, NStZ 1982, 1 f. Vgl. ferner die Süddeutsche Zeitung vom 17.3.1981.
71 Braun/Schmidt, DP 1983, 206 (211).
72 Ott, StV 1982, 45.
73 Süddeutsche Zeitung vom 17.3.1981, zitiert bei Schroth, NStZ 1982, 1 Fn. 1.
74 RG GA 60, 438; BGH St 13, 363; BayObIG NJW 1966, 942; OLG Düsseldorf JR 1987, 520; offenlassend bei Hausbesetzungen: OLG Düsseldorf, NJW 1982, 2680 und AG Wiesbaden, NJW 1991, 188, die auf eine fortgesetzte Handlung abstellen, bei der ein ordnungsgemäß gestellter Strafantrag auch die späteren Einzelakte der fortgesetzten Handlung umfaßt.

ten Hausbesetzung einen mehr als 2 Jahre (!) vor der Tat gestellten Strafantrag mangels alsbaldiger Rechtsverletzung als unwirksam angesehen[75].
Das *OLG Düsseldorf* [76] läßt die bloße Feststellung, der Angeklagte habe ausdrücklich eine Straftat angekündigt, ausreichen, um einen solchen Ausnahmefall zu begründen und hat demgemäß einen präventiven Strafantrag für wirksam erachtet.

Der Meinungsstand in der Literatur ist gespalten: Die Standardkommentierungen folgen diesem Regel-Ausnahme Verhältnis wohl noch überwiegend[77]; allerdings mehren sich - auch losgelöst von der Hausbesetzerproblematik - die Stimmen derjenigen, die eine Antragsstellung vor Begehung der Tat für unzulässig erachten[78].
Die Argumente, die für diese (noch) Minderansicht sprechen, hat insbesondere *Schroth*[79] ausführlich gewürdigt; sie sollen daher an dieser Stelle nur kurz wiedergegeben werden:

Die zutreffende Lösung dürfte sich durch eine Betrachtung von Sinn und Zweck des Antragsrechts[80] erschließen.

Der Strafantrag ist nicht die bloße Mitteilung einer strafbaren Handlung (die sogenannte Strafanzeige), sondern das zweifelsfreie Verlangen nach der Durchführung eines Ermittlungsverfahrens und der Bestrafung des Täters[81]. Der Strafantrag ist daher beispielsweise auch teilbar, mit der Folge, daß das Verlangen nach Strafverfolgung - entgegen der Gesetzeslage unter Geltung von § 63 a.F. StGB - bei mehreren Beteiligten an einer Tat nicht alle Personen zu erfassen braucht[82].
Wird bei einer Hausbesetzung als Täter, der sich nach erfolgter Besetzung und nachfolgender Antragstellung den Hausbesetzern anschließt, etwa ein Sohn des Antragsstellers ermittelt, so muß letzterer regelmäßig dazu Stellung nehmen, ob sich sein Strafverlangen auch gegen diese Person richtet[83].

---

75 LG Berlin, StV 1985, 239.
76 OLG Düsseldorf, JR 1987, 520.
77 Kl-M-Goßner, § 158 StPO, Rn. 5; Sch-Sch-Stree, § 77 Rn. 45; SK-Rudolphi, § 77 Rn. 17; Dre-Tröndle, § 77b Rn. 2; vorsichtiger: Lackner, § 77 Rn. 4 "in aller Regel ausgeschlossen".
78 LK-Jähnke, § 77 Rn. 22; Gössel, BT, § 38 Rn. 51; Maurach-Zipf, AT/2, 74/19; Ott, StV 1982, 45 (46); Roxin, StrafverfR, § 12 B II 1 a; Schroth, NStZ 1982, 1 ff; z.T. auch Keller, JR 1987, 521 (522); offenlassend: Braun/Schmidt, DP 1983, 206 (211).
79 NStZ 1982, 1 f (2 ff).
80 Zur Rechtsnatur vgl. umfassend: M.K. Meyer, S. 20 ff.
81 OLG Düsseldorf, MDR 1986, 165; Peters, § 57 I; Roxin, StrafverfR, § 37 III.
82 BGH St 19, 320 (321); Sch-Sch-Stree, § 77 Rn. 44; Peters, § 57 I.
83 Bsp. in Anlehnung an Peters, aaO.; vgl. ferner SK-Rudolphi, § 77 Rn. 19.

Die Person des Täters erlangt damit Relevanz für die Tat, die bei einem "vorsorglichen" Strafantrag noch gar nicht besteht und deren Verwirklichung nur möglich, wahrscheinlich oder gar sicher ist, die jedoch als geschichtlicher Lebensvorgang im Sinne des prozessualen Tatbegriffes erst durch ihre Begehung rechtlich und tatsächlich existent wird.

Roxin[84] widmet schon von daher der Frage nach der Zulässigkeit vor der Tat gestellter Strafanträge zu Recht nur einen Satz:

> "Andererseits setzt die Stellung des Strafantrages voraus, daß die Tat schon begangen ist; ein 'vorsorglich' vor Tatbegehung gestellter Strafantrag ist wegen Fehlens einer 'Tat' unzulässig".

Ferner ist zu berücksichtigen, daß - wie *Keller* überzeugend nachgewiesen hat - die von der Rechtsprechung - mit Ausnahme der Entscheidung des *OLG Düsseldorf* - anerkannten Ausnahmen nur bloße "Scheinausnahmen" darstellen, weil in den entschiedenen Sachverhaltskonstellationen das Antragsdelikt aufgrund einer vorhandenen Vorverletzung eine logisch zwingende Konsequenz war[85].
Insoweit betritt allein die bereits zitierte Entscheidung des *OLG Düsseldorf* [86] absolutes Neuland, als sie die bloße Ankündigung außerhalb einer Sonderbeziehung ausreichen läßt.

Wesentlich wird hier die Argumentation *Jähnkes*[87], daß durch die Anerkennung eines vorsorglichen Strafantrages in unzulässiger Weise die Grenzen zwischen repressiver Strafverfolgung, die ausschließlich und allein durch einen Strafantrag begehrt und von den Strafverfolgungsbehörden geleistet werden kann, und einer präventiv-polizeilichen Gefahrenabwehr verschwimmen würden[88].
Trotz vielfacher Personalunion bei der Bewältigung dieser beiden Aufgaben sind sie doch - wie etwa die Existenz des § 23 EGGVG ebenso beweist, wie die völlig unterschiedlichen Gesetzgebungszuständigkeiten - rechtlich strikt auseinanderzuhalten.

Letztlich ist zu beachten, daß der Strafantrag als - teilweise unabdingbare - Prozeßvoraussetzung und Prozeßhandlung[89] eine gewisse Nähe und Parallele zu den Rechtsmitteln und Rechtsbehelfen aufweist, die zusätzlich ebenfalls das Begehren einer (weiteren)

---

84 StrafverfR, § 12 B II 1 a.
85 JR 1987, 521 (522) im Anschluß an Jähnke, LK § 77 Rn. 22.
86 OLG Düsseldorf, JR 1987, 520.
87 LK-Jähnke, § 77 Rn. 22.
88 Ebenso: Schroth, NStZ 1982, 1 (3 f); Keller, JR 1987, 521 (522).
89 So die heute fast einhellige Auffassung, vgl. dazu und zu abweichenden Meinungen: M.K. Meyer, S. 8 ff.

rechtlichen Überprüfung beinhalten; *Ott* [90] hat darauf hingewiesen, daß Rechtsprechung und Literatur zudem beim Schriftformerfordernis des § 158 II StPO "Anleihen" bei den für die Rechtsbehelfe entwickelten Voraussetzungen tätigen[91].

Werden deren Grundsätze auf die Frage nach der Zulässigkeit eines vorsorglichen Strafantrages projeziert, so ergeben sich daraus zwei weitere Aufschlüsse: Es ist

1. weder zulässig, gegen eine noch nicht existente - erlassene - Entscheidung ein Rechtsmittel einzulegen[92], noch ist

2. ein solches - wenn es dann zeitlich möglich ist - einer Bedingung zugänglich: Prozeßhandlungen sind regelmäßig bedingungsfeindlich[93].

Wenn - wie der *BGH* bei einem vorsorglich eingelegten Rechtsmittel entschieden hat und was zwanglos entsprechend für einen Strafantrag Geltung beanspruchen muß[94] - "schon der Zweifel, ob die Erklärung mit einer Bedingung verbunden ist, ... das Rechtsmittel unzulässig"[95] macht, muß ein vorsorglicher Strafantrag ebenfalls unzulässig sein: Seine Verknüpfung mit einer Bedingung - Begehung der erwarteten Tat - steht ihm auf der Stirn geschrieben[96].

Das Strafantragsrecht entsteht daher erst, wenn eine tatbestandsmäßige Rechtsverletzung und damit eine strafbare Handlung vorliegt[97]; die Beantwortung der Frage, ab wann ein Strafantrag frühestens wirksam gestellt werden kann, ist von dem in Frage stehenden Tatbestand abhängig[98]:
Stellt das Antragsdelikt bereits den Versuch seiner Verwirklichung unter Strafe, so entsteht das Antragsrecht zeitgleich mit dem Überschreiten der durch das unmittelbare Ansetzen umschriebenen Strafbarkeitsgrenze zwischen bloßer Vorbereitungshandlung

---

90 Ott, StV 1982, 45 f.
91 Ott, StV 1982, 45 (46).
92 BGH St 25, 187 (189); BayObLG, NJW 1961, 1737.
93 Statt aller: Roxin, StrafverfR, § 22 III.
94 So Roxin, StrafverfR, § 22 III.
95 BGH St 5, 183 (184).
96 Vgl. dazu Ott, StV 1982, 45 (46).
97 Vgl. dazu RG St 38, 39 (40); LK-Jähnke, § 77 Rn. 22.
98 Läßt man die Frage nach der Existenz derartiger Antragsdelikte offen, so könnte hier noch weitergehend präzisiert werden, daß bei einem Versuch der Beteiligung im Sinne des § 30 II StGB mit der Verabredung (und - sofern Vorbereitungshandlungen unter Strafe gestellt sind - mit der Verwirklichung dieser) das Antragsrecht entsteht; beide Fallkonstellationen sind allerdings für die vorliegende Untersuchung nicht von Bedeutung und sollen daher vernachlässigt werden.

und Versuch. Bei Antragsdelikten, die - wie § 123 StGB - nur ein vollendetes Delikt unter Strafe stellen, kann ein Strafantrag erst dann ordnungsgemäß gestellt werden, wenn das Delikt vollendet ist[99].

III) Ergebnis

Ein präventiv - vor Beginn der strafbaren Tatphase - gestellter Strafantrag gegen Hausbesetzer geht daher bildlich ins Leere und ist nicht rechtswirksam.
Natürlich kann der Strafantragsberechtigte, sofern die Antragsfrist nicht zwischenzeitlich verstrichen ist, jederzeit diesen Formmangel durch die Stellung eines neuen, ordnungsgemäßen Strafantrags "beheben" und so die erforderliche Prozeßvoraussetzung herstellen.
Verkörpert allerdings - etwa im Vertrauen auf dessen Wirksamkeit - ausschließlich ein vorsorglicher Strafantrag den Willen des Berechtigten zur Strafverfolgung, liegt beim Hausfriedensbruch eine zwingende Prozeßvoraussetzung[100] nicht vor. Da das Vorliegen der Prozeßvoraussetzungen in jeder Lage und in jedem Stadium des Verfahrens ex officio zu berücksichtigen ist, muß das Verfahren eingestellt werden[101].

C) Mißbrauch des Strafantragsrechts

I) Tatsächliche Ansatzpunkte

1) Einstellung trotz Strafantrag

Eine völlig andere Überlegung, die einer Bestrafung von Hausbesetzern entgegenstehen könnte, ihren Ursprung allerdings ebenfalls in der Einordnung als uneingeschränktes Antragsdelikt fände, hat *Amelung* angedeutet, wenn er - allerdings ohne nähere Konkretisierung - davon spricht, daß ein "Ausschluß des Strafantragsrechts wegen Rechtsmißbrauchs ... im Einzelfall" denkbar sei[102].

---

99 Insoweit entsteht das Antragsrecht - sofern Vollendung und Beendigung zeitlich auseinanderfallen - konsequenterweise früher als der mit dem Zeitpunkt der Beendigung zusammenfallende Beginn der Antragsfrist, vgl. dazu S. 266.

100 Vgl. dazu RG St 59, 197 (200); BGH St 6, 155; Dre-Tröndle, Vor § 77 Rn. 2; krit.: Zielinski, GS H. Kaufmann, S. 880.

101 Vgl. dazu statt aller: SK-Rudolphi, Vor. § 77 Rn. 9.

102 Amelung, NJW 1986, 2075 (2082).

Die Andeutung, den Verwirkungsgedanken auf dieser Ebene[103] prozessual brauchbar zu machen, findet sich - allerdings mit einer anderen Akzentuierung - auch in einem Beschluß des *AG Bochum*[104], das bei der Besetzung eines vom Eigentümer zum Abbruch freigegebenen Wohnhauses als Hilfserwägung die Unwirksamkeit seines diesbezüglichen Strafantrages wie folgt begründete:

> "Der erklärte Wille, das Gebäude ... abreißen zu lassen, umfaßt auch die Einwilligung zu minder schweren Eingriffen in das Hausrecht wie ein etwaiges nichtgenehmigtes Aufenthalten oder Verweilen in dem Hause und stellt sich als Verzicht auf das Antragsrecht dar. Der nachträglich eingeholte Strafantrag ... erscheint demgegenüber r e c h t s m i ß b r ä u c h l i c h"[105].

Auch über den konkreten Anwendungsfall des *AG Bochum* hinaus, der Assoziationen zum Verbot des "venire contra factum proprium" weckt, sind Fallkonstellationen denkbar, bei denen sich - ohne vorangegangenen "Verzicht"[106] - die Frage aufdrängt, ob der formal ordnungsgemäß gestellte Strafantrag und damit die positive Entscheidung des Verletzten für eine Strafverfolgung einer inhaltlichen Mißbrauchskontrolle unterliegt. Ein Mitverschulden[107] etwa im Sinne eines durch pflichtwidriges Vorverhalten provozierten Hausfriedensbruchs[108] oder eine gegen das Schikaneverbot verstoßende mißbräuchliche Antragstellung[109] könnte jedenfalls in den Fällen spekulativer Wohnraumvernichtung[110] auch unabhängig von einem Abbruchauftrag ernsthaft in Erwägung gezogen werden.

2) Verurteilung ohne Strafantrag

Von der Intention diametral entgegengesetzt sind dann - rechtlich und inhaltlich allerdings an den Mißbrauchsgedanken gekoppelt - die Fälle zu untersuchen, deretwegen die *Gewaltkommission* eine Einordnung des Hausfriedensbruchs als eingeschränktes Antragsdelikt gefordert hat[111]:

---

103 Zur materiell rechtlichen Relevanz s.o. S. 148 ff.

104 AG Bochum, 32 Cs 33 Js 629/81 in StV 1982, 605.

105 AG Bochum, aaO.; Hervorhebung durch den Verfasser.

106 Bei einer terminologisch korrekten Ausdrucksweise müßte auch hier von 'Verwirkung' gesprochen werden, da ein Rechtsverlust gegen den Willen des Berechtigten diskutiert werden soll. Vgl. dazu schon oben S. 148 ff.

107 So z.B. Naucke, FS Mayer, 574 ff.

108 So z.B. Zielinski, GS H. Kaufmann, 889, Fn. 81.

109 So z.B. Barnstorf, NStZ 1985, 67 (68 f).

110 S.o. S. 13 ff, 156 ff.

111 S.o. S. 264.

Sachverhalte, in denen Eigentümer aus politischem Kalkül und/oder aus Furcht vor Repressalien die Stellung eines Strafantrages unterließen, werfen die umgekehrte Rechtsfrage einer Mißbrauchskontrolle der Negativentscheidung des Berechtigten, eine Strafverfolgung nicht zu begehren, und damit die provokante Frage auf, ob - und unter welchen Voraussetzungen - auch ein uneingeschränktes Antragsdelikt ohne Antrag verfolgt werden kann.

Ein derartiger Mißbrauch durch Unterlassen könnte als Vernünftigkeitskontrolle eine Strafverfolgung losgelöst vom Willen des Antragstellers ermöglichen.

II) Die Mißbrauchskontrolle der Positiventscheidung des Antragsberechtigten

Ein Mißbrauch des Strafantragsrechts im Sinne der Rechtskontrolle eines formwirksam gestellten Strafantrages eines spekulativen Wohnraumvernichters erscheint diskutabel, wenn entweder

- sein Antrag aus (straf-)rechtsfremden Motiven gestellt wird[112], oder
- die Tat durch sein im pflichtwidrigen Leerstand zum Ausdruck kommendes, vorangegangenes "Mitverschulden" und damit durch seine Provokation mitverursacht wird[113]

und - gedanklich vorgelagert - das Strafantragsrecht in solchen[114] Fällen einer Mißbrauchskontrolle überhaupt zugänglich ist.

---

112 Vgl. insbesondere: H. Mayer, GS 104, 302 f (317); Naucke, FS. H. Mayer, 565 (566 f).

113 Vgl. insbesondere: Zielinski, GS H. Kaufmann, 885 ff (888 f).

114 Bei der hier interessierenden Fragestellung der Unwirksamkeit eines Strafantrages im Rahmen von Hausbesetzungen können Fälle, in denen der Antragssteller vom Täter Genugtuung im Sinne einer außerstrafrechtlichen Wiedergutmachung erhalten hat, und die unter dem Aspekt des Mißbrauchs ebenfalls diskutiert wird, außer acht gelassen werden. Bejahend insbesondere: Barnstorf, NStZ 1985, 67 f; Zielinski, GS H. Kaufmann, 888 und passim. Verneinend die h.M., vgl. statt vieler: LK-Jähnke, § 77 Rn. 56; SK-Rudolphi, § 77 Rn. 20 a.

1) Der Meinungsstand in Literatur und Rechtsprechung

a) Die Gegner einer Mißbrauchskontrolle

Die *Rechtsprechung*[115] und der überwiegende Teil der *Literatur*[116] gehen, sofern sie sich überhaupt mit diesem Thema beschäftigen, davon aus, daß der Strafantrag einer Mißbrauchskontrolle entzogen ist; die Existenz uneingeschränkter Antragsdelikte und die damit verbundene Übertragung des strafprozessualen Initiativrechts auf den Antragsteller bedinge eine in sein Belieben gestellte Entscheidung, die einer Vernünftigkeitskontrolle nicht zugänglich sei; eine Mißbrauchskontrolle stelle die Existenzberechtigung solcher Antragsdelikte in Frage[117].

Auch die herrschende Meinung deutet dann ihr Unbehagen an einer vollständig der Überprüfbarkeit entzogenen Willkür des Antragsstellers an, wenn ein Antragsdelikt in Frage steht, das nicht mehr auf dem Versöhnungsgedanken beruht[118], sondern wegen seines bagatellarischen Charakters[119] als Antragsdelikt ausgestaltet worden ist[120]. "Die Entscheidung des Antragsberechtigten" soll, um mit den Worten *Rudolphis* zu sprechen, "z u m i n d e s t, s o w e i t das Antragserfordernis auch auf dem Versöhnungsgedanken basiert, keiner Beschränkung"[121] unterliegen.

Allerdings greift *Rudolphi* selbst diesen Aspekt an späterer Stelle nicht mehr auf, sondern verneint undifferenziert die Zulässigkeit jeglicher staatlicher Mißbrauchskontrolle[122].

---

115 RG St 14, 202 (205 f) unter Geltung des § 172 a.F. StGB für den Fall des Strafantrags eines Ehemannes, der dem Ehebruch seiner Frau zunächst zugestimmt hatte und dann trotzdessen eine Strafverfolgung begehrte. BGH St 31, 207 (212) betraf einen Sachverhalt, in dem ein Geschäftsherr Strafantrag wegen einer Bestechung seines Angestellten gestellt hatte, obwohl er dessen Verhalten kannte und nicht dagegen eingeschritten war (vgl. §§ 12, 22 UWG). Der BGH hat hier ebenfalls keinen Mißbrauch des Antragsrechts angenommen, sondern wegen der Duldung der Bestechung die Verletzteneigenschaft des Geschäftsherrn verneint. Eine allgemein gültige Mißbrauchslösung ist dadurch gerade nicht gefunden worden; sofern - wie etwa bei § 107 Nr. 2 UrhG - nicht disponible Rechtsgüter, sondern solche der Allgemeinheit durch das Antragsdelikt geschützt sind, steht der BGH erneut vor der Frage einer Anwendbarkeit des Schikaneverbots auf das Strafantragsrecht.

116 Vgl. LK-Jähnke, § 77 Rn. 56; M.K. Meyer, S. 52 f; SK-Rudolphi, § 77 Rn. 20 a je m.w.N.

117 Vgl. die Nachweise der vorangegangenen Fußnote.

118 Zu diesen vgl. etwa §§ 247, 263 IV, 266 III, 294 StGB.

119 Z.B. §§ 242, 246 i.V.m. 248 a; § 248 b; § 230 und auch § 123 StGB.

120 Diese Unterteilung der Funktion des Strafantrages ist allerdings nicht unumstritten; vgl. dazu Jescheck (§ 85 I 1) einerseits und Maiwald (GA 1970, 36 ff) und Rudolphi (SK, § 77 Vorbem. 2 ff) andererseits. Letztere führen alle Antragsdelikte auf das "Prinzip der Versöhnung" zurück.

121 SK-Rudolphi, Vor § 77 Rn. 5; Hervorhebungen durch den Verfasser.

122 SK-Rudolphi, § 77 Rn. 20 a.

b) Die Befürworter einer Mißbrauchskontrolle

Wird zudem berücksichtigt, daß damit dem Privatmann möglicherweise ein willkürliches, unbeschränktes und unüberprüfbares Antragsrecht zuerkannt wird, das final darauf gerichtet ist, die zur Objektivität verpflichtete staatliche Strafgewalt auf den Plan zu rufen, so ergeben sich gewisse Disharmonien, die zwar nicht zur Unzulässigkeit von Antragsdelikten generell führen[123], aber doch immer wieder den Ruf nach einer (begrenzten) Mißbrauchskontrolle laut werden lassen.

aa) Die Auffassung *Nauckes*

Die bislang ausführlichste und am weitesten entwickelte Untersuchung der Mißbrauchsproblematik hat *Naucke* im Jahre 1966 vorgelegt[124]. Im Anschluß an seinen Lehrer Hellmuth Mayer, der 1934 noch eine Anwendung des Gedankens des § 226 BGB auf den Strafantrag "heute schon" abgelehnt, allerdings zugleich auch auf die Problematik der Unbeachtlichkeit "schikanöser" Strafanträge hingewiesen hatte[125], erkennt *Naucke* eine positive wie auch eine negative Mißbrauchskontrolle grundsätzlich an[126]. Aus der Funktion des Strafrechts leitet er die Grenze des Strafantragsrechts ab:

> "Gestellte Strafanträge müssen daraufhin geprüft werden, ob die verlangte Bestrafung 'im Interesse der Allgemeinheit' liegt; beim Ausbleiben des Strafantrags ist zu prüfen, ob nicht eine Bestrafung gehindert wird, die 'im Interesse der Allgemeinheit' ausgesprochen werden muß"[127].

Das Strafantragsrecht wird so in das Interesse der Allgemeinheit eingebettet bzw. dieses Interesse als übergreifendes Korrektiv und Leitmotiv dergestalt verstanden, daß es sowohl der positiven Entscheidung des Antragsberechtigten zuwider zur Unwirksamkeit eines Antrags führen, als auch - umgekehrt - die Stellung eines Antrags überflüssig werden lassen kann.

Für die weitere Lösung greift *Naucke* dann die - bereits dargelegte[128] - Unterteilung der Antragsdelikte auf in jene, bei denen ein Interesse an Bestrafung allein durch den Antrag

---

123 So aber: Zipf, GA 1969, 249 ff; wie hier: Maiwald, GA 1970, 42 Fn. 27; M.K. Meyer, S. 52 f; siehe dazu u. S. 279.

124 "Mißbrauch" des Strafantrags, in FS Mayer, 565 ff.

125 Mayer, GS 104, 302 ff (317) und öfter.

126 Naucke, FS Mayer, 565 (578 ff).

127 Naucke, aaO., S. 579 f (581).

128 S.o. S. 275.

entsteht, und solche, die eigentlich einer Verfolgung bedürften, dann aber allein wegen entgegenstehender Interessen des Verletzten als Antragsdelikt ausgestaltet sind[129]; beim Hausfriedensbruch, den er zutreffend der ersten Gruppe zuordnet[130], soll eine formale Antragstellung - das Verlangen nach Bestrafung - nicht ausreichen; die Tat im prozessualen Sinne müsse Besonderheiten aufweisen mit der - wie er es selbst ausdrückt - "überspitzten" Folge[131], daß "der nicht näher begründete Antrag ... immer mißbräuchlich" sei.

Allerdings wird dieses (Zwischen-)Ergebnis dann sogleich modifiziert und teilweise revidiert:

> "Wird Strafantrag gestellt, liegt aber kein 'echtes' Interesse an der Bestrafung vor, muß dennoch staatliche Strafe eintreten, wenn es sich um eine Einzeltat handelt, die Beunruhigung verbreitet, oder wenn es sich zwar um geringfügige, aber massenhaft vorkommende Taten handelt, die wegen ihrer Massenhaftigkeit den status quo beeinträchtigen. (Beispiel: Strafantrag wegen Sachbeschädigung, die begangen ist durch Zerstechen von Autoreifen.)"[132]

Das letztgenannte Beispiel harrt geradezu seiner Abwandlung durch den Austausch reifenzerstörender Messerstecher gegen besitzergreifende Hausbesetzer: *Naucke* würde - losgelöst vom fehlenden Interesse des Berechtigten - die Wirksamkeit eines formal ordnungsgemäßen Strafantrages auch in Fällen einer spekulativen Wohnraumvernichtung nicht in Frage ziehen, sondern vielmehr sogar - an dieser Stelle (noch) nicht interessierend[133] - eine Bestrafung auch ohne Strafantrag befürworten[134].

bb) Die Auffassung *Zielinskis*

Zielinski[135] weist darauf hin, daß bei uneingeschränkten Antragsdelikten das Entscheidungsmonopol des Verletzten zwar zu einer Verlagerung oder "Privatisierung des staatlichen Strafanspruchs"[136] führe, ohne daß dadurch aber das Wesen dieses Anspruchs als staatlicher Rechtsbewährungsanspruch tangiert werde.

Einem solchen Verfahren sei die Lösung rein privater Streitigkeiten oder gar die "Befriedigung privater Rachebedürfnisse" dadurch zu verwehren, daß der rein formale

---

129 Naucke, aaO., S. 580 und passim.
130 Vgl. die vorhergehende Fußnote.
131 Naucke, aaO., S. 582 i.V.m. S. 580.
132 Naucke, aaO., S. 583 c).
133 S.u. S. 294.
134 Naucke, aaO., S. 583 d).
135 GS H. Kaufmann, 885 ff.
136 Zielinski, aaO., S. 885; zu den Gründen hierfür vgl. M.K. Meyer, 42.

Strafantrag sich als die "Geltendmachung eines Rechts durch den Antragsberechtigten" darstellen müsse[137]. Er unterwirft dann - logisch zwingend - den Verzicht auf ein Antragsrecht keiner Rechtsmißbrauchskontrolle[138]; hingegen soll das Antragsrecht der Verwirkung unterliegen, wobei *Zielinski* Parallelen zur Tatprovokation zieht.

Praktische Bedeutung mißt er einer so verstandenen Mißbrauchskontrolle insbesondere "provozierten ... Hausfriedensbrüchen"[139] bei, bei denen der Antragsteller "unter Verletzung von Rechtspflichten ... mitursächlich geworden ist"[140].

cc) Die Auffassung *Barnstorfs*

Barnstorf gelangt in paralleler Argumentation zum zuvor Geschilderten zur Unwirksamkeit eines Strafantrages u.a. bei einer am Schikaneverbot des § 226 BGB zu messenden mißbräuchlichen Antragsstellung[141] und bei einem Mitverschulden eines dann nur im uneigentlichen Sinne "Verletzten"[142].

dd) Die Auffassung *Dieter Meyers*

Dieter Meyer befürwortet eine Mißbrauchskontrolle des Strafantragsrechtes, sofern sich der Antragsteller gegenüber dem Täter oder einem Dritten zur Rücknahme des Strafantrages (zivil-)rechtlich verpflichtet hat und nun - dieser Verpflichtung zuwider - den Strafantrag aufrechterhält[143].

Das Festhalten am Strafantrag sei dann ein widersprüchliches Verhalten, das auch "aus der Perspektive der Strafverfolgungsorgane als Rechtsmißbrauch"[144] erscheine und wegen des Verbots des "venire contra factum proprium" zur Einstellung des Strafverfahrens zwinge.

c) Exkurs: Die Auffassung *Zipfs*

Einen völlig anderen - hier nur am Rande zu erörternden - Lösungsweg schlägt *Zipf* vor:

---

137 Zielinski, aaO., S. 886.
138 Zielinski, aaO., S. 887 f.
139 Zielinski, aaO., s. 889 i.V.m. Fn. 81.
140 Zielinski, aaO., S. 889.
141 Barnstorf, NStZ 1985, 67 (68).
142 Barnstorf, NStZ 1985, 67 (69).
143 D. Meyer, NJW 1974, 1325 f.
144 D. Meyer, NJW 1974, 1325 (1326).

Aufgrund des Strafmonopols des Staates erachtet er eine Mitwirkung Privater an der (staatlichen) Strafverfolgung als problematisch[145]; die Existenzberechtigung uneingeschränkter Antragsdelikte, bei denen die Frage, ob eine Anklage und Verurteilung erfolgt, in die Hand des Einzelnen gelegt wird, wird von ihm vor diesem Hintergrund untersucht[146]. *Zipf* sieht es dabei als grundlegende Voraussetzung für die Akzeptanz eines staatlichen Strafmonopols an, daß die "materielle Strafberechtigung ... in gleicher und allgemeiner Weise ausgeübt" wird und "effektiv und umfassend" ist[147]; "Strafe muß ... die gewisse Folge der Straftat sein"[148].
Auch beim Hausrecht[149] sei es nicht hinnehmbar, über das Antragserfordernis den strafrechtlichen Rechtsgüterschutz zu relativieren und so eine Sanktionierung - aus der Sicht des Täters - dem Zufall zu überlassen[150].

Zipf will daher - de lege ferenda - die Mehrzahl der derzeitigen Antragsdelikte in "Bußdelikte" verwandeln, die im Privatklageverfahren zu verfolgen und mit einer Buße zu ahnden wären[151]; die Verhängung einer Kriminalstrafe soll so grundsätzlich[152] von einer Privatentscheidung im Sinne des Strafantrags befreit werden.

Da persönliche - zufällige wie willkürliche - Belange mit der Verwirklichung des staatlichen Strafanspruchs für ihn nicht in Einklang zu bringen sind, muß *Zipf* zur Unzulässigkeit der Antragsdelikte in ihrer heutigen Form gelangen[153].

2) Der Versuch einer Lösung

a) Zur Tauglichkeit der "Radikallösungen"

Die Lösungsvorschläge *Zipfs*, der aus der Willkürmöglichkeit die Unzulässigkeit der Antragsdelikte ableitet[154] und *Nauckes*, der die Entscheidung des Antragstellers einer umfassenden Kontrolle und Überlagerung durch das Interesse der Allgemeinheit unter-

---

145 Zipf, GA 1969, 234.
146 Zipf, GA 1969, 234 (238 f).
147 Zipf, GA 1969, 234 (238).
148 Zipf, GA 1969, 234 (238).
149 Zipf, GA 1969, 234 (240, 245).
150 Zipf, GA 1969, 234 (240).
151 Die hier zu verhängende Buße soll eine Sanktion sui generis und ohne jedweden Strafcharakter sein, vgl. dazu Zipf, GA 1969, 234 (244 f).
152 Zipf, GA 1969, 234 (245) auch zu den von ihm anerkannten Ausnahmen.
153 Zipf, GA 1969, 234 (240 f (243)).
154 Zipf, GA 1969, 240 ff.

stellt[155], zeichnen sich durch ihre Radikalität aus, die naturgemäß selten konsensfähig ist.

Die durch die Abschaffung von § 63 a.F. StGB anerkannte Möglichkeit einer Teilung des Strafantrages[156] indiziert zugleich, daß der Strafantrag eine persönliche Entscheidung des Berechtigten darstellt, die auch individuelle und damit willkürliche Elemente aufweist oder zumindest aufweisen kann[157]; sein "Initiativrecht" birgt, wie jedes andere Recht auch, eine Mißbrauchsmöglichkeit in sich.
Insoweit widerspricht dann eine Deduktion, die aus der Willkürmöglichkeit der Antragstellung die Unzulässigkeit der Antragsdelikte ableitet, der geltenden Gesetzeslage.

Nauckes Lösungsvorschlag setzt sich geradezu zwangsläufig dem Vorwurf aus, das private Strafantragsrecht, das das Gesetz anerkennt, durch seine vollständige Abhängigkeit von den Interessen der Allgemeinheit auszuhöhlen.
Werden uneingeschränkte Antragsdelikte einer derartigen (Positiv- wie) Negativkontrolle unterworfen, so verwandeln sie sich dadurch letztlich zu eingeschränkten Antragsdelikten, bei denen eine staatliche Stelle bei besonderem öffentlichen Interesse (vgl. z.B. § 232 StGB) auch ohne Strafantrag die Strafverfolgung betreiben kann.
Das Institut der uneingeschränkten Antragsdelikte, das der Gesetzgeber ausdrücklich anerkennt, wird so praktisch abgeschafft; eine solche Mißbrauchskontrolle läuft - wie die h.M. zutreffend feststellt - ebenfalls der gesetzlichen Regelung zuwider[158].

Die beiden zuvor geschilderten Auffassungen leiden zudem daran, daß ihre Lösung jeweils zu spezifisch auf den Strafantrag und/oder die Interessen der Allgemeinheit zugeschnitten ist. Ein derart extremer Lösungsweg wäre jedenfalls dann nicht erforderlich, wenn bereits allgemein anerkannte Rechtsgrundsätze über die Geltendmachung und Limitierung von Rechten existieren, mit denen auch einer willkürlichen Ausübung - einem Mißbrauch - des Strafantragsrechts wirksam begegnet werden kann.
Der Mißbrauchsgedanke hat sich nicht, wie *Naucke* formuliert hat, "so verbreitet, daß er keiner positiv-rechtlichen Begründung mehr bedarf"[159]; es ist vielmehr zu hinterfragen, ob denn "heute endlich" der Gedanke der §§ 226, 242 BGB auf den Strafantrag angewendet werden kann[160].

---

155 Naucke, FS H. Meyer, 581.
156 S.o. S. 267 ff.
157 Zutr.: Maiwald, GA 1970, 40; M.K. Meyer, S. 53; SK-Rudolphi, Vor § 77 Rn. 5.
158 Vgl.: M.K. Meyer, S. 53; SK-Rudolphi, Vor § 77 Rn 5; ders., § 77 Rn. 20 a je m.w.N.
159 FS H. Mayer, 571.
160 Formulierung in Anlehnung an H. Mayer, GS 104, 302 ff (317); inhaltlich zutreffend: Barnstorf, NStZ 1985, 68 f; Zielinski, GS H. Kaufmann, 888, der wohl eher - wie Fn. 74 und 76 zeigen- zu § 242 BGB neigt.

b) Voraussetzungen und Folgen des Rechtsmißbrauchs

Die vorstehenden Überlegungen haben gezeigt, daß die Strafantragsbefugnis ein Recht beinhaltet, das nicht als Pflicht zur Einleitung einer Strafverfolgung ausgestaltet ist; demgemäß ist die Initiierung eines Strafverfahrens bei uneingeschränkten Antragsdelikten auch latent willkürlichen Aspekten ausgesetzt. Die Anerkennung eines derartigen Entscheidungsmonopols eines Privaten - des Strafantragsrechts - eröffnet naturgemäß eine Vielfalt möglicher Anlässe und Motivationen bei seiner Ausübung oder Nichtausübung[161], die grundsätzlich einer Überprüfung nicht zugänglich sind. Die Zubilligung eines Rechtes geht insoweit stets mit der Gefahr des Mißbrauchs der dadurch erlangten Freiheit einher. Das Antragsrecht als solches kann dadurch in seinem Bestand allerdings nicht in Frage gestellt werden.

Trotz dessen - oder besser: gerade deswegen - besteht bei jedem Recht eine allgemein anerkannte Pflicht, das Recht (nur) sozial angemessen auszuüben[162]; recht unbestritten ist eine Limitierung des rechtlichen Schutzes einer Rechtsausübung dergestalt, daß im Falle eines Rechtsmißbrauchs diese konkrete Ausübung des Rechtes nicht dem rechtlichen Schutz untersteht, ohne daß dadurch zugleich aber die Existenz des Rechtes in Frage gestellt wird[163].

Dieser Aspekt wird u.a. sowohl bei V-Mann-Einsätzen[164] und überlanger Verfahrensdauer[165] als auch aktuell beim Entzug des Beweisantragsrechts des Angeklagten[166] diskutiert.

Die Rückbesinnung auf den Tatbestand von Treu und Glauben (§ 242 BGB) und das Schikaneverbot (§ 226 BGB) stellt insoweit nicht - wie man vorweg argwöhnen könnte - einen "Etikettenschwindel" im Verhältnis zu einem Korrektiv über die Interessen der Allgemeinheit[167] dar; die kodifizierten Fälle des Rechtsmißbrauches eröffnen nämlich - und hierin zeigt sich ihre Überlegenheit gegenüber der *Nauckeschen* Lösung - keine "Ermächtigung zu einer Billigkeitsjustiz"[168] mit recht willkürlichen Ergebnissen, sondern

---

161 Vgl. dazu schon: Maiwald, GA 1970, 33 (40).

162 Vgl. RGRK-Johannsen, § 226 Rn. 1; Soergel-Fahse, Vor § 226 Rnn. 2, 3; Barnstorf, NStZ 1985, 67 (68).

163 Vgl. dazu Mü-Ko-v.Feldmann, § 226 Rn. 7; Soergel-Fahse, § 226 Rn. 10; Staudinger-Dilcher, § 226 Rn. 14 und passim.

164 Vgl. nur BGH NJW 1980, 1761; Zielinski, GS H. Kaufmann, 889 m. Fn. 78.

165 Vgl. OLG Düsseldorf, NJW 1986, 2204 (2205); Scheffler, S. 138 ff.

166 Vgl. BGH St 38, 111 mit Anm. Scheffler, JR 1993, 170 (172).

167 S.o. S. 276 f.

168 Palandt-Heinrichs, § 242 Rn. 2 m.w.N.

ermöglichen anhand der durch Rechtsprechung und Lehre entwickelten Fallgruppen mit tatbestandlichen Voraussetzungen eine zutreffende rechtliche Bewertung[169].

aa) Zur generellen Anwendbarkeit des Verwirkungsgedankens auf das Strafantragsrecht

Der nächste Einwand, der einer Projektion des zivilrechtlichen Verwirkungsgedankens auf den Mißbrauch des Strafantragsrechts, entgegenstehen könnte, liegt darin begründet, daß zivilrechtliche Denkkategorien auf das Strafrecht übertragen werden und ein derartiger Transfer unzulässig sein könnte.
Dies ist eine Argumentation, der sich insbesondere die Rechtsprechung, nachdem sie bei einem unzulässigen Lockspitzeleinsatz zunächst eine Verwirkung des Strafanspruches angenommen hatte[170], inzwischen einheitlich bei der Frage nach der Verwirkung des staatlichen Strafanspruches bedient: Eine Übertragung des Verwirkungsgedankens auf die Staatsfunktion der Strafverfolgung wird hier als unzulässig erachtet[171].

Unabhängig davon, daß diese Behauptung teilweise mit beachtlichen Argumenten in Frage gezogen wird[172], präjudiziert sie auch inhaltlich nicht die Frage der Anwendbarkeit zivilrechtlicher Rechtsinstitute wie Mißbrauch und Schikaneverbot auf das Strafantragsrecht[173]: Die Überprüfung der Rechtswirksamkeit eines Strafantrages unterwirft nicht - was nach der höchstrichterlichen Rechtsprechung unzulässig sein soll - den staatlichen Strafanspruch als Staatsfunktion der Verwirkung, sondern überprüft allein das vorgelagerte, latent willkürliche Initiativrecht eines Privaten und leitet es einer Korrekturmöglichkeit in Ausnahmefällen zu.

Der wesentliche Unterschied liegt daher darin begründet, daß so "der staatliche Strafanspruch als Funktion des Staates i n k e i n e r W e i s e berührt wird"[174], da erst der rechtswirksame Strafantrag bei einem uneingeschränkten Antragsdelikt einen realisierbaren staatlichen Strafanspruch entstehen läßt.

---

169 Vgl. dazu und zu der "Argumentationserleichterung": Soergel-Teichmann, § 242 Rn. 280; ferner: Scheffler, S. 138 ff (139).

170 BGH StV 1981, 276; 1984, 406 (407); umfassende Darstellung bei: Scheffler, 134 ff (136 f).

171 BGH St 32, 345; 33, 283 f; OLG Düsseldorf, NJW 1986, 2204 (2205).

172 Zum Streitstand: Scheffler, 138 ff.

173 Vgl. Zielinski, GS H. Kaufmann, 888 f.

174 Zielinksi, aaO., 889; Hervorhebungen durch den Verfasser.

Zudem sind nach der herrschenden zivilrechtlichen Meinung[175] selbst unverzichtbare Rechte verwirkbar[176] und damit "erst - recht" auch verzichtbare Rechte, zu denen der Strafantrag gehört, bei dem auch außerhalb der Rücknahme (§ 77 d StGB) ein Verzicht möglich ist[177].

Der Rechtsprechung ist letztlich der Gedanke der Verwirkung von Prozeßrechten im Strafverfahren nicht fremd:

So soll - obwohl eigentlich Gericht und Staatsanwaltschaft die Garanten eines rechtsfehlerfreien Verfahrens sind[178] - das Rügerecht des Angeklagten bezüglich solcher Rechtsfehler im Rahmen der Revision verwirkt sein, die er - bzw. sein Verteidiger in zurechenbarer Weise - in der Absicht herbeigeführt hat, einen Revisionsgrund zu schaffen[179].
Arglistig herbeigeführte Verfahrensfehler sind insoweit präkludiert.

Eine weitere Möglichkeit der Verwirkung von Prozeßrechten ergibt sich im Rahmen der sachlichen Verhandlungsleitung durch den Vorsitzenden (§ 238 StPO); Maßnahmen mit möglichen Auswirkungen auf die Sache selbst[180] unterliegen einer rechtlichen Bindung: Die dem Vorsitzenden allein obliegende sachliche Verhandlungsleitung kann gemäß § 238 II StPO mit dem Rechtsbehelf der Anrufung des Gerichts überprüft werden.

Die Nichtgeltendmachung dieses Zwischenrechtsbehelfs führt nach ständiger Rechtsprechung regelmäßig zu einem unfreiwilligen Verlust des Rügerechts einer gesetzeswidrigen Sachleitungsanordnung durch den Vorsitzenden für ein späteres Revisionsverfahren[181].

Die Möglichkeit einer Verwirkung von Prozeßrechten des Angeklagten wird daher von der Rechtsprechung anerkannt; über die Fälle einer gesetzlichen Rügepräklusion hinaus[182] ist im Revisionsrecht eine Rügeverwirkung denkbar. Vor diesem Hintergrund liegt es nahe, daß eine Projektion des Verwirkungsgedankens auf das Straf(antrags)recht grundsätzlich zulässig ist und daher auch das Strafantragsrecht verwirkt werden kann.

---

175 Im Strafrecht vertritt diese Auffassung - soweit ersichtlich - nur Karl Peters, § 75 II 7, 8.
176 Mü-Ko-Roth, § 242 Rn. 294; Soergel-Teichmann, § 242 Rn. 12.
177 Vgl. dazu Sch-Sch-Stree, § 77 Rn. 31.
178 OLG Frankfurt, JR 1987, 81; vgl. auch Scheffler, S. 142.
179 OLG Hamm NJW 1960, 1361; BGH VRS 20, 68; OLG Köln HESt 3, 38; Kl-M-Goßner, § 337 Rn. 47; weitere Nachweise bei Scheffler, aaO., S. 142 i.V.m. Fn. 92.
180 Die formelle Verfahrensleitung unterliegt demgegenüber keiner rechtlichen Bindung.
181 BGH St 1, 322 (325); 3, 368 (369); 11, 213 (215); Kl-M-Goßner, § 238 Rn. 7; Dahs/Dahs, Rn. 304.
182 Vgl. z.B.: §§ 222 a, b, 338 Ziff. 1 (Besetzungsrüge), §§ 6 a, 16, 338 Ziff. 4 StPO (Unzuständigkeitsrüge).

Insgesamt bestehen daher keine Bedenken, die Möglichkeit einer grundsätzlichen Verwirkbarkeit des Strafantragsrechts anzuerkennen.

bb) Der Grundsatz von Treu und Glauben

Der Grundsatz von Treu und Glauben wurde im Falle des *AG Bochum*[183] offensichtlich bemüht, wenn ein Strafantrag wegen des vorangegangenen Verhaltens des Eigentümers als rechtsmißbräuchlich tituliert wurde.

Unbeschadet des "terminologischen Durcheinanders"[184] bei den zivilrechtlichen Wurzeln der Verwirkung lassen sich verschiedene Fallgruppen herauskristallisieren, wobei deren Grundlage - die exceptio doli - unter dem Blickwinkel von Vergangenheit und Gegenwart zu trennen ist.

(1) Die exceptio doli praeteriti umfaßt einerseits die Fälle einer rechtswidrig begründeten Rechtsstellung; diese - nicht auf Arglist beschränkte - Konstellation setzt ein objektiv rechtswidriges Verhalten voraus und eine Interessenabwägung, die zu einem deutlichen Interessenübergewicht führt[185].
Diese Variante tätigt allein wegen ihres notstandsparallelen Abwägungsmodus selbst bei einem gegen die Sozialpflichtigkeit des Eigentums verstoßenden Vorverhaltens des Antragstellers bei Hausbesetzungen keine Auswirkungen.

Dasselbe gilt für die andere Fallgruppe der Verletzung eigener Pflichten; diese verlangt einen speziellen, rechtsrelevanten Zusammenhang von begehrtem und selbst praktiziertem Verhalten[186]; ein Verhalten, das der Berechtigte selbst nicht übt, das aber dem von ihm beanspruchten Handeln rechtlich korrespondieren würde[187], ist im Rahmen der Hausbesetzungen nicht denkbar.

(2) Aus der exceptio doli praesentis läßt sich das in seinem Anwendungsbereich beschränkte Verbot eines widersprüchlichen Verhaltens ableiten[188].

---

183 StV 1982, 605.
184 Zutr.: Scheffler, 138, dessen Systematisierung hier im wesentlichen gefolgt werden wird.
185 Vgl. nur Soergel-Teichmann, § 242 Rn. 281.
186 Vgl. Mü-Ko-Roth, § 242 Rn. 381 ff.
187 So Mü-Ko-Roth, § 242 Rn. 381.
188 Str., vgl. Soergel-Teichmann, § 242 Rn. 312.

So wird ein allgemeiner Rechtsgrundsatz des venire contra factum proprium überwiegend nicht anerkannt[189]; nur sofern das widersprüchliche - nicht zwingend rechtswidrige - Verhalten zugleich auch ein vertrauensbegründendes Verhalten war, das einen Vertrauenstatbestand beim anderen Teil hervorgerufen hat, ist ein widersprüchliches Verhalten rechtsmißbräuchlich[190].

Allein unter diesem Aspekt erscheint ein Rechtsmißbrauch aufgrund des vorangegangenen Verhaltens des Eigentümers im Falle des *AG Bochum* denkbar.

Eine Ableitung des Mißbrauchs des Strafantragsrechts aus dem Grundsatz von Treu und Glauben (§ 242 BGB) ist aus zwei unterschiedlichen Aspekten jedoch fragwürdig.

Vorgelagert muß zunächst die Überlegung sein, ob dogmatisch eine Projektion speziell der Grundsätze von Treu und Glauben auf das Strafantragsrecht des Verletzten im Strafprozeß überhaupt möglich ist[191].

Insoweit ist anerkannt, daß für die Fälle einer unzulässigen Rechtsausübung eine Sonderbeziehung[192] nicht zwingend rechtlicher, aber doch zumindest tatsächlicher Natur im Sinne eines gesteigerten sozialen Kontaktes[193] erforderlich ist. Diese Sonderbeziehung allein aus der Begehung der Straftat ableiten zu wollen[194], auf die sich der möglicherweise rechtsmißbräuchliche Strafantrag bezieht, scheint fernliegend. Vielmehr trifft den Antragsteller weder im Verhältnis zu den Strafverfolgungsbehörden noch im Verhältnis zu dem Täter eine Strafverfolgungspflicht im Sinne einer Verpflichtung zur Ermöglichung der Strafverfolgung durch Antragsstellung.

Mangels Sonderbeziehung scheidet daher eine Mißbrauchskontrolle aus Treu und Glauben aus. Die Rechtswirksamkeit eines gestellten Strafantrages ist daher grundsätzlich nicht an der zu § 242 BGB entwickelten Dogmatik zu messen.

Darüber hinaus sind rein praktisch Fallkonstellationen schwer denkbar, in denen neben dem durch den Eigentümer verursachten Leerstand (= vorangegangenes

---

189 Mü-Ko-Roth, § 242 Rn. 289; Palandt-Heinrichs, § 242 Rn. 55 .

190 Palandt-Heinrichs, § 242 Rn. 55 f (56); Zielinski, GS H. Kaufmann, 888.

191 Dies wird von Dieter Meyer (NJW 1974, 1325) stillschweigend unterstellt; zur parallelen Überlegung beim Angeklagten vgl. Scheffler, JR 1993, 170 (172).

192 Vgl. Scheffler, JR 1993, 170 (172).

193 Mü-Ko-Roth, § 242 Rn. 235.

194 So. - i.E.- D. Meyer, NJW 1974, 1325 (1326).

Verhalten) zusätzlich ein Vertrauenstatbestand bei Hausbesetzern gerichtet auf die Nichtausübung des Strafantragsrechts hervorgerufen worden ist, der sich nicht zugleich als tatbestandsausschließendes Einverständnis oder aber als - zulässiger - Verzicht auf das Strafantragsrecht darstellt.
Ob eine solche Ausnahmekonstellation der Entscheidung des *AG Bochum* zugrundelag, erscheint insbesondere angesichts der nur hilfsweisen Natur dieser Erwägungen zweifelhaft.
Angesichts der dreimonatigen Antragsfrist (§ 77 b StGB) dürften Sachverhalte, in denen zwischen Hausbesetzern und Hauseigentümern nach erfolgter Besetzung zunächst Mietverhältnisse begründet werden, die Hauseigentümer dann aber - möglicherweise aus einem nichtigen Anlaß - doch noch Strafanträge wegen der ursprünglichen Besetzungen stellen, im Ergebnis zu vernachlässigende Produkte der Theorie bleiben.

cc) Das Schikaneverbot

Als mögliche Mißbrauchskontrolle bleibt damit zu untersuchen, was *Hellmuth Mayer* vor 60 Jahren noch abgelehnt[195] und *Barnstorf*[196] - allerdings nur als eine von drei einschlägigen Konstellationen eines "Wegfalls des Strafantragsrechts" - bejaht hat[197]: Die Möglichkeit einer Zusammenführung von § 226 BGB und Strafantragsrecht, mit der Folge, daß der artikulierte Wille zur Strafverfolgung allein durch das Schikaneverbot[198] im Sinne einer Mißbrauchs- oder "Willkür"kontrolle begrenzt wird.

§ 226 BGB unterstellt solche Rechtsausübungen nicht dem rechtlichen Schutz, denen ein schutzwürdiges Interesse des Rechtsinhabers fehlt und die sich daher als unzulässige Rechtsausübung darstellen[199]. Die Norm ist als eine allgemeine Ausprägung des Grundgedankens der Fairneß zu verstehen, dergestalt, daß demjenigen Rechtsschutz versagt wird, der seine Rechte gesetzeswidrig zum Schaden anderer ausübt[200].

---

195 GS 104, 302 ff (317).

196 NStZ 1985, 67 (68).

197 Zielinski sieht hingegen § 226 BGB nur als "weiteres Argument" für die Möglichkeit einer Mißbrauchskontrolle an, GS H. Kaufmann, S. 888 i.V.m. Fn. 74.

198 Weitergehend: Barnstorf, aaO., S. 68 f (69); Zielinski, 887 f (889 f).

199 Palandt-Heinrichs, § 226 BGB, Rn. 1.

200 Vgl. dazu RGRK-Johannsen, § 226 Rn. 1; Soergel-Fahse, § 226 Rn. 1; Mü-Ko-v.Feldmann, § 226 Rn. 1.

(1) In der zivilrechtlichen Literatur besteht zunächst ein weitgehender Konsens, daß das Schikaneverbot, das selbstredend keine Sonderbeziehung voraussetzt, im ganzen Rechtsgebiet anwendbar ist, und - so wird regelmäßig klarstellend in einem Nachsatz betont[201] - selbst im Prozeßrecht Geltung beansprucht[202].
Die entgegengesetzte Auffassung *Dilchers*[203], der wegen der regelmäßig im (Zivil-) Prozeßrecht vorhandenen eigenständigen Regelung eines schikanösen Verhaltens eine Geltung des § 226 BGB im Prozeßrecht verneint, ist nur für die Fälle einer derartigen Spezialregelung überzeugend. Wenn somit auch - wie *Fahse*[204] es ausdrückt - "kaum ein Bedürfnis für eine Anwendung auch im Prozeßrecht besteht", kann daraus nicht die generelle Unanwendbarkeit im Strafrecht gefolgert werden; allein das Fehlen einer Regelung der Voraussetzungen und Rechtsfolgen schikanöser Strafanträge, läßt insoweit nicht den Schluß vollständiger Grenzenlosigkeit dieses Rechtes zu.

Die Behauptung der Zivilkommentatoren, daß das Schikaneverbot des § 226 BGB neben der Bindung an Treu und Glauben aus § 242 BGB regelmäßig leerliefe[205], trifft für das materielle und formelle Zivilrecht zu; begründet aber die Begehung einer Straftat, die Stellung als Angeklagter[206] oder das Recht zur Antragstellung keine Sonderbeziehung, so eröffnet sich gerade im Strafrecht ein eigenständiger Anwendungsbereich des Schikaneverbots[207].

"Der Gebrauch prozessualer Rechte zur Erreichung rechtlich mißbilligter Ziele ist auch im Strafprozeß verboten", kommentieren insoweit Kleinknecht-Meyer-Goßner[208] und weisen zu Recht auf das Fehlen einer dementsprechenden Generalklausel im Strafrecht hin.

Die Vorteile einer derartigen Begrenzung des Strafantragsrechts allein durch das Schikaneverbot liegen auf der Hand, da damit zum einen auch dieses Recht in seine immanenten Schranken gewiesen[209] und hier nicht - gleichsam als Fremdkörper - eine völlig schrankenlose Befugnis eröffnet wird.

---

201 Charakteristisch: Palandt-Heinrichs, § 226 Rn. 2; Scheffler, JR 1993, 170 (172).

202 Neben den in der vorgehenden Fn. Genannten: RG(Z) 120, 47 (50); OLG Frankfurt, NJW 1979, 1613; Mü-Ko-v.Feldmann, § 226 Rn. 3; RGRK-Johannsen, § 226 Rn. 6; Soergel-Fahse, § 226 Rn. 2; a.A. allerdings: Staudinger-Dilcher, § 226 Rn. 19.

203 AaO., Fn. 116.

204 AaO., Fn. 116.

205 Vgl. Palandt-Heinrichs, § 226 Rn. 1; Soergel-Fahse, § 226 Rn. 3.

206 Vgl. dazu Scheffler, JR 1993, 170 (172).

207 Zutr.: Scheffler, aaO., 172.

208 Kl-M-Goßner, Einl. Rn. 111.

209 Barnstorf, NStZ 1985, 67 (69); vgl. auch Zielinski, GS H. Kaufmann, 886 ff.

Zum anderen birgt die Koppelung des Strafantragsrechts an § 226 BGB gegenüber einer Abhängigkeit von dem Grundsatz von Treu und Glauben oder auch von den Interessen der Allgemeinheit den Vorteil, daß das Schikaneverbot enge und damit relativ exakt subsumierbare Voraussetzungen aufweist.
Die Aussonderung hierunter fallender, schikanöser Strafanträge ist daher nicht dem Vorwurf preisgegeben, die dem privaten Strafantragsrecht gleichsam innewohnende Willkürlichkeit des Strafverfolgungsbegehrens aufzuheben. Diese immanente Willkür, die das Gesetz durch die Existenz uneingeschränkter Antragsdelikte anerkennt und zuläßt, bleibt erhalten und keiner Kontrolle zugänglich.
Die zutreffende Aussage der h.M., das Gesetz erkenne ein beliebiges Initiativrecht des Antragsberechtigten an[210], trägt - bei genauer Betrachtungsweise - nicht auch zwingend die daraus abgeleitete Unzulässigkeit einer jeglichen Mißbrauchskontrolle:

Willkürliche Entscheidungen, die das Gesetz beim Strafantrag ermöglicht, zeichnen sich dadurch aus, daß ihnen keine sachlich nachvollziehbaren, rational erklärbaren Gründe zugrunde liegen. Solche Entscheidungen einer Vernünftigkeitskontrolle zu unterwerfen, verbietet in der Tat die Existenz der uneingeschränkten Antragsdelikte.

Der Gedanke des Schikaneverbots hingegen ist - bezogen auf die zugrunde liegende Motivation - enger: Nicht die willkürlich-unvernünftige Entscheidung unterliegt einer Kontrolle, sondern erst eine Ausübung des Rechtes, die (nur) der Schädigung des anderen dienen kann und bei der praktisch die "Rechts"ausübung als Angriffsmittel zur Schädigung zweckentfremdet wird. Der Antragsteller selbst verläßt den ihm eröffneten Willkürbereich, indem er nur einen (nachvollziehbaren, aber mißbilligenswerten) Grund verfolgen kann und auch überwiegend verfolgt:
Die Schädigung des von der Rechtsausübung Betroffenen.

Der in der gesamten Rechtsordnung anwendbare Gedanke des Schikaneverbots begrenzt daher das Strafantragsrecht dergestalt, daß jede zur Strafantragstellung führende, vorstellbare Motivation grundsätzlich einer Mißbrauchskontrolle entzogen ist, allerdings wird auch der Willkür des Strafantragsberechtigten eine Schranke durch § 226 BGB gesetzt.

Das Schikaneverbot als allgemeine Limitierung einer Rechtsausübung beinhaltet insoweit die einzige Möglichkeit einer Begrenzung des Strafantragsrechts; seine engen tatbestandlichen Voraussetzungen ermöglichen - insbesondere gegenüber

210 Vgl. dazu SK-Rudolphi, § 77 Rn. 20 a.

dem allgemeinen Mißbrauchsverbot - die Ableitung exakter und damit vorhersehbarer Kriterien bei deren Vorliegen ein gestellter Strafantrag ausnahmsweise rechtsmißbräuchlich ist, obwohl das Gesetz selbst - außerhalb von § 226 BGB - eine derartige Rechtskontrolle nicht vorsieht.

Als Rechtsfolge des § 226 BGB tritt dann nicht ein Verlust des Rechtes ein, sondern es entfällt der rechtliche Schutz für diese konkrete Ausübung[211]. Dem Antragsteller wird nicht das Recht in seinem Bestand entzogen, sondern es wird nur die konkret rechtsmißbräuchliche Ausübung als unzulässig bewertet[212]: Das Antragsrecht bleibt - vorbehaltlich seiner zeitlichen Grenzen - dem Antragsteller erhalten, wohingegen die den Voraussetzungen des § 226 BGB unterfallende Betätigung als unzulässige Ausübung des Rechts keine Rechtswirkungen nach sich zieht.

Allerdings tragen diese Überlegungen zugleich auch den Umkehrschluß, daß eine weitergehende Mißbrauchskontrolle des Strafantragsrechts, wie sie etwa *Barnstorf* und *Zielinski* bei einer außerstrafrechtlichen Wiedergutmachung und bei einer Tatprovokation vorschlagen[213], schon deswegen nicht vertretbar scheint, weil sie im Gesetz keine Grundlage findet[214].

Nur wenn die erlaubte Willkür durch völlig strafantragsfremde Gründe - Haß, Rachsucht oder Schädigungsabsicht[215] -, die in concreto unter § 226 BGB subsumierbar sind, überschritten wird, liegt der Ausnahmefall eines wegen Rechtsmißbrauchs unzulässigen Strafantrages vor.
Einer "Perversion" der Strafverfolgung zum Zwecke der Schädigung ist durch eine Anwendung des § 226 BGB auf das Strafantragsrecht vorzubeugen.

(2) Ist somit das Schikaneverbot auf das Strafantragsrecht generell anwendbar, bleibt zu erörtern, unter welchen Voraussetzungen der Strafantrag eines Hauseigentümers dem Verdikt des § 226 BGB unterfällt.

Die tatbestandlichen Voraussetzungen dieser Norm sind durch Rechtsprechung und Lehre dahingehend konkretisiert worden, daß einerseits die Rechtsausübung dem Rechtsinhaber objektiv keinen Vorteil bringen können und nur zur Schädigung

---

211 Vgl. dazu Mü-Ko-v.Feldmann, § 226 Rn. 7; Staudinger-Dilcher, § 226 BGB Rn. 14.

212 Vgl. dazu Kl-M-Goßner, Einl., Rn. 111.

213 S.o. S. 277 f.

214 Es sei denn, daß auch hier ein schikanöses Verhalten vorliegt.

215 So schon H. Mayer, GS 104, 316 f; Barnstorf, NStZ 1985, 67 (69).

des anderen geeignet sein darf und dieses objektiv schikanöse Verhalten vom Vorsatz getragen sein muß. Eine Schikaneabsicht wird nicht für erforderlich gehalten; die Motivation durch Rache und Vergeltungsgefühle reicht aus. Das alleinige Vorliegen subjektiv verwerflicher Gründe hingegen genügt - ausweislich des recht eindeutigen Wortlautes ("haben kann") - nicht[216].

Da der Schadensbegriff des § 226 BGB nicht auf Vermögensschäden beschränkt ist, liegt eine Voraussetzung des Schikaneverbots recht unproblematisch vor: Die durch die Antragstellung intendierte Strafverfolgung bis hin zur rechtskräftigen Verurteilung des Hausbesetzers stellt für diesen einen Schaden dar.

Als problematischer erweist sich aber die nächste tatbestandliche Hürde des § 226 BGB:
Das Schikaneverbot ist auf die Fälle begrenzt, in denen sich zeigt, daß ein anderer Zweck als die zuvor genannte Schadenszufügung mit Sicherheit auszuschließen ist. Nur wenn nach der objektiven Rechtslage die Schadenszufügung den einzig denkbaren Anlaß für die Rechtsausübung darstellt, sind die Voraussetzungen einer unzulässigen Rechtsausübung erfüllt[217].
Die Überlegungen scheinen so in eine Sackgasse zu geraten: Zu schnell drängt sich hier nämlich der (Zirkel-)Schluß auf, daß das Strafantragsrecht selbst und die dadurch initiierbare Strafverfolgung jedenfalls auch einen - vom Gesetz selbst vorgesehenen - weiteren Zweck darstelle. *Jähnke*[218] führt auf dieser Linie aus, daß "jeder Strafantrag den Zweck hat, dem Täter Schaden - durch Strafe - zuzufügen und stellt damit die Begriffe "Strafverfolgungszufügung" und "Schadenszufügung" gleich.

Der die Anwendung des § 226 BGB verhindernde andere - über die Schädigung hinausgehende - Zweck scheint damit stets vorzuliegen, da zugunsten des Antragstellers eine Absicht der Vergeltung - verstanden im Sinne einer Wiederherstellung des Rechts - zu vermuten ist.

Die vorstehende Argumentation ist auf den ersten Blick bestechend, da auch vom Boden der relativen Straf(zweck)theorien oder einer Vereinigungstheorie (vgl. § 46 StGB) aus kaum ernsthaft bestritten werden kann, daß der Vergeltungsgedanke dem Strafrecht durchaus bekannt ist. Die Anerkennung von Strafe als Selbstzweck stünde dann einer Anwendung des Schikaneverbots auf das Strafantragsrecht

---

216 Vgl. dazu: Palandt-Heinrichs, § 226 Rn. 3; Soergel-Fahse, § 226 Rn. 4 ff; (5); Staudinger-Dilcher, § 226 Rn. 9 ff.

217 Vgl. statt vieler: RGRK-Johannsen, § 226 Rn. 2; Staudinger-Dilcher, § 226 Rn. 9.

218 LK-Jähnke, § 77 Rn. 56.

entgegen. Bei näherem Hinsehen verliert dieses gewichtige Argument allerdings dadurch an Bedeutung, daß bei den uneingeschränkten Antragsdelikten der Vergeltungsgedanke durch das Antragserfordernis offensichtlich relativiert worden ist. Berücksichtigt man darüber hinaus, daß andernfalls das Strafantragsrecht als einziges Recht schikanefrei wäre und daß die Präsumtion einer Vergeltungsabsicht durchaus widerlegbar sein kann, wenn etwa der Antragsteller den Vergeltungsgedanken völlig verdrängt, so wird deutlich, daß auch dieses Recht in seltenen Extremfällen dem Schikaneverbot zugänglich sein muß.
Insoweit sollen nun denkbare Schikanefälle erörtert werden. Sucht man nach über die bloße Strafverfolgung als Selbstzweck hinausgehenden Zwecken, so eröffnet sich erneut eine Bandbreite möglicher Aspekte:

Der erste wertneutrale Zweck besteht in dem Wunsch des Eigentümers, sein Eigentum leerstehen zu lassen.

Ein anderer Zweck könnte sich daraus ergeben, daß der Eigentümer durch die Stellung des Strafantrages eine längerfristige Besetzung seines Gebäudes und die dadurch befürchtete Resonanz in der (über-)örtlichen Presse verhindern will.

Darüber hinaus wurden und werden in manchen Bundesländern besetzte Häuser nur dann von der Polizei geräumt, wenn durch einen Strafantrag die Strafverfolgung "sichergestellt" ist; die in diesen Fällen bezweckte polizeiliche Räumung könnte ebenfalls einen der Anwendbarkeit des Schikaneverbots entgegenstehenden Zweck darstellen.

Eine weitere große Gruppe unterscheidet sich hiervon weniger durch den Zweck, als durch die Art und Weise, wie dieser Zweck erreicht wird:
Gemeint sind die Fälle, in denen der Berechtigte den Strafantrag stellt, um dadurch - Zug um Zug gegen die Rücknahme des Strafantrages - die Besetzer zum freiwilligen Verlassen der Objekte zu bewegen. Das Strafantragsrecht wird hier gleichsam zweckentfremdet, da es zur Durchsetzung des zivilrechtlichen Räumungsverlangens "mißbraucht" wird.

Damit eng in Zusammenhang stehen dann die Sachverhalte, in denen der Berechtigte sein Strafantragsrecht ausnutzt, um finanziell nicht gerechtfertigte Vorteile zu erlangen: Zu denken ist hier beispielsweise an das Angebot eines Wohnungsvermieters, die Stellung oder die Rücknahme des Strafantrags vom Abschluß eines überteuerten Mietvertrages abhängig zu machen.

Als letzter denkbarer Zweck bleiben die Fälle, in denen es dem Antragsberechtigten ausschließlich darum geht, daß die Besetzer obdachlos bleiben oder werden.

Allerdings sperrt ein anderer Zweck den Rechtsmißbrauch nur dann, wenn dieser Zweck ein Interesse des Handelnden verkörpert, das als anerkennenswert anzusehen ist. Objektiv stehen nur berechtigte Interessen einer Anwendung des § 226 BGB entgegen[219].

Insoweit stellt sich dann hier die Frage, ob und gegebenenfalls welche Interessen des Antragstellers an der Strafverfolgung - und allein darauf kommt es an - nicht mehr als berechtigt anzusehen sind. Den zutreffenden Weg dürften hier die Ausführungen *Schefflers*[220] weisen, der bei der Frage nach dem Mißbrauch des Beweisantragsrechts durch den Angeklagten, den er über das Schikaneverbot löst, solche Interessen als unberechtigt deklariert, "die nur auf Verfahrensobstruktion gehen"[221].

Vor diesem Hintergrund wird deutlich, daß eine für die Anwendbarkeit des Schikaneverbots erforderliche Schädigungsabsicht nur in den drei letztgenannten Gruppen ernsthaft in Betracht kommt; in allen anderen Fällen legitimieren die jedenfalls nicht auf die Schädigung der Hausbesetzer gerichteten Wünsche der Eigentümer die Stellung des Strafantrages.

Wird der Gedanke *Schefflers*[222] auf den möglichen Rechtsmißbrauch eines Strafantragstellers transferiert, so rückt eine Fallgruppe ins Blickfeld, bei der zwar Interessen entgegenstehen, denen jedoch im Rahmen der begehrten Strafverfolgung möglicherweise keine Berechtigung zugemessen werden kann: Die Gruppe der Antragsteller, die nicht um einer Bestrafung willen, sondern aus strafrechtsfremden oder gar den Gedanken des Strafrechts zuwiderlaufenden Motiven ein Verfahren initiieren.

Zu denken ist zunächst an eine außergewöhnliche Antragstellung, um dem Täter gegen Zahlung einer (mietähnlichen) Geldsumme die Rücknahme des Strafantrages anzubieten und damit eine den Interessen des Strafverfahrens zuwiderlaufende Kommerzialisierung des Strafantragsrechts.

---

219 Vgl. Palandt-Heinrichs, § 226 Rn. 3; RGRK-Johannsen, § 226 Rn. 2; Staudinger-Dilcher, § 226 Rn. 9.
220 Scheffler, JR 1993, 170, 172 f.
221 Scheffler, JR 1993, 170, 172 f.
222 Scheffler, JR 1993, 170, 172 f.

Hingegen scheinen Sachverhaltskonstellationen, bei denen der Strafantrag ausschließlich gestellt wird, um mit den Besetzern unter Ankündigung der Rücknahme des Strafantrages einen an der Wuchergrenze liegenden Miet- oder Nutzungsvertrag abzuschließen oder einen "Deal" dergestalt zu treffen, daß das Objekt gleichsam "Zug um Zug" gegen Rücknahme des Strafantrages geräumt wird, realitätsnah.

Die Praxis geht im Anschluß an eine Entscheidung des *Bundesgerichtshofes* aus dem Jahre 1974[223] davon aus, daß grundsätzlich keine Bedenken dagegen bestehen, daß sich der Antragsberechtigte mit dem Täter oder einem unbeteiligten Dritten über eine Rücknahme des Strafantrages einigt[224]. Umstritten ist lediglich, ob dann die Erfüllung dieses Anspruchs im Rechtsweg erfolgreich eingeklagt werden kann[225], oder eine solche Klage wegen Nichteröffnung des (Verwaltungs-) Rechtsweges[226] oder fehlendem Rechtsschutzbedürfnis[227] unzulässig ist. Ein Verzicht auf die Befugnis zum Strafantrag ist daher möglich[228]; auch ein außergerichtlicher Vergleich kann einen derartigen Verzicht beinhalten[229]. Jedoch handelt es sich - soweit ersichtlich - hier stets um Sachverhaltskonstellationen, bei denen diese Vereinbarung nicht ausschließlich zwecks einer sachlich ungerechtfertigten Bereicherung getroffen wurde; die grundsätzlich anerkannte Dispositionsmöglichkeit steht daher einer Kontrolle unter dem Aspekt der Schikane nicht entgegen.

Während somit der beabsichtigte Handel mit den Hausbesetzern - Räumung gegen Rücknahme des Strafantrages - wegen des erlaubten Zweckes der Wiederherstellung der rechtmäßigen Besitzlage nicht dem Verdikt des § 226 BGB unterfällt, könnte die Stellung eines Strafantrages zum Zwecke eines nicht gerechtfertigten finanziellen Vorteils der Mißbrauchskontrolle unterliegen.

Die Anerkennung einer derartigen Mißbrauchskontrolle ist jedoch mehreren Einwänden ausgesetzt:
Zum einen erscheint es hinsichtlich der Rechtsfolge nicht zwingend, aus einem Mißbrauch die Unwirksamkeit der Antragsstellung abzuleiten; insoweit bedürfte es einer weiteren Begründung, warum gerade die Antragstellung und nicht etwa die

[223] BGH NJW 1974, 900.
[224] BGH NJW 1974, 900; SK-Rudolphi, § 77 d Rn. 1; Dieter Meyer, NJW 1974, 1325.
[225] So BGH NJW 1974, 900.
[226] So VGH Mannheim, DöV 1984, 75.
[227] So D. Meyer, NJW 1974, 1325 f.
[228] BGH NJW 1957, 1368; Kl-M-Goßner, Einl. Rn. 117.
[229] Kl-M-Goßner, § 374 Rn. 13.

Rücknahme des Strafantrages - als actus contrarius - dem Verdikt der Unwirksamkeit unterfällt.

Vorrangig erscheint aber die Feststellung, daß bei einem Kauf der Rücknahme des Antragsrechts die Schadenszufügung nicht alleiniger Zweck der Rechtsausübung ist; der Antragsteller will einen materiellen Vorteil erlangen, so daß sich der Zweck seines Handelns nicht in der Schädigung des Hausbesetzers erschöpft.

Zudem würde die Anerkennung einer derartigen Mißbrauchskontrolle beim "Abkauf" einer Rücknahme des Strafantragsrechts zu einem kaum hinnehmbaren Wertungswiderspruch führen: Eine solche Mißbrauchskontrolle wäre von einem cleveren Antragsberechtigten leicht dadurch zu umgehen, daß er sich sein Antragsrecht bereits v o r der Antragstellung abkaufen ließe.

Auch die Fälle einer "Kommerzialisierung" des Strafantragsrechts eröffnen daher keinen Anwendungsbereich für den Gedanken des Rechtsmißbrauchs: Die Schadenszufügung ist hier nicht alleiniger Zweck der Rechtsausübung, so daß eine Anwendung des Schikaneverbots auch hier ausscheidet.

Es verbleiben damit die - tatsächlich schwer vorstellbaren, aber nicht ausgeschlossenen - Fälle, in denen ein Hauseigentümer den Strafantrag etwa zum Zwecke der Haßbefriedigung[230] stellt; hier geht es dem Antragsberechtigten ausschließlich darum, daß die Besetzer obdachlos bleiben oder werden.
In einer derartigen Sachverhaltskonstellation ist die Schadenszufügung einziger Zweck der Rechtsausübung; das Recht wird ausschließlich als Mittel zur Schädigung und daher schikanös ausgeübt.

Wird das Strafantragsrecht zur Schadenszufügung dergestalt zweckentfremdet und ist dies das beherrschende Motiv seiner Ausübung, so steht einer Anwendung des Schikaneverbots nichts entgegen; in durch die Voraussetzungen des § 226 BGB begrenzten Ausnahmefällen ist daher ein gestellter Strafantrag unzulässig.

---

230 Vgl. dazu: Barnstorf, NStZ 1985, 67 (69).

III) Die Mißbrauchskontrolle der Negativentscheidung des Antragsberechtigten

Die vorstehenden Überlegungen, die zur Möglichkeit der Mißbrauchskontrolle eines gestellten Strafantrages im engen Rahmen des § 226 BGB führten, haben letztendlich auch schon die Frage beantwortet, ob das Strafantragsrecht auch durch das Nichtstellen und damit seine Nichtausübung mißbraucht werden kann:

Die Anerkennung einer derartigen (weitergehenden) Mißbrauchskontrolle, die den privaten Antragsberechtigten quasi einer Pflicht zur Ermöglichung der Verfolgung von Straftaten unterwerfen würde, ist mit den Prinzipien des Strafantragsrechts und der Existenz uneingeschränkter Antragsdelikte nicht vereinbar[231].
Ein Antragsrecht wäre bei einer latent vorgelagerten Antragspflicht letztlich überflüssig. Entgegen *Naucke* und *Hellmuth Mayer*[232] ist jedenfalls die Entscheidung des Berechtigten, keinen Strafantrag zu stellen, einer Willkürkontrolle entzogen[233].

Dieses Auslegungsergebnis kann natürlich auch nicht durch den rechtstechnischen Kunstgriff einer Analogie zu § 232 StGB oder der Anerkennung eines allgemeinen Rechtsgedankens dergestalt, daß bei sämtlichen Antragsdelikten ein besonderes öffentliches Interesse das Antragserfordernis entfallen lassen kann[234], in Frage gezogen werden[235].

Eine Verurteilung aus einem uneingeschränkten Antragsdelikt ist daher bei fehlendem Strafantrag uneingeschränkt unzulässig[236].

---

231 Vgl. auch BGH St 7, 256 (258 f).
232 Naucke, FS Mayer, 581, 583; H. Mayer, GS 104, 316.
233 BGH St 7, 256 (258 f); Maiwald, GA 1970, 40 f; M.K. Meyer, S. 52 f; SK-Rudolphi, Vor § 77 Rn. 5, § 77 Rn. 20; Zielinski, GS H. Kaufmann, 887.
234 So aber z.B. LK-Jagusch (8.), § 61 Anm. II 1; Vgl. dazu auch BGH St 7, 256 (258).
235 RG St 77, 53 ff; BGH St 7, 256 (258 f).
236 So auch die h.M., vgl. SK-Rudolphi, § 77 Rn. 20 a m.w.N.

4. Teil: Ein Blick über das (geltende) Strafrecht hinaus

1. Kapitel: Rechtsprobleme im Zivil- und öffentlichen Recht

Die bisherige Untersuchung hat gezeigt, daß Hausbesetzungen in aller Regel - aber nicht zwingend - einen Hausfriedensbruch darstellen; diese Feststellung zeichnet den Weg für die privatrechtliche und öffentlich-rechtliche Lösung des Hausbesetzer"problems" vor, ohne ihn allerdings bereits völlig zu ebnen; auf die in diesen Rechtsgebieten - auch bei feststehender Strafbarkeit - entstehenden Probleme soll hier noch - eher kursorisch - hingewiesen werden.

A) Zivilrechtliche Ansprüche

Bei der Besetzung eines Gebäudes wird - sofern die Hausbesetzer Arbeiten an dem Gebäude vornehmen - eine zivilrechtliche Abwicklung in zwei Richtungen denkbar: Sowohl Ansprüche der Besetzer gegen die Eigentümer als auch solche - in jedem Fall entstehenden Ansprüche - der Eigentümer gegen die Besetzer kommen in Betracht. Deren Vorliegen hat *Rainer Schröder* - auf dessen Untersuchung insoweit verwiesen wird - ausführlich gewürdigt[1].

I) Ansprüche der Hausbesetzer

Als mögliche Ansprüche der Besetzer gegen die Hauseigentümer kommen im Falle durchgeführter Renovierungsarbeiten Aufwendungsersatzansprüche der Besetzer in Betracht:

Ersatzansprüche für durchgeführte Reparaturen können insoweit nicht auf eine vertragliche Anspruchsgrundlage gestützt werden; eine vertragliche Beziehung zwischen Hausbesetzern und Hausbesitzern besteht nicht.

Ansprüche aus Geschäftsführung ohne Auftrag[2] scheitern aus mehreren Gründen: Zum einen liegt objektiv in aller Regel ein entgegenstehender Wille des Berechtigten vor; ob dieser nur dann gemäß § 679 BGB überwunden werden kann, wenn es geradezu geboten ist, "daß dieser spezielle Geschäftsführer diese spezielle Pflicht des Geschäftsherrn

---

1 Schröder, JuS 1981, 635 ff; vgl. auch Decken, DP, 1974, 161 f.

2 Vgl. dazu schon oben S. 230 f.

erfüllt"[3], kann vorliegend dahingestellt bleiben, da die Besetzer in aller Regel keine Fremdgeschäftsführung für den Eigentümer wollen[4]. Es kommt daher lediglich - da ein objektiv fremdes Geschäft vorliegt - unter den Voraussetzungen des § 687 II BGB ein Aufwendungsersatzanspruch in Betracht, wenn der Eigentümer als Geschäftsherr seinerseits Ansprüche aus GoA geltend macht, § 687 II 2 BGB.

Letztlich nichts anderes ergibt sich, sofern Ansprüche aus dem Eigentümer-Besitzer-Verhältnis untersucht werden[5]:
Selbst wenn - was durchaus problematisch ist[6] - die baulichen Verbesserungen und Veränderungen "Verwendungen" im Sinne des § 994 BGB darstellen sollten, verweist § 994 BGB für die Hausbesetzer als deliktische Besitzer wieder auf das Recht der GoA. Die in bösem Glauben gemachten Verwendungen sind daher nicht - was durchaus zutreffen würde - bereits bei ihrer objektiven Notwendigkeit, sondern nur dann erstattungsfähig, wenn sie dem wirklichen Willen des Berechtigten entsprechen.

Es verbleibt damit ein Bereicherungsanspruch gemäß den §§ 994 II, 684 S. 1 BGB, dem als Verwendungskondiktion jedoch seinerseits die hier anerkannte Einrede[7] einer aufgedrängten Bereicherung entgegensteht: Da § 814 BGB nur auf die Leistungskondiktion Anwendung findet, wird bei der Verwendungskondiktion der Kondiktionsschuldner vor einem Vergütungsanspruch für etwas, was er nicht haben wollte, durch die Rechtsfigur der aufgedrängten Bereicherung geschützt[8].

Ein selbständiger[9] Aufwendungsersatzanspruch der Hausbesetzer im Falle durchgeführter Reparaturarbeiten besteht daher nicht.

II) Ansprüche der Eigentümer

Ansprüche der Eigentümer sollen hier[10] in zwei unterschiedlichen Zielrichtungen - Räumung und Nutzungsentgelt - untersucht werden.

---

3 So: Schröder, JuS 1981, 635 (636).

4 Dies verkennt Schröder (aaO., S. 636), wenn er hier ausreichen läßt, daß sich ein Hausbesetzer bewußt ist, daß er Geschäfte des Eigentümers führt, da er demonstrieren will, daß das Haus wiederherstellbar ist.

5 Dazu ausführlich: Schröder, JuS 1981, 635 (636 f).

6 Vgl. Schröder, JuS 1981, 635 (636 f).

7 Vgl. statt vieler: BGH Z 23, 61 ff, wo der BGH § 1001 S. 2 anwendet; Mü-Ko-Lieb, § 812 Rn. 258 ff.

8 So i.E. auch: Schröder, JuS 1981, 635 (637 f).

9 Zu dem Fall einer Genehmigungsfiktion im Falle der Geltendmachung eines Nutzungsentgelts s.u. II.

10 Die Frage, ob die von Besetzern vorgenommenen Arbeiten, die objektiv zu einer Verbesserung der Bausubstanz führen, eine zur Schadensersatzverpflichtung führende Sachbeschädigung im Sinne des § 823 BGB darstellen, soll auch hier nicht weiter vertieft werden. Vg. dazu schon oben S. 235.

1) Anspruch auf Nutzungsentschädigung

Da eine vertragliche Beziehung zwischen den Hausbesitzern und Hausbesetzern nicht besteht, kann sich ein Anspruch auf Nutzungsentschädigung sowohl aus Deliktsrecht (§§ 823 I, 823 II BGB i.V.m. § 123 StGB) als auch aus dem Eigentümer-Besitzer-Verhältnis ergeben.

Die Besetzer als deliktische Besitzer sind auch gemäß den §§ 989, 823, 249, 252 BGB[11] und den §§ 992, 823 I, 848, 849, 852 BGB[12] zum Schadensersatz verpflichtet.
Problematisch bei diesen Ansprüchen kann das Vorliegen eines Schadens des anspruchsberechtigten Hauseigentümers sein. Die Ersatzfähigkeit sogenannter Gebrauchsverluste oder Nutzungsausfallschäden ist bekanntermaßen umstritten[13]; nach der Auffassung des *BGH* kann auch der zeitweise Verlust der Gebrauchsmöglichkeit einen ersatzfähigen Vermögensschaden begründen, wenn es sich um Sachen handelt, "auf deren ständige Verfügbarkeit die eigenwirtschaftliche Lebenshaltung des Eigentümers derart angewiesen ist, wie auf das von i h m s e l b s t b e w o h n t e Haus"[14], "sofern der Eigentümer die Sache zu der Zeit ihres Ausfalls entsprechend genutzt hätte"[15].
Der Verlust des Wohngebrauches kann daher Vermögensschaden sein, wobei nicht der entgangene Gewinn einer - ungewollten - Gebrauchsüberlassung an Dritte, sondern "der Gebrauchsverlust für die eigenwirtschaftliche Verwendungsplanung"[16] vom Schädiger auszugleichen ist[17].

Ein ersatzfähiger Schaden im Sinne der §§ 249, 252 BGB liegt somit nur dann vor, wenn entweder durch die Hausbesetzung der Wohngebrauch eines selbst bewohnten Hauses verloren geht oder ein entsprechender Vorteil erzielt worden wäre, die Wohnung also vermietet werden sollte[18].
Dies wird regelmäßig bei Abbruchhäusern gerade nicht der Fall sein, so daß in diesen Fällen ein Schadensersatzanspruch ausscheiden muß.

---

11 Verjährung: 30 Jahre.

12 Verjährung 3 Jahre.

13 Instruktive Darstellung in BGHZ(GS) 98, 212 (213 ff); Palandt-Heinrichs, Vorbem. v. § 249, Rn. 25 ff.

14 BGHZ 98, 212 (216 f); Hervorhebungen d. d. Verf.

15 BGHZ 98, 212 (217, 225 f).

16 Dazu und zu weiteren Bewertungsmöglichkeiten s. BGH Z 98, 212 (225 f); Palandt-Heinrichs, Vorbem. v. § 249, Rn. 30.

17 Dazu und zu weiteren Bewertungsmöglichkeiten s. BGH Z 98, 212 (225 f); Palandt-Heinrichs, Vorbem. v. § 249, Rn. 30.

18 Z.T. a.A.: Palandt-Bassenge, § 992 Rn. 4, der eine Haftung aus § 992 BGB für Vorenthaltungsschäden bejaht und damit ausdrücklich auch für Nutzungen, die der Eigentümer nicht hätte ziehen können.

Allerdings kommt daneben (oder bei Abbruchhäusern stattdessen) ein Anspruch auf Abschöpfung des Vorteils in Betracht, den die Hausbesetzer - unabhängig von einem Schaden des Hauseigentümers - durch die Gebrauchsmöglichkeit der Sache hatten, §§ 987 I, 100 BGB[19].
Insoweit wird hier ein fiktiver Mietwert geschuldet.

Zu Recht hat *Schröder*[20] an vergleichbarer Stelle darauf hingewiesen, daß das so erzielte Ergebnis unbefriedigend ist, da dem bestehenden Nutzungsentgeltanspruch des Hausbesitzers (scheinbar) selbst dann kein Verwendungsersatzanspruch der Hausbesetzer entgegensteht, wenn diese durch eigene Maßnahmen die Bewohnbarkeit der Gebäude wiederhergestellt haben. Er hat zugleich einen dogmatisch fundierten Lösungsweg, der uneingeschränkter Zustimmung bedarf, vorgeschlagen:
Die Geltendmachung des Anspruchs auf Nutzungsentgelt durch den Eigentümer beinhaltet zugleich seine Genehmigung der Geschäftsführung durch die Hausbesetzer; der - quasi akzessorische - Verwendungsersatzanspruch der Hausbesetzer folgt dann aus den §§ 684 S. 2, 683 BGB.

2) Anspruch auf Räumung

Regelmäßig weniger problematisch in seiner materiell-rechtlichen Existenz[21] ist ein Anspruch der Hauseigentümer gerichtet auf die Räumung der besetzten Gebäude.

Als einschlägige Anspruchsgrundlagen kommen hier sowohl die §§ 985, 1004 BGB als auch die §§ 861, 858 BGB in Betracht. Ein Anspruch auf Räumung gemäß § 1007 BGB scheidet aus, da - entgegen einer Entscheidung des BGH[22] - diese Anspruchsgrundlage nach ihrem eindeutigen Wortlaut nur auf die Herausgabe beweglicher Sachen anwendbar ist[23].

Die Besetzer entziehen dem Eigentümer ohne dessen Wissen den Besitz, so daß - da das Gesetz diese Entziehung nicht gestattet - eine verbotene Eigenmacht im Sinne des § 858 I BGB und damit ein "fehlerhafter Besitz" unproblematisch vorliegt.
Das Recht der Besitzkehrung ist gemäß § 859 III BGB allerdings auf eine sofortige Reaktion beschränkt, so daß hier nur so schnell wie nach objektiven Maßstäben möglich ein Selbsthilferecht in Betracht kommt.

---

19 Vgl. dazu Schröder, JuS 1981, 635 (639).
20 Schröder, JuS 1981, 635 (639).
21 Zu den Problemen bei der Durchsetzung dieses Anspruchs s.u. B).
22 BGH Z 7, 208.
23 Statt aller: Palandt-Bassenge, § 1007 Rn. 1.

Da eine Vindikationslage gegeben ist - die Besetzer haben weder ein Recht zum Besitz im Sinne des § 986 BGB noch ein Zurückbehaltungsrecht gemäß § 1000 BGB[24] -, folgt ein Räumungsanspruch regelmäßig aus § 985 BGB.
Die Grenze der Rechtsausübung bildet hier allerdings (wiederum) das Schikaneverbot des § 226 BGB[25]; insoweit kann auf die Ausführungen zum Mißbrauch des Strafantragsrechts verwiesen werden[26]: Geht es dem Eigentümer daher ausschließlich darum, daß die Besetzer obdachlos werden, so ist sein Räumungsbegehren rechtsmißbräuchlich und die Geltendmachung des Anspruchs gemäß § 226 BGB ausgeschlossen.

III) Fazit

Nutzungsentgelt und die Möglichkeit einer Räumungsklage auf der einen Seite stehen einem fehlenden - selbständigen - Aufwendungsersatzanspruch der Besetzer auf der anderen Seite gegenüber; eine Verwendungskondiktion der Besetzer scheitert - nach überwiegender Auffassung - daran, daß eine aufgedrängte Bereicherung Kondiktionsansprüche ausschließt.
Begehrt allerdings der Eigentümer ein Nutzungsentgelt in Höhe der ortsüblichen Miete, liegt es nahe, hierin eine Genehmigung der Verwendungen im Sinne von § 684 S. 2 BGB zu sehen, mit der Folge, daß diese abzugsfähig werden.

B) Zivilprozessuale Probleme

Während die materiell-rechtlichen Beziehungen damit recht eindeutig feststehen, könnte die praktische Durchsetzbarkeit etwa des Räumungsanspruches den Eigentümer oftmals vor (unüberwindbare) Schwierigkeiten stellen: Diese Probleme ergeben sich einerseits aus der Tatsache, daß ihm die Namen der Hausbesetzer nicht bekannt sind; andererseits werden teilweise hohe Anforderungen an den Inhalt entsprechender Antragsschriften gestellt.

---

24 Die Besetzer haben - wie gerade dargestellt - keine Verwendungsersatzansprüche, die die Geltendmachung eines Zurückbehaltungsrechts rechtfertigen könnten.

25 A.A. allerdings: Schröder, JuS 1981, 635 (638).

26 Dazu s.o. S. 272 ff.

l) Zur erforderlichen und ausreichenden Bezeichnung der Parteien

Gemäß § 253 II Nr. 1 ZPO gehört "die Bezeichnung der Parteien" zu den wesentlichen und unabdingbaren Inhalten der Klageschrift; daraus wird - in Verbindung mit der in § 253 IV ZPO in Bezug genommenen Sollvorschrift des § 130 Nr. 1 ZPO - überwiegend gefolgert, daß in der Klageschrift regelmäßig der Name des Beklagten anzugeben ist[27]. Eine Voraussetzung, die bei Hausbesetzungen und insbesondere bei häufig wechselnden Besetzern praktisch nicht erfüllbar ist.
Da diese Normen zudem selbstredend auch in dem summarischen Verfahren des einstweiligen Rechtsschutzes - also dem Antrag auf Erlaß einer einstweiligen Verfügung - einschlägig sind und demgemäß eine den daraus abzuleitenden Voraussetzungen nicht genügende Bezeichnung des Antragsgegners zur Unzulässigkeit des Antrags führt, wird dem Versuch einer zivilprozessualen Durchsetzung des Räumungsanspruchs in der Praxis aus rein formalen Gründen vielfach kein Erfolg beschieden sein[28].

So hat das *Landgericht Krefeld* [29] unter Berufung auf § 253 II ZPO den Erlaß einer einstweiligen Verfügung des Hauseigentümers bei ständig wechselnden Besetzern abgelehnt, da eine solche gegen

> "die derzeit noch unbekannten Hausbesetzer ... mangels ausreichender Bezeichnung unzulässig"

sei. Das *LG Hannover* [30] hat auf exakt dieser Linie die beantragte Verfügung gegen

> "eine wechselnde Anzahl von etwa 20 bis 100"

Hausbesetzer mangels vollständiger Bezeichnung der Antragsgegner als unzulässig erachtet. Nach Ansicht des *LG Bremen*[31] reicht eine Bezeichnung als die

> "gegenwärtigen Bewohner"

bei ca. 20 Personen als Hausbesetzer ebenfalls nicht aus.

Entgegengesetzt hat das *LG Düsseldorf* [32] bei einem Eingriff in einen Gewerbebetrieb der Bezeichnung der Antragsgegner als

> "derzeit 10 unbekannte Personen, die gegenwärtig auf zwei schwimmenden Rettungsinseln und einem Schlauchboot an den Dalben der Verladebrücke der Antragstellerin bei Rhein-Strom-Km X die unbehinderte Zu- und Abfahrt von Schiffen zu dieser Verladebrücke stören"

---

27 Vgl. statt vieler: Rosenberg/Schwab/Gottwald, § 41 II 2.

28 Zutr. Hagemann, NStZ 1982, 71 (72).

29 LG Krefeld, NJW 1982, 289 f.

30 LG Hannover , NJW1981, 1455.

31 LG Bremen, WuM 1990, 527.

32 8 0 508/80. Die Wiedergabe des Tenors bei Raeschke-Kessler ist insoweit nicht vollständig, als dort das ebenfalls involvierte Schlauchboot keine Erwähnung findet.

für zulässig erachtet. Dem *LG Kassel* [33] zufolge genügt eine Titulierung als

"die unbekannten (derzeitigen) Besetzer"

den Anforderungen des § 253 II ZPO.

Lisken[34] sieht in der Entscheidung des *LG Krefeld* eine "Rechtsschutzverweigerung", die nur prima facie plausibel sei; der Anspruch auf staatliche Justizgewährung solle durch § 253 ZPO nur dergestalt effektiviert werden, daß eine Inanspruchnahme außenstehender Dritter ausgeschlossen werde; er erkennt daher im Ergebnis die Zulässigkeit eines "Titels gegen den, den es angeht"[35] an.

Zwar spricht für die Auffassung *Liskens*, daß § 253 ZPO nur regelt, d a ß die Parteien zu bezeichnen sind und nicht w i e dies zu geschehen hat. *Raesche-Kessler*[36] hat insoweit zu Recht darauf hingewiesen, daß eine namentlich zutreffende Bezeichnung nicht immer erforderlich sein muß, wie etwa ein materieller Parteibegriff nahelegt, nachdem eine Person unter ihrem Pseudonym[37] verklagt werden kann und selbst bei einer erkennbar äußerlich unrichtigen Parteibezeichnung die Person Prozeßpartei wird, gegen die sich der Prozeß objektiv erkennbar richten soll[38]. Er hat daraus gefolgert, daß jedenfalls bei einer hinreichend eindeutigen Beschreibung der Partei das Fehlen einer namentlichen Bezeichnung unschädlich sei[39].

In letzter Konsequenz hieße dies dann, dem betroffenen Eigentümer zivilrechtlichen Rechtsschutz nur Zug um Zug gegen einen Verstoß gegen Strafgesetze (§§ 239, 240 StGB) einzuräumen: Allein eine - vom *LG Krefeld* den Antragsstellern letztlich nahegelegte[40] - sichere Absperrung der Räumlichkeiten gegen ein Ausbrechen (!) zumindest zur Zeit der Antragstellung würde die betroffenen Besetzer hinreichend genau individualisieren.

Ein Ergebnis, das kaum tragbar scheint und möglicherweise auch vor der neueren BGH Rechtsprechung zu § 253 ZPO keinen Bestand hätte: Wenn der BGH hier die Angabe der aktuellen ladungsfähigen Anschrift als zwingende Prozeßvoraussetzung ansieht, deren Mißachtung nur dann nicht zur Unzulässigkeit der Klage führt, wenn stichhaltige

---

33 LG Kassel, NJW RR 1991, 382.

34 Lisken, NJW 1982, 1136 f.

35 Lisken, NJW 1982, 1136 (1137); ähnlich Braun/Schmidt, DP 1983, 214 in Anlehnung an die Allgemeinverfügung i.S.v. § 35 VwVfG.

36 NJW 1981, 663 ff.

37 Zöller-Vollkommer, Vor. § 50 Rn. 6 ff.

38 BGH NJW 1977, 1686: Statt der Mitglieder einer Wohnungseigentümergemeinschaft war diese selbst - obwohl weder rechts- noch parteifähig - verklagt worden.

39 Raeschke-Kessler, NJW 1983, 663.

40 LG Krefeld, NJW 1982, 289 (290).

Gründe dafür vorgetragen werden[41], könnte dies dafür sprechen, daß - "erst recht" - das Namenserfordernis unverzichtbar ist.

Auch die anhand der Hausbesetzerfälle als "typischer Konstellation" vorgenommene monographische Untersuchung *Kleffmanns*[42] über die Möglichkeit eines einstweiligen Rechtsschutzes gegen Unbekannt hat insoweit - wie die seit 1983 veröffentlichten Entscheidungen zeigen - nicht zu der wünschenswerten Vereinheitlichung der Rechtsprechung geführt.
Kleffmann kommt zu dem Ergebnis, daß, sofern unmittelbare Individualisierungselemente wie Name und Geburtsdatum nicht angegeben werden können, ein Rückgriff auf mittelbare Individualisierungselemente möglich ist[43]: Neben Ort und signifikantem Verhalten werden dann als unverzichtbares Minimum eine Angabe von Anzahl und Geschlecht der Besetzer erforderlich. Könnten selbst diese Angaben nicht gemacht werden, sei der Antrag grundsätzlich unzulässig; sofern allerdings die Nichtoffenbarung der Identität eine unzulässige Rechtsausübung darstelle, wären die Hausbesetzer - im Sinne einer rechtsbegründenden Fiktion - so zu stellen, "als wäre dem Antragssteller eine hinreichende Parteibezeichnung möglich"[44].

Die zutreffende und dogmatisch fundierte Lösung dürfte damit gefunden sein.
Allerdings spiegelt - neben den vorgenannten Entscheidungen - auch der Blick in die aktuelle Kommentarliteratur die Ratlosig- und Widersprüchlichkeit bei der Lösung des praktischen Einzelfalles wider:
So soll, wenn sich ein Verfahren gegen eine namentlich nicht bekannte Person richtet, eine Konkretisierung ausreichen, die keinen Zweifel an der Identität der Parteien aufkommen läßt[45] oder aus Treu und Glauben eine Namensangabe entbehrlich sein, wenn der wahre Name nicht zu ermitteln ist[46]; Aussagen, die trotz ihrer inhaltlichen Richtigkeit die Anforderungen des § 253 II Nr. 1 ZPO für den Rechtsanwender nicht gerade eindeutig festlegen und so die Zulässigkeit des Rechtsschutzes gegen Unbekannt zu einem mehr oder minder großen Glücksspiel werden lassen.

Insbesondere der zuletzt genannte Aspekt der "Subsidiarität" eines Rechtsschutzes gegen Unbekannt lenkt den Blick in die für die praktische Lösung zutreffende und vorrangige Richtung, die u.a. schon das *LG Krefeld*[47] und *Raeschke-Kessler*[48] aufgezeigt haben:

---

41 BGH Z 102, 332 ff.
42 Kleffmann, Unbekannt als Parteibezeichnung, 1983.
43 Kleffmann, S. 45 ff (48) und passim.
44 Kleffmann, S. 53 ff (97); 227.
45 Zöller-Greger, § 253 Rn. 8 a.E.
46 Baumbach-Hartmann, § 253 Rn. 24.
47 LG Krefeld, NJW 1982, 289 (290).
48 NJW 1991, 663.

Die Möglichkeit einer Feststellung der Personalien durch die Polizei.

Nach den einschlägigen landesrechtlichen Vorschriften ist diese regelmäßig befugt, subsidiär auch zum Schutz privater Rechte einzugreifen, wenn gerichtlicher Schutz nicht rechtzeitig zu erlangen ist und wenn ohne polizeiliche Hilfe die Verwirklichung des Rechtes vereitelt oder wesentlich erschwert werden würde[49].

Insoweit besteht ein Recht der Polizei, das sich bei einer Ermessensreduktion sogar zu einer Pflicht verdichtet, im Einzelfall den Namen eines Privaten auch zur Sicherung privatrechtlicher Ansprüche festzustellen[50]. Diese sogenannte Sistierung als subsidiärer polizeirechtlicher Schutz zur Durchsetzung privater Ansprüche unbeschadet des Vorliegens einer Straftat[51] erlangt bei Hausbesetzungen besondere Bedeutung, da die Personalienfeststellung für ein gerichtliches Verfahren regelmäßig notwendige Voraussetzung ist.

Da diese Normen gerade der Ermöglichung der Verwirklichung des Rechtsschutzes im ordentlichen Rechtsweg dienen[52], verkörpern sie zugleich eine Möglichkeit, an die Personalien der Antragsgegner zu gelangen; ein Weg, der regelmäßig, nicht allerdings immer, zum gewünschten Ziel führen wird, da der Polizei zum einen bei der Frage, ob sie tätig wird, durch die Polizeigesetze ein Entschließungsermessen eingeräumt wird, mit der Folge, daß ein Anspruch auf polizeiliche Personalienfeststellung nur in den Fällen einer Ermessensreduktion auf Null[53] besteht.
Zum anderen können sich - wie auch der der Entscheidung des *LG Kassel* [54] zugrunde liegende Sachverhalt zeigt - die Hausbesetzer weigern, den Polizeibeamten ihre Personalien bekanntzugeben[55] oder durch einen ständigen Wechsel einen effektiven Rechtsschutz des Eigentümers verhindern.

Trotz dieser Unwägbarkeiten ist der Weg über eine Sistierung zunächst eine dem Antragsteller zumutbare und daher vorweg zu beschreitende Möglichkeit, an die Namen

---

49 So § 1 II PolG Brandenburg. Entsprechende Vorschriften existieren überwiegend auch in den Polizeigesetzen der anderen Bundesländer; ansonsten ergibt sich das Recht zur Sistierung aus der jeweiligen Generalklausel des Polizeirechts, vgl. dazu: OVG Münster, OVGE 24, 872; Drews-Wacke-Martens, S. 185.

50 Vgl. auch: Schickedanz, BIGBW 8/1981, 141 (142).

51 Vgl. dazu Drews-Wacke-Vogel-Martens, § 12 2 a; Götz, Rn. 77, 90.

52 Drews-Wacke-Vogel-Martens, § 12 2 a.

53 Vgl. dazu: Drews-Wacke-Vogel-Martens, § 24 8; Götz, Rn. 264 ff (270).

54 LG Kassel, NJW RR 1991, 381 (382).

55 Was dann allerdings die Anwendung unmittelbaren Zwanges durch die Polizei rechtfertigen würde.

der Hausbesetzer zu gelangen, so daß ein Rechtsschutz gegen Unbekannt jedenfalls erst danach zulässig wird[56].

Der Eigentümer muß insoweit gegenüber der Polizei seine drohende Rechtsvereitelung genügend glaubhaft machen; eine förmliche Glaubhaftmachung seiner Angaben - etwa durch eine Versicherung an Eides Statt - ist hier zwar nicht zwingend erforderlich[57], dürfte aber - da Hausbesetzungen selten extreme Eilfälle darstellen - regelmäßig möglich sein.

II) Zur hinreichenden Substantiierung des Antrags auf Räumung im Wege der einstweiligen Verfügung

Erfolgreicher einstweiliger Rechtsschutz setzt zudem die Glaubhaftmachung von Verfügungsanspruch und Verfügungsgrund voraus, vgl. §§ 935, 936, 920 II ZPO. Eine Räumung von Wohnraum darf in diesem Verfahren nur wegen verbotener Eigenmacht angeordnet werden, § 940 a ZPO; eine Voraussetzung, deren Erfüllung nach der Bejahung eines strafbewehrten Hausfriedensbruchs regelmäßig kaum noch in Frage gezogen werden kann.

Inhaltlich ist die Glaubhaftmachung von Verfügungsanspruch und Verfügungsgrund erforderlich, wobei grundsätzlich gemäß § 935 ZPO nur die Sorge um die Vereitelung der späteren Rechtsverwirklichung oder gem. § 940 ZPO die Sicherung des Rechtsfriedens einen hinreichenden Verfügungsgrund beinhaltet[58].

Vor diesem Hintergrund hat das *LG Frankfurt* [59] bei dem Verlangen nach Räumung eines besetzten Hauses das Vorliegen einer verbotenen Eigenmacht nicht ausreichen lassen, sondern zusätzlich gefordert, daß die Räumung "zur Abwendung wesentlicher Nachteile oder zur Verhinderung drohender Gewalt oder aus anderen Gründen (§ 940 ZPO) nötig erscheinen" müsse. Die Zurückweisung des Antrags auf Erlaß einer einstweiligen Verfügung durch das Amtsgericht hatte daher vor den Augen der Richter Bestand, weil der Antragssteller keine hinreichend konkreten Verwendungsabsichten bzgl. des zu räumenden Objektes dargelegt hatte. Der Erlaß einer einstweiligen Verfügung wurde damit letztlich mit der Begründung abgelehnt, daß - trotz § 940 a ZPO - eine verbotene Eigenmacht nicht ausreiche, um eine Verletzung des Rechtsfriedens darzulegen.

---

56 So i.E. auch LG Kassel, aaO., S. 382; weitergehend: LG Bremen, WuM 1990, 527, das "wenn sich die Exekutive nicht zur Identitätsfeststellung in der Lage sieht" dem Antragsteller ein Absehen vom einstweiligen Verfügungsverfahren anrät.

57 Vgl. dazu Götz, Rn. 90 a) a.E.

58 Vgl. statt aller: Schellhammer, Rn. 784 ff (793 ff).

59 LG Frankfurt, NJW 1980, 1758.

Obwohl diese Entscheidung zu Recht auf Kritik gestoßen ist[60], da sie die besitzrechtlichen Ansprüche, deren teilweise Verwirklichung ja durch den bloßen Zeitablauf bis zum Abschluß des ordentlichen Verfahrens unmöglich gemacht wird, letztlich ihrer Funktion beraubt[61], ist nicht auszuschließen, daß auch in Zukunft Amts- oder Landgerichte über das Vorliegen einer verbotenen Eigenmacht hinausgehende Substantiierungen verlangen. Daß die Entscheidung des *LG Frankfurt* als einmaliger Ausrutscher eine "betrübliche Ausnahme"[62] bleibt, ist zu hoffen, kann aber nicht mit Sicherheit vorhergesehen werden.

C) Öffentlich-rechtliche Bewältigung

Die öffentlich-rechtliche Bewältigung von Hausbesetzungen erweist sich zwar nicht als völlig unproblematisch, wirft jedoch kaum hier abzuhandelnde "hausbesetzerspezifische" Probleme auf.

I. Polizeilicher Schutz gegen Besetzer

Die Fragen, ob und wann die Polizei gegen Hausbesetzer vorgehen darf (sog. Entschließungsermessen), welche Ermessensdeterminanten hier und bei der Auswahl der polizeilichen Maßnahmen zu berücksichtigen sind (sog. Auswahlermessen) und unter welchen Voraussetzungen der betroffene Eigentümer einen Anspruch auf polizeiliche Räumung hat (Frage nach einer Ermessensreduktion auf Null), spiegeln insgesamt typische Probleme des allgemeinen Verwaltungs- und Polizeirechts wider. Deren Darstellung und Würdigung sprengt den hier gezogenen Rahmen; bezogen auf die polizeiliche Räumung besetzter Häuser hat bereits *Schlink* diese Rechtsprobleme ausführlich abgehandelt[63].

Sie sollen daher hier nur kurz angesprochen werden.

In der Verwirklichung des Straftatbestandes liegt - in der Terminologie des Polizei- und Ordnungsrechts - zugleich eine Störung der öffentlichen Sicherheit[64]; die Generalklauseln eröffnen der Polizei ein Entschließungs- und ein Auswahlermessen bei der Beantwortung der Frage, "ob" und "auf welche Weise" sie gegen diese Störung vorgehen will.

---

60 Vgl. Schlosser, Jura 1984, 360 (365); Wolf, NJW 1980, 1758 (1759).
61 Zutr.: Schlosser, aaO., S. 365.
62 So: Eyermann, UPR 1981, 14 (16).
63 Schlink, NVwZ 1982, 529 ff; Vgl. auch: Braun/Schmidt, DP 1983, 206 (212 ff); Degenhart, JuS 1982, 330 ff; v. Mutius, JK, Pol.- und OrdR, Entschließungsermessen/1; Martens, DöV 1982, 89 (97 f).
64 Vgl. dazu Götz, Rn. 75.

Insoweit d a r f die Polizei - vorbehaltlich der sonstigen Voraussetzungen der polizeilichen Generalklauseln[65] - besetzte Häuser räumen[66].

Problematisch ist aber, ob - und unter welchen Voraussetzungen - die Polizei räumen m u ß, der Eigentümer also einen Anspruch auf die Räumung der besetzten Gebäude innehat.

Zwischenzeitlich steht außer Streit, daß die polizeilichen Generalklauseln nicht nur hoheitliche Eingriffsbefugnisse enthalten, sondern auch den Schutz privater Dritter bezwecken und dem Bürger die Rechtsmacht verleihen, seinen Interessenschutz durchzusetzen.
Polizeiliche Generalklauseln normieren grundsätzlich ein subjektiv-öffentliches Recht des Bürgers auf ein Einschreiten der Polizei[67]. Sie können daher den für eine einstweilige Anordnung im Sinne des § 123 S. 1 VwGO erforderlichen Anordnungsanspruch begründen. Die Ermächtigung zum Einschreiten dient auch den Interessen des durch ein Einschreiten Begünstigten[68]; ein (formell) subjektiv-öffentliches Recht auf eine fehlerfreie Ermessensentscheidung ist daher heute anerkannt[69].

Ein Anspruch auf ein bestimmtes polizeiliches Tätigwerden - etwa die Räumung - ergibt sich allerdings nur in den seltenen Ausnahmefällen[70], in denen sich das Ermessen der Polizei dergestalt verdichtet hat, daß nur (noch) eine einzige Entscheidung ermessensfehlerfrei ist. Dies sind Konstellationen, in denen etwa durch den Einfluß der Grundrechte oder Zeit und Intensität der Störung[71] der Spielraum der Verwaltung dergestalt reduziert ist, daß eine sogenannte Ermessensreduktion auf Null (oder Eins) vorliegt[72] und daher - ausnahmsweise - ein Anspruch auf Räumung besteht.

---

65 Diese Voraussetzungen werden in aller Regel unproblematisch erfüllt sein, da durch den rechtswidrigen Zustand nicht nur eine Gefahr geschaffen wird, sondern bereits eine Störung vorliegt und die Störereigenschaft der Besetzer evident ist. Die Feststellung der Personalien als geringerer Eingriff beseitigt insoweit nicht den polizeiwidrigen Zustand, so daß eine Räumung regelmäßig geeignet, erforderlich und angemessen und daher auch verhältnismäßig ist. Vgl. dazu auch Degenhart, JuS 1982, 330 (332); Schlink, NVwZ 1982, 529 f.

66 Vgl. dazu OVG NW MDR 1982, 787; Degenhart, JuS 1982, 330 (333); Braun/Schmidt, DP 1983, 206 (216 f); Schlink, NVwZ 1982, 529.

67 Vgl. dazu Götz, NVwZ 1984, 213 (216).

68 Vgl. dazu OVG NW MDR 1982, 787; VG Berlin, NJW 1981, 1748 (1749).

69 BVerfGE 27, 297 (305); BVerwGE 11, 95 (97); 37, 112; 39, 235; instruktiv: Pietzker, JuS 1982, 106 ff; Knemeyer, JuS 1988, 696 (698).

70 Vgl. dazu Götz, Rn. 272 ff (274).

71 Vgl. dazu VG Berlin, NJW 1981, 1748: "Gerade in Fällen einer fortdauernden Störung der öffentlichen Sicherheit und Ordnung, durch die auch die Belastung des einzelnen ständig zunimmt, ist nicht auszuschließen, daß sich der Ermessensspielraum des Ag. im Laufe der Zeit derart verengt, daß zu einem späteren Zeitpunkt dem einzelnen zum Schutze seines Privateigentums ein Anspruch auf polizeiliche Räumung seines widerrechtlich besetzen Hauses zustehen könnte."

72 Vgl. dazu VG Berlin, aaO., S. 1749; Pietzker, aaO., S. 108.

Auf ein Sonderproblem, das hier allerdings nur am Rande erwähnt werden soll, hat *Schlink*[73] hingewiesen: Besetzen Hausbesetzer ein entgegen dem Zweckentfremdungsverbot leerstehendes Gebäude, so liegt auch im ursprünglichen Leerstand eine Störung der öffentlichen Sicherheit[74]. Eine Räumung würde dann einen polizeiwidrigen Zustand (Hausbesetzung) beseitigen und durch einen anderen (Leerstand) ersetzen: *Schlink* hat diese Situation treffend auf die Kurzformel gebracht, daß die "Störungsbeseitigung zugleich eine Störungsverursachung darstellt"[75]. In einer solchen Sachverhaltskonstellation steht letztlich nur eine Lösungsmöglichkeit offen: Die Räumung darf erst erfolgen, wenn durch sie nicht zugleich eine polizeirechtswidrige Zweckentfremdung eintritt; in concreto bedeutet dies, daß eine Räumung nur dann möglich ist, wenn der Eigentümer sich zur Vermietung und/oder Nutzung bereiterklärt oder die Zweckentfremdung genehmigen läßt[76].

II. Polizeilicher Schutz für Besetzer?

Ein völlig anderes Problem stellt sich, wenn ein Anspruch auf ein polizeiliches Tätigwerden aus der Sicht der Hausbesetzer hinterfragt wird; insoweit wird in Zukunft möglicherweise diskutiert werden müssen, ob Besetzer selbst einen Anspruch gegen die Polizei auf ein polizeiliches Einschreiten zu ihren Gunsten (!) haben können.

Zu denken ist hier zunächst an die Fälle, in denen Besetzer aus der Anarchoszene versuchen, ein von demonstrativen Hausbesetzern besetztes Gebäude gegen deren Willen in Beschlag zu nehmen.
Bitten nun die friedlichen Besetzer die Polizei um Hilfe bei der Verteidigung "ihres" Hauses gegen eine angekündigte Erstürmung, so stellt sich im Rahmen der polizeilichen Generalklausel die Frage, ob - und insbesondere gegen wen - die Polizei in einem solchen Fall vorgehen darf (oder gar muß).
Der begehrte polizeiliche Eingriff gegen die zukünftigen Besetzer aus der Anarchoszene würde dazu führen, daß die Polizei im Ergebnis gegen eine Gruppe von Störern tätig wird, um anderen Störern eine Fortsetzung des polizeiwidrigen Zustandes zu ermöglichen. Nichts anderes gilt aber auch bei einem ebenfalls denkbaren Einschreiten gegen die in den Gebäuden befindlichen Hausbesetzer: Eine Räumung würde eine (erneute) Besetzung durch die Täter aus der Anarchoszene begünstigen.

---

[73] Schlink, NVwZ 1982, 531.
[74] A.A. ohne Begründung: Degenhart, JuS 1982, 333.
[75] Schlink, NVwZ 1982, 531.
[76] Zutr.: Schlink, NVwZ 1982, 531.

Interessanter und vor dem Hintergrund der Hausbesetzungen der jüngsten Vergangenheit durchaus realitätsnah ist der Hilferuf nach der Polizei gegen "Bürgerwehren" und "Räumungstrupps", die im Wege der Selbstjustiz eine schnelle Räumung besetzter Gebäude versprechen; insoweit scheinen Geschäftsleute in Potsdam[77] zwischenzeitlich eine Bürgerwehr ins Leben rufen zu wollen, die ihre Mitglieder überwiegend aus dem Rotlichtmilieu und der rechtsextremistischen Szene rekrutieren wird[78].

Auch hier stellen sich ähnliche Probleme wie bei der zuvor erörterten drohenden "Zweitbesetzung": Die Mitglieder der "Bürgerwehren" werden - was bei der prognostizierten Zusammensetzung als hinreichend sicher gelten darf - im Rahmen der Räumung ihrerseits jedenfalls die Straftatbestände der §§ 223, (223 a?!), 240, 303 StGB verwirklichen[79], ohne daß diese Tatbestandsverwirklichungen gerechtfertigt sind; weder Notwehr- (§ 32 StGB) und Notstandshilfe (§ 34 StGB), noch die Selbsthilferechte der §§ 229[80], 859 III BGB[81] können insoweit zu einer Rechtfertigung führen. Die Möglichkeit einer Zwangsvollstreckung in einem staatlichen Verfahren steht einem Selbsthilferecht im Sinne einer Selbstjustiz entgegen.

Eine Lösung dieser Konflikte wird - ohne daß dies näher zu vertiefen ist - regelmäßig nur im Rahmen des Opportunitätsprinzips zu finden sein.
Die Polizei trifft - soweit sie präventiv-polizeilich tätig wird - ihre Maßnahmen nach pflichtgemäßem Ermessen[82]. Legitime Aspekte des Opportunitätsprinzips sind solche, die von der Polizeiaufgabe gedeckt sind[83].
Die Ermessensdeterminanten für das Entschließungsermessen der Polizei sind insoweit durch die Rangordnung der zu schützenden Rechtsgüter und die möglicherweise drohenden erheblichen Gefahren für die Allgemeinheit umschrieben.

Erkennt man hier an, daß Leben und körperliche Unversehrtheit zu solchen Rechtsgütern gehören, die nach einem unbedingten Schutz durch die öffentliche Gewalt verlangen[84], während bloße Vermögensschäden[85] kein ausnahmsloses Eingreifen der Poli-

---

77 Vgl. dazu den Bericht im Spiegel 12/1994, S. 93 ff.

78 Quelle: Der Spiegel, 12/94, S. 96, wo - völlig zutreffend - von einem gefährlichen "Rambo-Projekt" gesprochen wird.

79 Für die Hausbesitzer, die derartige Räumkommandos beauftragen, wird allein Raum für eine Teilnahme-Anstiftung-bleiben.

80 Hier scheitert eine Rechtfertigung jedenfalls an der Möglichkeit der Erlangung obrigkeitlicher Hilfe.

81 § 859 III BGB läßt allenfalls eine zeitlich unmittelbar der Besetzung nachfolgende Besitzkehr zu ("sofort").

82 Vgl. z.B. § 3 PolG NRW, § 15 des brandenburgischen OBG.

83 Drews-Wacke-Vogel-Martens, § 24 1; § 25 2.

84 Vgl. dazu BVerwGE 11, 95 (97) "besonders hohe Intensität der Störung" und BVerwG DVBl 1969, 586 "besonders schwere Gefahrenquelle".

85 Möglicherweise weitergehend Götz, Rn. 270, der hier auch erhebliche Vermögensschäden ausreichen lassen will.

zei erfordern[86], scheint es durchaus denkbar, daß die Polizei im Falle des Versuchs einer gewalttätigen Räumung zum Schutze der Besetzer tätig wird und - je nach der Stärke der durch das "Räumkommando" drohenden Gefahren - sogar tätig werden muß.

Hier darf im Rahmen einer Güterabwägung die im Verhältnis zu den Normen, die das Leben und die körperliche Unversehrtheit schützen, geringerwertige Vorschrift des § 123 StGB als polizeiliches Schutzgut mißachtet werden[87].

III. Fazit

Das Vorliegen eines strafbewehrten Hausfriedensbruchs stellt zugleich eine Störung der öffentlichen Sicherheit dar, die der Polizei aufgrund der einschlägigen landesrechtlichen Ermächtigungsgrundlagen bei der Frage des "Ob" und des "Wie" eines Einschreitens einen Ermessensspielraum einräumt. Das Opportunitätsprinzip läßt eine allgemeingültige Aussage im Hinblick auf die Frage nach der Notwendigkeit und Rechtmäßigkeit einer Räumung nicht zu.
Die Bandbreite möglicher Entscheidungen reicht von einer Verpflichtung zur Räumung bis hin zu einem Schutz der Besetzer gegen (gewalttätige und eigenmächtige) Räumung.

2. Kapitel: Ein Ausblick und eine Anregung de lege ferenda

Der Blick über das geltende Strafrecht hinaus soll zum Abschluß noch in einer räumlich-zeitlichen Dimension sowohl als Betrachtung über die Grenzen der Bundesrepublik Deutschland hinaus als auch als Blick in die Zukunft getätigt werden.

So hat der parlamentarische Staatssekretär beim Bundesminister der Justiz *Jahn* im Jahre 1988 unter dem Titel "Rechtsstaatliche Achtung des privaten Eigentums für den inneren Frieden unverzichtbar"[88] unter Hinweis auf "gefährliche Strafbarkeitslücke(n)"[89] der Forderung, Hausbesetzungen straflos zu stellen, undifferenziert "eine klare Absage" erteilt.

---

[86] Vgl. dazu: VG Berlin, NJW 1981, 1748; v. Mutius, JK, Pol.- und OrdR, Entschließungsermessen/1.
[87] Vgl. zu einer vergleichbaren Konstellation: Drews-Wacke-Vogel-Martens, § 25 5 b.
[88] Jahn, DWW 1988, 198.
[89] Jahn, DWW 1988, 198 (199).

Die von der Bundesregierung eingesetzte *Gewaltkommission* empfahl 1990 in ihrem Endgutachten die Umwandlung des § 123 II StGB zu einem eingeschränkten Antragsdelikt[90].

Weitergehend will *Rinsche*[91] nur kurze und symbolische Besetzungen, die nach der hier vertretenen Auffassung tatbestandslos sind[92], weiterhin des Norm der § 123 StGB unterfallen lassen; für andere Besetzungen hingegen fordert er einen neuen Tatbestand, "der Hausbesetzungen zukünftig als Hausraub" unter Strafe stellen soll[93].

Diese Behauptungen und Forderungen sollen abschließend kritisch - im Sinne möglicher Denkanstöße auch in eine entgegengesetzte Richtung - beleuchtet werden.

Da das "befriedete Besitztum" bei der Diskussion um die Strafbarkeit von Hausbesetzungen letztlich die ausschlaggebende Rolle spielt, soll im folgenden allein diesem Tatbestandsmerkmal besondere Aufmerksamkeit geschenkt werden.

A) Die deutschen Gesetzesentwürfe des 20. Jahrhunderts

Die historische Dimension eines zukünftigen Rechts zeigt sich an den Strafgesetzentwürfen dieses Jahrhunderts[94], die bislang an einem befriedeten Besitztum eines anderen[95], einem befriedeten Besitztum[96] oder einem anderen begrenzten Bezirk[97] als tauglichem Tatobjekt festgehalten haben; die Reformbestrebungen sind daher - unter Beibehaltung des uneingeschränkten Antragserfordernisses - auf eine Fortschreibung des bislang bestehenden strafrechtlichen Besitzschutzes gerichtet.

---

90 Endgutachten Rn. 374 (= S. 135).

91 Rinsche, ZRP 1984, 38 (39).

92 S.o. S. 196 ff.

93 Rinsche, aaO.; dagegen: Schliffke, ZRP 1984, 112 f; Urbanczyk, ZRP 1984, 111 f.

94 Ausführliche Wiedergabe und Würdigung bei Trabandt, 193 ff.

95 § 242 des Vorentwurfes von 1909.
§ 282 des Gegenentwurfes von 1911.

96 § 312 des Entwurfes der Strafrechtskommission von 1913.
§ 310 des Entwurfes von 1919.
§ 244 des Radbruchschen Entwurfs 1922.
§ 251 des Amtlichen Entwurfs von 1925.
§ 277 des Entwurfs von 1927.
§ 436 des Entwurfs von 1936.

97 § 172 des Entwurfs eines StGB E 1962.
§ 122 des Alternativ-Entwurfs eines StGB 1962.

B) Der Schutzumfang § 123 StGB entsprechender Normen im europäischen Ausland (Auswahl)

Diese konservative Tendenz deutscher Gesetzentwürfe steht allerdings in einem Widerspruch zu den dem Hausfriedensbruch verwandten Regelungen des benachbarten europäischen Auslandes, wie eine kurze rechtsvergleichende Betrachtung unter dem Aspekt der Notwendigkeit und des Umfanges des Schutzes eines befriedeten Besitztums zeigt[98].

Wenn in der Diskussion um die Strafbarkeit von Hausbesetzungen überhaupt Bezüge zu ausländischen Regelungen hergestellt wurden, wurde auf das Niederländische StGB verwiesen, das - aus dem Jahre 1881 und damit nach dem Abschied von einer Besitzeuphorie durch die Industrialisierung stammend - nur benutzte Territorien schützt[99].

Im folgenden wird ein Überblick über den Schutzumfang europäischer Nachbarrechte gegeben, wobei die Wiedergabe der Gesetzestexte - soweit möglich - auf die Tatobjekte und das "befriedete Besitztum" bzw. dessen ausländische Parallelen beschränkt ist; wegen der Probleme und Uneinigkeiten bei einer Einteilung ausländischen Rechts in Rechtskreise[100], wird hier eine unverfängliche kulturgeographische Aufgliederung gewählt; ost- und außereuropäische Rechte[101] bleiben dabei im Hinblick auf eine europäische Vereinigung unerwähnt.

I. Deutschsprachiger Raum

Im deutschsprachigen Raum bieten sich die Strafgesetzbücher der Schweiz und Österreichs zu einem Vergleich an.
Das *Strafgesetzbuch der Deutschen Demokratischen Republik*[102], das hier im Sinne eines historischen Rückblickes kurze Erwähnung finden soll, ließ in § 134 I "ein umschlossenes Grundstück eines Bürgers" als Tatobjekt ausreichen, wobei für den strafrechtlichen Schutz rechtmäßiger Besitz daran Voraussetzung war[103].

---

98 Vgl. auch den Anhang bei Amknecht, 197 ff.

99 S.u. III).

100 Vgl. dazu Zweigert/Kötz, S. 72 ff.

101 Allerdings soll an dieser Stelle der polnische Strafkodex wenigstens erwähnt werden; im 22. Kapitel - den Straftaten gegen die Ehre - findet sich dort für den Hausfriedensbruch folgende Regelung:
Art. 171. § 1. Wer in ein fremdes Haus, eine fremde Wohnung, ein fremdes Lokal, eine fremde Unterkunft oder umfriedete Bodenparzelle, die benutzt wird oder als Aufenthaltsort dient, eindringt oder trotz Aufforderung des Berechtigten einen solchen Ort nicht verläßt, wird mit Freiheitsentziehung bis zu 2 Jahren, Freiheitsbeschränkung oder Geldstrafe bestraft.
§ 2. Die Verfolgung findet im Wege der Privatklage statt.

102 Strafgesetzbuch der Deutschen Demokratischen Republik vom 12.1.1968.

103 Ministerium der Justiz, § 134 Anm. 3 a.E.

Das bis zum 31.12.1974 geltende *österreichische Strafgesetz vom 27.5.1852* stellte in § 83 die Störung des

"ruhigen Besitz(es) von Grund und Boden"

unter Strafe; der *Entwurf eines Strafgesetzbuches* für Österreich aus dem Jahre 1964 ließ in § 131 I nur eine Wohnstätte als taugliches Tabobjekt ausreichen; bei einer qualifiziert-gefährlichen Begehungsweise (Gewalt, Waffen, Eindringen mehrerer) sollte dann allerdings nach § 131 III ein Eindringen in einen

"unmittelbar zu einem Haus gehörenden, umfriedeten Raum"

ausreichen.
Auf dieser Linie liegt dann auch das ***geltende österreichische Strafgesetzbuch***[104], das beim einfachen Hausfriedensbruch nur eine

"Wohnstätte"

als Tatobjekt anerkennt (§ 109 I), während der schwere Hausfriedensbruch (§ 109 III) u.a. auch bei den zuvor genannten Annexgrundstücken möglich ist.

Einer Annexlehre folgt auch Art. 186 des ***Schweizerischen Strafgesetzbuches***[105], wenn es neben Haus und Wohnung das unrechtmäßige Eindringen

"in einen abgeschlossenen Raum eines Hauses oder in einen unmittelbar zu einem Haus gehörenden umfriedeten Platz, Hof oder Garten"

unter Strafe stellt.

II. Südeuropa

Im südeuropäischen Ausland verbietet das ***Italienische Strafgesetzbuch***[106] ein Eindringen in

"Stätten privaten Aufenthalts oder die dazu gehörigen Räume",

---

[104] Österreichisches Strafgesetzbuch vom 1.1.1975.
[105] Schweizerisches Gesetzbuch vom 21.12.1937, abgeändert durch Bundesgesetz vom 5.10.1950.
[106] Art. 614 des Italienischen Strafgesetzbuches vom 19.10.1930.

während ***Portugal*** in Art. 380 des portugiesischen Strafgesetzbuches[107] allein eine

"Wohnung"

und Art. 490 des ***Spanischen Strafgesetzbuches***[108] - inhaltlich identisch - die

"fremde Wohnung"

als geschütztes Territorium deklariert.

Die Restriktion des Strafrechtsschutzes auf eine Häuslichkeit im Sinne einer Wohnung und allenfalls eine Erstreckung auf dazugehörige Räume ist hier eindeutig.

III. Westeuropa

Diese Tendenz scheint bei der Betrachtung des benachbarten westlichen Auslandes zunächst durch das ***Niederländische Strafgesetzbuch***[109] widerlegt zu werden:

Hier schützt das Strafrecht über Art. 138 I neben der Wohnung

"den von einem anderen benutzten abgeschlossenen Raum oder das von einem anderen benutzte abgeschlossene Grundstück";

eine nur scheinbar formal - weite - in Wirklichkeit aber im Gegensatz zu § 123 StGB engere - Schutzziehung, da hier durch ein Abstellen auf das Erfordernis einer Benutzung das Grundstück nicht um seiner selbst willen geschützt wird.

Art. 439 des ***Belgischen Strafgesetzbuches***[110] läßt neben den bewohnten Gebäuden und Gebäudeteilen auch

"die dazugehörigen Grundstücksteile"

ausreichen, während der französische ***Code Penal*** [111] erneut nur ein Eindringen in eine

"Wohnung"

als strafbares Unrecht konstituiert.

---

107 Portugiesisches Strafgesetzbuch vom 23.9.1982.
108 Spanisches Strafgesetzbuch vom 23.12.1944.
109 Niederländisches Strafgesetzbuch vom 3.3.1881.
110 Belgisches Strafgesetzbuch vom 8.6.1867.
111 Französisches Strafgesetzbuch vom 22.2.1810.

IV. Nordeuropa

Im nordeuropäischen Recht finden sich dann allerdings weitergehende Parallelen zum formalen bundesdeutschen Besitzschutz:

Dänemark[112] deklariert - in Einklang mit dem (dänischen) Kriminalgesetzbuch für ***Grönland***[113] - jeden

"nicht frei zugänglichen Ort"

als taugliches Tatobjekt; eine Formulierung, die sich in Art. 231 des ***Allgemeinen Isländischen Strafgesetzbuches***[114] wiederfindet.

Norwegen[115] schützt ebenfalls

"andere abgeschlossene Orte",

während das ***Finnische Strafgesetzbuch***[116] diametral entgegengesetzt nur die

"Wohnung"

dem strafrechtlichen Schutz unterstellt.

V. Résumé

Auch wenn im europäischen Ausland teilweise in einem weitest möglichen Sinne Befriedungen den Schutzbereich markieren können (z.B. Dänemark, Island), macht insbesondere die norwegische Beschränkung auf abgeschlossene Orte deutlich, daß an die Einfriedung hier höhere Anforderungen zu stellen sind als an eine nach deutschem Recht ausreichende Besitzdokumentation.

Bei Betrachtung dieser Übersicht fällt auf, daß - läßt man das deutsche Recht außer Betracht - beim einfachen Hausfriedensbruch

---

112 Dänisches Strafgesetzbuch vom 15.4.1930 in der Bekanntmachung vom 15.8.1967.
113 Dänisches Kriminalgesetzbuch für Grönland vom 5.3.1954, 1. Teil, 2. Abschn., Kap. 20, § 69.
114 Allgemeines Isländisches Strafgesetzbuch vom 12.2.1940.
115 § 355 des Allgemeinen Bürgerlichen Strafgesetzes für das Königreich Norwegen vom 22.5.1902.
116 Finnisches Strafgesetzbuch vom 19.12.1889, 24. Kap., § 1.

- in fünf Staaten ausschließlich der Wohnung,
- in drei Staaten weitergehend den zur Wohnung gehörenden Annexbezirken,
- in einem Staat benutzten abgeschlossenen Grundstücken

und

- nur in vier Staaten - bei Identität von dänischem und grönländischem Recht - abgeschlossenen, fernab einer Wohnung liegenden Räumlichkeiten

strafrechtlicher Schutz zuteil wird.

Eine vor dem Hintergrund einer europäischen Integration interessante Tendenz gegen einen rein formalen Besitzschutz und ein - wenn auch nicht ganz so eindeutiges - Votum für eine Beschränkung des tatbestandlichen Anwendungsbereiches einer zukünftigen Norm über den Hausfriedensbruch auf eine Wohnsphäre i.e.S. oder doch jedenfalls auf "Haus und Hof" im Sinne einer Annexlehre, die - wie im Rahmen der historischen Entwicklung gezeigt wurde[117] -, auch dem deutschen Strafrecht nicht völlig fremd ist.

C) Literarische Stellungnahmen

Eben diese Tendenz geht auch mit den Ergebnissen monographischer Untersuchungen zu § 123 StGB konform.

Trabandt sieht den Hausfrieden als persönlichen Sonderfrieden, mit der Folge, daß jedenfalls unbewohnte Grundstücke aus dem tatbestandlichen Anwendungsbereich ausscheiden, zugleich aber mit der Wohnung räumlich verbundene, abgegrenzte Annexbereiche geschützt sein sollen[118].

Armknecht will das befriedete Besitztum in seiner jetzigen Konzeption durch den häuslichen Bezirk ersetzen, der - unbeschadet von Einfriedungen - noch wohnlichem Nutzen dient[119].

Diese Eliminierung der im Verhältnis zu den anderen Tatobjekten des § 123 StGB weniger strafwürdigen Verletzung einer formalen Besitzposition befürworten u.a. auch *Ostendorf*[120] und *Engels*[121].

---

117 S.o. S. 102 ff.
118 Trabandt, 206 ff (209).
119 Armknecht, 186 f.
120 AK-Ostendorf, § 123 Rn. 18; ders., JuS 1981, 643.
121 Engels, DuR 1982, 293 (299).

Eine Einschränkung auf den häuslichen Bezirk wird ebenfalls von *Bodendorf* [122] vertreten.

Schall empfiehlt aufgrund der Parallele zum zivilrechtlichen Besitzschutz des BGB und der Tatsache einer fehlenden Sozialfunktion die Abschaffung des Schutzes des befriedeten Besitztums durch das Strafgesetzbuch und eine Sanktionierung derartiger Verletzungen durch das Ordnungswidrigkeitenrecht[123].

Bernsmann befürwortet eine - ersatzlose - Streichung dieser Tatbestandsvariante[124].

Schlußwort

Die vorstehende Untersuchung hat versucht, das Phänomen der Hausbesetzungen einer fallbezogenen und juristisch neutralen Lösung zuzuführen. Das Thema erhielt dadurch einen besonderen Reiz, daß die Problematik - greift man zu einem Standardkommentar - entschieden zu sein scheint. Erst bei genauerem Hinsehen erweisen sich die bislang vorgetragenen Lösungen überwiegend als mehr oder minder undifferenzierte Behauptungen. Diese Behauptungen einer methodischen Überprüfung zu unterziehen, um so zu einer konsensfähigen Lösung zu gelangen, war Ziel dieser Untersuchung. Daß hierbei oftmals die erzielten Ergebnisse mit denen der herrschenden Meinung übereinstimmen würden, mußte in Kauf genommen werden.

So birgt die geltende Gesetzeslage und insbesondere der Schutz des befriedeten Besitztums kaum die Gefahr nicht hinnehmbaren Unrechts bei der Aburteilung von Hausbesetzern, da bei einer fallgruppenspezifischen Betrachtungsweise - auch unbeschadet der §§ 153, 153 a StPO - "Randkorrekturen" bei verwahrlosten Gebäuden, kurzfristigen Besetzungen und ausschließlich zum Zwecke der Schädigung gestellten Strafanträgen durchaus mit der lex lata in Einklang stehen.

Insoweit ist der naheliegende Einwand gegen einen Lösungsvorschlag de lege ferenda, daß an vielen anderen Stellen der "Ruf nach dem Gesetzgeber" dringender wäre, als bei dem bagatellarischen Antragsdelikt des § 123 StGB, berechtigt.

---

122 Bodendorf, S. 5.
123 Schall, 169.
124 Bernsmann, Jura 1981, 472.

Trotz anderslautender Forderungen[125] sollen daher hier die Überlegungen nicht mit einem Appell zur Gesetzesänderung enden; vielmehr hat sich gezeigt, daß bei einer juristisch exakten Betrachtung das Zusammenspiel von materiellem und formellem Strafrecht - und damit die geltende Gesetzeslage - hinreichende Möglichkeiten für eine strafrechtliche Bewältigung der Hausbesetzerproblematik bereithält:

Insoweit sei exemplarisch an den Ausschluß bagatellarisch-kurzfristiger Besetzungen auf Tatbestandsebene[126], den rechtfertigenden Notstand im Falle lebensbedrohender Obdachlosigkeit[127] und die Möglichkeit einer Entschuldigung symbolischer Regelverletzungen[128] erinnert.
Werden zudem - neben den Ausprägungen des Opportunitätsprinzips im Rahmen der StPO[129] - ausschließlich zum Zwecke der Schadenszufügung gestellte Strafanträge als unwirksam betrachtet[130], wird deutlich, daß jedenfalls "die" Hausbesetzerproblematik auch ohne Gesetzesänderungen "einer" angemessenen Lösung zugeführt werden kann.

Sämtliche Überlegungen und Änderungsvorschläge können allerdings die letztlich vom Gesetzgeber zu treffende Entscheidung über den Umfang des strafrechtlichen "Hausfriedensschutzes" nicht zwingend in diese oder jene Richtung lenken; eine Entscheidung auf einer politischen Ebene, die allerdings - soll sie Akzeptanz in der Bevölkerung finden - mit deren Wertvorstellungen einhergehen muß. Insoweit wird sich die - hier unbeantwortet bleibende - Frage nach der Notwendigkeit eines strafbewehrten Immobiliarbesitzschutzes[131] als Selbstzweck weiterhin stellen.

Daß dieser unverzichtbar ist, wird bereits durch die ebenso apodiktische Gegenthese in Frage gestellt und muß sich in Zukunft zeigen; das Für und Wider einer Eliminierung des befriedeten Besitztums in seiner heutigen Konzeption bedarf jedenfalls einer weiterreichenden Diskussion, zu der hier einige Anregungen gegeben werden sollten.

---

125 S.o. S. 316 f.

126 S.o. S. 196 ff (213).

127 S.o. S. 227.

128 S.o. S. 248 ff (255).

129 S.o. S. 256 ff.

130 S.o. S. 274 ff.

131 S.o. S. 91 ff. Insoweit besteht - nach der Auffassung des Verfassers - normlogisch das Bedürfnis, dem befriedeten Besitztum de lege ferenda keinen Strafrechtsschutz mehr zuteil werden zu lassen.

LITERATURVERZEICHNIS

Adomeit	Der reiche Mieter - eine Kritik an der Unabdingbarkeit des Mieterschutzes NJW 1981, 2169
Ahrens	Die Geschäftsführung ohne Auftrag als Strafausschließungsgrund Breslau 1909
Allfeld	Lehrbuch des Deutschen Strafrechts 8. Aufl., Leipzig 1922
Reihe Alternativkommentare	Kommentar zum Strafgesetzbuch Gesamtherausgeber R. Wassermann Band 3 Darmstadt 1986
Amann	Der moralische Aufschrei Presse und abweichendes Verhalten am Beispiel der Hausbesetzungen in Berlin Berlin 1985
Ambrosius	Der Hintergrund. Berliner Hausbesetzungen GW 1981, 139 ff
Amelung	Anmerkung zu OLG Oldenburg, JZ 1986, 246, JZ 1986, 247 ff
Ders.	Bemerkungen zum Schutz des "befriedeten Besitztums" in § 123 StGB NJW 1986, 2075 ff
Ders.	Der Hausfriedensbruch als Mißachtung physisch gesicherter Territorialität ZStW 98 (1986), 355 ff
Ders.	Rechtsgüterschutz und Schutz der Gesellschaft ZStW 87 (1975), 132 ff
Amelung/Schall	Hausfriedensbruch und Notstandsrechtfertigung JuS 1975, 565 ff

Armknecht	Hausfriedensbruch Eine strafrechtliche und kriminologische Studie über die §§ 123, 124, 342 StGB Berlin 1970
Arzt	Anmerkung zu BGH JZ 1984, 423 f JZ 1984, 428 f
Ders.	Der strafrechtliche Schutz der Intimsphäre vom zivilrechtlichen Persönlichkeitsschutz aus betrachtet Tübingen 1970
Arzt/Weber	Strafrecht, Besonderer Teil, Lehrheft 1: Delikte gegen die Person Bielefeld 1977
Aust/Rosenbladt	Hausbesetzer wofür sie kämpfen wie sie leben und wie sie leben wollen Hamburg 1981
Barnstorf	Unwirksamkeit des Strafantrags NStZ 1985, 67 ff
Barton	Sozial übliche Geschäftstätigkeit und Geldwäsche (§ 261 StGB) StV 1993, 156 ff
Baumbach/Lauterbach/ Albers/Hartmann	ZPO 51. Aufl., München 1993
Behm	Umfassen die Schutzobjekte des § 123 Abs. 1 StGB auch Zubehörflächen? GA 1986, 454 ff
Ders.	Noch einmal: Zur Bedeutung des Einfriedungserfordernisses beim "befriedeten Besitztum" in § 123 StGB - OLG Oldenburg, NJW 1985, 1352 JuS 1987, 950 ff
Beling	Grundzüge des Strafrechts 11. Aufl., Tübingen 1930
Berge	Der Begriff des Hausrechts in § 123 StGB Rostock 1934

Berner	Lehrbuch des Deutschen Strafrechts 17. Aufl., Leipzig 1895
Bernhard/Görgmeier	Hausbesetzungen. Symptom einer Fehlentwicklung und Medium der Gesellschaftskritik Politische Studien, 1981, 581 f
Bernsmann	Tatbestandsprobleme des Hausfriedensbruchs Jura 1981, 337 ff, 403 ff, 465 ff
Beulke/Hillenkamp	Der praktische Fall JuS 1975, 309 ff
Binding	Lehrbuch des gemeinen deutschen Strafrechts, Besonderer Teil, Band 1 2. Aufl., Leipzig 1902
Ders.	Die Normen und ihre Übertretung, Band 1, 4. Aufl., Leipzig 1922 Neudruck Aalen 1965
Binz	Das Verbot der Zweckentfremdung von Wohnraum NJW 1977, 2239 ff
Birnbaum	Über das Erforderniß einer Rechtsverletzung zum Begriffe des Verbrechens mit besonderer Rücksicht auf den Begriff der Ehrenkränkung Neues Archiv des Criminalrechts 15 (1834), S. 149 ff
Blankenburg	Thesen zur Hausbesetzerbewegung RuP 1985, 38 ff
Bleckmann	Allgemeine Grundrechtslehren Köln u.a., 1979
Blei	Strafrecht II, Besonderer Teil 12. Aufl., München 1983
Ders.	Prüfe Dein Wissen Strafrecht, Besonderer Teil 1 8. Aufl., München 1983
Bleich	Verhandlungen des Vereinigten ständischen Ausschusses, Band 4 Berlin 1848

Bloy — Zur Systematik der Einstellungsgründe im Strafverfahren
GA 1980, 161 ff

Bockelmann — Strafrecht, Besonderer Teil
Band 3, München 1980

Bodendorf — Der Hausfriedensbruch
Sein Rechtsgut und Tatbestand in neuerer Entwicklung
Heidelberg 1970

Bohnert — Die Willensbarriere als Tatbestandsmerkmal des Hausfriedensbruchs
GA 1983, 1 ff

Bonner Kommentar — zum Grundgesetz
Stand: 60. Lieferung, Heidelberg 1990

Börstinghaus/Meyer — Aktuelle Mietrechtsänderungen durch das Gesetz über eine Sozialklausel in Gebieten mit gefährdeter Wohnraumversorgung
NJW 1993, 1353 ff

Braun/Schmidt — Hausbesetzungen, insbesondere Räumungen unter rechtlichen Aspekten
DP 1983, 207 ff

Brox — Allgemeiner Teil des bürgerlichen Gesetzbuchs
15. Aufl., Köln u.a. 1991

Dahm — Der Methodenstreit in der heutigen Strafrechtswissenschaft
ZStW 57 (1938), 225 ff

Dahs/Dahs — Die Revision im Strafprozeß
5. Aufl., München 1990

Decken — Rechtsprobleme bei Hausbesetzungen
DP 1974, 161 f

Degenhart — Anmerkung zu OLG Köln JR 1984, 28 ff
JR 1984, 30 f

Ders. — Öffentlichrechtliche Fragen der "Hausbesetzungen"
JuS 1982, 330 ff

Denninger	Demonstrationsfreiheit und Polizeigewalt ZRP 1968, 42 f
Dölling	Anmerkung zu OLG Düsseldorf, JR 1992, 165 ff JR 1992, 167 f
Dreher, Eduard	Zwanzig Thesen zum Thema ziviler Ungehorsam und Sitzblockaden MDR 1988, 19 ff
Dreher/Tröndle	Strafgesetzbuch 46. Aufl., München 1993
Dies.	Strafgesetzbuch 38. Aufl., München 1978
Dreier	Der Rechtsstaat im Spannungsverhältnis zwischen Gesetz und Recht JZ 1985, 353 ff
Drews/Wacke/Vogel/ Martens	Gefahrenabwehr 9. Aufl., Köln u.a. 1986
Eckhardt	Die Befugnis des Preisbinders zur Überwachung durch Testkäufe Göttingen 1968
Eckl	Neue Verfahrensweisen zur Behandlung der Kleinkriminalität JR 1975, 99 ff
Ehmke	Die Durchsuchung besetzter Häuser nach den Rechtsvorschriften der StPO DP 1983, 221 ff
Emmerich/Sonnenschein	Mietrecht Kommentar zu den mietrechtlichen Vorschriften des BGB und zum 2. WRKSchG 2. Aufl., Berlin 1981
Engeln	Das Hausrecht und die Berechtigung zu seiner Ausübung Berlin 1989
Engels	Hausbesetzung ist kein Hausfriedensbruch DuR 1982, 293 ff

Enneccerus/Lehmann — Das Bürgerliche Recht, Band 1,
2. Aufl., Marburg 1901

Erler/Kaufmann — Handwörterbuch zur deutschen Rechtsgeschichte,
Band 1
(Aachen - Haussuchung)
Berlin 1971

Erichsen — Staatsrecht und Verfassungsgerichtsbarkeit
3. Aufl., München 1982

Eschen — Amnestie für Hausbesetzer und Demonstranten
- Zurückweichen des Rechtsstaates?
Krim. Journal 13 (1981), 81 ff

Eyermann — Die Hausbesetzungen und der malträtierte Grundsatz der Verhältnismäßigkeit
Umwelt und Planungsrecht 1982, 14 ff

Fabricius-Brand — Instandbesetzung contra Stadtzerstörung und Wohnungsnot
DuR 1981, 287 ff

Feuerbach — Lehrbuch des gemeinen in Deutschland gültigen peinlichen Rechts
14. Aufl., Gießen 1847

Frank — Das Strafgesetzbuch für das Deutsche Reich
18. Aufl., Tübingen 1931

Franke — Ein Arbeitskampf mit Folgen
JuS 1980, 891 ff

Frühling — Das Hausrecht bei öffentlichen Einrichtungen
Göttingen 1963

Gallwas — Mißbrauch von Grundrechten
Berlin 1967

Ganschow — Hausbesetzungen in Berlin - eine Betrachtung aus gesellschafts- und rechtspolitischer Sicht -
DP 1983, 201 ff

Geerds — Anmerkung zu BGH JR 1983, 254
JR 1983, 254 ff

Ders. | Einwilligung und Einverständnis des Verletzten
Kiel 1953

Geilen | Anmerkung zu LG Bückeburg NStZ 1982, 71
JK StGB § 123 Nr. 1

Ders. | Anmerkung zu AG Stuttgart StV 1982, 75
JK StGB § 123 Nr. 2

Ders. | Anmerkung zu BGH MDR 1979, 68
JK StGB § 129 Nr. 2

Geppert | Anmerkung zu BGH St 31, 329 f
JK StGB § 129 Nr. 4

Ders. | Zu einigen immer wiederkehrenden Streitfragen i.R.d. Hausfriedensbruchs (§ 123 StGB)
Jura 1989, 378 ff

Gössel | Das Rechtsgut als ungeschriebenes strafbarkeitseinschränkendes Tatbestandsmerkmal
FS Oehler, Köln u.a., 1985, 97 ff

Ders. | Strafrecht, Besonderer Teil, Band 1
Heidelberg 1987

Götz | Allgemeines Polizei- und Ordnungsrecht
11. Aufl., Göttingen 1993

Ders. | Die Entwicklung des allgemeinen Polizei- und Ordnungsrechts (1981 - 83)
NVwZ 1984, 213 ff

Groß | Die "übergesetzliche" Begrenzung des Legalitätsprinzips
Berliner Anwaltsblatt 1981, 89 f

Grünhut | Methodische Grundlagen der heutigen Strafrechtswissenschaft
FG Frank I 1, Tübingen 1930, 8 ff

Günther | Strafrechtswidrigkeit und Strafunrechtsausschluß
Köln 1983

Ders. | Verwerflichkeit von Nötigungen trotz Rechtfertigungsnähe
FS Baumann, 1992, S. 213 ff

Hälschner	Das gemeine deutsche Strafrecht 2. Band, 1. Abt. Bonn 1884
Haft	Strafrecht, Besonderer Teil 4. Aufl., München 1991
Hagemann	Anmerkung zu AG/LG Bückeburg NStZ 1982, 71 f
Hamann/Lenz	Grundgesetz Kommentar 3. Aufl., Berlin u.a. 1970
Hanack	Hausfriedensbruch durch Testkäufer JuS 1964, 352 ff
Hassemer	Anmerkung zu BGH NJW 1983, 1686 JuS 1983, 808 f
Ders.	Theorie und Soziologie des Verbrechens Frankfurt a.M. 1973
Ders.	Ziviler Ungehorsam - ein Rechtfertigungsgrund? FS Wassermann, Neuwied u.a. 1985, 325 ff
Heidegger	Bauen, Wohnen, Denken in Bartning (Hrsg.): Mensch und Raum Darmstadt 1952
Hellmann	Die Anwendbarkeit der zivilrechtlichen Rechtfertigungsgründe im Strafrecht Köln u.a. 1987
Henseler	Hausfriedensbruch beim Testkauf WRP 1962, 325
Herzberg	Eigenhändige Delikte ZStW 82 (1970), 896 ff
Hesse	Grundzüge des Verfassungsrechts der BRD 18. Aufl., Heidelberg u.a. 1991
Hillenkamp	Vorsatztat und Opferverhalten Göttingen 1981

Hirsch | Anmerkung zu BGH JR 1980, 113 ff
JR 1980, 115

Ders. | Literaturbericht StR/BT: zu Schall: Die Schutzfunktion ...
ZStW 88 (1976), 752 f

Ders. | Soziale Adäquanz und Unrechtslehre
ZStW 74 (1962), 78 ff

v. Holtzendorff | Handbuch des deutschen Strafrecht
Band 3, Berlin 1874

Homann | Der Begriff des "öffentlichen Interesses" in den §§ 376, 153 StPO und § 232 StGB
Göttingen 1971

Horn | Verbotsirrtum und Vorwerfbarkeit
Berlin 1969

Jahn | Rechtsstaatliche Achtung des privaten Eigentums für den inneren Frieden unverzichtbar
DWW 7/1988, S. 198 f

Jakobs | Strafrecht Allgemeiner Teil
2. Aufl., Berlin u.a. 1991

Jaeschke | Durchsuchung besetzter Häuser nach der Strafprozeßordnung
NJW 1983, 434

Jäger, H. | Strafgesetzgebung und Rechtsgüterschutz bei Sittlichkeitsdelikten
Stuttgart 1957

Jäger, J. | Hausfriedensbruch
Würzburg 1885

Jescheck | Lehrbuch des Strafrechts, Allgemeiner Teil
4. Aufl., Berlin 1988

Joerden | Der Streit um die Gänsebrust: Selbsthilfe im Strafrecht - BayObIG NStZ 1991, 133
JuS 1992, 23 ff

Kageler — Die gemeinsame und beschränkte zivilrechtliche Inhaberschaft des Hausrechts unter besonderer Berücksichtigung der Bestimmung des Rechtsguts des § 123 StGB
Hamburg 1974

Karlsruher Kommentar — zur Strafprozeßordnung und zum Gerichtsverfassungsgesetz mit Einführungsgesetz
3. Aufl., München 1993

Kaufmann, Arthur — Der BGH und die Sitzblockade
NJW 1988, 2581 ff

Keller — Anmerkung zu OLG Düsseldorf, JR 1987, 520
JR 1987, 521 ff

Kleffmann — Unbekannt als Parteibezeichnung
Frankfurt (a.M.) u.a. 1983

Klein — Die Schönheitsreparatur
GW 10/1968, S. 303

Kleinknecht/Meyer-Goßner — StPO
41. Aufl., München 1993

Klein/Porn — in Duve (Hrsg.), Besetzung, weil das Wünschen nicht geholfen hat, 108 f
rororo-aktuell, Band 4739

Kluge — Etymologisches Wörterbuch der deutschen Sprache
19. Aufl., Berlin 1963

Knemeyer — Folgenbeseitigungsanspruch oder Anspruch auf polizeiliches Einschreiten - VGH Mannheim, NVwZ 1987, 1101
JuS 1988, 696 ff

Köhler — Handbuch der Wohnraummiete
3. Aufl., München 1988

Krey — Strafrecht, Besonderer Teil, Band 1
8. Aufl., Stuttgart u.a. 1991

Ders. — Strafrecht, Besonderer Teil, Band 2
9. Aufl., Stuttgart u.a. 1993

Krieger — Mißbrauch und Verwirkung von Grundrechten
DVBl 1953, 97 f

Küchenhoff	Demonstrative Hausbesetzungen BMZ 1981, 8/9, S. 9 f
Ders.	Die Legende von einer herrschenden Meinung JuS 1982, 235 f
Ders.	Hausbesetzungen als Menschenrecht FuG 1981, 85 f
Ders.	Hausbesetzer vor Gericht KJ 1982, 156 f
Ders.	Ziviler Ungehorsam Sozialdemokratischer Pressedienst 1983, 3 f
Ders.	Zur Strafbarkeit von Hausbesetzungen DuR 1981, 300 f
Küpper/Bode	Nötigung durch Sitzblockaden Jura 1993, 190
Kuntz	in Aust/Rosenbladt (Hrsg.), 193 f Spontis, Schlaffis und Chaoten
Kunz	Das strafrechtliche Bagatellprinzip Berlin 1984
Lackner	Anmerkung zu BGH NStZ 1988, 404 NStZ 1988, 405
Ders.	Strafgesetzbuch 20. Aufl., München 1993
Langer	Vorsatztheorie und strafgesetzliche Irrtumsregelung GA 1976, 193 ff
Larenz	Methodenlehre der Rechtswissenschaft 6. Aufl., Berlin u.a. 1991
Leipziger Kommentar	zum Strafgesetzbuch 8. Aufl., Berlin u.a. 1958
Leipziger Kommentar	zum Strafgesetzbuch 10. Aufl., Berlin u.a. 1985 - 1989

Leipziger Kommentar | zum Strafgesetzbuch
11. Aufl., Berlin u.a. ab 1992

Lenckner | Strafrecht und ziviler Ungehorsam - OLG Stuttgart, NStZ 1987, 121
JuS 1988, 349 ff

Ders. | Zum Tatbestand der Strafvereitelung
GS für Horst Schröder
München 1978, S. 339 ff

Lisken | Räumungstitel gegen "Unbekannt"?
NJW 1982, 1136 f

v. Liszt | Lehrbuch des deutschen Strafrechts
21./22. Aufl., Berlin u.a. 1919

v. Liszt/Schmidt | Lehrbuch des deutschen Strafrechts
25. Aufl., Berlin u.a. 1927

Loening | Grundriß zu Vorlesungen über deutsches Strafrecht
Frankfurt 1885

Maiwald | Die Beteiligung des Verletzten im Strafverfahren
GA 1970, 33 ff

Malunat | Eigentum und Hausbesetzung
Politische Vierteljahresschrift, 1982, 257 f

Ders. | Hausbesetzungen im Zeichen des Widerstandes
RuP 1982, 143 ff

v. Mangoldt/Klein | Das Bonner Grundgesetz
2. Aufl., Berlin u.a. 1966

Martens | Wandlungen im Recht der Gefahrenabwehr
DöV 1982, 89 ff

Maul | Demonstrationsrecht und allgemeine Strafbestimmungen
JR 1970, 81 ff

Maunz/Dürig-Bearbeiter | Grundgesetz
München u.a. ab 1976, 6. Aufl., Stand: 28. Lieferung, 1990

Maurach	Deutsches Strafrecht, Besonderer Teil 5. Aufl., Karlsruhe 1969
Maurach/Schroeder	Strafrecht, Besonderer Teil, Tb 1 6. Aufl., Heidelberg u.a. 1977
Maurach/Schroeder/ Maiwald	Strafrecht, Besonderer Teil, Tb 1 7. Aufl., Heidelberg 1988
Maurach/Zipf	Strafrecht, Allgemeiner Teil, Tb 1 7. Aufl., Heidelberg u.a. 1987
Mayer, Hellmuth	Strafrecht, Allgemeiner Teil Stuttgart u.a. 1953
Ders.	Zum Aufbau des Strafprozesses GS 104 (1934), 302 ff
Melzer	Die Wirkung der Sozialbindungsklausel im Mietrecht ZMR 1978, 130
Mertins	Rückzug des Strafrechts- mehr Freiheit? GA 1980, 41 ff
Meyer, D.	Anmerkung zu BGH NJW 1974, 900 NJW 1974, 1325
Meyer, G.	Verhältnismäßigkeitsgrundsatz und Hausbesetzer Berl.Anwbl. 1981, 90
Meyer, Maria Katharina	Zur Rechtsnatur und Funktion des Strafantrages Heidelberg 1984
Mezger	Strafrecht. Ein Lehrbuch 3. Aufl., Berlin 1949
Ministerium der Justiz	Strafrecht der DDR, Kommentar 5. Aufl., Berlin 1987
Mitsch	Rechtfertigung einer Ohrfeige JuS 1992, 289 ff
Müller/Christmann	Warenhauspassage als Geschäftsraum oder befriedetes Besitztum? - OLG Oldenburg, NJW 1985, 1352 JuS 1987, 19 ff

v. Münch — Grundgesetz - Kommentar
Band 1, 4. Aufl., München 1992
Band 2, 2. Aufl., München 1983
Band 3, 2. Aufl., München 1983

Münchener Kommentar — zum BGB
2. Aufl., München 1984 - 1990

Mugdan — Die gesamten Materialien zum bürgerlichen Gesetzbuch für das deutsche Reich
Berlin 1899

v. Mutius — Anspruch auf polizeiliches Einschreiten
JK Pol.- und Ordnungsrecht
Entschließungsermessen 1

Naucke — "Mißbrauch" des Strafantrags"
FS Hellmuth Mayer, Berlin 1966, S. 565 f

Nees — Erscheinungsformen und Strafzumessung beim Hausfriedensbruch
Freiburg 1951

Neuberg — Ärger im Parkhaus
JuS 1975, 110 ff

Noss — Zur Instandsetzer-Bewegung in Berlin
StV 1981, 158 ff

Oehler — Das objektive Zweckmoment in der rechtswidrigen Handlung
Berliner Juristische Abhandlungen Band 1, Berlin 1959

Oelker — Freiwillig geht hier keiner weg
Brigitte, Heft 26/93, S. 78 ff

v. Olshausen — Kommentar zum StGB für das Deutsche Reich, 1. Band
Berlin 1892

Oppenhoff — Das Strafgesetzbuch für das deutsche Reich nebst dem Einführungsgesetz vom 31.5.1870
12. Aufl., Berlin 1891

Osenbrüggen — Der Hausfrieden
Erlangen 1857, Neudruck Aalen 1968

Ostendorf | Das Geringfügigkeitsprinzip als strafrechtliche Auslegungsregel
GA 1982, 333 ff

Ders. | Strafbarkeit und Strafwürdigkeit von Hausbesetzungen
JuS 1981, 640 ff

Ott | Der "vorsorglich" gestellte Strafantrag
StV 1982, 45 ff

Otto | Grundkurs Strafrecht
Die einzelnen Delikte
3. Aufl., Berlin u.a. 1991

Oxfort | Hausbesetzungen und Rechtsstaat
Berl. Anwbl. 1981, 92 ff

Palandt | Bürgerliches Gesetzbuch
52. Aufl., München 1993

Peters | Strafprozeß
4. Aufl., Heidelberg 1985

Pfennig/Neumann | Verfassung von Berlin
Berlin u.a. 1978

Pfrogner | Rechtliche Probleme bei Hausbesetzungen
DP 1977, 148 ff

Pietzner | Der Anspruch auf ermessensfehlerfreie Entscheidung
JuS 1982, 106 ff

Preisendanz | Strafgesetzbuch
30. Aufl., Berlin 1978

Prittwitz | Sitzblockaden - ziviler Ungehorsam und strafbare Nötigung?
JA 1987, 17 ff

Raabe-Zimmermann/Sonnewald | Die Entwicklung der Berliner Hausbesetzerszene und grundsätzliche Rechtsfragen
RuP 1982, 151 ff

Raeschke-Kessler — Einstweilige Verfügung gegen Unbekannt - ein Mittel gegen Hausbesetzer?
NJW 1981, 663 ff

Ranft — Der Lockspitzeleinsatz
Jura 1993, 487 ff

Reinicke/Weide — Zweckentfremdung, Hausbesetzung, Hausfriedensbruch
Rote Robe 1981, 86 f

Reiserer — Der Hausfriedensbruch, unter besonderer Berücksichtigung Münchens
München 1939

Reichsgerichtsräte-kommentar — Das Bürgerliche Gesetzbuch
12. Aufl., Berlin u.a. 1982

Rieß — Die Zukunft des Legalitätsprinzips
NStZ 1981, 2 ff

Rinsche — Zur Strafwürdigkeit sogenannter Hausbesetzungen
ZRP 1984, 38 f

Rosenberg/Schwab/Gottwald — Zivilprozeßrecht
15. Aufl., München 1993

Rosenfeld — Verbrechen und Vergehen wider die persönliche Freiheit
Vergleichende Darstellung des deutschen und ausländischen Strafrechts, Besonderer Teil, Band 5, S. 385 ff

Roxin — Strafrecht, Allgemeiner Teil
Band 1, München 1992

Ders. — Strafrechtliche Bemerkungen zum zivilen Ungehorsam
FS Schüler-Springorum, 1993, S. 443 ff

Ders. — Strafverfahrensrecht
23. Aufl., München 1993

Ders. — Verwerflichkeit und Sittenwidrigkeit als unrechtsbegründende Merkmale
JuS 1964, 373 ff

Roxin/Schünemann/Haffke — Strafrechtliche Klausurenlehre
5. Aufl., Köln 1992

Rudolphi | Notwendigkeit und Grenzen einer Vorverlagerung des Strafrechtsschutzes im Kampf gegen den Terrorismus

Ders. | Die verschiedenen Aspekte des Rechtsgutbegriffs, FS Honig, Göttingen 1970, S. 151 ff

Rüdorff | Strafgesetzbuch für das Deutsche Reich 22. Aufl., Berlin 1907

Rutkowsky | Legalität und Legitimität von Hausbesetzungen JuS 1982, 235 ff

Sauer | System des Strafrechts - Besonderer Teil, Köln u.a. 1954

Schaffstein | Der Streit um das Rechtsgutverletzungsdogma DStR 1937, 335 ff

Schall | Hausbesetzungen im Lichte der Auslegung des § 123 StGB NStZ 1983, 241 ff

Ders. | Die Schutzfunktion der Strafbestimmung gegen den Hausfriedensbruch Berlin 1974

Scheffler | Anmerkung zu BGH St 38, 111 JR 1993, 170 ff

Ders. | Die überlange Dauer von Strafverfahren Berlin 1991

Schellhammer | Zivilprozeß 3. Aufl., Heidelberg 1987

Schickedanz | Rechtsfragen im Zusammenhang mit Hausbesetzungen Blätter für Grundstücks-, Bau- und Wohnungsrecht 1981, 141 ff

Schild | "Eindringen" (§ 123 I StGB) bei individuellem Betretungsverbot NStZ 1986, 346 ff

Schliffke | Anmerkung zu Rinsche (Strafwürdigkeit) ZRP 1984, 112

Schlink	Die polizeiliche Räumung besetzter Häuser NVwZ 1982, 529
Schlosser	Der einstweilige Rechtsschutz im Zivilprozeß Jura 1984, 360 ff
Schmidhäuser	Strafrecht. Allgemeiner Teil. 2. Aufl., Tübingen 1975
Ders.	Strafrecht. Besonderer Teil. 2. Aufl., Tübingen 1983
Schmidt/Futterer	Der Begriff der Zweckentfremdung von Wohnraum nach Art. 6 MVerbG ZMR 1974, 257 ff
Schön, Rainer	Besetzung leerstehender Häuser - Hausfriedensbruch? NJW 1982, 1126 ff
Ders.	Hausfriedensbruch und Nötigung bei Hausbesetzungen? NJW 1982, 2649 f
Schönke/Schröder	Strafgesetzbuch 24. Aufl., München 1991
Dies.	Strafgesetzbuch 20. Aufl., München 1980
Dies.	Strafgesetzbuch 17. Aufl., München 1974
Schreiber	Anmerkung zu Legalitätsprinzip und politischer Protest Kriminalistik 1982, 529 f
Schröder, Rainer	Zivilrechtliche Aspekte der "Instandbesetzungen" JuS 1981, 635
Schroth	Der "vorsorgliche" Strafantrag bei Hausbesetzungen NStZ 1982, 1 f
Ders.	Die berechtigte Geschäftsführung ohne Auftrag als Rechtfertigungsgrund im Strafrecht JuS 1992, 476 ff

Schubert/Regge — Preussische Gesetzesrevision 1825 - 1848
Abt. I 1, Vaduz 1981
Abt. I 2, Vaduz 1982

Schultz/Leppin — Staatsanwaltschaft contra Polizei?
Jura 1981, 421 ff

Schwarze — Kommentar zum Strafgesetzbuch für das Deutsche Reich
3. Aufl., Leipzig 1873

Schwind/Baumann u.a. — Ursachen, Prävention und Kontrolle von Gewalt, Band 1
Endgutachten und Zwischengutachten der Arbeitsgruppen
Berlin 1990

Schwinge — Teleologische Begriffsbildung im Strafrecht
Bonn 1930

Seier — "Instandbesetzung" - Hausherrschaft
JA 1982, 232 ff

Ders. — Problemfälle des § 123 StGB
JA 1978, 622 ff

Serwe — Wer darf das Hausrecht ausüben?
Schiedsmannzeitung 1987, 101 f

Soergel — Bürgerliches Gesetzbuch
12. Aufl., Stuttgart u.a., 1988

Staudinger — Kommentar zum BGB
12. Aufl., Berlin ab 1978

Steinmetz — Hausfriedensbruch bei Räumen mit genereller Zutrittserlaubnis
JuS 1985, 94 ff

Sternel — Anmerkung zu BVerG MDR 1993, 728
MDR 1993, 729 f

Ders. — Mietrecht
3. Aufl., Köln 1988

Stettner — Verfassungsdogmatische Erwägungen zur Grundrechtsverwirkung
DVBI 1975, 801 f

Stoiber — Der Hausfriedensbruch im Lichte aktueller Probleme
München 1971

Stümper — Gewalttätige Störer in der BRD
Kriminalistik 1981, 398 ff

Sturm — Der Freiheitsbegriff und seine Bedeutung für die Freiheitsdelikte zu einem deutschen Strafgesetzbuch
MschrKrimPsych 1911, 481 ff

Suhr — Zur Begriffsbestimmung von Rechtsgut und Tatobjekt im Strafrecht
JA 1990, 303 ff

Systematischer Kommentar — zum StGB
Band 1, Allgemeiner Teil
Frankfurt (a.M.) ab 1982
Stand: 19. Lieferung 1992

Band 2, Besonderer Teil
Frankfurt (a.M.) ab 1982
Stand: 29. Lieferung 1991

Tiedemann — Bemerkungen zur Rechtsprechung in den sogenannten Demonstrationsprozessen
JZ 1969, 717 ff

Timpe — Normatives und psychisches im Begriff der Vermeidbarkeit eines Verbotsirrtums
GA 1984, 51 ff

Trabandt — Der kriminalrechtliche Schutz des Hausfriedens in seiner geschichtlichen Entwicklung
Hamburg 1970

Urbanczyk — Anmerkung zu Rinsche (Strafwürdigkeit)
ZRP 1984, 111 f

Volk — Anmerkung zu OLG Oldenburg
JR 1981, 166; JR 1981, 167 f

Vormbaum — Der strafrechtliche Schutz des Strafurteils
Berlin 1987

Wagner	Legalitätsprinzip und politischer Protest Kriminalistik 1982, 253 ff
Ders.	Anmerkung zu BGH JZ 1993, 472 JZ 1993, 473 f
Warda	Grundzüge der strafrechtlichen Irrtumslehre Jura 1979, 1 ff, 71 ff
Weber, Martina	Hausbesetzung als strafbarer Hausfriedensbruch Frankfurt u.a. 1991
Welzel	Das deutsche Strafrecht 11. Aufl., Berlin 1969
Wesel	Der friedliche und der unfriedliche Bruch des Friedens Kursbuch Bd. 65, Berlin 1981, S. 29 ff
Ders.	Krieg der Justiz gegen die Jugend Der Spiegel, Heft 37/81, S. 40
Wessels	Strafrecht, Allgemeiner Teil 22. Aufl., Heidelberg 1992
Ders.	Strafrecht, Besonderer Teil 1 17. Aufl., Heidelberg 1993
Ders.	Strafrecht, Besonderer Teil 2 16. Aufl., Heidelberg 1993
Wilda	Das Strafrecht der Germanen 1842, Neudruck Aalen, 1960
Wolf	Anmerkung zu LG Frankfurt, NJW 1980, 1758 NJW 1980, 1758 f
Wollschläger	Die Geschäftsführung ohne Auftrag Berlin 1976
Zaczyk	Der verschuldete Verbotsirrtum - BayObLG NJW 1989, 1744 JuS 1990, 889

Zielinski — Strafantrag - Strafantragsrecht
GS für Hilde Kaufmann,
Berlin u.a. 1986, 875 ff

Zimmermann — Die Förderung des Wohnungsbaus durch Steuergesetze und andere Gesetze
Köln 1988

Zipf — Strafantrag, Privatklage und staatlicher Strafanspruch
GA 1969, 234 ff

Zitelmann — Ausschluß der Widerrechtlichkeit
AcP 99 (1906), 1 ff

Zöller — Zivilprozeßordnung
18. Aufl., Köln 1993

Zuberbier — Einführung in die staatsanwaltliche Tätigkeit
Stuttgart u.a. 1991

Zweigert/Kötz — Einführung in die Rechtsvergleichung
Band I: Grundlagen
2. Aufl., Tübingen 1984

GPSR Compliance

The European Union's (EU) General Product Safety Regulation (GPSR) is a set of rules that requires consumer products to be safe and our obligations to ensure this.

If you have any concerns about our products, you can contact us on ProductSafety@springernature.com

In case Publisher is established outside the EU, the EU authorized representative is:

Springer Nature Customer Service Center GmbH
Europaplatz 3
69115 Heidelberg, Germany

Batch number: 10844669

Printed by Printforce, the Netherlands